Der Stadtfotograf

Georg Pettendorfers
Ansichten von München
1895–1935

Das Stadtzentrum

*herausgegeben und eingeleitet
von Richard Bauer*

vorgestellt von Eva Graf

Hugendubel

Stadt im Bild
Dokumentationen zur neueren Stadtgeschichte

CIP-Titelaufnahme der Deutschen Bibliothek
Der Stadtfotograf: Georg Pettendorfers Ansichten von München,
1895–1935/hrsg. u. eingel. von Richard Bauer.
Vorgestellt von Eva Graf. – München: Hugendubel, 1989
ISBN 3-88034-447-7
NE: Pettendorfer, Georg [Ill.]; Bauer, Richard [Hrsg.]

Produktion: Daniela Strunz, München
Gesamtherstellung: Universitäts-Druckerei und Verlag
Dr. C. Wolf & Sohn, München

ISBN 3-88034-447-7

Printed in Germany

Vorwort

Dieses Buch berichtet vom vergessenen Lebenswerk des Münchner Fotografen Georg Pettendorfer (1858–1945). Dessen einst nach Straßen und Plätzen angelegte Motivsammlung ließ auch für die hier getroffene Auswahl eine topografische Zusammenstellung der Bilder am sinnvollsten erscheinen. Dabei wurden die Belege nach Stadtvierteln geordnet, um auf diese Weise – ganz im Sinne Pettendorfers – bauliche Zusammenhänge und das Milieu bestimmter Wohn- und Lebensbereiche zu veranschaulichen. Der Umfang der getroffenen Bildauswahl ließ eine Zweiteilung der Publikation sinnvoll erscheinen: während das jetzt präsentierte Material das Stadtzentrum (die eigentliche Altstadt) zum Gegenstand hat, soll ein weiterer, in Vorbereitung befindlicher Band sowohl die noblen als auch die proletarischen Stadterweiterungsareale seit dem 19. Jahrhundert zur Darstellung bringen. Damit wird schließlich ein umfassendes, in Dichte und Aussage wohl einmaliges „Panorama" Altmünchens vorliegen, das nicht nur dem Monacensiasammler Freude bereiten, sondern vor allem dem Geschichtsinteressierten neue Einsichten und Erkenntnisse über den historischen Lebensraum München vermitteln will. Die in den Fotografien gut nachvollziehbaren Besonderheiten einzelner Quartiere und die an vielen Aufnahmen ablesbare Bezogenheit von Bebauung und Bevölkerung vor der Zäsur der Kriegszerstörung und der Megalomanie der sechziger Jahre sind ein faszinierendes Dokument eines einst architektonisch und atmosphärisch gleichermaßen „stimmigen" Stadtbildes. Sorgfältig bewahrte Rudimente und eifrige Rekonstruktionen konnten uns Gegenwärtigen gleichwohl nur die unverwechselbaren Konturen, nicht aber den Charakter Vorkriegs-Münchens tradieren. Hinter der Identität der Begriffe verbirgt sich Fremdes und Vertrautes, Wandel und Verwandlung. München ist München geblieben, und doch war die Stadt unserer Eltern und Großeltern auch wieder eine andere Stadt, ein inzwischen „verlorenes" München. Schon der hier geborene Johannes R. Becher hat dies 1952 so empfunden:

Sechzig Jahre alt,
Habe ich die Stadt besucht,
In der ich geboren war,
Ihren Namen
Vor mich hin flüsternd
Wie eine Liebkosung.

Alter Mann
In den Straßen Münchens,
Was suchst du?

Die frühen Pfade:
Unauffindbar.

Deiner Träume
Niewiederkehr?
. . . .
. . . .
Eine Stadt,
Die versunken ist,
Überwachsen von einer anderen
Mit den Wahrzeichen und Namen
Der Versunkenen . . .

Aber nur die
Bezeichnungen gleichen einander
Nur sie: . . .

Zu danken ist für das Zustandekommen dieses Buches vielen. Zu allererst den Herren Dr. Wolfgang Till und Ditmar Albert vom Münchner Stadtmuseum, die den dort jüngst entdeckten Teilfundus für die Rekonstruktion und Veröffentlichung des Pettendorferschen Œuvres zur Verfügung stellten, ebenso Frau Gudrun Köhl vom hiesigen Valentin-

Musäum, die nicht minder hilfsbereit ihre große Postkartensammlung dem Vergleich und der Reproduktion zugänglich machte. Besonders wichtig war auch die Unterstützung durch Privatsammler, wobei zu wünschen ist, daß mit deren Hilfe nach und nach weitere Motivserien erschlossen werden können. Mit der fachkundigen Kommentierung der zum Abdruck gelangten Fotografien hat Frau Eva Graf die Bilder in ihren notwendigen stadtgeschichtlichen Zusammenhang gestellt und ihnen damit die Aussagekraft von Archivquellen gesichert. Nicht möglich gewesen wäre die in ausführliche Vorstellung des Pettendorferschen Werkes ohne das große Entgegenkommen des Heinrich Hugendubel Verlages. Mit Hilfe der Universitäts-Druckerei Dr. C. Wolf & Sohn konnte die angestrebte Qualität des Druckes problemlos erreicht werden. Mögen im 150. Jubiläumsjahr der Fotografie auch die „Münchner Ansichten“ des Georg Pettendorfer die verdiente Beachtung und Wertschätzung erfahren.

München, den 1.10.1989

Der Herausgeber

Inhalt

Georg Pettendorfer 1858–1945

Einführung von Richard Bauer

„A oids Buidl vo München is mehra wert ois a Brillant“ – dies war die wichtige Erkenntnis von Karl Valentin, dem leidenschaftlichen und erfolgreichen Sammler Altmünchner Fotografien[1]. Jahrelang stand der fotografische Amateur Karl Valentin deshalb auch in Kontakt mit dem um eine Generation älteren Georg Pettendorfer, dem Inhaber einer bescheidenen „fotografischen Anstalt“ in der Zweibrückenstraße 5, den er – zumindest was sein Hobby betraf – nicht nur als Geistesverwandten, sondern auch als Autorität anerkannte. Den populären Vorstadtkomiker und den relativ unbekannten Vorstadtfotografen verband der Wunsch nach einer möglichst lückenlosen Belegsammlung des Wandlungsprozesses, den das Münchner Stadtbild seit der „Gründerzeit“ erfahren hatte und noch immer erfuhr. Während Karl Valentin seit ca. 1925 alle erreichbaren Originalabzüge von Aufnahmen prominenter und unbekannter Münchner Fotografen des 19. Jahrhunderts anzukaufen trachtete (wofür er immer wieder in den Tageszeitungen inserierte) und sich das nicht erwerbbare Originalmaterial wenigstens fotografisch reproduzieren ließ, bemühte sich Georg Pettendorfer bereits seit 1895 darum, in selbst angefertigten Fotografien das Erscheinungsbild seiner Wahlheimat München getreulich festzuhalten und diese aus allen Stadtbereichen zusammengetragenen Bildbelege als Fotopostkarten in Umlauf zu bringen.

Es scheint Georg Pettendorfer – nach Aussage Karl Valentins – auch tatsächlich gelungen zu sein, im Verlauf von vier Jahrzehnten das Münchner Stadtgebiet, also Zentrum und Außenbezirke, mit den wichtigsten Straßen und Plätzen fotografisch zu erfassen, wobei er sich verändernde Situationen zeitversetzt oft mehrfach dokumentierte. Auf diese Weise verfügte der Fotograf aus der Zweibrückenstraße gegen Ende der dreißiger Jahre schließlich über ein wohl einzigartiges Corpus der Münchner Stadt- und Architekturentwicklung und darüber hinaus über die geschlossenste Belegsammlung des Vorkriegs-Stadtbildes.

Georg Pettendorfers Lebenswerk ist in etwa vergleichbar der zeichnerischen München-Dokumentation, die gegen Ende des 18. Jahrhunderts der Münchner Hofkaplan Johann Paul Stimmelmayr in reizvoll-dilettantischen Bildbändchen niedergelegt hatte[2]. Auch Stimmelmayr war bestrebt, alle Wohnhäuser, Kirchen und öffentlichen Bauten in der Abfolge der Straßen, Gassen und Plätze, sowohl innerhalb der ummauerten Stadt, als auch im Bereich der Vorstädte und der umgebenden Dörfer „zumindest auf dem Papier“ zu erhalten, um auf diese Weise der Nachwelt Rechenschaft geben zu können, über die beengt-bescheidene Stadt seiner Jugend, die er (zu Recht) von großen Veränderungen bedroht fühlte.

Sicher hatte Georg Pettendorfer von Anfang an keine volkspädagogische Zielsetzung wie Stimmelmayr, Anlage und Aufbau seiner Fotosammlung waren primär diktiert von Existenznotwendigkeiten. Doch auch Georg Pettendorfer hinterließ ein Œuvre, das den gesamten baulichen Zustand der Stadt München einschloß und das unmittelbar vor einschneidenden Veränderungen des Stadtbildes noch einmal Bilanz zog.

Das besondere an Georg Pettendorfers Fotosammlung ist dabei nicht so sehr der erstaunliche Radius des horizontalen Ausgriffes, sondern die vertikale Schichtung des Bildmaterials. Sein Werk ist keine in kurzer Zeit angefertigte „Momentaufnahme“ Münchens, sondern der über Jahrzehnte vorangetriebene aufmerksame Nachvollzug aller Wachstumsringe *und* aller Verwerfungen und Brüche einer sich der Moderne öffnenden Großstadt. 1937, also fünf Jahre vor dem Beginn der erbarmungslosen Luftkriegszerstörung Münchens, rühmt Karl Valentin den alten Georg Pettendorfer als die zuverlässigste Quelle für Fotodokumentationen zur Münchner Baugeschichte und belegt ihn mit dem ehrenden und zutreffenden Titel eines „Münchner Stadtfotografen“[3].

Es darf an dieser Stelle bereits darauf hingewiesen werden, daß das umfangreiche Lebenswerk Georg Pettendorfers nicht vollständig erhalten ist und nur noch teilweise rekonstruiert werden kann. Über die Kriegsverluste seines wohl sehr umfangreichen Archivs von Glasnegativen kann aufgrund der desperaten Quellenlage keinerlei Aussage gemacht werden. Immerhin haben zwei große Kernbestände die Kriegs- und Nachkriegszeit überdauert, deren Schicksal nach dem Tod Georg Pettendorfers aber bislang noch nicht exakt geklärt werden konnte. Es handelt sich dabei a) um einen eher repräsentativen Querschnitt von Ansichten im Münchner Stadtarchiv, der 1950 vom städtischen Kulturamt abgegeben wurde und der aus Glasplatten und Kontakten besteht[4] und b) um einen Glasplattenfundus aus dem Fotomuseum des Münchner Stadtmuseums, der erst 1988 von Frau Eva Graf als Provenienz Pettendorfer identifiziert wurde, nachdem er bislang als Teil der Hinterlassenschaft des Fotoateliers Hilsdorf geführt worden war. Letzterer Bestand hatte allerdings in den siebziger Jahren durch einen Wassereinbruch im Museumsmagazin schwere Schäden erfahren (Papierverklebungen mit der Gelatineschicht und Pilzbefall), die jetzt umfangreiche Restaurierungen notwendig machen. Da nach dem Wasserschaden eine große Partie von Glasplatten als gänzlich zerstört bewertet und ausgeschieden werden mußte[5], kann der ursprüngliche Umfang des Museumsbestandes nicht einmal mehr abgeschätzt werden. Im Fotomuseum fanden sich glücklicherweise noch zusätzlich Restpartien von Originalpostkarten und einige Vorlagealben Georg Pettendorfers, so daß auf einen echten Nachlaß geschlossen werden kann. Ob die 1950 ins Stadtarchiv gelangten Negative und Kontakte von diesem Museumsbestand (willkürlich) abgetrennt wurden, oder ob sie eine eigene Überlieferungsgeschichte aufweisen, muß vorläufig dahingestellt bleiben. Neben der hier angeführten Hinterlassenschaft an Glasplatten, Kontakten und Postkarten existieren in verschiedenen Münchner Sammlungen natürlich noch viele Originalabzüge und Postkarten, die nach und nach systematisch gesichtet und verglichen werden. Pettendorfer-Ansichten enthalten z.B. die im Stadtarchiv erst in den letzten Jahren rekonstruierte Sammlung des städtischen Hochbaus und der von Karl Valentin zusammengetragene Fotobestand. Besonders gut erhalten sind die in der Postkartensammlung des Valentin-Musäums festgestellten Pettendorfer-Ansichten, die auf einen Spezialisten für Altmünchner Motive, Joseph Regnat[6], zurückgehen.

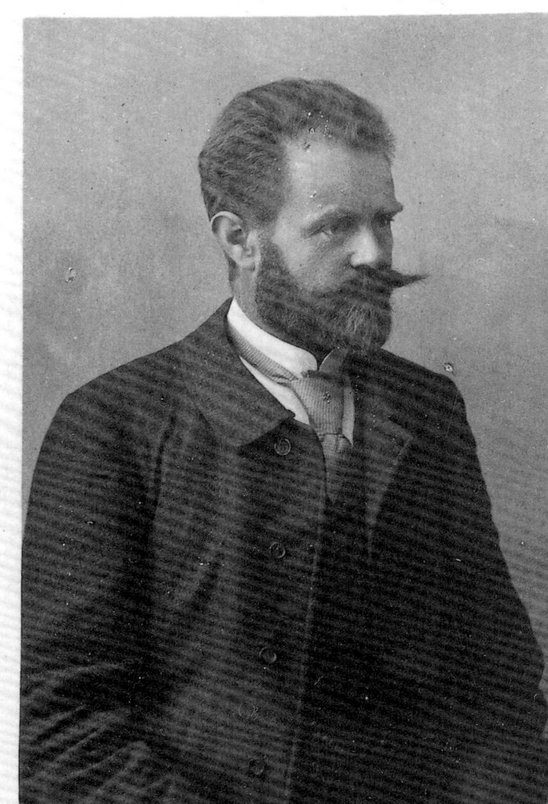

Georg Pettendorfer um 1900

Zunächst zur Lebensgeschichte unseres Fotografen: Georg Pettendorfer wurde am 31. Oktober 1858 zu Türkheim geboren. Er war das dritte von sieben Kindern aus der Ehe des Oberamtsrichters Alois Pettendorfer (1824–1895) aus Mödingen bei Dillingen und der Magdalena Pettendorfer, geb. Settele (1830–1904) aus Türkheim[7]. Über seine Schul- und Berufsausbildung ist nichts überliefert, wir erfahren aus seinem Münchner Meldebogen[8] lediglich, daß er am 13. Januar 1894 von Weiden in der Oberpfalz nach München zu seinen Eltern in die Wörthstraße 16 verzog und als „Reisender" eine Stellung annahm. Bereits ein Jahr später, am 1. März 1895 meldete er sich nach der Zweibrückenstraße 5 (Rückgebäude) um, wo er gemäß einer Nachtragsnotiz als „Photograph" und „Stettmeyers Nachfolger" eine selbständige Existenz begründete[9].

Georg Pettendorfer übernahm also 1895 – vielleicht mittels des väterlichen Erbes – das altrenommierte Fotoatelier des Max Stettmeyer, das 1859 von dessen Vater Franz Xaver Stettmeyer am Oberanger gegründet worden war[10]. Dieses Atelier hatte (nach Ausweis einiger im Stadtarchiv erhaltener Visitenkartenfotos) wohl hauptsächlich Portraitaufnahmen angefertigt. Es ist auffallend, daß Georg Pettendorfer es sein Leben lang vermied, den Stettmeyer'schen Firmennamen aufzugeben, wobei er sich ohne jede eigene Namensnennung zunächst nur als „Max Stettmeyers Nachfolger" auswies. Erst nach einem Jahrzehnt firmierte er in seinen Aufdrucken und Blindstempeln unter eigenem Namen, nicht jedoch ohne die Stettmeyer'sche Nachfolge auch weiterhin zu erwähnen.

1902 erwarb Georg Pettendorfer auch eine bislang von Moriz Mayer in der Finkenstraße 2 betriebene Lichtpausenanstalt, die er zuerst in die Prielmayerstraße 8 und schließlich in die Ringseisstraße 14 verlegte[11]. Diese zweite Firma dürfte für seinen geschäftlichen Umsatz zeitweise wichtiger gewesen sein, als das Fotoatelier in der Zweibrückenstraße, da die rege Bautätigkeit im München der „Prinzregentenzeit" die Vervielfältigung von Architekturplänen zu einem einträglichen Geschäft machte[12].

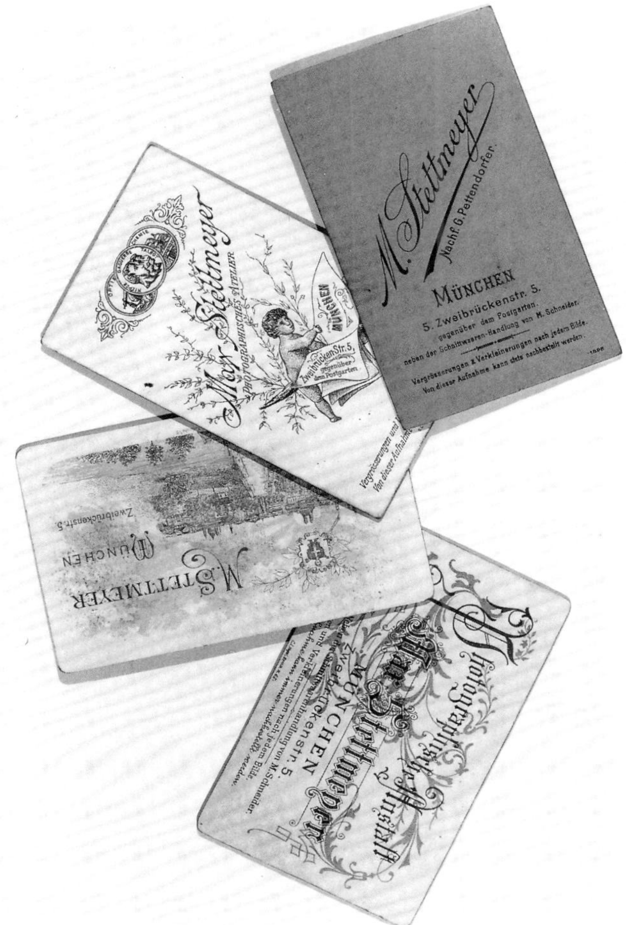

Adressenaufdrucke der Firmen M. Stettmeyer und M. Stettmeyer/Nachf. G. Pettendorfer

Interessant, daß Georg Pettendorfer im Adreßbuch unter der Rubrik „Photographen" keine näheren Auskünfte über seine fotografischen Spezialbereiche gibt, dafür aber unter dem Schlagwort „Lichtpausenanstalten" das gesamte Repertoir seines Könnens und seiner Möglichkeiten aufzählt: „Photograph für Portrait, Architekturen, Negro-, Gallus-, Plan- und Braunkopien, Plandrucke, Verkauf von Lichtpauspapieren, Tuschen etc., Verlag alter und neuer Münchner Architekturen, Portrait- und Gruppenaufnahmen"[13].

1916 mußte Georg Pettendorfer die Mayer'sche Lichtpausenanstalt in der Ringseisstraße 14 aufgeben, was mit dem völligen Darniederliegen der

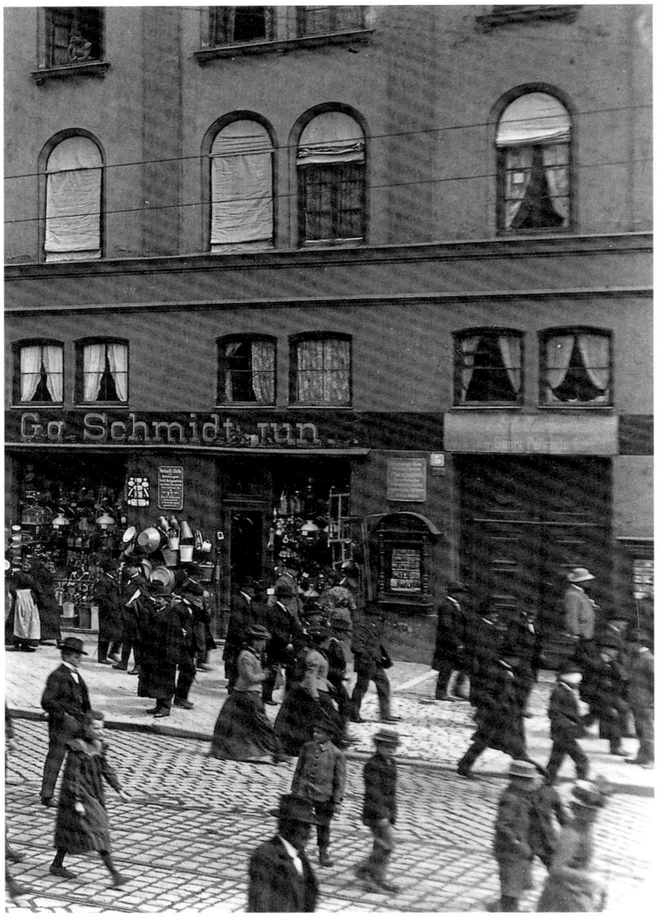

Der Postkarten-Schaukasten des Georg Pettendorfer am Anwesen Zweibrückenstraße 5, um 1900

öffentlichen und privaten Bautätigkeit während des 1. Weltkrieges leicht zu erklären ist.

Georg Pettendorfer hatte sich nicht ohne Grund für eine Fotografenlaufbahn und eine Geschäftsübernahme in München entschieden; galt doch diese Stadt neben Paris und London als Wiege und lebendiges Zentrum der Lichtbildkunst. Noch bevor im August 1839 die Franzosen Niepce und Daguerre ihre Verfahren veröffentlicht hatten, waren von den Münchnern Franz von Kobell und Carl August Steinheil auf der Grundlage eigenständiger Forschung Fotografien hergestellt worden. Auch die technische Weiterentwicklung und Popularisierung dieses revolutionären Mediums hing in besonderer Weise mit der Experimentierfreudigkeit Münchner Fotografen zusammen, von denen Franz Hanfstaengl als erster die Negativretusche einführte und Joseph Albert als Erfinder einer Lichtdrucktechnik (der Albertotypie) die massenweise Vervielfältigung und damit Verbreitung fotografischer Aufnahmen erst ermöglichte[14]. Es ist nicht zuviel gesagt, wenn wir behaupten, daß die Münchner Kunststadtideologie um die Jahrhundertwende, weniger von Originalität, als vielmehr von einer riesenhaft aufgeblähten künstlerischen, insbesondere fotografischen Reproduktionsindustrie getragen wurde, was übrigens Thomas Mann als einer der wenigen erkannt und deutlich ausgesprochen hat[15].

Hingen die Erfolge der Fotografen in den ersten vier Jahrzehnten der Fotografiegeschichte noch stark von der Beherrschung komplizierter technischer und vor allem chemischer Verfahren ab, so hatte sich seit den achtziger Jahren durch die Einführung der bereits verwendungsfähig präparierten Trockenplatte die Situation im gesamten fotografischen Fach von Grund auf gewandelt. Die neue Technik erleichterte nicht nur die Arbeit der Berufsfotografen, sondern beflügelte auch die Amateurfotografie, die einerseits nun in gefährliche Konkurrenz zur gewerblichen Fotografie trat, andererseits dieser aber wieder neue Erwerbsquellen erschloß, wie beispielsweise den Vertrieb und Verkauf der begehrten Trockenplatten, dann die Negativent-

Photographisches Atelier

Georg Pettendorfer / München

(Atelier im Garten) • Zweibrückenstraße 5 • (Atelier im Garten)

Porträt=, Gruppen=, Kinder=, Architektur=Aufnahmen. Zimmeraufnahmen

Blitzlicht=Aufnahmen bei Nacht. Vergrößerungen. Verkleinerungen.

Photographien in Briefmarkenform. Postkarten mit Porträts u. Häuser=Aufnahmen.

Photographien auf Porzellan eingebrannt für Tassen, Teller, Krüge, Gläser, Grabsteine etc.

Kostüm=Aufnahmen (Bayer. Gebirgs=Kostüme)

für Herren u. Damen liegen in meinem Atelier bereit.

Für Amateure Entwickeln, Copieren, Retouchieren, Vergrößern etc. Architekturen von München: Wohnhäuser, Villen, Kirchen, Schulen, Epitaphien, Denkmäler, Krieger=Gruppen, Pferde=Aufnahmen etc. Partien von Alt=München und Umgebung in Postkartenformat auf Lager.

Aufnahmen v. Residenz=Museum, Glyptothek etc.

Werbekarte des Ateliers Georg Pettendorfer, um 1920

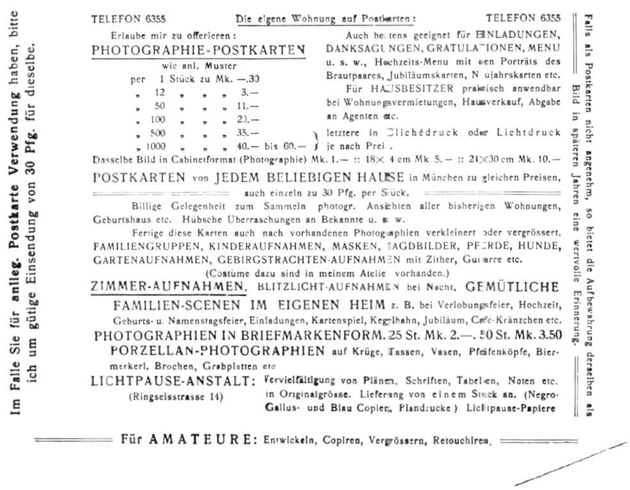

Im Falle Sie für anlieg. Postkarte Verwendung haben, bitte ich um gütige Einsendung von 30 Pfg. für dieselbe.

TELEFON 6355 — Die eigene Wohnung auf Postkarten: — TELEFON 6355

Erlaube mir zu offerieren:
PHOTOGRAPHIE-POSTKARTEN
wie anl. Muster
per 1 Stück zu Mk. —.30
„ 12 „ „ „ 3.—
„ 50 „ „ „ 11.—
„ 100 „ „ „ 20.—
„ 500 „ „ „ 35.—
„ 1000 „ „ „ 40.— bis 60.—

Auch bestens geeignet für EINLADUNGEN, DANKSAGUNGEN, GRATULATIONEN, MENU u. s. w., Hochzeits-Menu mit den Porträts des Brautpaares, Jubiläumskarten, Neujahrskarten etc.
Für HAUSBESITZER praktisch anwendbar bei Wohnungsvermietungen, Hausverkauf, Abgabe an Agenten etc.
letztere in Clichédruck oder Lichtdruck je nach Preis.

Dasselbe Bild in Cabinetformat (Photographie) Mk. 1.— :: 18×24 cm Mk. 5.— :: 24×30 cm Mk. 10.—

POSTKARTEN von JEDEM BELIEBIGEN HAUSE in München zu gleichen Preisen, auch einzeln zu 30 Pfg. per Stück.

Billige Gelegenheit zum Sammeln photogr. Ansichten aller bisherigen Wohnungen, Geburtshaus etc. Hübsche Überraschungen an Bekannte u. s. w.
Fertige diese Karten auch nach vorhandenen Photographien verkleinert oder vergrössert.
FAMILIENGRUPPEN, KINDERAUFNAHMEN, MASKEN, JAGDBILDER, PFERDE, HUNDE, GARTENAUFNAHMEN, GEBIRGSTRACHTEN-AUFNAHMEN mit Zither, Guitarre etc.
(Costüme dazu sind in meinem Atelier vorhanden.)
ZIMMER-AUFNAHMEN. BLITZLICHT-AUFNAHMEN bei Nacht. GEMÜTLICHE FAMILIEN-SCENEN IM EIGENEN HEIM z. B. bei Verlobungsfeier, Hochzeit, Geburts- u. Namenstagsfeier, Einladungen, Kartenspiel, Kegelbahn, Jubiläum, Café-Kränzchen etc.
PHOTOGRAPHIEN IN BRIEFMARKENFORM. 25 St. Mk. 2.—. 50 St. Mk. 3.50
PORZELLAN-PHOTOGRAPHIEN auf Krüge, Tassen, Vasen, Pfeifenköpfe, Biermerkerl, Brochen, Grabplatten etc
LICHTPAUSE-ANSTALT: (Ringseisstrasse 14) Vervielfältigung von Plänen, Schriften, Tabellen, Noten etc. in Originalgrösse. Lieferung von einem Stück an. (Negro-Gallus- und Blau Copien, Plandrucke) Lichtpause-Papiere

Falls als Postkarten nicht angenehm, so bietet die Aufbewahrung derselben als Bild in späteren Jahren eine wertvolle Erinnerung.

Für AMATEURE: Entwickeln, Copiren, Vergrössern, Retouchiren.

Offerte des Ateliers Georg Pettendorfer mit Preisangaben, vor 1916

wicklung und die Anfertigung von Abzügen für die Kunden.

Auch Georg Pettendorfer hielt laut einem am Anwesen Zweibrückenstraße 5 angebrachten Reklameschild Trockenplatten für Amateurfotografen auf Lager und besorgte für diese alle anfallenden Arbeiten.

Die neu gewonnene Mobilität sowohl der Berufs- als auch der Amateurfotografen erleichterte die Anfertigung von Landschafts- und Stadtansichten und ermöglichte erstmals die Bildberichterstattung von aktuellen Ereignissen. Damit war seit den achtziger Jahren ein geradezu ideales Klima für unternehmungslustige Fotografen geschaffen und nicht zufällig fällt die Gewerbeanmeldung Georg Pettendorfers 1895 exakt mit dem absoluten Höhepunkt der allgemeinen Attraktivität dieses Berufstandes zusammen. Die für dieses Jahr ermittelte Zahl von 101 selbständigen Münchner Betrieben (Vergleichszahlen: 1893: 88, 1894: 94, 1896: 87, 1897: 82) verdeutlicht natürlich auch die Wettbewerbssituation, die 1894 durch die Gründung eines „Süddeutschen Photographenvereins“ mit Sitz in München entkrampft werden sollte[16]. Georg Pettendorfer gehörte diesem Verein seit seiner Gewerbeanmeldung an und ist schon 1899 als Beisitzer im „Vorstandschafts-Kollegium“ erwähnt[17]. Die geschilderten technischen Innovationen, die eine Konjunktur der Ansichten- und Ereignisfotografie ausgelöst hatten, dürften Georg Pettendorfer bereits bei der Geschäftsübernahme auf jenen Sektor der „alten und neuen Münchner Architekturen“ hingelenkt haben, der für seine weitere berufliche Laufbahn und für seine Müncher Bedeutung entscheidend werden sollte.

Die hervorgehobene Beschäftigung Pettendorfers mit der architektonischen Vergangenheit und Gegenwart Münchens ist zunächst in Zusammenhang zu bringen mit dem damaligen Boom der Postkarte, insbesondere mit der neuen Vorliebe des Publikums für „authentische“, d.h. fotografische Gebäude- oder Situationswiedergaben. Gerade auf diesem Sektor profilierte sich Georg Pettendorfer in besonderer Weise, wobei er von dem bevorzugten 13 × 18 Glasplatten-Negativ u.a. Abzüge im Postkartenformat zu einem Normal-Stückpreis von 30 Pfennig anbot. Bei Abnahmepartien ab 500 Exemplaren offerierte Georg Pettendorfer auch Klischee- oder Lichtdruck.

Hier soll kurz an die Ausgangslage erinnert werden: die in den „Gründerjahren“ beim Publikum enorm beliebte Postkarte mit Bildern und Ansichten[18] war bis in die neunziger Jahre des vorigen Jahrhunderts eine Domäne der Lithographen. An der Vorzugsstellung der in Chromolithographie ausgeführten Bildpostkarte sollte sich auch in den folgenden Jahren nichts ändern, doch drängte inzwischen auch die fotografierte Ansicht auf den Markt, die mittels Druckverfahren in großen Auflagen vervielfältigt und dadurch sehr preisgünstig angeboten werden konnte. Kleinere Fotoateliers, die meist nur beschränkte Kontingente eines bestimmten Motives absetzen konnten, verzichteten aber in der Regel auf die Anwendung eines Druckverfahrens und begnügten sich mit der Herstellung von (meist verkleinerten) Abzügen von der Originalplatte. Erzeugte die Lichtdruckwiedergabe eines Fotos schon ein hohes Maß an Authentizität, so erfuhr die „echte Fotografie“ noch eine gesteigerte Wertschätzung, da ihr ja der Charakter des Einzelproduktes anhaftete und sie dadurch als Zeichen eines besonders individuellen Korrespondenzstiles galt.

Auch bei Georg Pettendorfer war die vom Glasplatten-Negativ hergestellte Fotopostkarte eine Hauptsäule seines Unternehmertums. Die mit einem für die Firma Stettmeyer-Pettendorfer charakteristischen Blindstempel gekennzeichneten Stadtansichten beschränkten sich vor der Jahrhundertwende (entsprechend der allgemeinen Entwicklung) nur auf das obere Drittel bzw. die Hälfte der Vorderseite einer Postkarte, um später diese ganz auszufüllen. Im Lichtdruckverfahren vervielfältigte Pettendorfer-Postkarten sind nicht häufig, wobei die lithographische Gestaltung zudem von einer auffallenden Niveaulosigkeit war. Die Großproduktion von gedruckten Karten war also nicht das Metier unseres Fotografen, dafür aber das echte Foto im Postkartenformat und daneben auch der – allerdings relativ seltene – Kontaktabzug im Plattenformat.

Wichtig ist die Feststellung, daß von den heute im Postkartenhandel auftauchenden Pettendorfer-Ansichten nur wenige und darunter überwiegend die vor der Jahrhundertwende produzierten Karten postalisch „gelaufen" sind. Dies ist ein Hinweis darauf, daß Georg Pettendorfer mit seinen Ansichtskarten nur anfänglich auf korrespondierende Zeitgenossen, insbesondere auf auswärtige Besucher der „Kunststadt" spekulierte. In der Folge eroberte er sich einen völlig anderen Kundenkreis, der bislang allem Anschein nach seitens der Fotografen noch unterschätzt wurde. Es war dies jener Teil des Münchner Besitzbürgertums, der sich nicht mehr mit selbstgefälligen Portraitaufnahmen zufriedengeben wollte, sondern daneben auch an einer fotografischen Wiedergabe der ererbten, erworbenen oder gepachteten Realitäten Gefallen fand. Haus- und Geschäftseigentümer, Gewerbetreibende und Wohnungsmieter schmeichelten sich beim Anblick ihrer auf Papier fixierten Lokalitäten; mittels solcher „Immobiliar-Visitkarten" konnten sie darüber hinaus den Bekannten- und Freundeskreis auf schickliche Weise über die eigenen Vermögenswerte oder das elegante Unterkommen informieren,

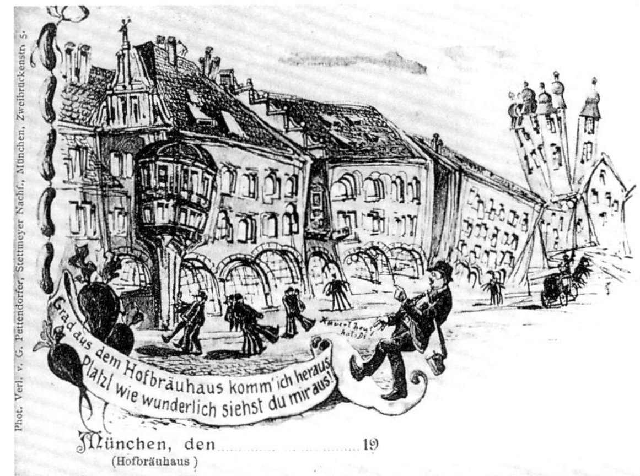

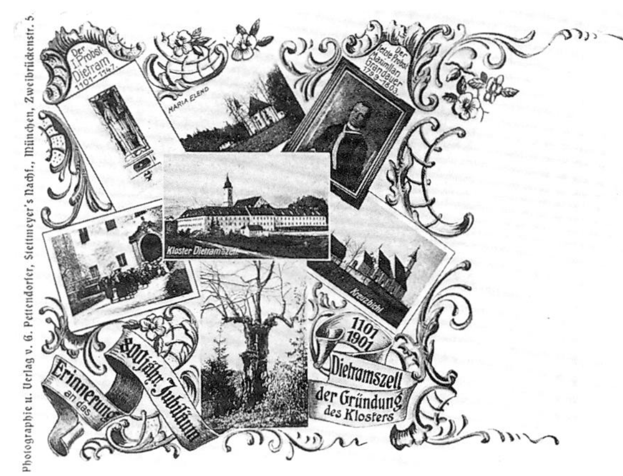

oder Maklern bzw. Kauf- oder Mietinteressenten eine „anschauliche" Information an die Hand geben. Unter dem zugkräftigen Motto: „Postkarten von jedem beliebigen Hause" verhandelte Georg Pettendorfer Gebäudeansichten, die er zunächst auf eigenes Risiko anfertigte und dann nebst Beilage eines Werbezettels dem in Frage kommenden Personenkreis zustellte. Fand die Postkarte Gefallen, wurde um Bezahlung gebeten, Nachbestellungen erfolgten entsprechend einer handelsüblichen Preisstaffelung. Schreibfaulen Interessenten galt der Hinweis: „falls als Postkarte nicht angenehm, so bietet die Aufbewahrung derselben als Bild in späteren Jahren eine wertvolle Erinnerung". Da wahrscheinlich eine verständliche menschliche Schwäche viele „Realitätenbesitzer" zu einer überzogenen Bedarfsdeckung verleitete, dürfte Georg Pettendorfer mit

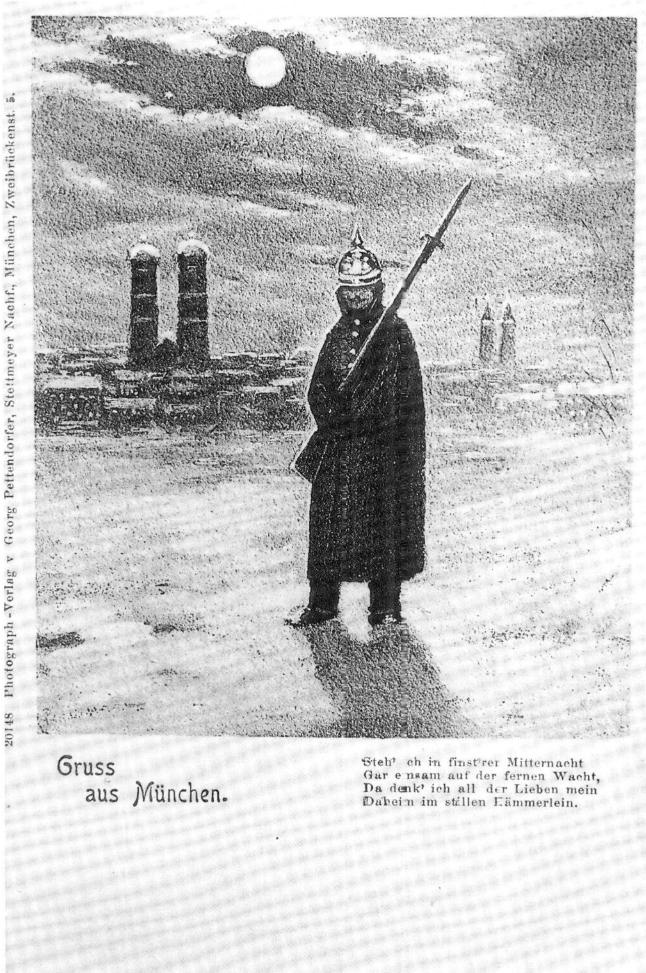

Gedruckte Postkarten aus dem Verlag Georg Pettendorfer, um 1900 und 1901

der partieweisen Abgabe seiner Ansichtskarten in der Regel sehr erfolgreich gewesen sein.

Es wäre nun freilich unbillig und unangemessen, den Fotografen Georg Pettendorfer in erster Linie nach dieser Geschäftspraxis zu beurteilen. Gerade die vielen Ansichten, welche die Architektur zurücktreten lassen und das Milieu hervorheben, machen deutlich, daß Georg Pettendorfer nicht nur das Münchner Besitzbürgertum bediente, sondern daneben auch jene Fotofreunde nicht vergaß, die sich völlig „zweckfrei" an lokalen Besonderheiten ihrer Stadt bilden und erfreuen wollten. War doch um die Jahrhundertwende ein Großteil der gebildeten Schichten in jene kaum noch nachvollziehbare Sammelmanie von Ansichten, Ansichtskarten, Briefmarken und Werbemarken verstrickt, die sich in der Anlage unzähliger Steckalben (Motto: aus Nah und Fern) niederschlug. Patriotismus und wilhelminische „Weltoffenheit" verlangten nach stets verfügbaren Bildbelegen, an denen eine durch visuelle Reizüberflutung noch nicht geplagte Menschheit Heimatverbundenheit und Fernweh zugleich auskosten konnte. So dürfte ein Großteil von Pettendorfers Kundschaft auch aus Motivsammlern bestanden haben, denen er sich – je länger er diese besondere fotografische Spezialisierung pflegte und je umfangreicher sein Œuvre wurde – nach und nach selbst zugesellte.

Georg Pettendorfer hat als Fotograf das Münchner Stadtbild nicht wertneutral registriert, er hat sich in seine Aufnahmen selbst miteingebracht. Unbestreitbar läßt sich an seinen Bildern eine persönliche Anteilnahme an den Szenerien der Vergangenheit und des Verfalls feststellen und eine Detailverliebtheit in Architekturrelikte der adeligen, der bürgerlichen und der kleinbürgerlichen Wohnkultur. Im Gegensatz zu diesem fotografischen Engagement für Altmünchen sind Georg Pettendorfers Aufnahmen moderner Villenviertel und Industrieanlagen des Stadtrandes von einer eher kühlen und jedenfalls deutlich distanzierteren Betrachtungsweise – ohne deshalb aber an technischer Qualität einzubüßen.

Auch der Privatmann Georg Pettendorfer war eingebunden in jenen, die gesamte Bevölkerung polarisierenden Prozeß der „Modernisierung" Münchens, der nicht behutsam, sondern radikal und rücksichtslos vorangetrieben wurde. Der schnell gewachsene Wohlstand nach dem gewonnenen Krieg 1870/71 hatte in vielen deutschen Städten zu einer regelrechten Sanierungseuphorie geführt, in deren Namen unendlich viele Zeugnisse des Mittelalters und der Barockzeit achtlos beseitigt wurden. Die Reste der Befestigungsanlagen verschwanden, Verkehrswege wurden durchgebrochen und verbreitert, ganze Häuserzeilen niedergelegt. Wenn auch die Alten murrten, wer wollte sich darum kümmern? Die Ellenbogenmentalität des liberalen Besitzbürgertums triumphierte, die Straßenperspektiven wurden repräsentativer und die Bausubstanz selbst profitierlicher. In den Altstadtbereichen verdrängten Handels- und Geschäftsleben die Wohnbevölkerung, die zunächst in den vorstädtischen Mietskasernen, später dann auch in den Baugenossenschaftsblöcken an der Peripherie ein neues Zuhause fand. Auch in München schritt die Stadtbildveränderung schnell voran. Georg Pettendorfer konnte damit rechnen, daß nicht wenige der von ihm angefertigten Gebäudeaufnahmen und Situationsbilder in Kürze nur Erinnerungswert haben würden. Vielleicht hat ihn die – an vielen in seiner Lichtpausenanstalt kopierten Architekturplänen gewonnene – Erkenntnis des unaufhaltsamen Umbruchs und der Zerstörung von Atmosphäre und Patina eifriger fotografieren lassen, als es das Geschäftsinteresse eigentlich erfordert hätte.

Daß es wie Georg Pettendorfer Menschen gab, die bei aller Zustimmung zu den vom Fortschritt bewirkten Verbesserungen den nachfolgenden Generationen zumindest die Erinnerung an die bisherigen Gegebenheiten zu bewahren versuchten, beweist auch die selbstlose Dokumentationsarbeit des Münchner Gemeindebevollmächtigten Joseph Zechbauer[19], der als Amateurfotograf seit den neunziger Jahren des 19. Jahrhunderts Hausabbrüche im Bild festhielt und seine Bildersammlung später dem Stadtbauamt überließ, wo sie der Grundstock der von Hans Grässel[20] 1907/08 ins Leben gerufenen sog. Hochbausammlung wurde. In diesem Fundus von geschenkten, gekauften und schließlich im Auftrag der Stadt angefertigten Fotografien sollte die im Zuge der „Stadtsanierung“ anwachsende Verlustliste zu künftigen Studienzwecken visualisiert werden – ein für damalige Verhältnisse beachtliches amtliches Verständnis für gewachsene Bausubstanz, die zwar nicht geschützt wurde, dafür aber immerhin vor ihrer Beseitigung fotografisch registriert. Daß das Münchner Stadtbauamt aus dieser innovativen Zielsetzung heraus kurz vor dem 1. Weltkrieg auch den Fotografen Georg Pettendorfer und sein Werk entdeckte, war naheliegend.

Ausgewählte Motive wurden vom Stadtbauamt als Kontaktabzüge oder als Postkarten erworben und auf Karton aufgezogen in den Bestand eingereiht. Wahrscheinlich wurde Georg Pettendorfer auch direkt mit Aufnahmen beauftragt, doch konnte bisher in der sog. Hochbausammlung nur eine einzige von ihm stammende Negativplatte identifiziert werden[21]. Wie wichtig die Vergabe fotografischer Arbeiten durch das Stadtbauamt für die Münchner Fotografen wurde, erhellt sich aus dem Umstand, daß die 1912 geschaffene „Zwangsinnung für das Photographen-Gewerbe in den Stadtbezirken München und Pasing“[22] wegen der umstrittenen Vergabepraxis mit der Landeshauptstadt in Verhandlungen eintrat. Die amtliche Anerkennung seiner jahrelangen thematischen Spezialisierung scheint Georg Pettendorfer beruflich enorm bestätigt zu haben und die „ausgefallenen“ Motive traten in der Folge bei seinem Postkartenangebot immer deutlicher hervor. Das Bemühen um die fotografische Sicherung der vorhandenen Bausubstanz wurde in der Folge ergänzt durch das eifrige Reproduzieren der in öffentlichen und privaten Sammlungen angehäuften Graphikblätter zur Architekturgeschichte Münchens. Innerhalb des fotografischen Gesamtwerkes bildete sich ein Sonderbestand „Altmünchen“ heraus, den Georg Pettendorfer mit entsprechenden Reproduktionen und ausgewählten eigenen Aufnahmen (darunter auch von sog. Stadtoriginalen) auffüllte. Es ist davon auszugehen, daß die bei Karl Valentin seit 1925 belegbare Sammelleidenschaft für Altmünchner Szenen von der Bekanntschaft mit Georg Pettendorfer profitierte, ja durch diese erst richtig angefacht wurde. Im Nachhinein ist nur schwer auszumachen, wer von beiden sich zuerst engagiert um die Hinterlassenschaft der damals z.T. schon wieder vergessenen Vertreter der fotografischen Frühzeit Münchens kümmerte (z.B. Georg Böttger, Heinrich Theodor Hudemann, Franz Neumayer, Ernest Reuelbach), jedenfalls verfügte Georg Pettendorfer über viele selbst reproduzierte Kopien älterer Stadtansichten, die auch bei Karl Valentin (dort teilweise im Original) auftauchen.

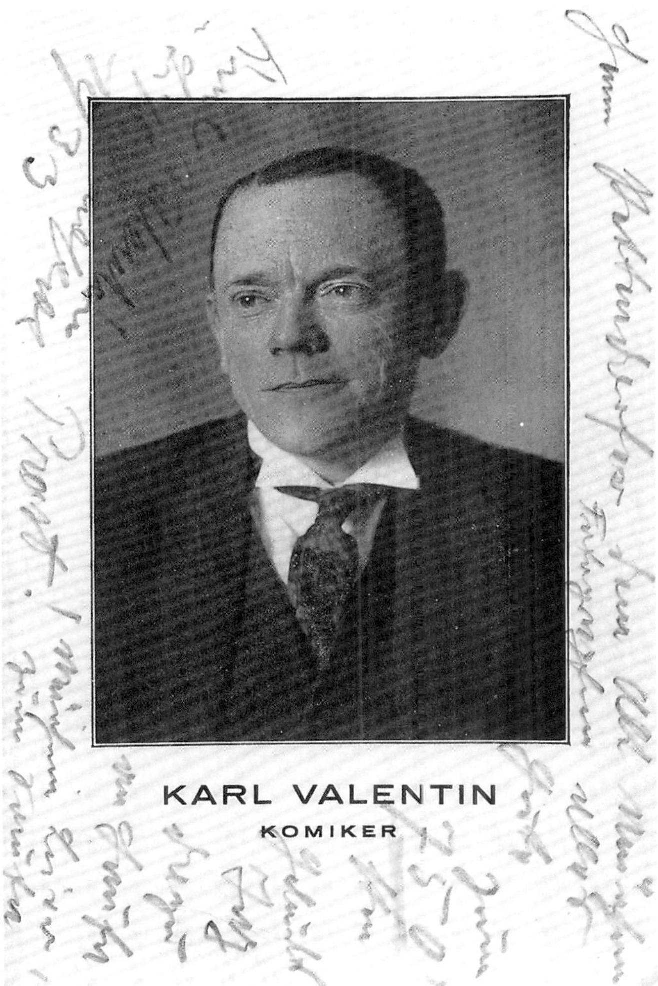

Glückwunschkarte Karl Valentins an Georg Pettendorfer zu dessen 75. Geburtstag 1933. „Herrn Pettendorfer, dem Alt München Fotographen alles Gute zum 750'sten Geburts Tag, dazu an Haufa Münchna Bier zum Saufa, Prost! Karl Valentin und Lisl Karlstadt 1933"

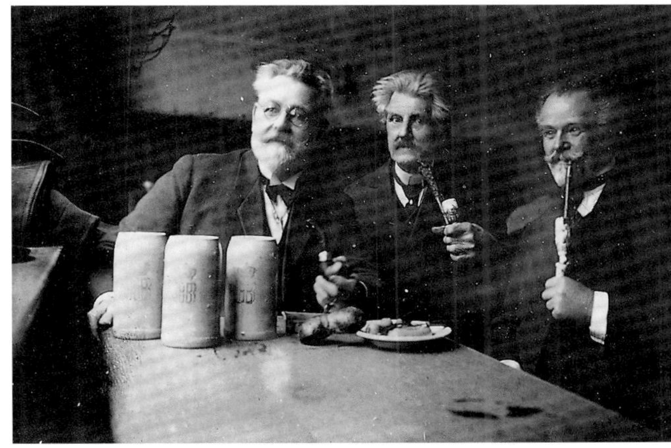

Georg Pettendorfer (rechts) mit seinen Brüdern Eugen und Alois, um 1925

Pettendorfers fotografische „Anstalt" in der Zweibrückenstraße 5 dürfte bereits vor dem 1. Weltkrieg eine wichtige Anlaufstelle für Monacensiasammler und Kunsthistoriker gewesen sein, wie den Fotografen Georg Pettendorfer umgekehrt die Spezialisierung und ein reichhaltiges Sortiment von Architektur- und Ausstattungsaufnahmen immer wieder für kunsthistorische Sonderaufträge in München und z.T. in ganz Bayern empfahlen. Erhalten haben sich einige Negative und Postkartenabzüge von oberbayerischen und schwäbischen Kirchenstudien, Aufnahmeserien der Grabsteine von Peters- und Frauenkirche und zwei Komplexe mit den Bildwerken der Münchner Glyptothek und den Raumausstattungen der Residenz.

Während des 1. Weltkrieges lebte Georg Pettendorfer hauptsächlich von „patriotischen" Gruppenaufnahmen, wobei ins Feld ausrückende Soldaten und sog. Verwundeten-Führungen das Hauptgeschäft ausmachten. Für diese vom Verein der studentischen Arbeiterfortbildungskurse organisierten Führungen, welche die in Münchner Lazaretten genesenden Krieger über die künstlerischen und industriellen Sehenswürdigkeiten Münchens informierten (Kirchen, Museen, Betriebe), dürfte Pettendorfer ein fotografisches Monopol besessen haben, da alle noch existierenden Aufnahmen mit Rekonvaleszenten auf „Bildungstour" von ihm stammen. Die zunächst zweimal wöchentlich und schließlich an jedem Wochentag nachmittags veranstalteten Besichtigungen mit jeweils 30 bis 40 Teilnehmern, garantierten mit Sicherheit einen zufriedenstellenden Absatz von Postkarten, waren diese doch für die Angehörigen zu Hause ein willkommener Beweis der gesundheitlichen Fortschritte und der Bildungsbeflissenheit des Absenders.

Nach Kriegsende wandte sich Georg Pettendorfer wieder ganz der Produktion von Architekturpostkarten zu, wobei er jetzt manches interessante Motiv bereits zum zweiten- und drittenmal abfoto-

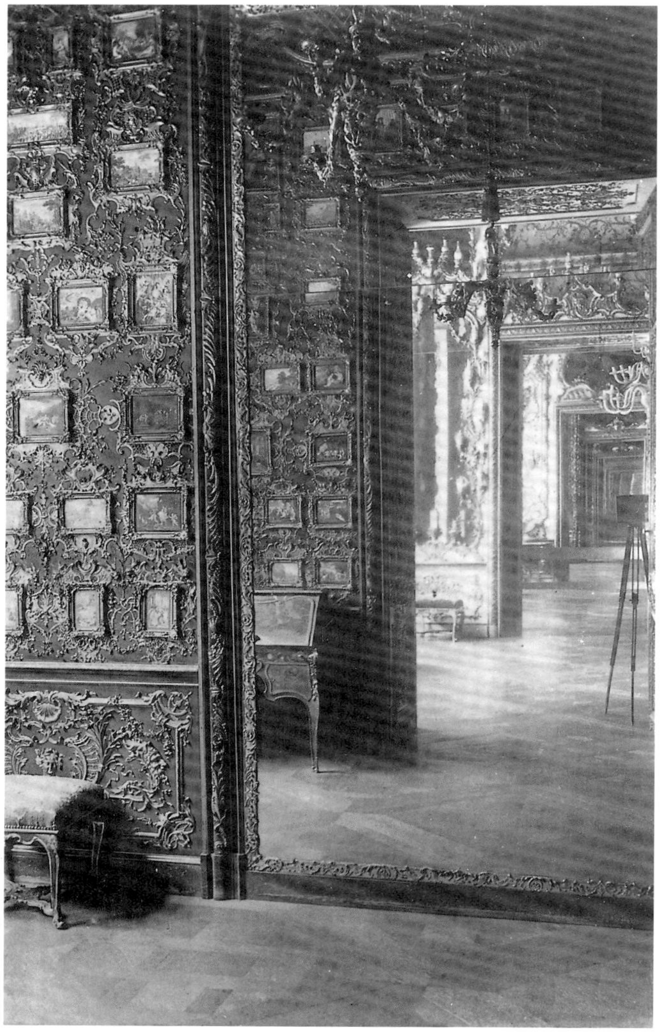

Georg Pettendorfers Kamera im Spiegel des Miniaturenkabinetts der Residenz, um 1920

grafierte. Rund eineinhalb Jahrzehnte konnte er noch vielfältige Belege des Münchner Erscheinungsbildes zusammentragen, wenngleich auch die Qualität seiner Bilder in der Spätphase seines Schaffens bisweilen abfällt. Ende der dreißiger Jahre zog sich der inzwischen Achtzigjährige ganz aus der geliebten Fotografie zurück. Von seinem Lebensabend ist nur bekannt, daß Pettendorfer am 20. Januar 1944 – wohl infolge der eingetretenen Evakuierungsmaßnahmen – die in Trümmer versinkende Stadt verließ und bei der Familie seiner Schwester Mathilde in Kirchseeon Unterschlupf fand[23]. Dort aber hielt er sich nur ein Jahr auf[24] und dürfte unmittelbar nach Kriegsende wieder nach München zurückgekehrt sein. Am 27. September 1945 ist er verstorben[25].

Auch über die Persönlichkeit des Münchner „Stadtfotografen" kann wenig ausgesagt werden. Einige erhaltene Fotografien belegen, daß er mit seinen Geschwistern und Schwägern in gutem Einvernehmen blieb. Geheiratet hat er nie, als „Hagestolz" lebte er zusammen mit zwei Schwestern in der Zweibrückenstraße 5 und unterhielt gute Kontakte zu vielen bekannten Persönlichkeiten, wie zu Karl Valentin oder Papa Schmid, dem Schöpfer des Münchner Marionettentheaters[26].

In diesem Zusammenhang höchst reizvoll ist ein Brief, den ein Besucher der 1968 im Münchner Stadtmuseum gezeigten „Papa-Schmid-Gedächtnisausstellung" an die Leitung des dortigen Puppentheatermuseums adressierte. Karl W. Sauer hatte dieser Sammlung ein Pettendorfer-Foto geschenkt, das ihn mit Papa Schmid zeigt. Dabei erinnerte er sich:

„Nun, einmal war da eben früher manches anders, als heute. Wir waren eine kinderreiche Familie und seinerzeit in München, Steinsdorf-Straße Nr. 19 zu Hause. In unmittelbarer Nähe davon, nämlich in der Zweibrücken-Str. Nr. 5, wohnte Herr Georg Pettendorfer, seines Zeichens wohlhabender Münchner Photograph. Herr Pettendorfer war unverheiratet, von ansehnlich gepflegtem Äußeren, trug kurzen Vollbart und sogen. Schlapphut. Er lebte zusammen mit seinen beiden Fräulein Schwestern. In demselben Anwesen – Seitengebäude – befand sich auch sein Atelier nebst einem dazugehörigen Ziergarten mit Sommerlaube.

Bei diesem geschätzten Herrn Pettendorfer verkehrten u.v.a. der damals hochverehrte, allseits beliebte und bestens bekannte Papa Schmid, wie auch meine lieben Eltern. Ich genoß dort selbst so etwas wie absolutes Hausrecht, spielte, trollte und wichtelte in Kinderseligkeit einher und die Pettendorfer's litten es gerne, man mochte mich halt. Teils war ich dort allein und zuweilen auch in Gesellschaft mit meiner, um zwei Jahre älteren Schwester anzutreffen. Davon zeugen noch heute vorhandene

Fotos aus meiner Kindheit von dieser schönen Zeit. Soviel ich mich noch erinnern kann – es wurde mir auch später bestätigt – äußerte Papa Schmid einmal bei einem besonderen Anlaß (welchen, weiß ich heute leider nicht mehr) den Wunsch, er hatte auch seinen berühmten „Kasperle" bei sich, zusammen mit „Karle" aufgenommen zu werden und so entstand dieses liebe Bild. Dieses machte dann die Runde durch die damalige Presse „Die Münchener Neuesten Nachrichten" sowie verschiedene andere Blätter. Die Zeit der Bildaufnahme dürfte aller Wahrscheinlichkeit nach im Sommer des Jahres 1908 gewesen sein"[27].

Fragen wir abschließend nach den Besonderheiten des Pettendorfer'schen Schaffens. Georg Pettendorfer war zunächst einmal so etwas wie ein „Allerweltsfotograf", der alle Lebensbereiche von der Gruppenaufnahme einer Hochzeitsgesellschaft bis hin zum damals noch beliebten Erinnerungsfoto an den Verstorbenen abzudecken suchte, der Trockenplatten vertrieb und für Amateurfotografen alle anfallenden Laborarbeiten übernahm. Er war bisweilen auch als Bildjournalist tätig, ohne aber in diesem aufstrebenden Zweig der gewerblichen Fotografie bei den illustrierten Blättern richtig Fuß fassen zu können. Georg Pettendorfers Spezialbereich waren die „alten und neuen Münchner Architekturen" und sein wichtigstes Produkt die davon angefertigten Postkarten. Dabei kann man ihn nicht einmal als besonders renommierten Architekturfotografen ansprechen, sozusagen als einen Liebling der Architekten. Denn diese erwarteten präzise, auf Kontur und Fläche ausgerichtete Lichtbilder, die alle künstlerischen Intentionen der Planung zur Geltung brachten und neben den großen Linien auch die Qualität der Details hervorhoben. Solche Ansprüche konnte Georg Pettendorfer nicht befriedigen; sein Publikum, die Hauseigentümer, die Wohnungsmieter und die stadt- und kunsthistorisch ausgerichteten Ansichtskartensammler stellte andere Ansprüche. Pettendorfers Kundschaft suchte das fotografierte Haus bzw. die abgebildete Örtlichkeit als Zentrum eines bestimmten Lebensraumes wiederzuerkennen. Dieser Erwartungshaltung wollte

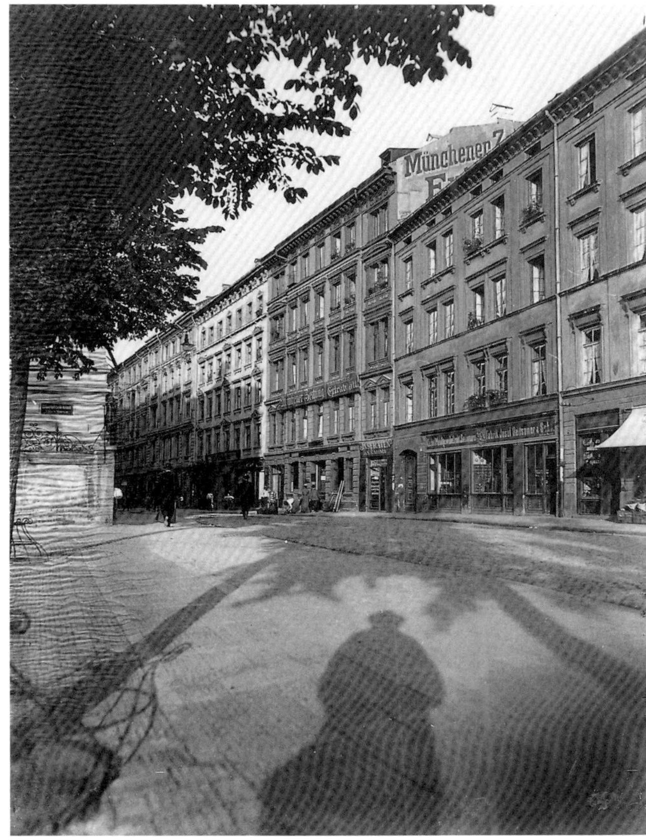

Der Schatten des Fotografen. Georg Pettendorfer fotografiert die Frauenstraße, um 1905

unser Fotograf in erster Linie entsprechen und ihr gemäß gestaltete er seine Ansichtskarten.

Georg Pettendorfer fotografierte nicht allein Straßenzüge, Plätze, Häuser und Kirchen, sondern er bemächtigte sich auch des besonderen lokalen Fluidums: Gebäude sind ihm nicht nur Fassade, sondern auch Portal, Durchgang, Hof, Treppenhaus; Straße und Platz nicht nur eine Abfolge von Baumassen, sondern versteinerte Manifestation einer bestimmten Lebensqualität, die sich schon im feucht glänzenden Kopfsteinpflaster oder im aufgeweichten und aufgewühlten Makadambelag ankündigt. Menschen sind dabei weniger kalkulierte Staffage, sondern eher zufälliger Beleg für die Geschäftigkeit oder für die Öde einzelner Quartiere. Auch die Zeugnisse des Menschen, insbesondere verlassene Gerätschaften oder abgestellte Transportmittel (Fässer, Säcke, Karren, Kutschen, Fuhrwerke) sind Stilmittel, um bestimmte Situationen in ihrer Aussage zu akzentuieren. Eine besondere Neigung des Fotografen gilt vereinzelten Passanten, welche die „Wüsten" der aus fototechnischen Günden überdimensionierten Verkehrsflächen überqueren, wobei stets auf Milieubezogenheit geachtet wird. Wir begegnen auf dem Trottoir der ludovizianischen Stadtareale eleganten Flaneuren und erleben die silhouettenhaften Armutsgestalten, die durch den Straßenkot der östlichen Vorstädte stapfen. Nichts vermag die Zeitvergessenheit der Altstadtgassen deutlicher zu machen als eine Gesprächsgruppe am Rande des Bürgersteigs und nichts verdeutlicht anschaulicher die Raumnot der Auer Klein- und Herbergenbebauung als rudelweise auftretende Kinderscharen. Georg Pettendorfer beweist oft genug, daß er den fotografischen horror vacui nicht kennt und so entsteht beim Betrachter der Bilder nur selten das Gefühl, daß die faszinierende Wechselwirkung von Bauwerken und Menschen lange gesucht oder gar arrangiert wurde: sie hat sich leicht und natürlich, aus dem Augenblick heraus ergeben. Ein indiskretes Herantreten oder gar ein Heranpirschen an Personen, also Foto-Voyeurismus, ist Georg Pettendorfer fremd geblieben.

Auch dort, wo er Menschen in den Mittelpunkt seiner Bilder rückt, hat er sie nie überrascht oder überfallen, sie bieten sich vielmehr von selbst als Objekt an oder sie werden diskret in Rückansicht vereinnahmt. Wenn auf vielen Aufnahmen der Mensch völlig eliminiert ist und allein das Bauwerk dominiert, kann dies bei Georg Pettendorfer nicht immer als bloßes Registrieren interpretiert werden. Solche Aufnahmen sind manchmal auch Offenbarung einer an verlassenen „Schauplätzen" noch nachwirkenden menschlichen Aura. Die für das Œuvre des berühmten französischen Fotografen Atget getroffene Feststellung, daß menschenleere Fotos polizeilichen „Tatortaufnahmen" gleichen[28], gilt auch für viele Bilder Pettendorfers.

Anmerkungen:

[1] Vgl. hierzu Richard Bauer, Das alte München, Photographien 1855–1912, gesammelt von Karl Valentin, München 1982.
[2] München um 1800, Die Häuser und Gassen der Stadt, gezeichnet und beschrieben von Johann Paul Stimmelmayr, hrsg. von Gabriele Dischinger und Richard Bauer, München 1980.
[3] Brief Karl Valentins an den Reichspressechef Amann, abgedruckt bei Richard Bauer, Das alte München S. 12/13.
[4] Notiz vom 15.11.1950, Stadtarchiv Bestand Archiv 440.
[5] Laut Aussage des Leiters des Fotomuseums, Herrn Ditmar Albert.
[6] Joseph Regnat (1892–1982).
[7] Die Geschwister Georgs waren Alois (geb. 1854), Sophie (geb. 1856 und später verheiratet mit dem Forstmeister von Pigenot), Mathilde (geb. 1860 und später verheiratet mit dem Ingenieur Bleibinhaus), Eugen (geb. 1862), Maria (geb. 1863) und Anna (geb. 1867).
[8] Polizeimeldebogen Georg Pettendorfer im Stadtarchiv München.
[9] Ebd.
[10] Vgl. Heinz Gebhardt, Königlich bayerische Photographie 1838–1918, München 1978 S. 137.
[11] Quelle: Münchner Handels- und Gewerbeadreßbücher 1902–1917.
[12] Vgl. Richard Bauer, Prinzregentenzeit, München und die Münchner in Fotografien, München 1988 S. 38.
[13] Vgl. z.B. Handels- und Gewerbeadreßbuch 1903.
[14] Vgl. Heinz Gebhardt, Königlich bayerische Photographie, S. 23 ff. bzw. S. 171 ff. und S. 181 ff.
[15] Vgl. Richard Bauer, Prinzregentenzeit S. 103.
[16] Vgl. Heinz Gebhardt, Königlich bayerische Photographie, S. 92 und S. 266.
[17] Vgl. Allgemeine Photographen-Zeitung Nr. 38 vom 20.12.1899, S. 368.
[18] Vgl. hierzu Wolfgang Till, Alte Postkarten, München 1983.
[19] Joseph Zechbauer (1842–1916), Kommerzienrat, 1893–1914 Gemeindebevollmächtigter der Liberalen Partei.
[20] Vgl. Thieme-Becker, Allgemeines Lexikon der Bildenden Künstler, Leipzig 1921 Bd. 14 S. 478 f.
[21] Hochbau XX J 14.
[22] Vgl. Stadtarchiv München, Gewerbeamt 3894.
[23] Meldekarte im Stadtarchiv München.
[24] Laut einer schriftlichen Auskunft des Marktes Kirchseeon vom 11.2.1985.
[25] Ebd.
[26] Vgl. hierzu Kasperl Larifari, Blumenstraße 29a, Das Münchner Marionettentheater 1858–1988, München 1988.
[27] Anschreiben in der Registratur des Puppentheatermuseums. Nach freundlicher Mitteilung von Wolfgang Till.
[28] Vgl. hierzu auch Winfried Ranke, Heinrich Zille, Photographien Berlin 1890–1910, München 1979.

Ein fotografischer Spaziergang durch die Münchner Innenstadt

Um den Bahnhof

Der eigentlich der Max- bzw. der Ludwigsvorstadt zugehörige Bahnhofsbereich bildete seit der Mitte des 19. Jahrhunderts das bevorzugte Entrée Münchens. Denn anders als im Mittelalter wurde die Stadt nunmehr hauptsächlich vom Westen her erschlossen und die wirtschaftliche Bedeutung des die Salzhandelsroute aufnehmenden Isartores war auf den Hauptbahnhof übergegangen, der zahlreiche Gleisstränge bündelte. Den in italienischem Stil geziegelten Frontbau Bürkleins und die spätere Eisenkonstruktion der vierschiffigen Empfangshalle flankierten zahlreiche Zweckbauten von Bahn und Post und eine Vielzahl von Hotels und Beherbergungsbetrieben unterschiedlichster Kategorien. Seit 1912 unterstrich die weithin sichtbare Kuppel des Verkehrsministeriums die politische Bedeutung schneller Verkehrsverbindungen für Stadt und Land in eindrucksvoller Weise. Dem Fremden – und München wollte ja eine Fremdenstadt sein – waren der geschäftige Bahnhofplatz und der mit einer zentralen Verteilerfunktion ausgestattete Karlsplatz/Stachus der erste bestimmende Eindruck von München. Dabei vermittelten die großzügigen Anlagen und Hochbauten um Lenbachplatz und vordere Sonnenstraße weltstädtisches Flair, während das Karlstorrondell den Blickfang bildete für die von den markanten Frauentürmen überragte Altstadt.

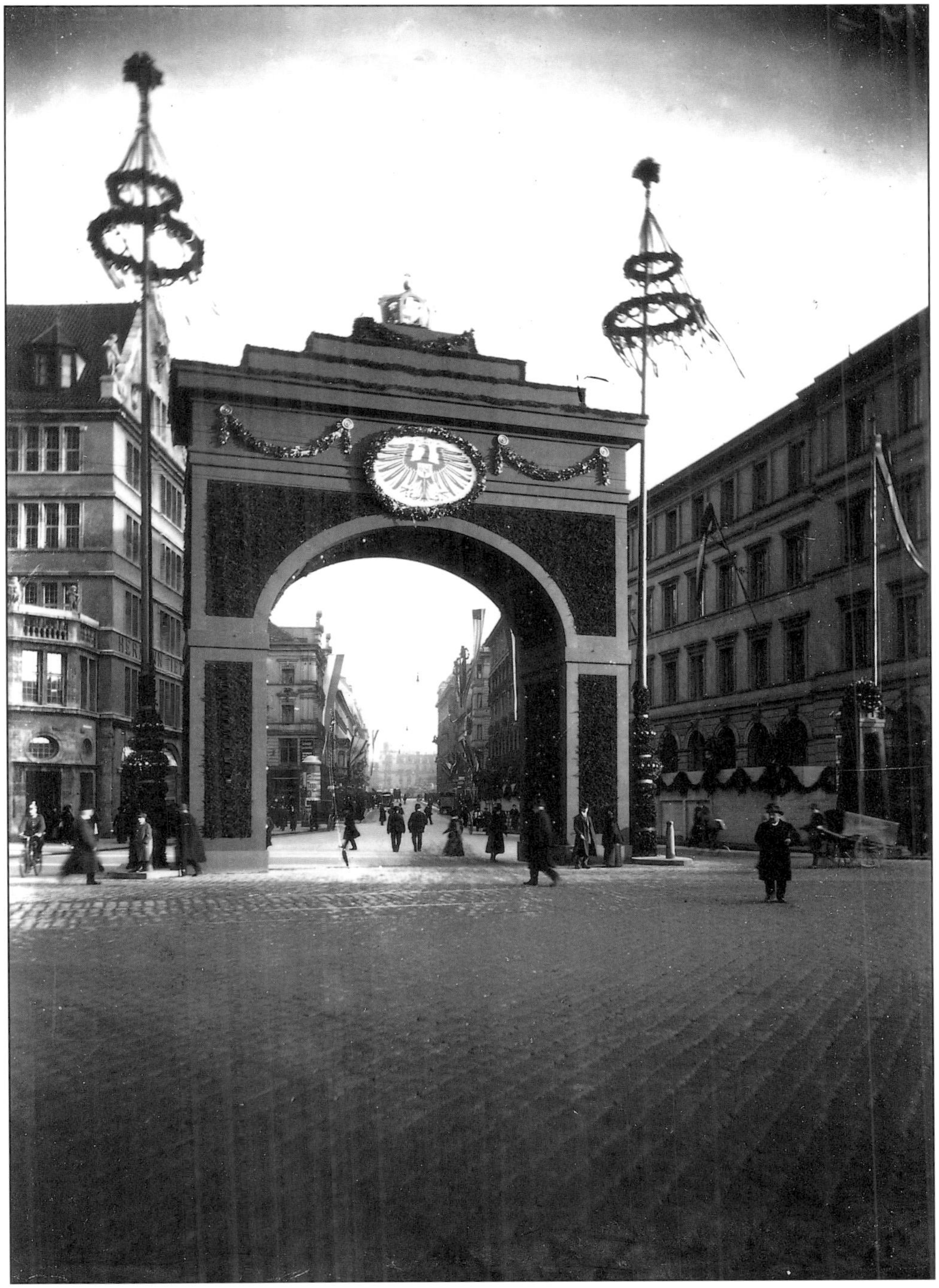

I

Ehrenpforte an der Einmündung der Schützenstraße in den Bahnhofplatz; sie wurde für den Besuch Kaiser Wilhelms II. in München nach der Thronbesteigung König Ludwigs III. errichtet.

Aufnahme vom 16.12.1913

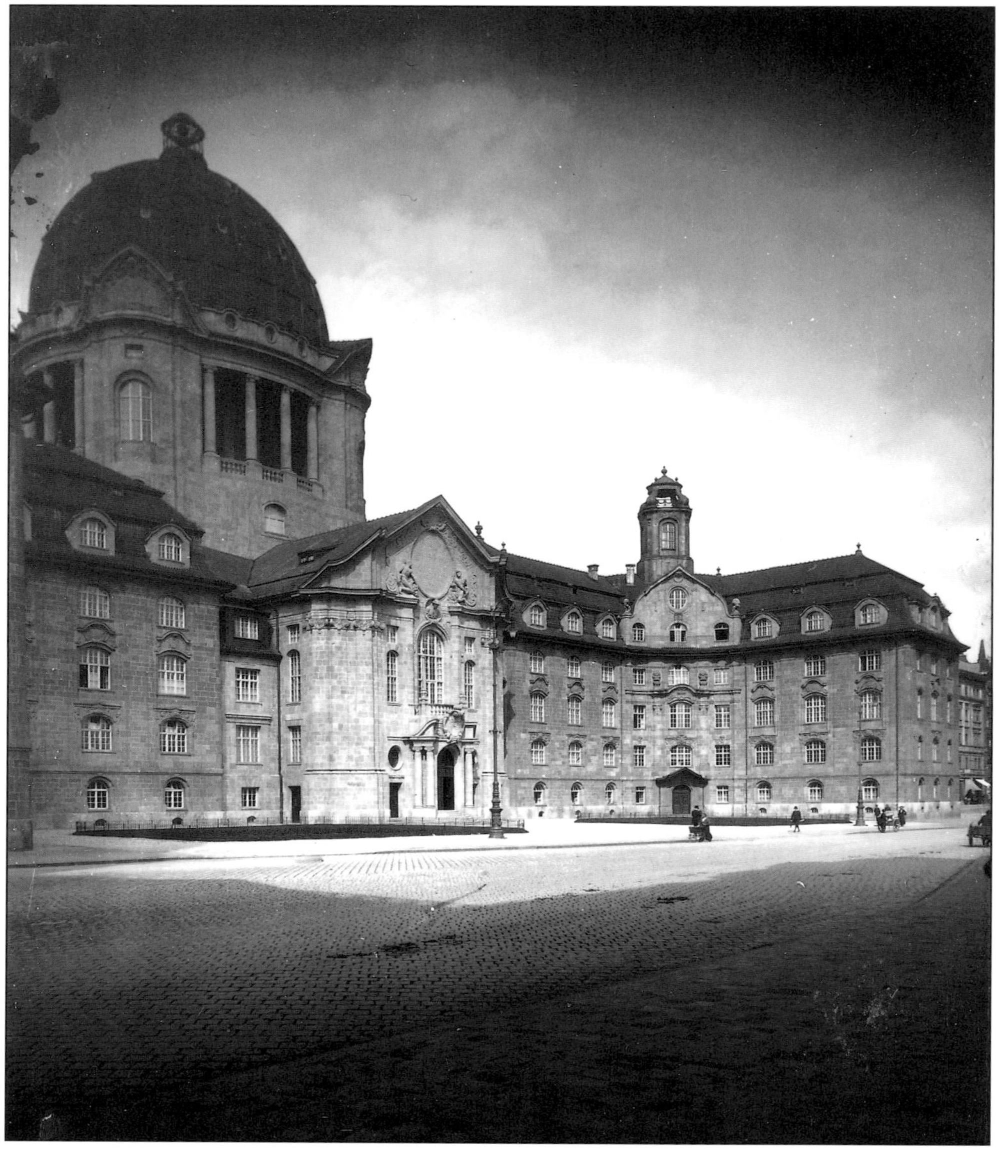

2

Die der Arnulfstraße zugewandte Südfront des 1912 fertiggestellten Bayerischen Verkehrsministeriums. Von dem imposanten Kuppelbau existieren heute nur noch Nebengebäude an der Arnulf- und an der Hopfenstraße; die kriegsbeschädigte Kuppel wurde 1959 beseitigt.

Aufnahme vom 22.7.1913

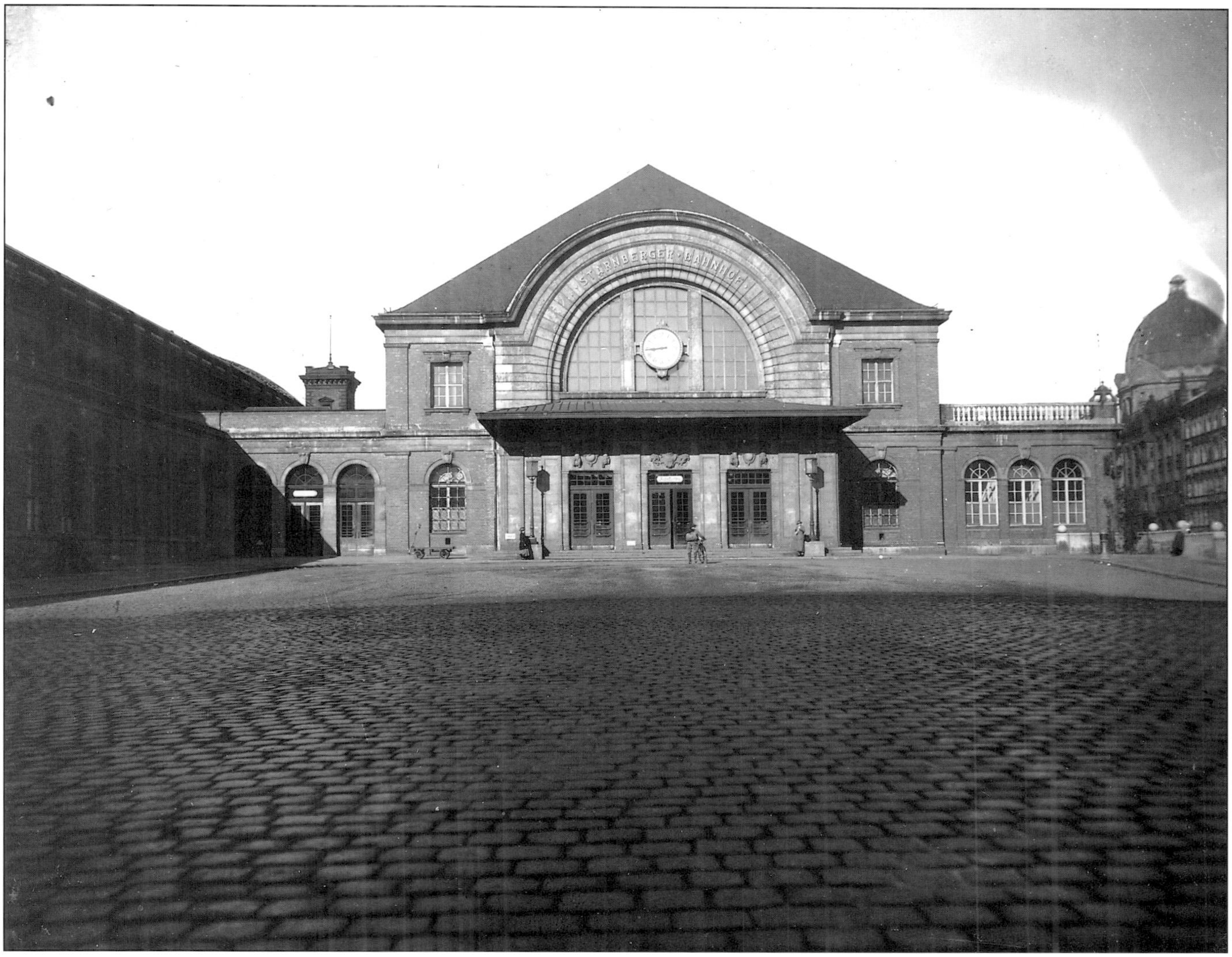

3

Die Fassade des Starnberger Bahnhofs. Nach dem Baubeginn 1913 waren während des 1. Weltkrieges die Arbeiten eingestellt; der Bahnhof wurde erst 1921 seiner Bestimmung übergeben.

Aufnahme von 1924

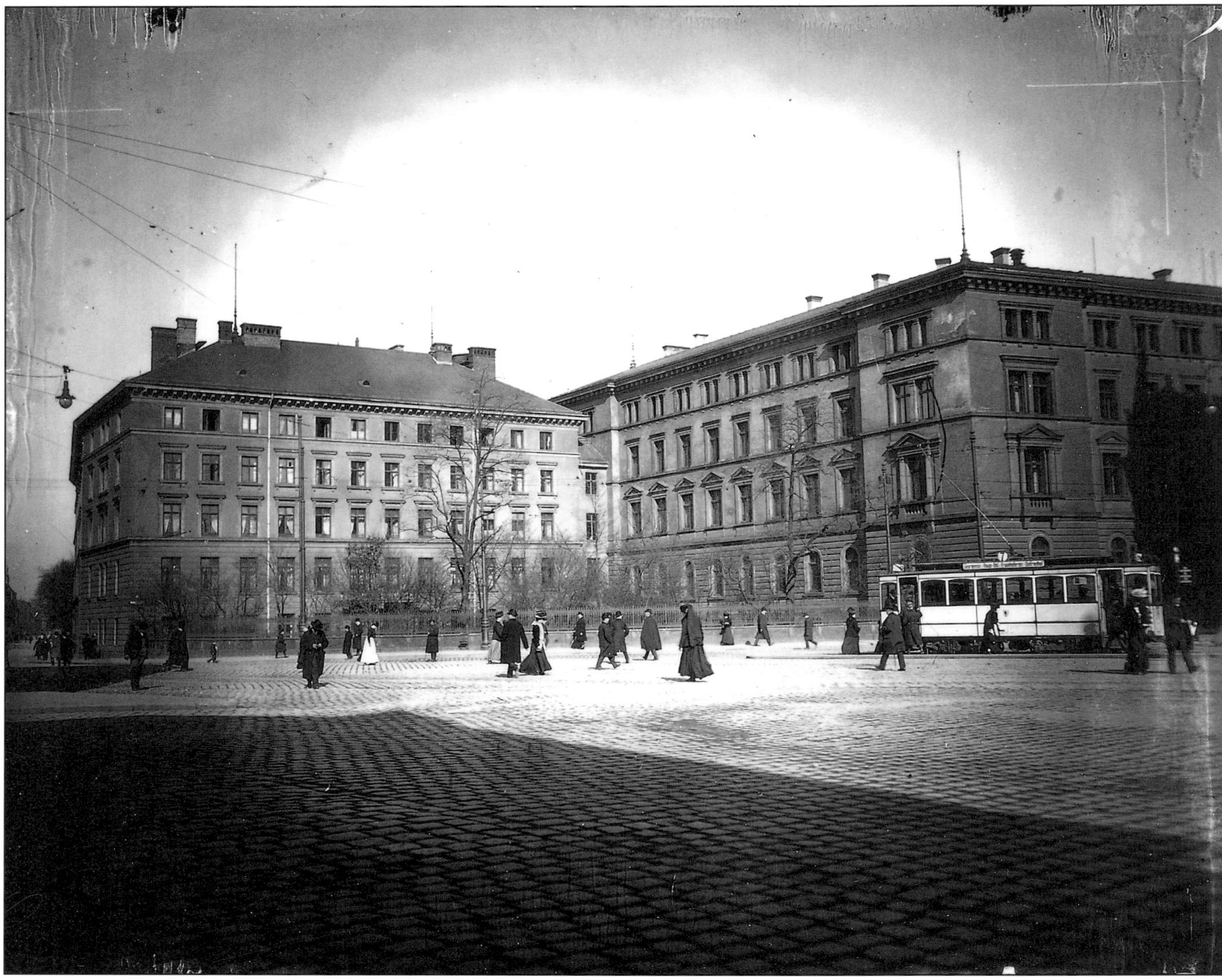

4

Die Nordseite des Bahnhofplatzes mit dem Bürogebäude der ehem. Ostbahngesellschaft, das zur Zeit der Aufnahme vom Staatsministerium für Verkehrsangelegenheiten genutzt wurde. An dieser Stelle befindet sich heute der sog. Elisenhof.

Aufnahme von 1907

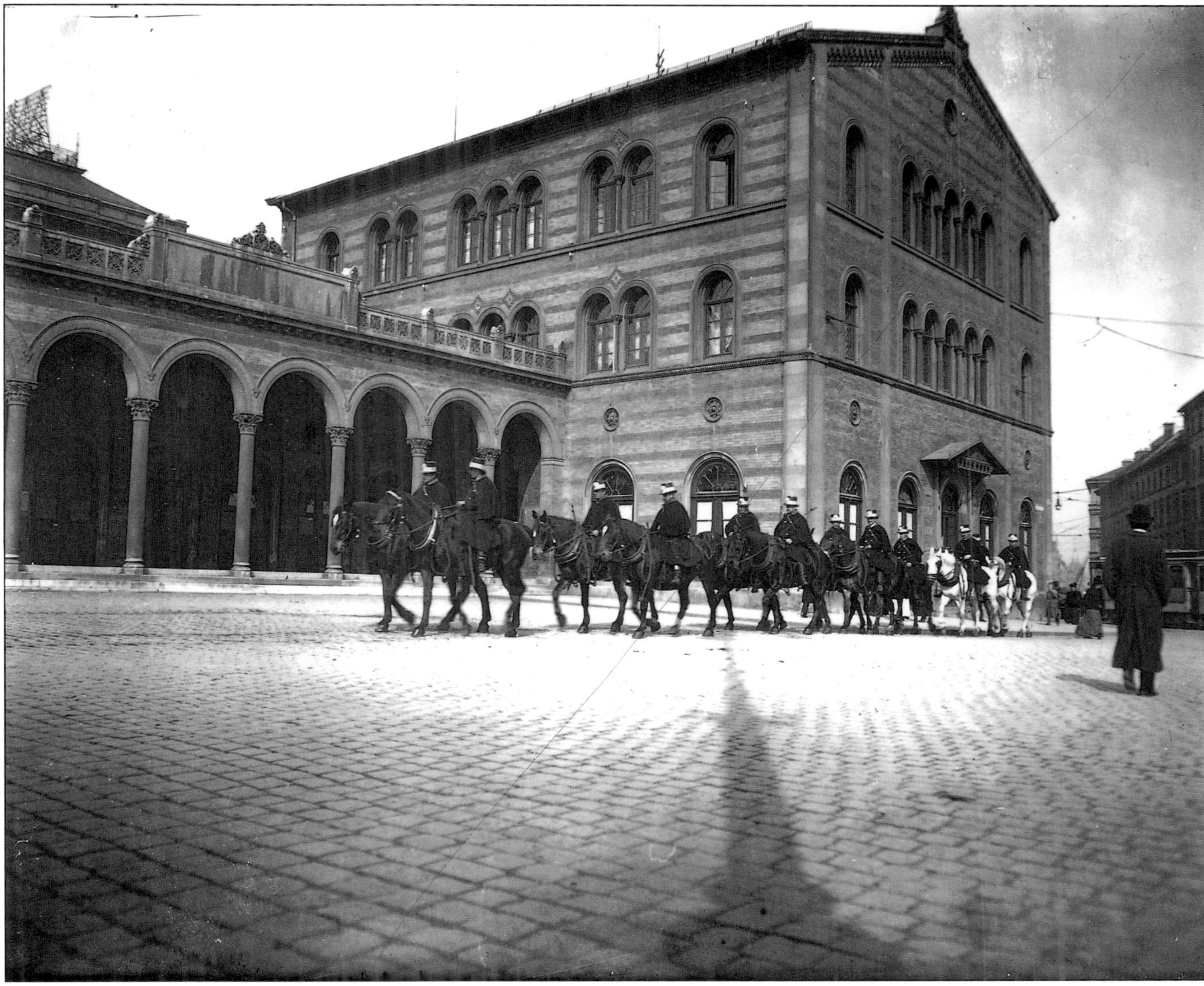

5

Der Nordflügel des Hauptbahnhofes. Im Vordergrund Postillone aus dem Poststall an der Dachauer Straße.

Aufnahme vom 16.3.1903

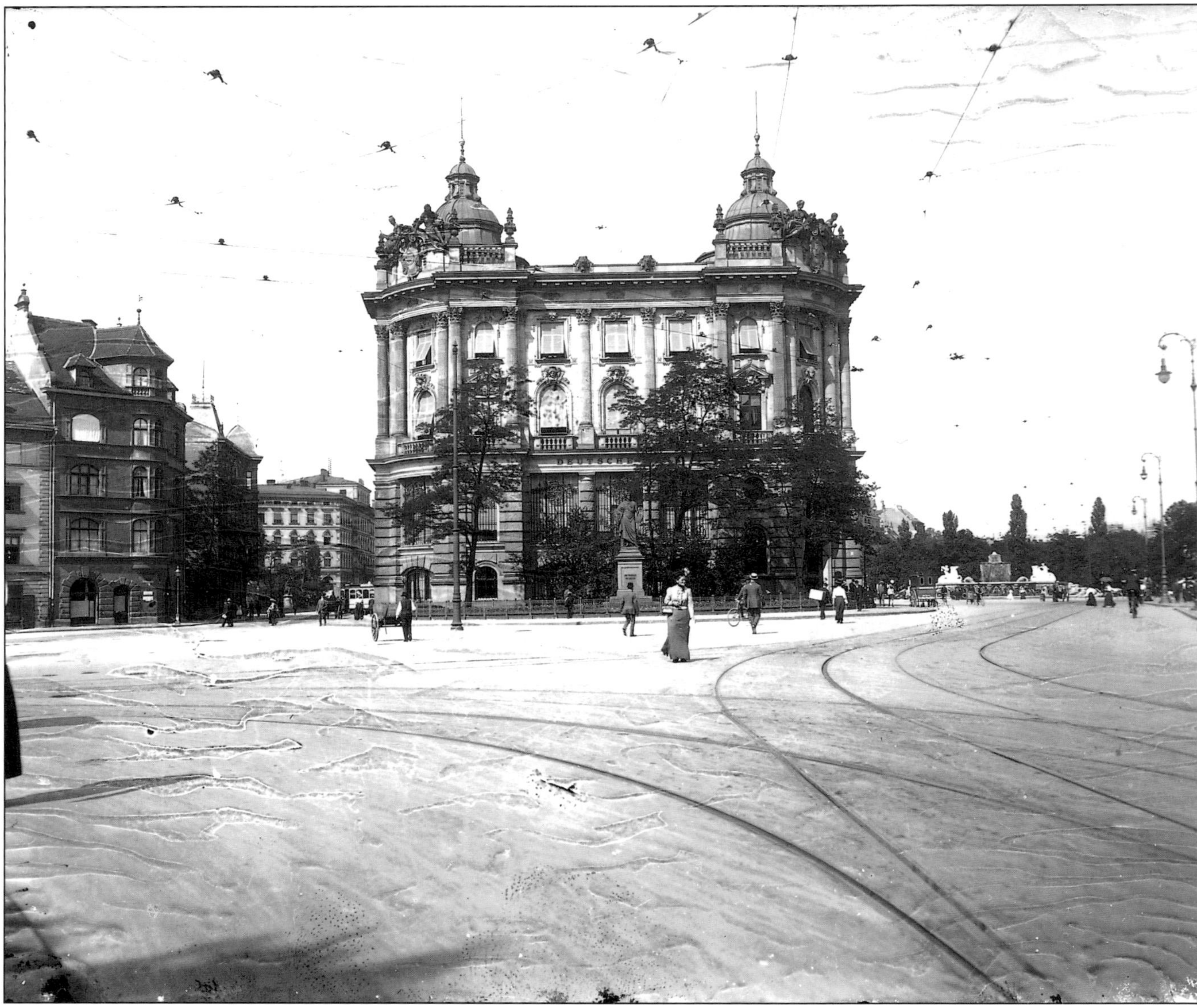

6

Den Abschluß des Lenbachplatzes in Richtung Karlsplatz bildet das 1898 vollendete Gebäude der Deutschen Bank; davor das alte Goethedenkmal.

Aufnahme vom 12.10.1906

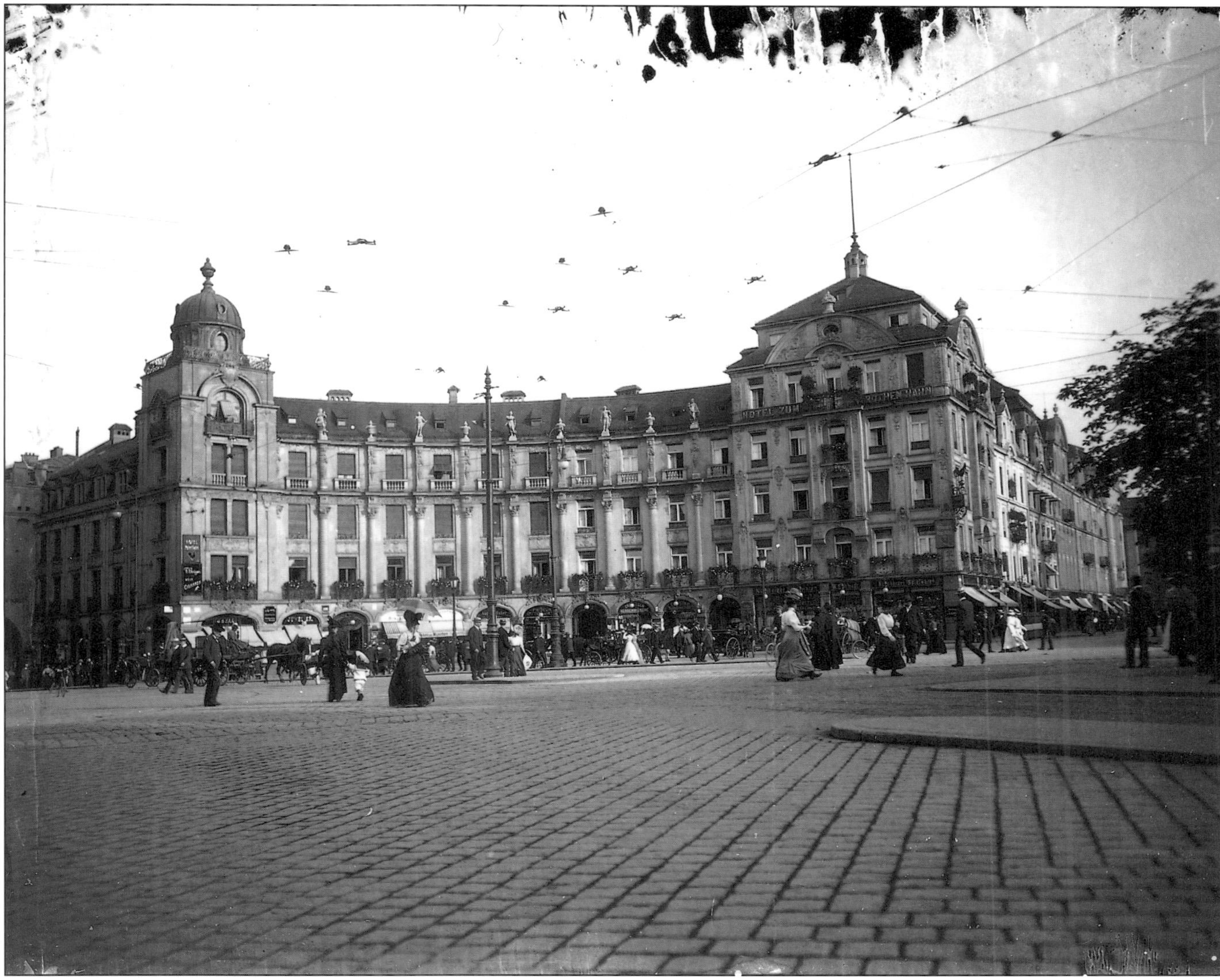

7

Südliches Karlstorrondell mit Einmündung der Sonnenstraße.

Aufnahme um 1905

Das Kreuzviertel

Dieses Quartier, das seinen Namen wohl von einem Kreuz als einstigem Gemarkungszeichen trägt, umschreibt das Altstadtsegment zwischen Karlsplatz/Stachus und Odeonsplatz unter Einschluß der eingeebneten Bastionen, die nunmehr den Lenbachplatz und die Anlagen des Maximiliansplatzes ausmachen. Im Norden schiebt sich das Viertel mit einer schmalen Ausbuchtung entlang der Westfront der Ludwigstraße vor bis zum heutigen Oskar-von-Miller-Ring. Das Kreuzviertel wird im Süden von Kaufinger- und Neuhauser Straße und im Osten von Wein- und Theatinerstraße begrenzt.

Der älteren sog. Heinrichstadt gehört die Bebauung zwische Wein- und Kaufingerstraße an, während jenseits des bogenförmigen Straßenverlaufs von Augustiner- und Schäfflerstraße der mit Augustinerkirche und Augustinerkloster (heute Polizeipräsidium) beginnende Bereich der Stadterweiterung unter Ludwig dem Bayern seinen Ausgang nimmt.

Im mittelalterlichen München war das Kreuzviertel der räumliche Schwerpunkt des bürgerlichen Wohlstandes mit den Salzstädeln (heutiger Promenadeplatz) und einer dichten Bebauung von Wohn- und Geschäftshäusern der reichen Handelsherrn und Patrizier. Markantestes Bauwerk ist seit jener Zeit die gotische Frauenkirche, die eine bürgerliche und höfische Repräsentationskirche vorstellt und das Wahrzeichen Münchens wurde. So war das Kreuzviertel auch stets Kern des Pfarrsprengels von Unser Lieben Frau, zu dem Friedhof und Friedhofskirche von St. Salvator gehören. Die bürgerliche Bausubstanz wurde seit dem 16. Jahrhundert im Süden und Südwesten des Viertels durch die weitdimensionierten Komplexe der Wilhelminischen Neufeste (Herzog-Max-Burg) und des anschließenden Jesuitenkollegs bei St. Michael empfindlich geschmälert, ein von der Residenz ausgehender Verdrängungsprozeß, der im 17. Jahrhundert durch die Errichtung des Theatinerklosters und durch die Plazierung eines Hofopern- und eines Hofballhauses seinen Fortgang nahm. Der höfischen Sphäre waren auch die neu entstehenden Klöster der Karmeliten, Karmelitinnen und Kapuziner (letztere auf einer vorgelagerten Bastion) zuzurechnen. Dem Zugriff des Stadt- und Landesherrn schloß sich zeitgleich der massive Immobiliarerwerb des Hofadels an, der im 17. und 18. Jahrhundert in den Bereichen um den heutigen Promenadeplatz, insbesondere entlang der jetzigen Kardinal-Faulhaber-Straße seine eindrucksvollen Palaisbauten errichtete. Seit dem vorigen Jahrhundert war hier dann eine starke Massierung staatlicher Leitstellen mit dem Landtag in der Prannerstraße, dem Innenministerium im Bereich des ehemaligen Theatinerklosters und dem Außenministerium (zugleich Sitz des Ministerpräsidenten) im Montgelas-Palais feststellbar. Einige der noch erhaltenen Adelspalais haben sich inzwischen zu Zentralen großer Bankinstitute gewandelt, so daß die Kontinuität von Macht und Reichtum im „noblen“ Kreuzviertel von den Anfängen bis in die Gegenwart gewahrt wird.

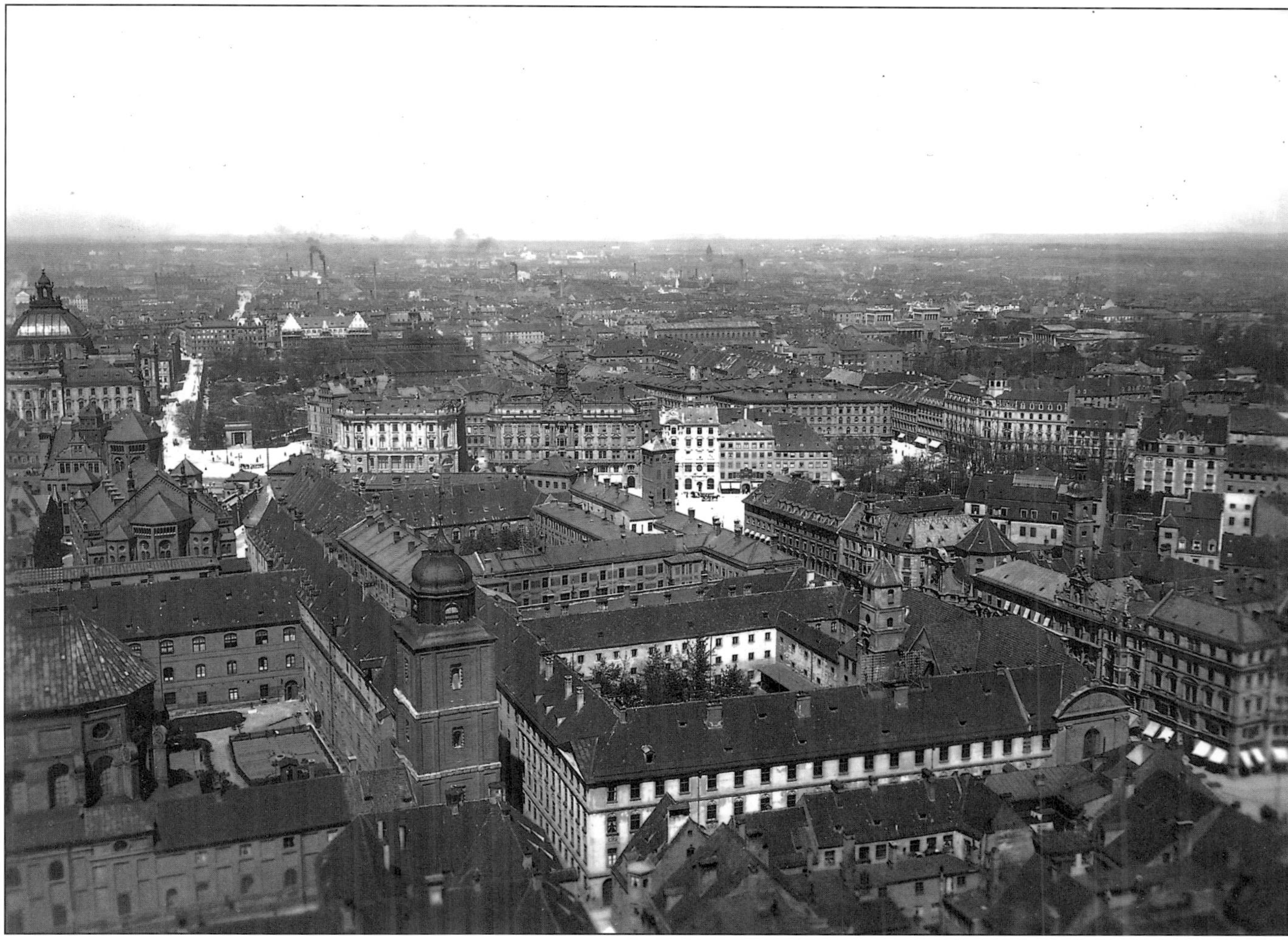

8

Blick von der Frauenkirche nach Nordwesten. Im Vordergrund das Geviert der Alten Akademie mit dem Chor der St. Michaelskirche. Gegenüber die Karmelitenkirche mit dem Komplex des Ludwigsgymnasiums. Dahinter die Herzog-Maxburg mit der gegenüberliegenden Synagoge. Im Hintergrund der im Areal des Alten Botanischen Gartens gelegene Glaspalast.

Aufnahme von 1903

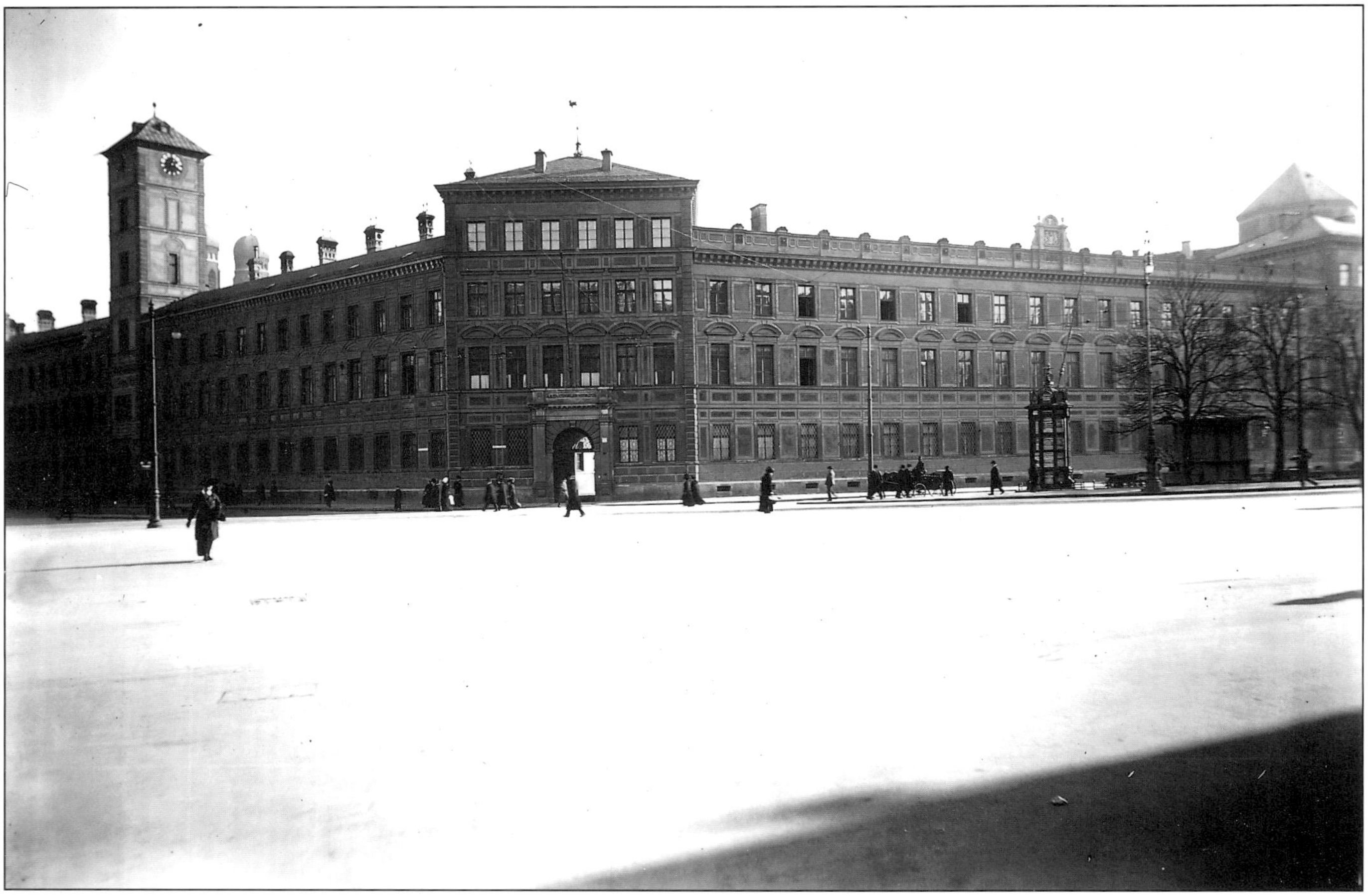

9
Die Weite des Lenbachplatzes mit den eintönigen Nord- und Westfassaden der alten Herzog-Maxburg.
Aufnahme vom 23.2.1911

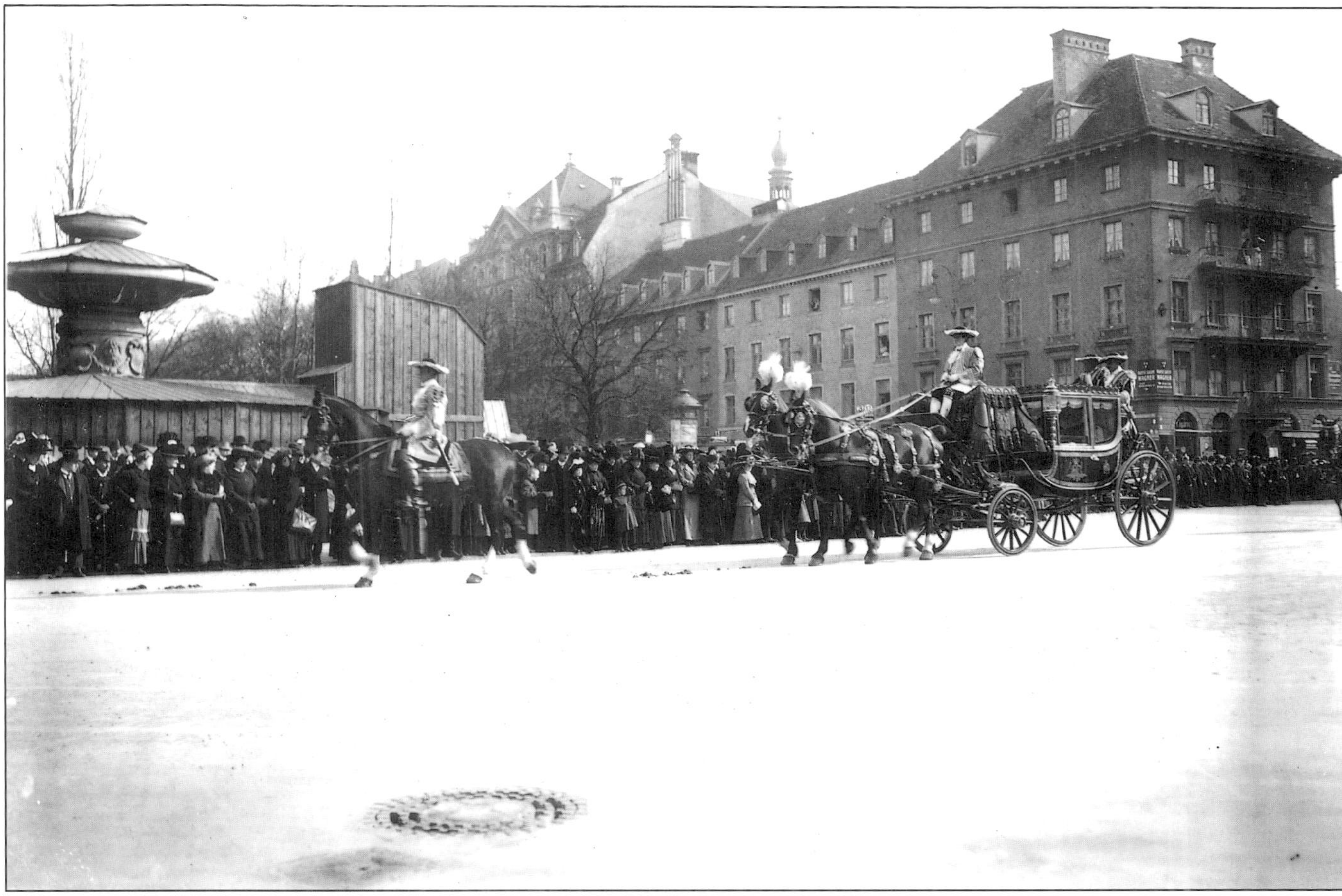

10

Prinzregent Luitpold passiert auf der Rückfahrt von der Landtagseröffnung den Wittelsbacher Brunnen.

Aufnahme vom 27.2.1912

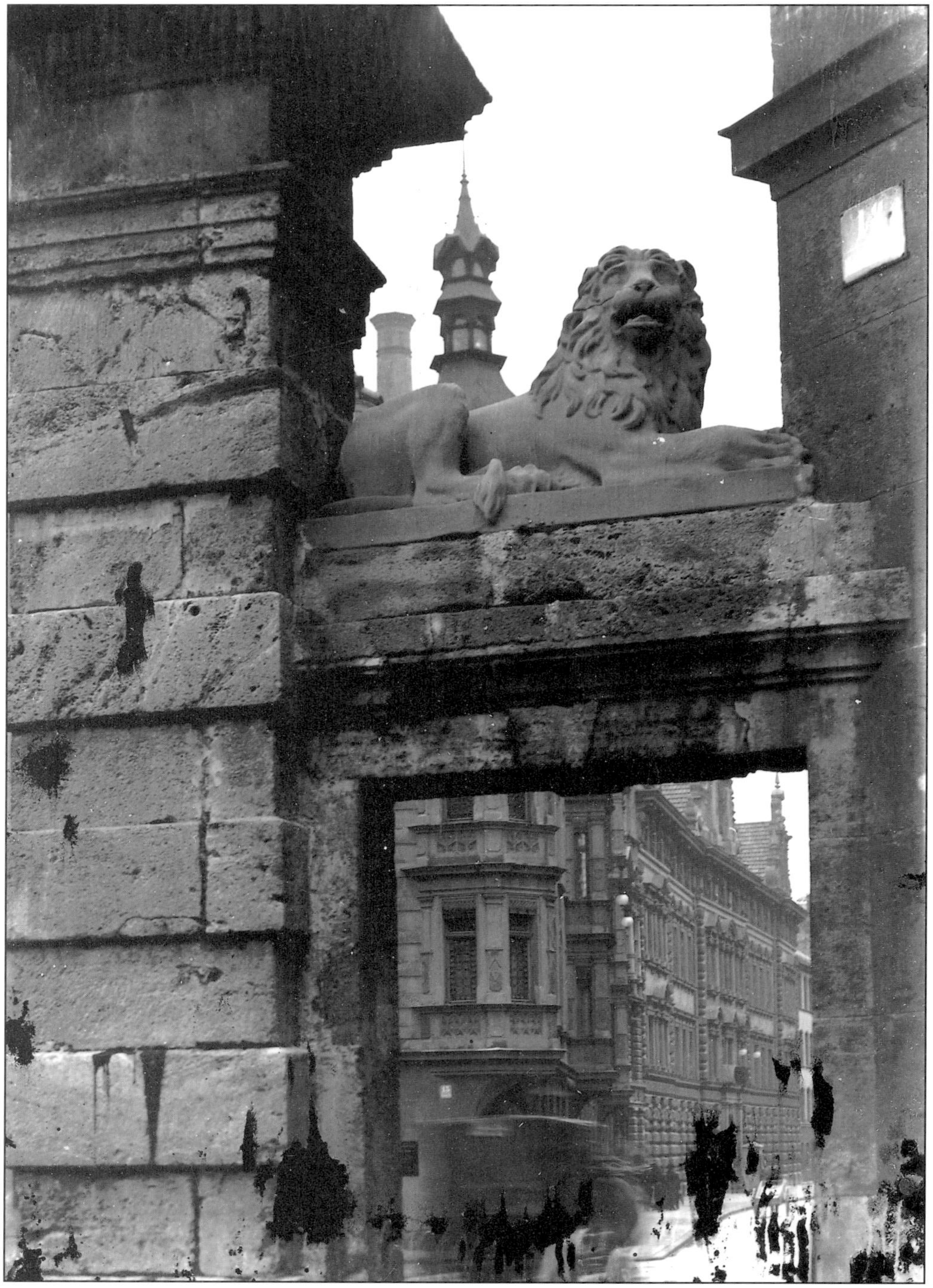

11

Blick durch die südliche Pforte des Maxtores auf das einstige Landtagsgebäude an der Prannerstraße.

Aufnahme um 1910

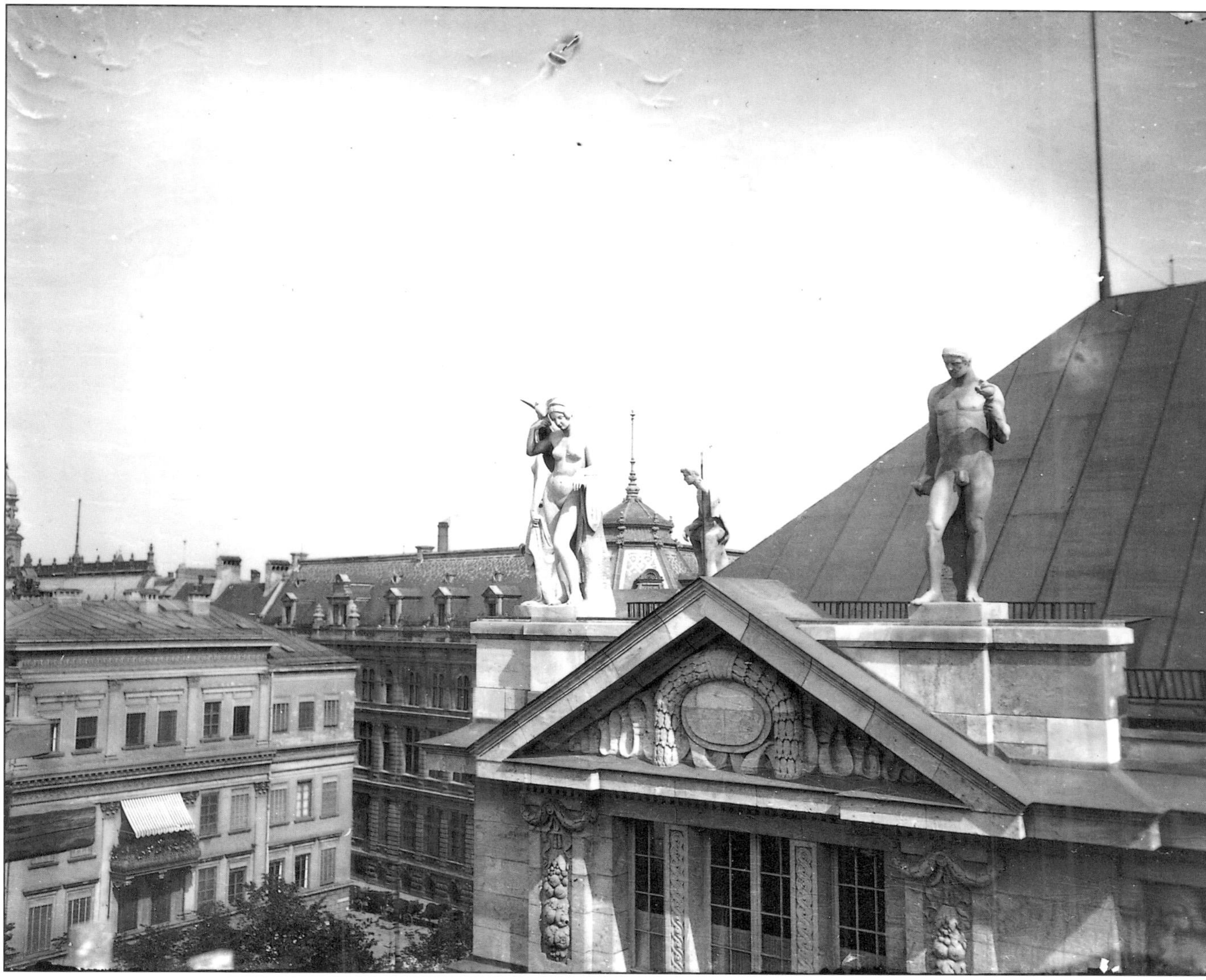

12

Dachlandschaften am Promenadeplatz Im Vordergrund Figurenschmuck der Dresdner Bank, links das Montgelas-Palais, damals Amtssitz des Bayerischen Ministerpräsidenten.

Aufnahme vom 21.8.1909

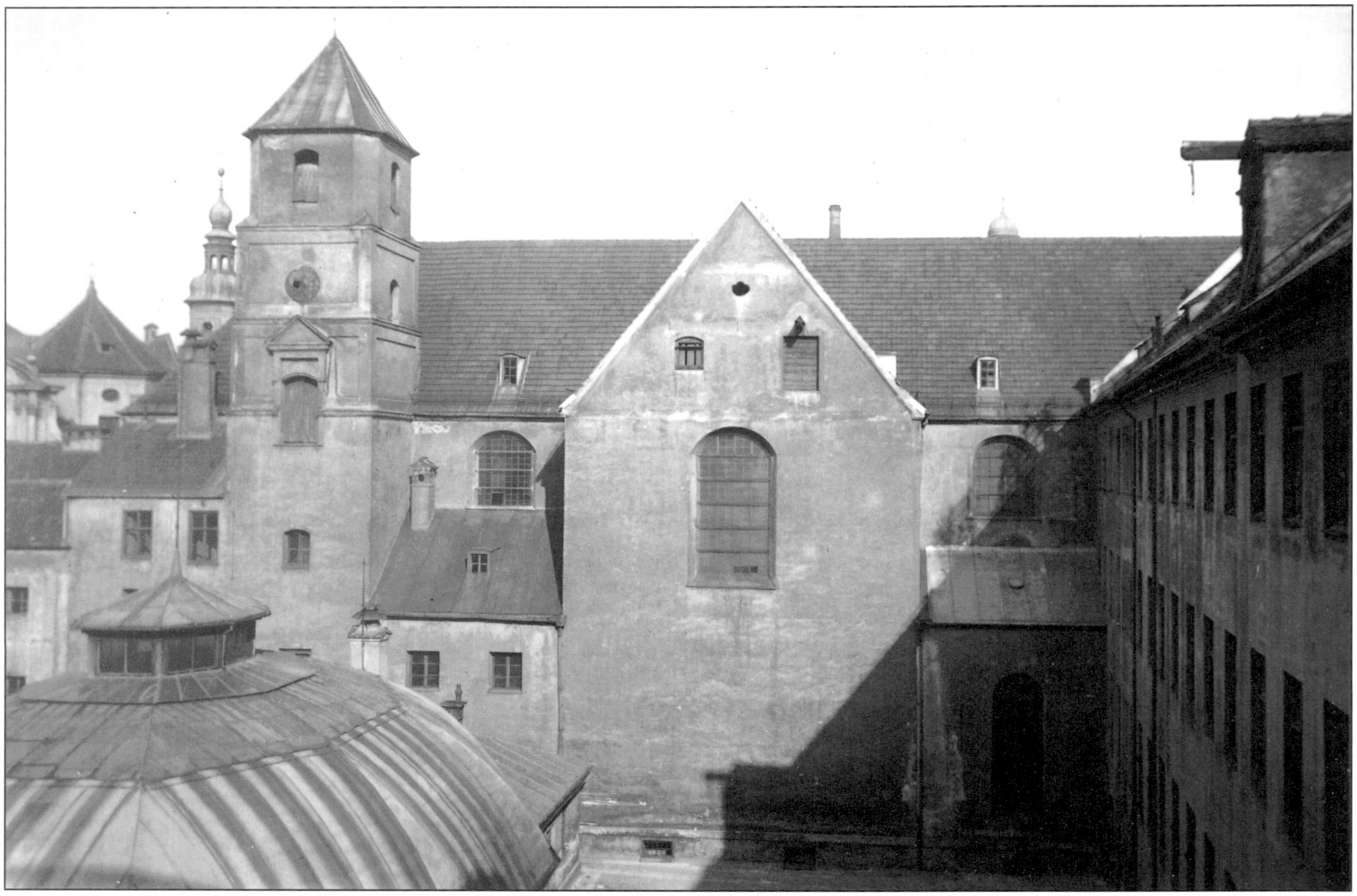

13
Die Südfront der Karmelitenkirche, vom einstigen Klosterhof aus aufgenommen. Im Hintergrund Kuppel und Turm der Dreifaltigkeitskirche.

Aufnahme um 1905

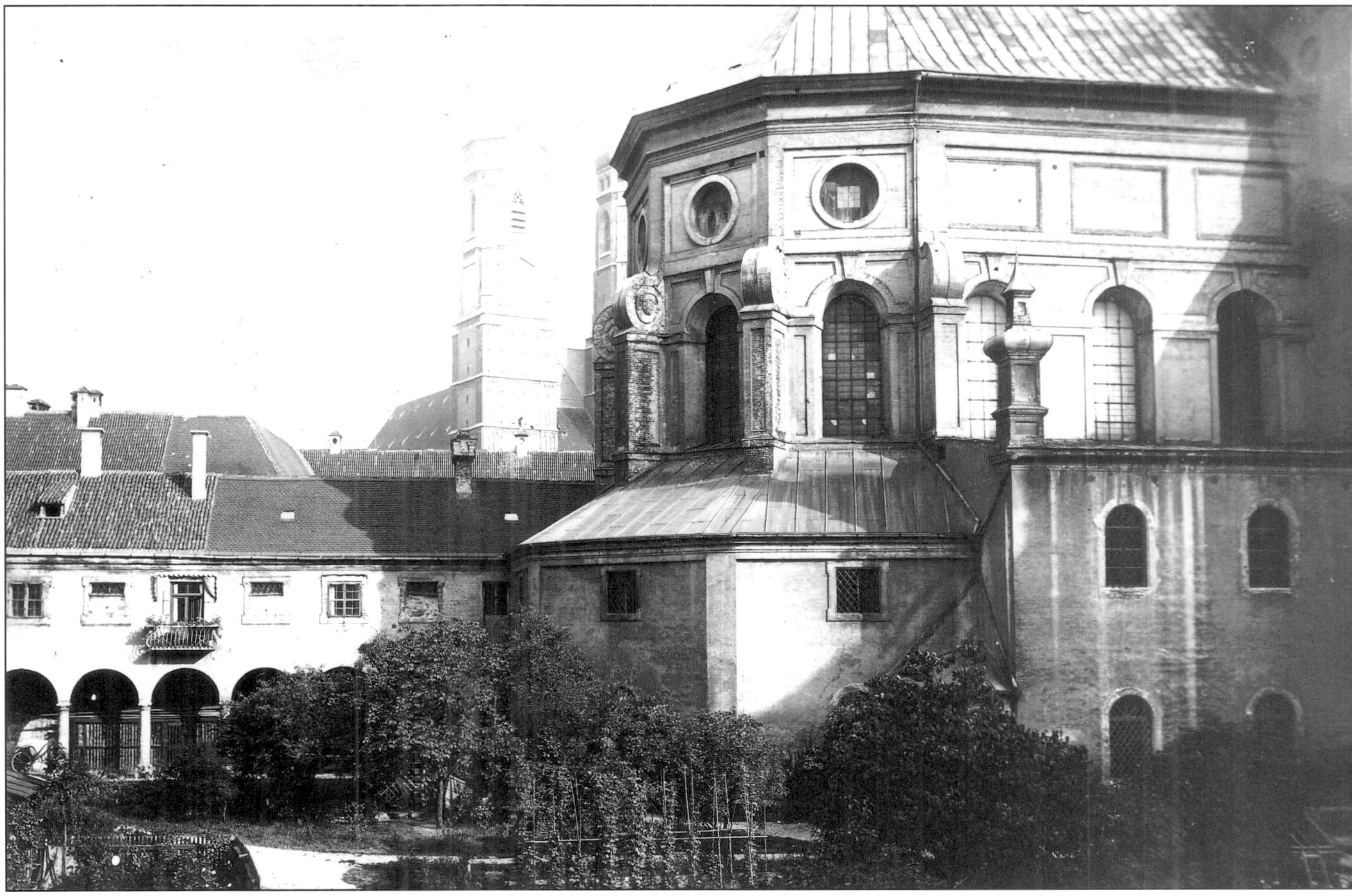

14

Blick vom östlichen Innenhof der Alten Akademie (des ehemaligen Jesuitenklosters) auf den Chor der St. Michaelskirche und die Türme der Frauenkirche.

Aufnahme um 1914

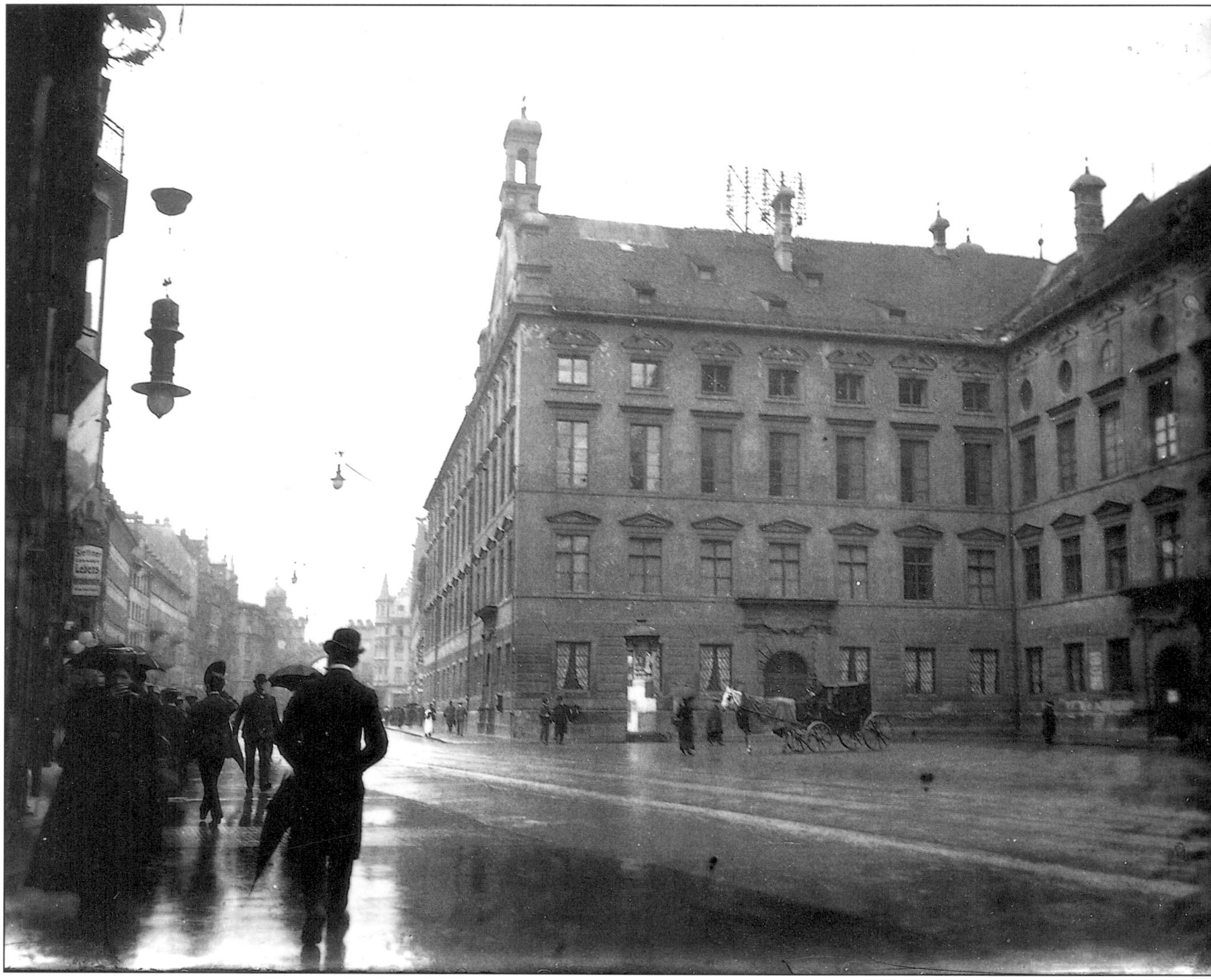

15
Neuhauser Straße in Höhe der St. Michaelskirche mit den Fassaden der Alten Akademie.
Aufnahme vom 23.4.1906

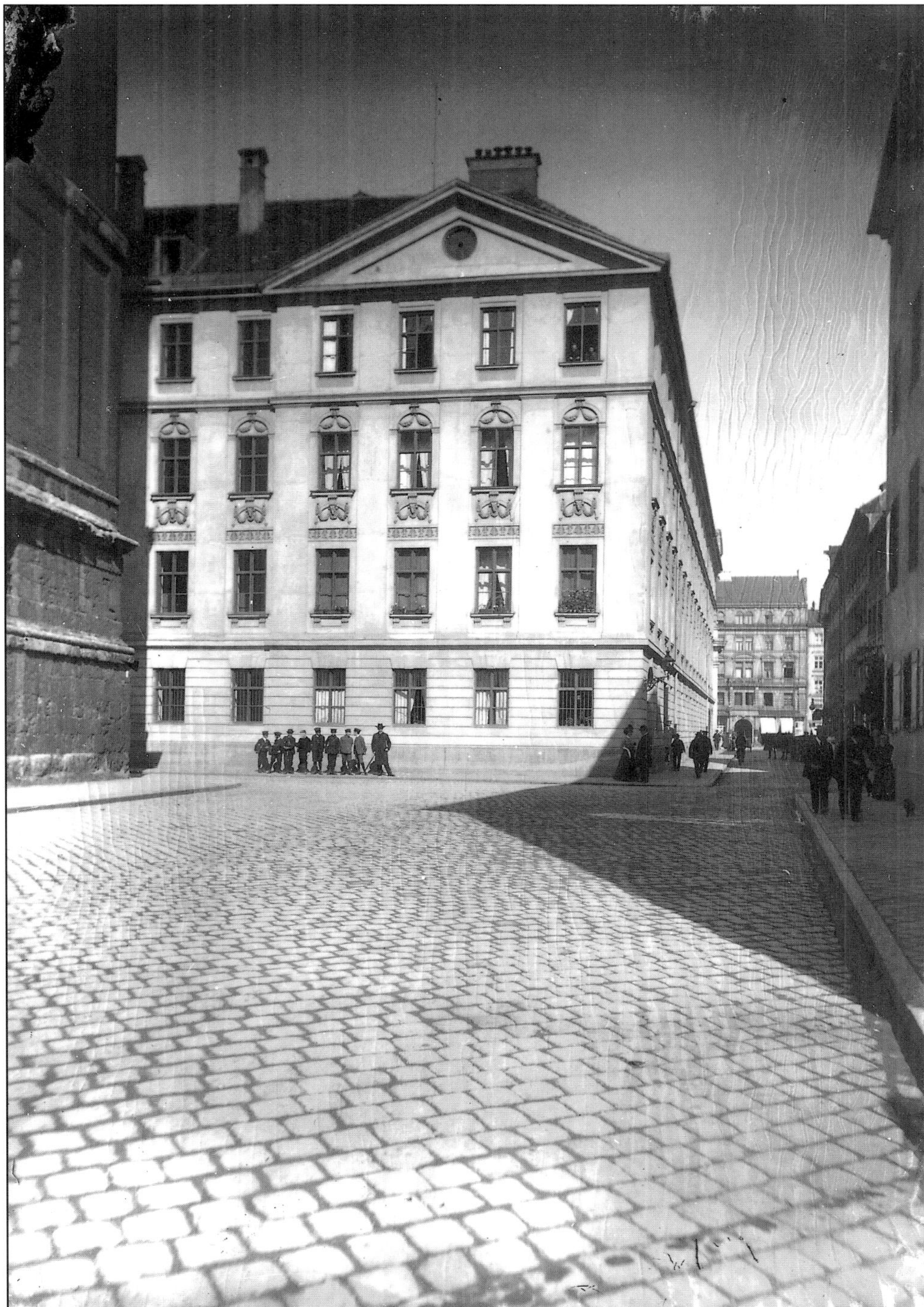

16

Blick aus der Ettstraße auf das sog. Studiengebäude, das seit 1808 einen Trakt des Karmelitenklosters ersetzte. Hier waren das Ludwigsgymnasium und ein Erziehungsinstitut, das sog. Hollandeum untergebracht.

Aufnahme vom 3. 10. 1908

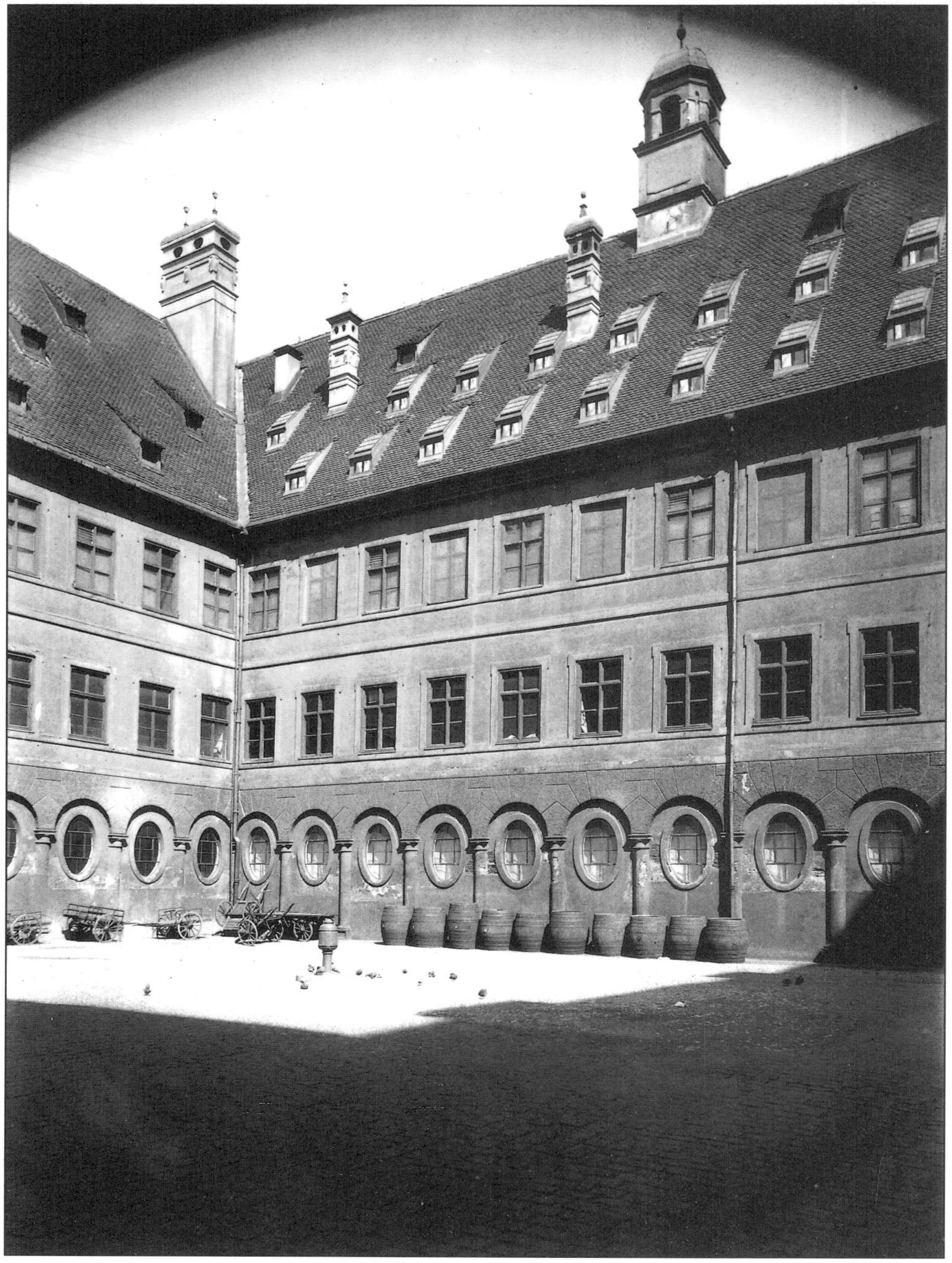

17/18

Durch den 2. Weltkrieg vernichtete stimmungsvolle Innenhöfe der Alten Akademie. Links der sog. Posthof, rechts der im Westen sich anschließende Hof mit den Eingängen zur Akademie der Wissenschaften und den naturwissenschaftlichen Staatssammlungen.

Aufnahmen vom 21.4.1914

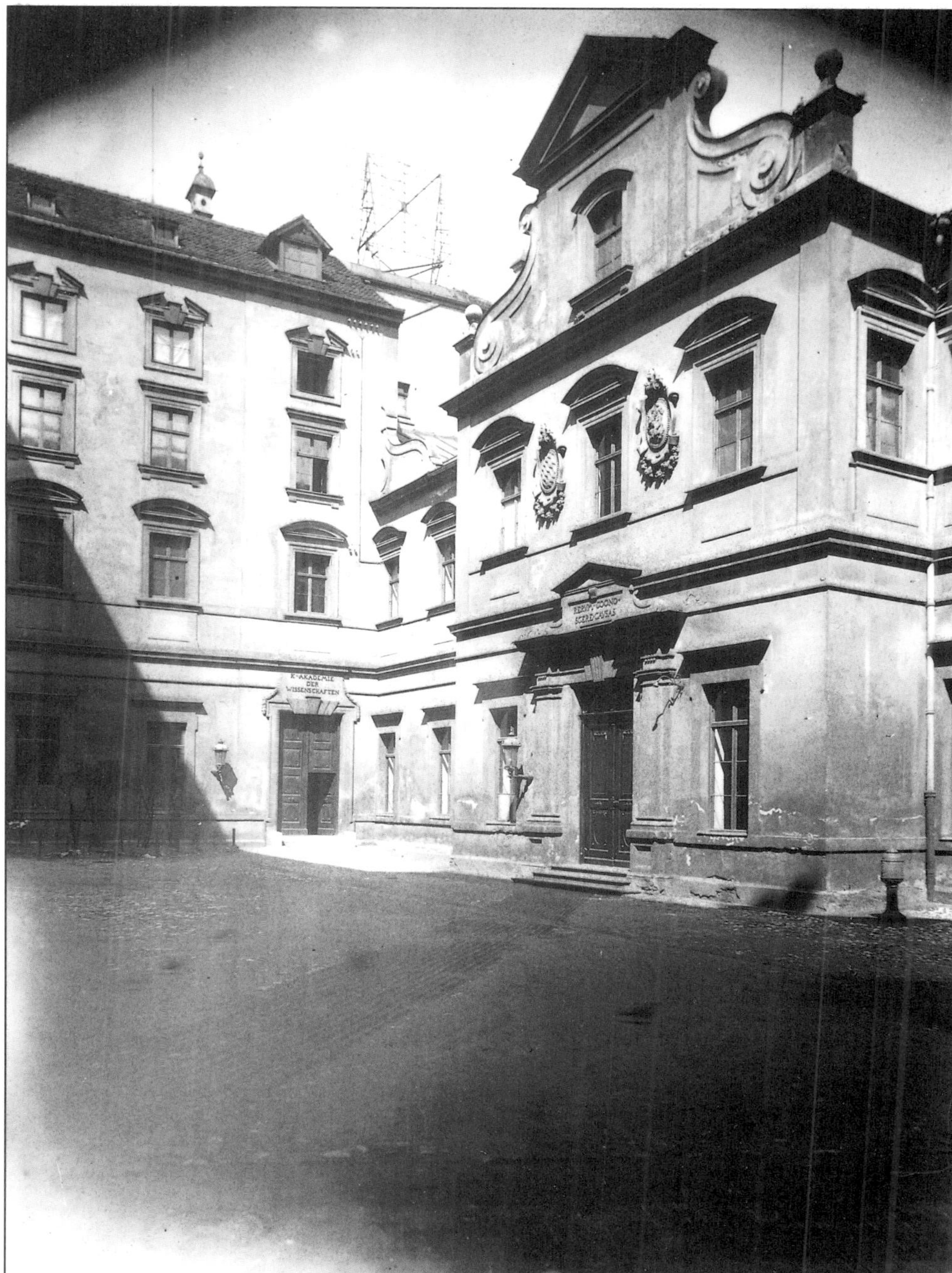
K·AKADEMIE
DER
WISSENSCHAFTEN

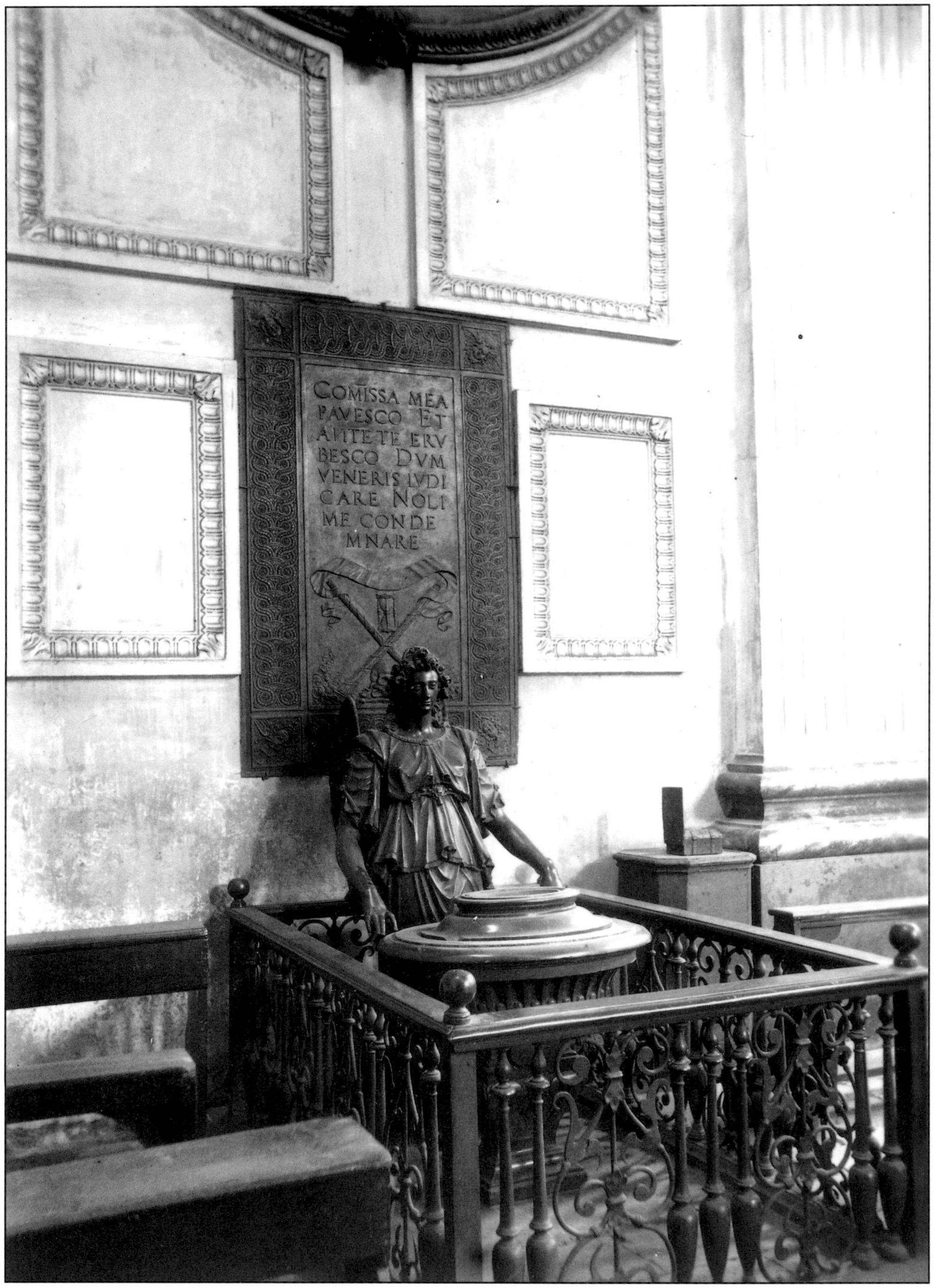

19

Der noch von einem Gitter umgebene „Weihbrunn-Engel" unmittelbar vor der Grabplatte Herzog Wilhelms V. im östlichen Vierungsbereich der St. Michaelskirche. Der Engel ist heute aus seiner Zugehörigkeit zum Wilhelmsgrab herausgelöst und an den Kircheneingang versetzt.

Aufnahme vom 16.11.1916

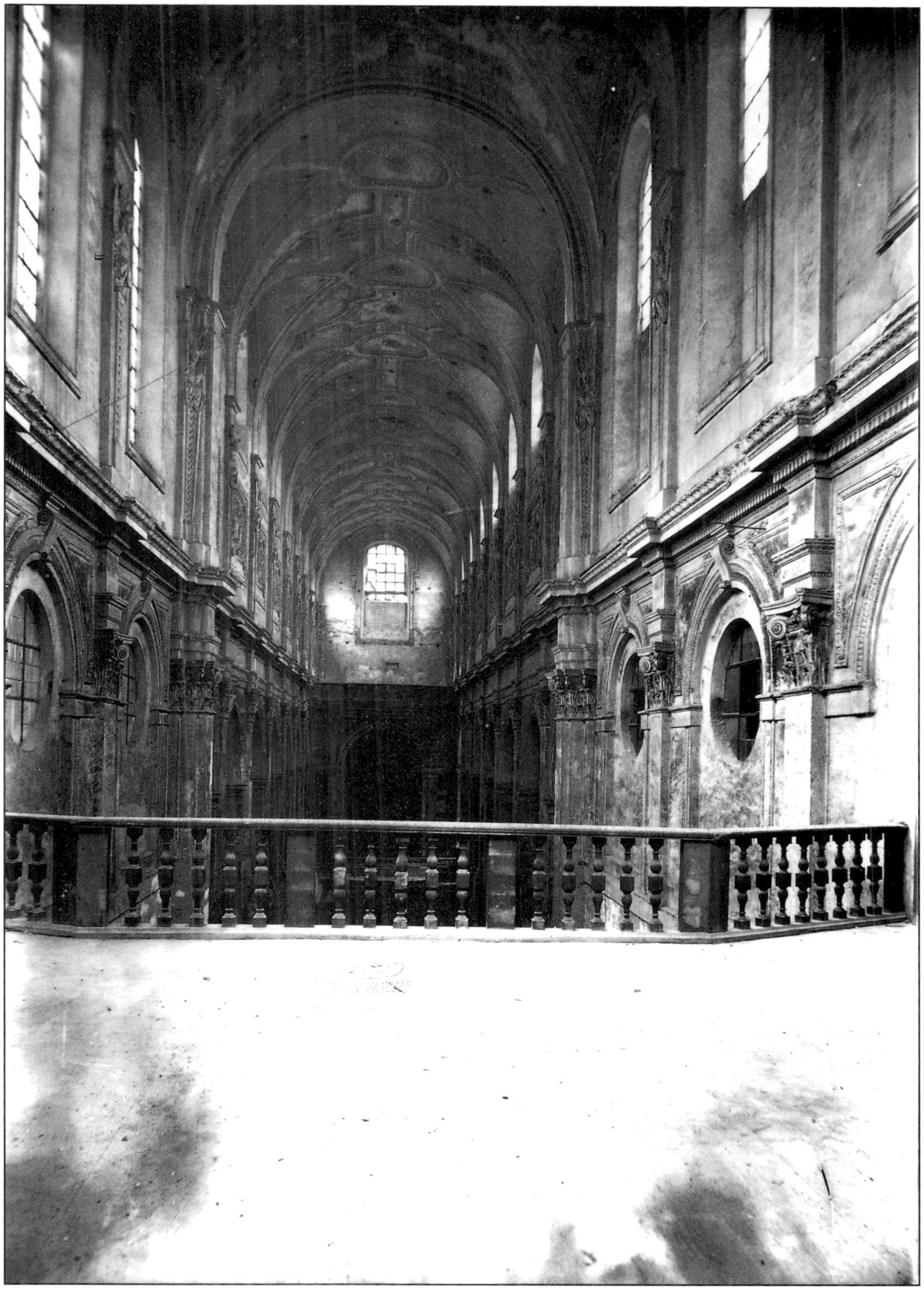

20

Inneres der ehemaligen Augustinerkirche an der Neuhauser Straße gegen Westen gesehen. Der Kirchenraum, der nach der Säkularisation als Mauthalle Verwendung fand, ist zum Zeitpunkt der Aufnahme noch erstaunlich gut erhalten. Beim Bau der benachbarten Polizeidirektion 1911–13 wurde das Kirchenschiff durch Zwischendecken zum sog. Weißen Saal umgestaltet. Heute ist hier das Jagdmuseum untergebracht.

Aufnahme vom 18.2.1911

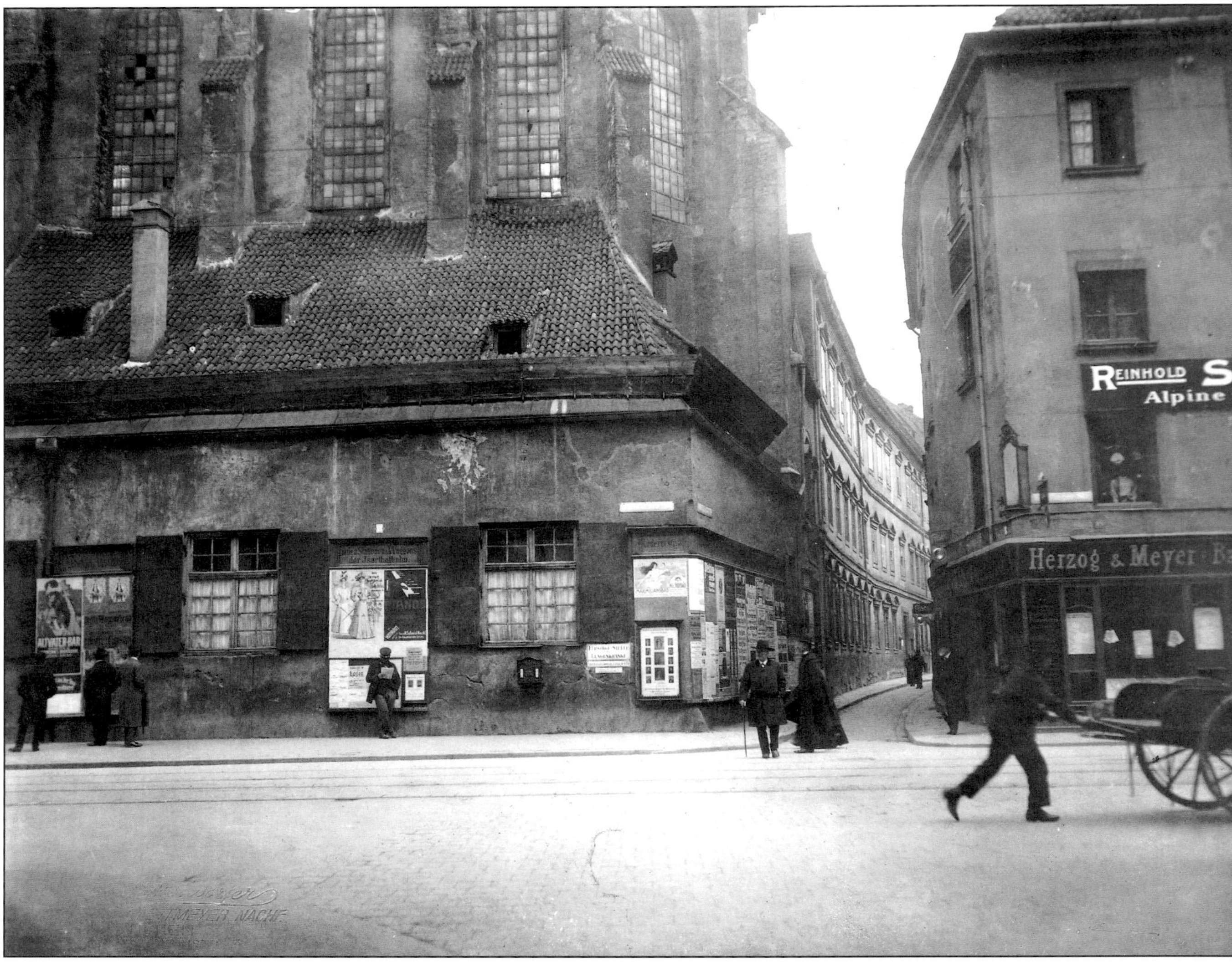

21

Chor und Sakristei der ehemaligen Augustinerkirche vor dem Umbau 1911/12. Im Zuge dieses Umbaus wurde die Sakristei abgerissen und der Chor freigelegt. Die in leichtem Bogen verlaufende Augustinerstraße mit den einstigen Klostergebäuden erfuhr durch den Abbruch der gesamten Bausubstanz und den Neubau der Polizeidirektion eine räumliche Aufweitung.

Aufnahme von 1906

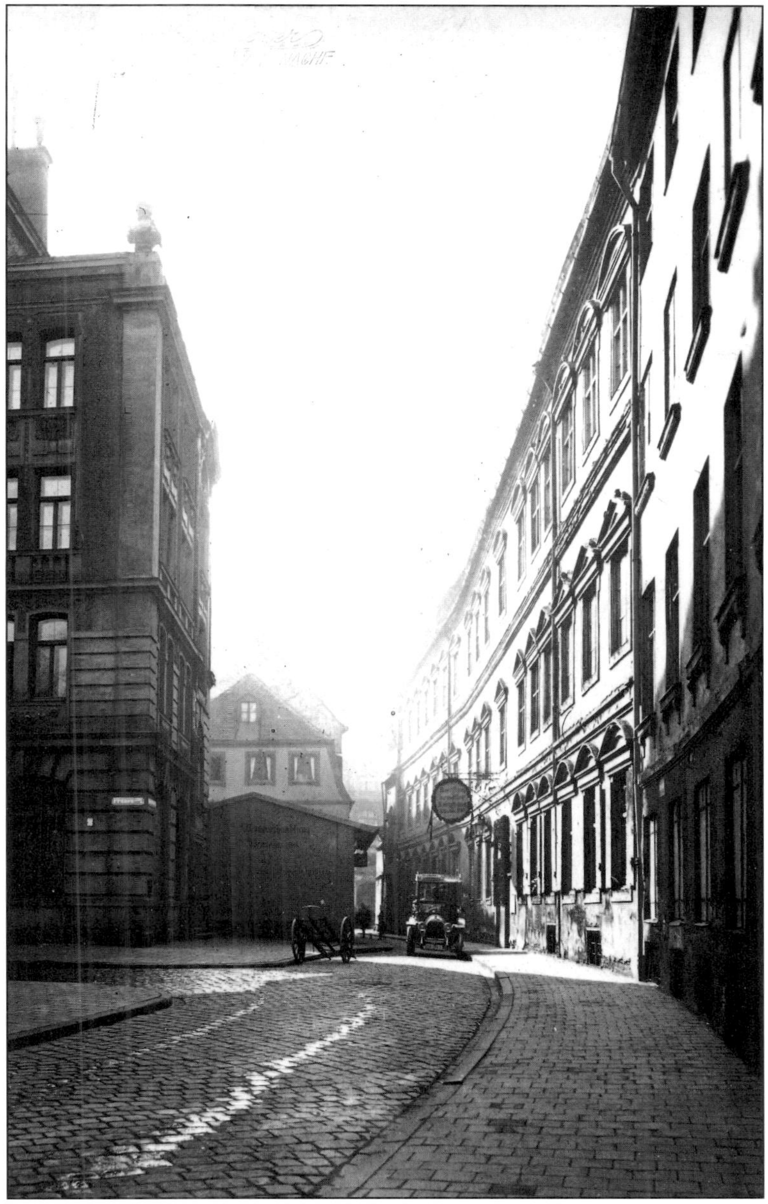

22

Die Augustinerstraße nach Süden gesehen. Im einstigen Augustinerkloster findet gerade eine Ausstellung bemalter Wohnräume statt, wie das Aushängeschild verkündet. Das einstöckige Gebäude links von dem parkenden Automobil ist das damals renommierte Weinhaus Kurtz.

Aufnahme von 1910

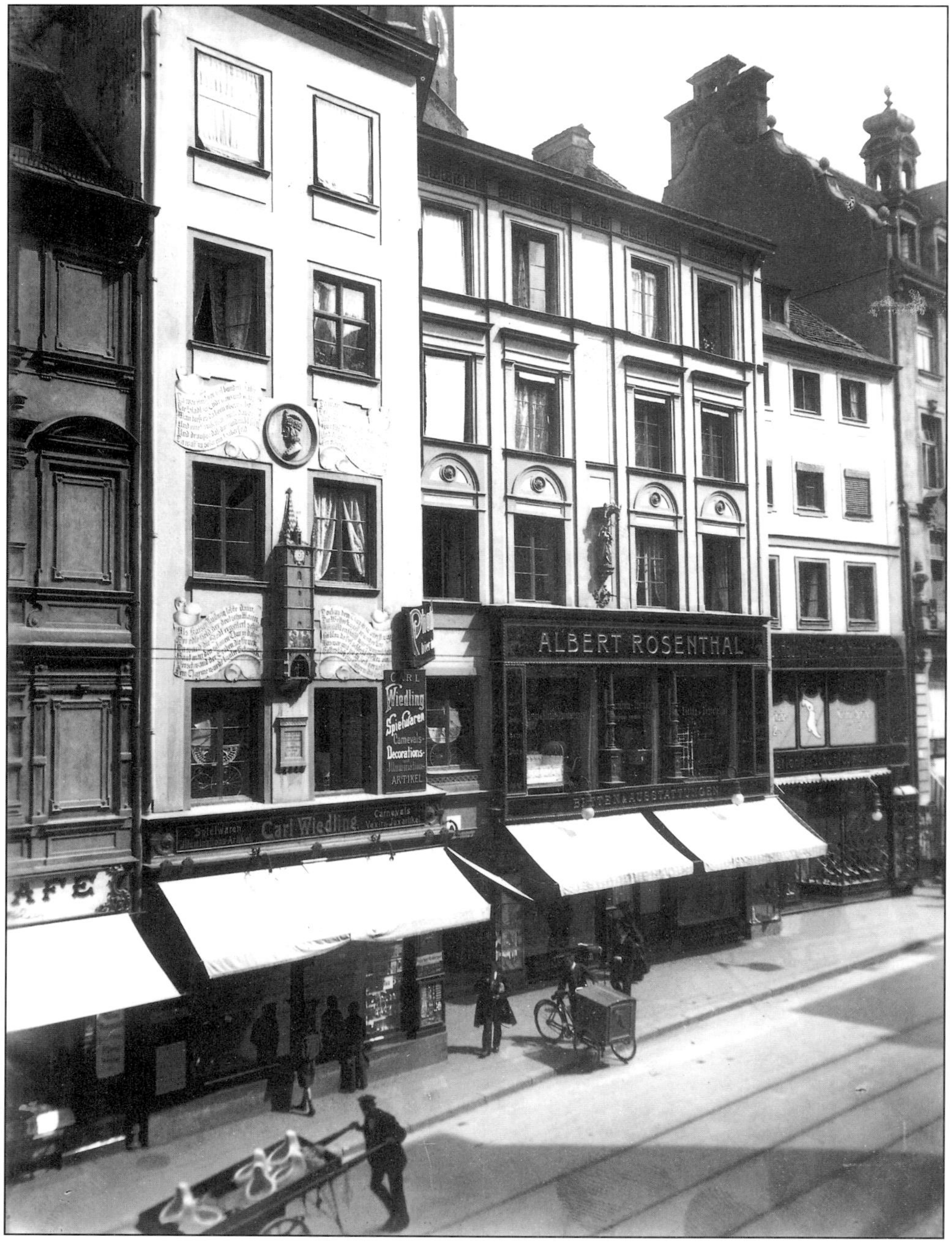

23

Häuserzeile Kaufingerstraße Nr. 21–24. Am vorderen Gebäude erinnert eine Turmplastik an den sog. Schönen Turm, der im Anschluß an dieses Haus bis 1808 die Kaufinger- von der Neuhauser Straße trennte und gleichzeitig den Verlauf der ersten Stadtummauerung Münchens markierte. Heute befindet sich hier der Komplex des Kaufhauses Hirmer.

Aufnahme vom 31.8.1904

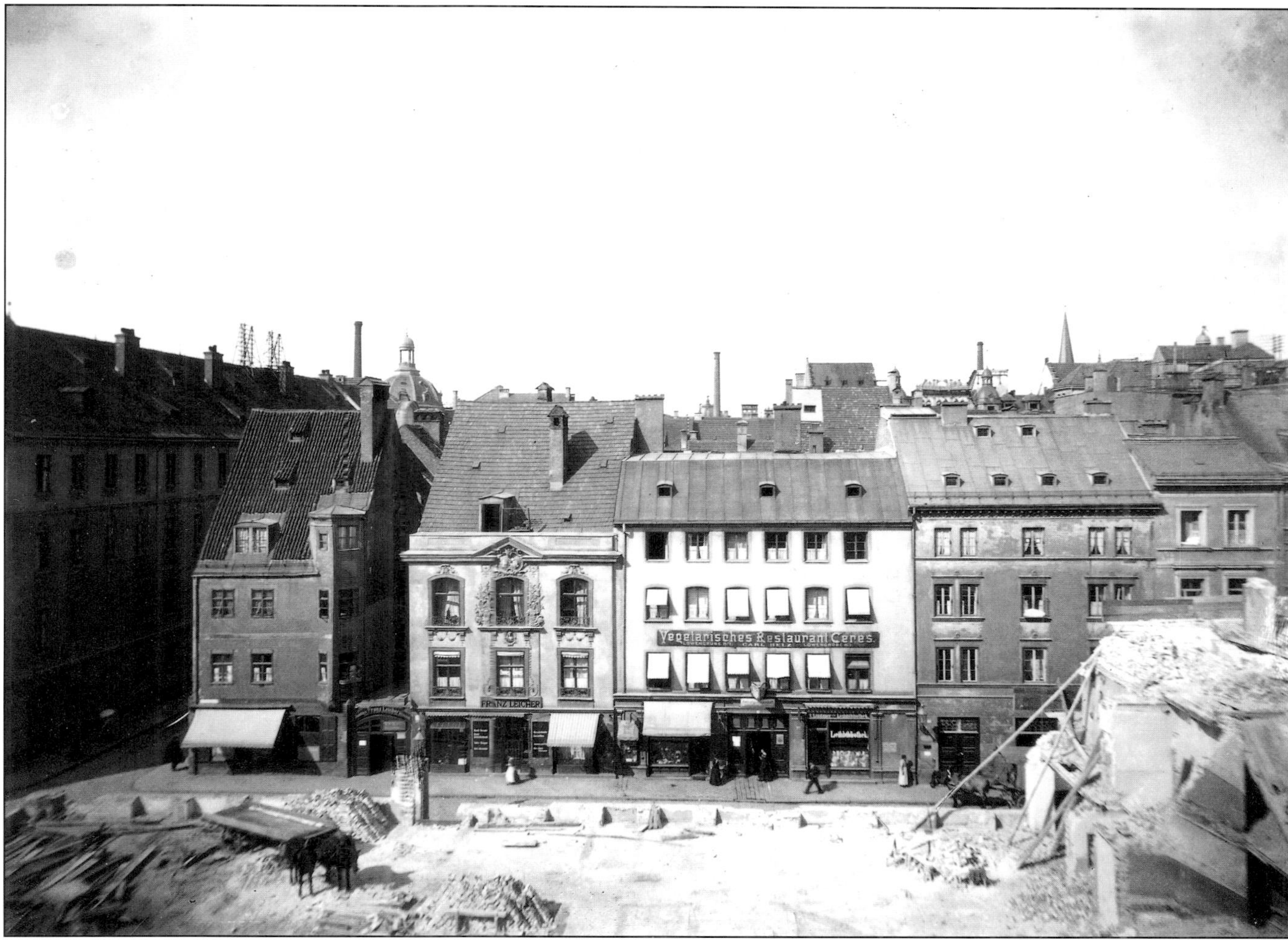

24

Blick über die Abbruchstelle des Augustinerstockes auf die Nordfront der Löwengrube. Das links neben dem vegetarischen Restaurant Ceres erkennbare kleine Rokokopalais zeigt im Giebel das Wappen der Familie Topor-Morawitzki. Die gesamte Häuserzeile fiel dem 2. Weltkrieg zum Opfer.

Aufnahme vom 25.4.1911

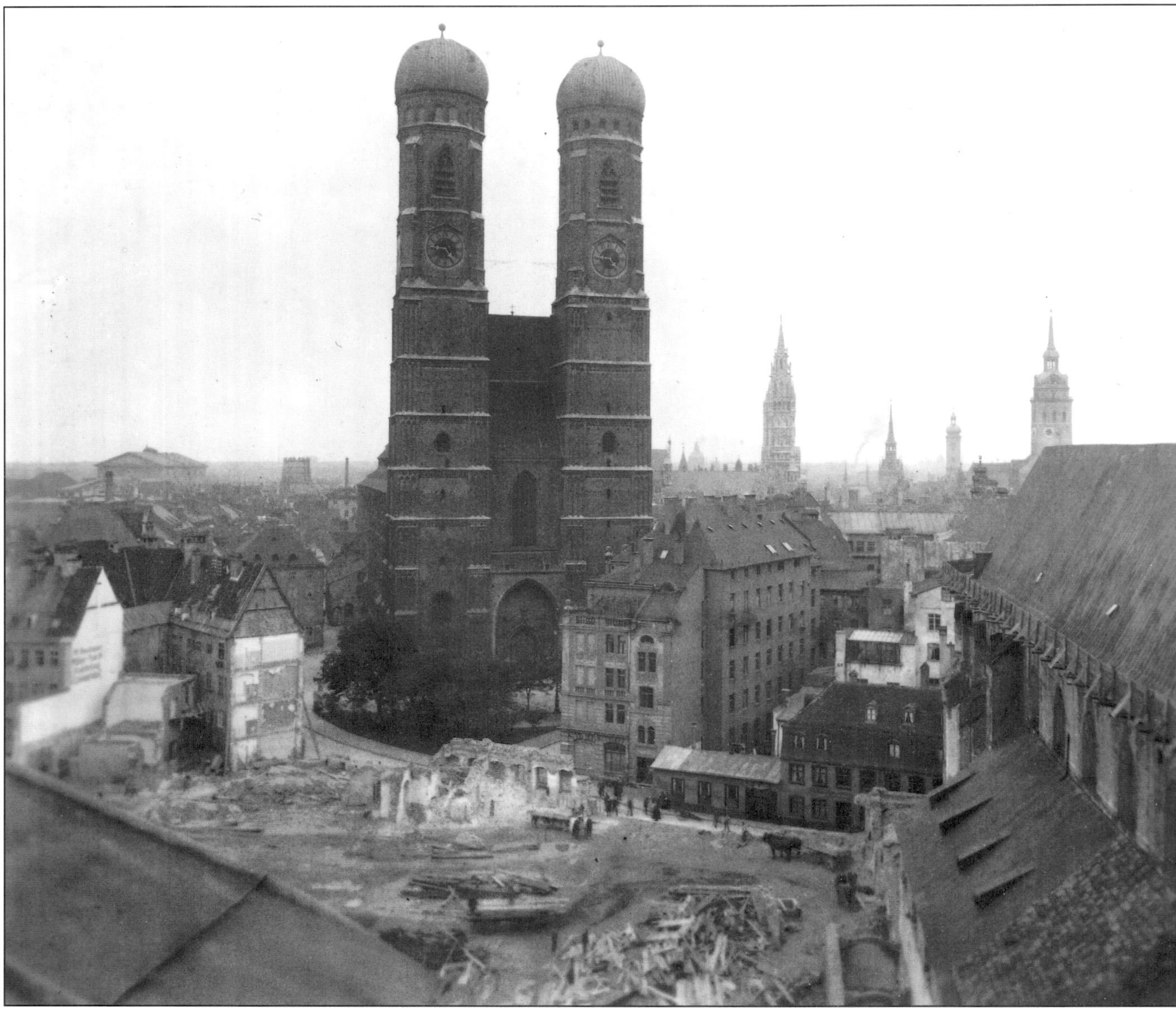

25

Die durch den Abbruch des Augustinerstockes freigestellte Westseite der Frauenkirche.
Rechts das Schiff der Augustinerkirche.

Aufnahme vom 19.5.1911

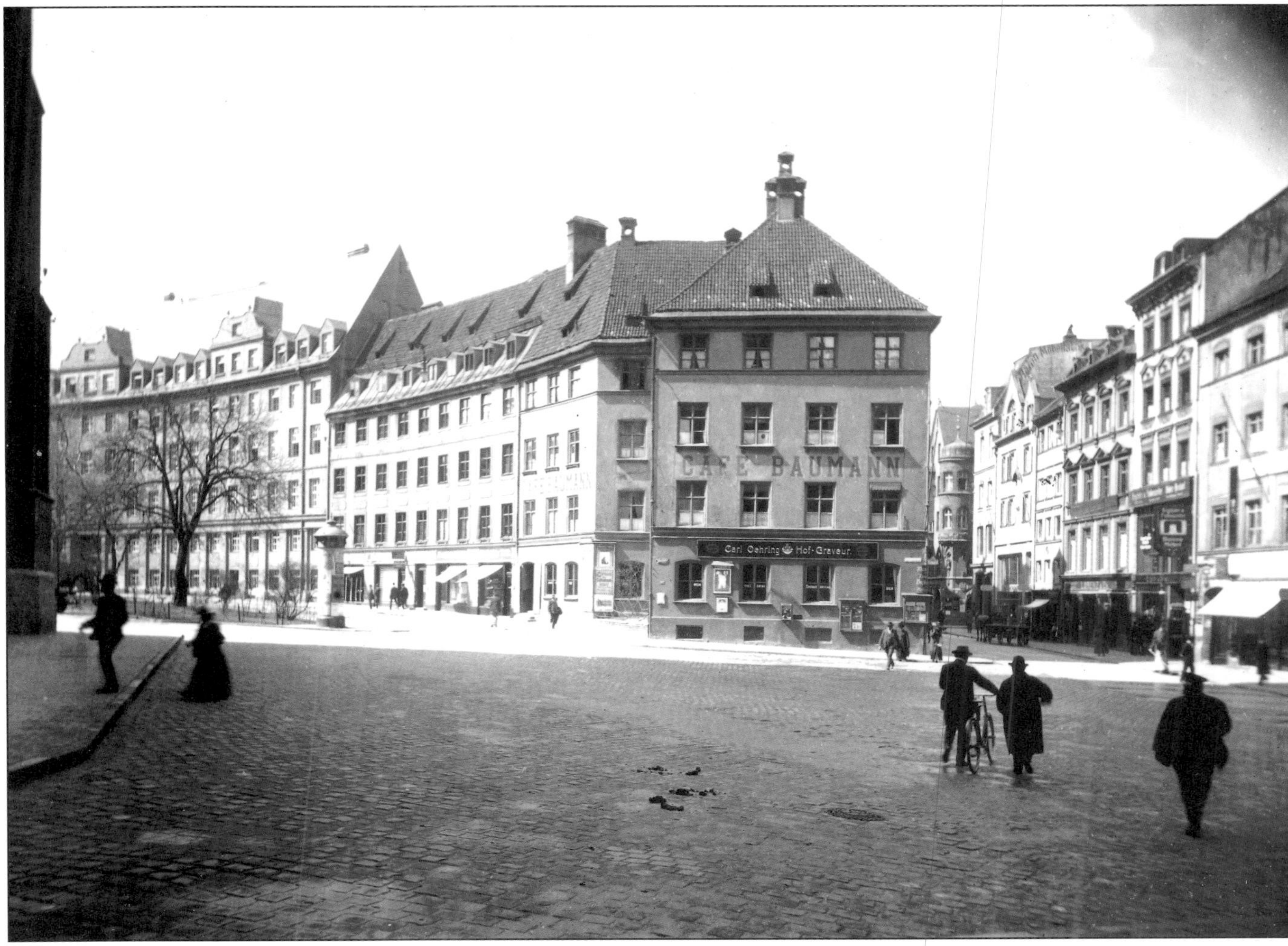

26

Frauenplatz gegen Westen mit Einmündung der Löwengrube. Der Neubau der Polizeidirektion ist eben fertiggestellt.

Aufnahme vom 10.4.1914

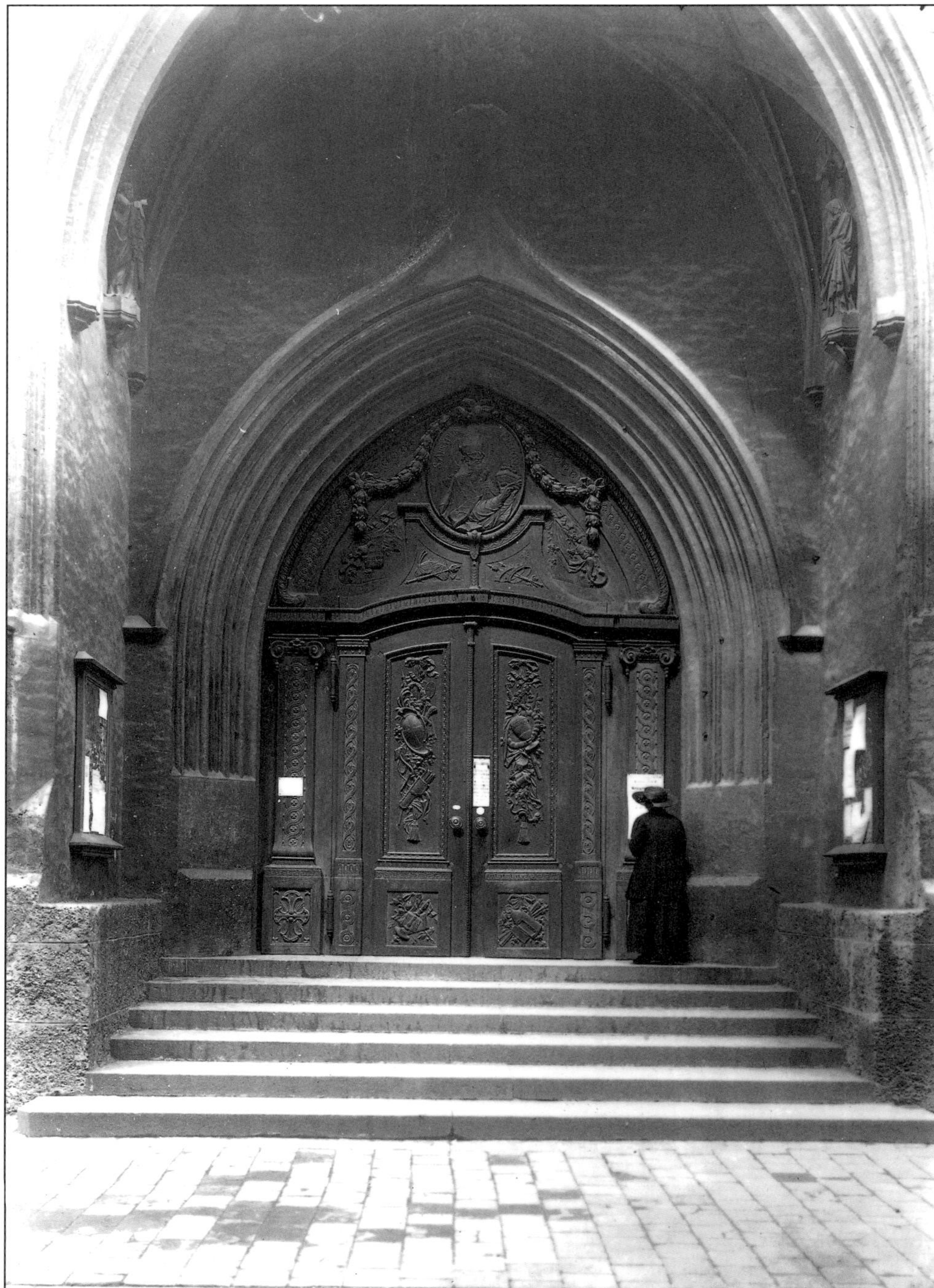

27

Das vordere Südportal der Frauenkirche mit Arsatius-Medaillon und Türflügeln von Ignaz Günther.

Aufnahme vom 16.4.1914

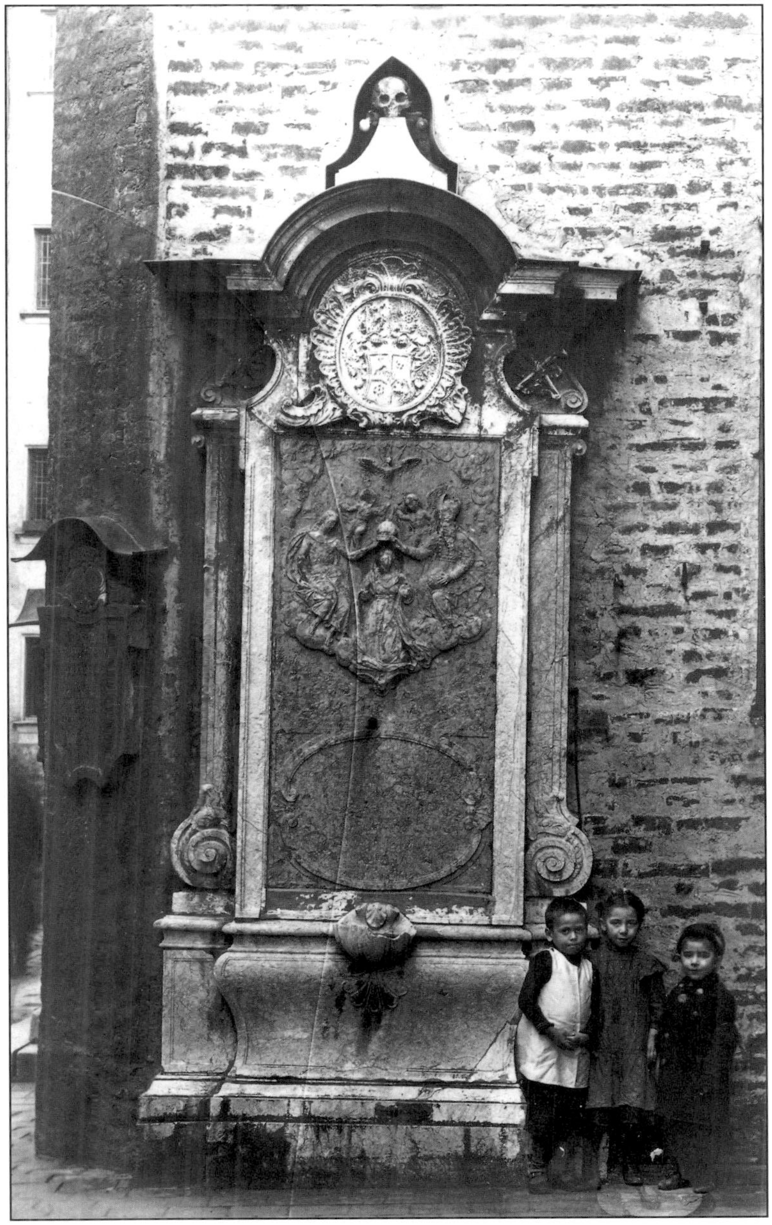

28

Epitaph am Nordostportal der Frauenkirche mit Darstellung der Coronatio Mariae (angefertigt 1703 für Hofkammerrat Jeremias von Delling).

Aufnahme um 1910

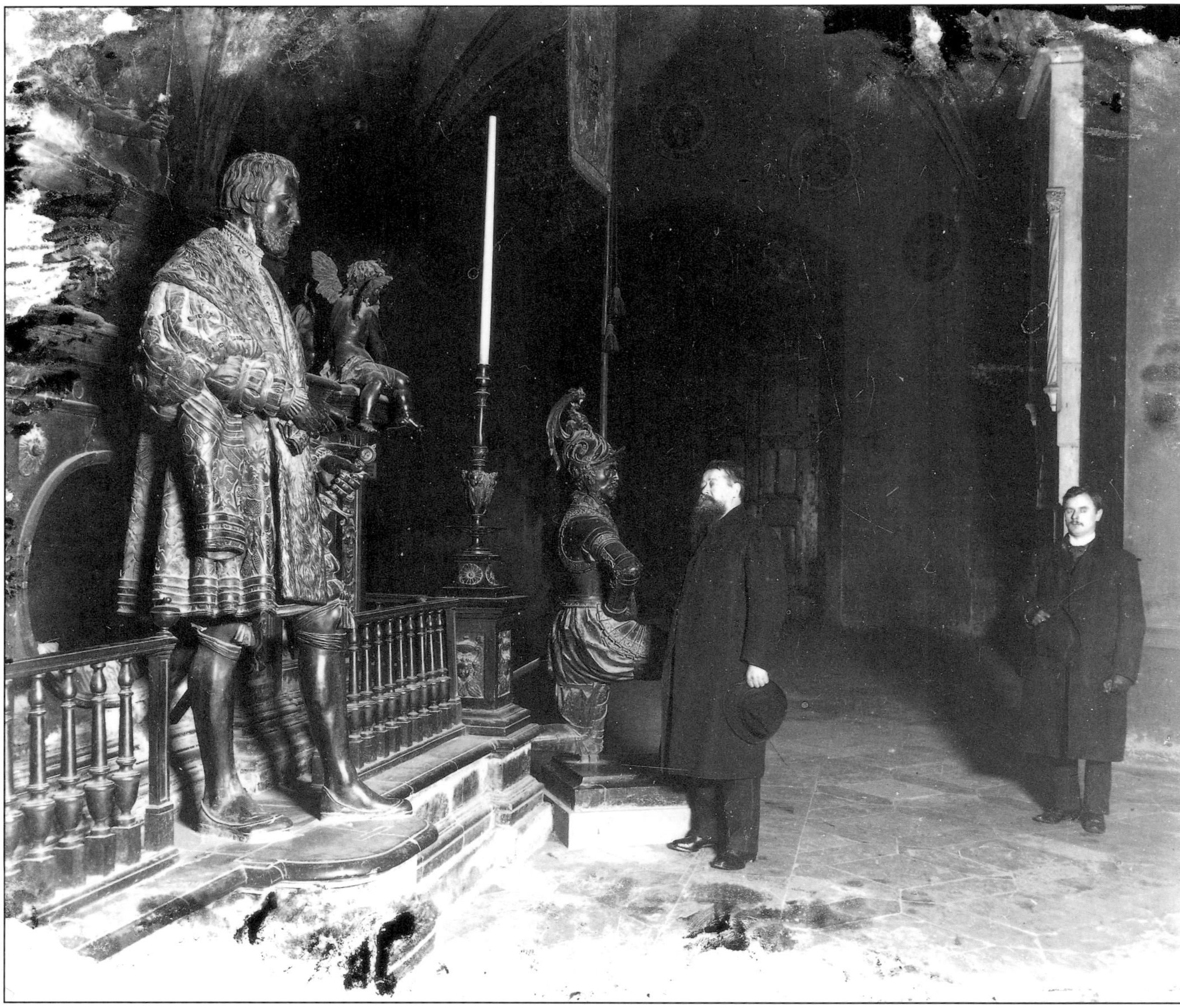

29

Das einst für den Chorraum der Frauenkirche geschaffene barocke Grabmal Kaiser Ludwigs des Bayern, das immer weiter nach rückwärts gesetzt wurde und 1891 unter der Empore Aufstellung fand. Nach dem 2. Weltkrieg wurde es vor die südliche Turmstube gerückt. Im Vordergrund das Erzbild Herzog Wilhelms IV.

Aufnahme um 1910

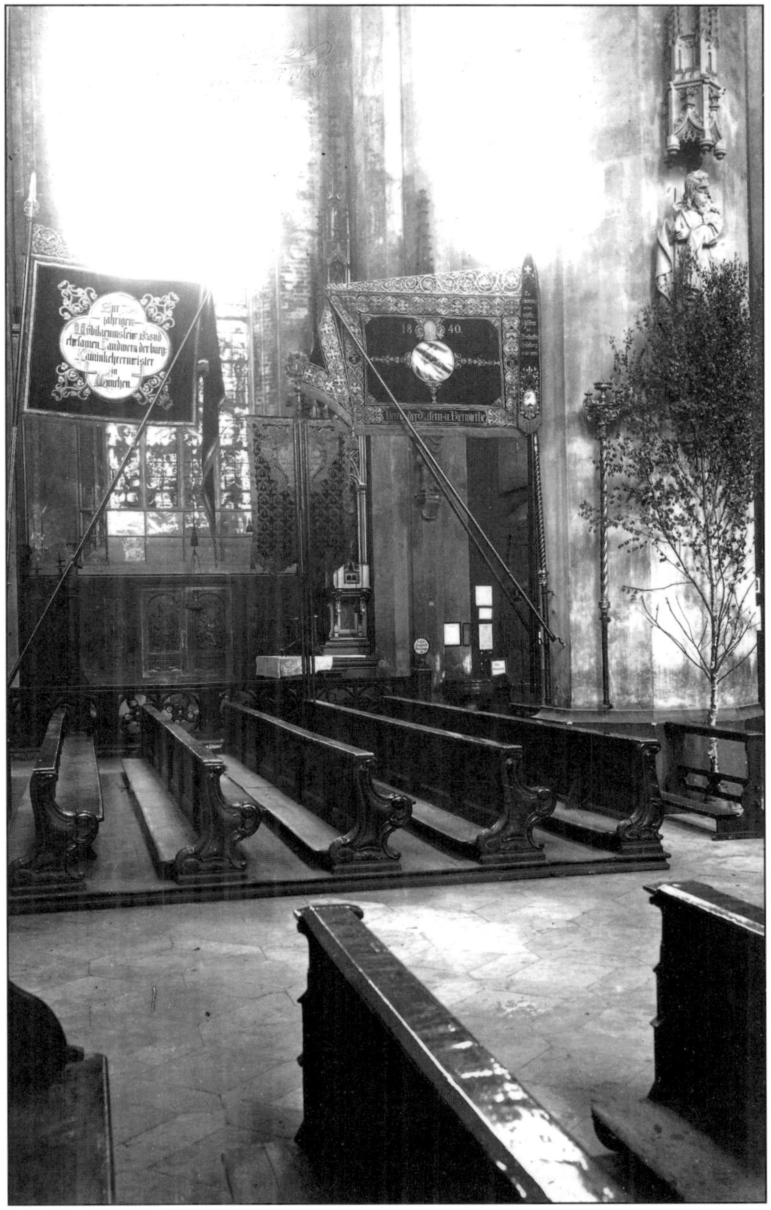

30

Handwerks- und Vereinsfahnen (Kaminkehrermeister 1858, Tafern- und Bierwirthe 1840) im Mittelschiff der Frauenkirche.

Aufnahme um 1910

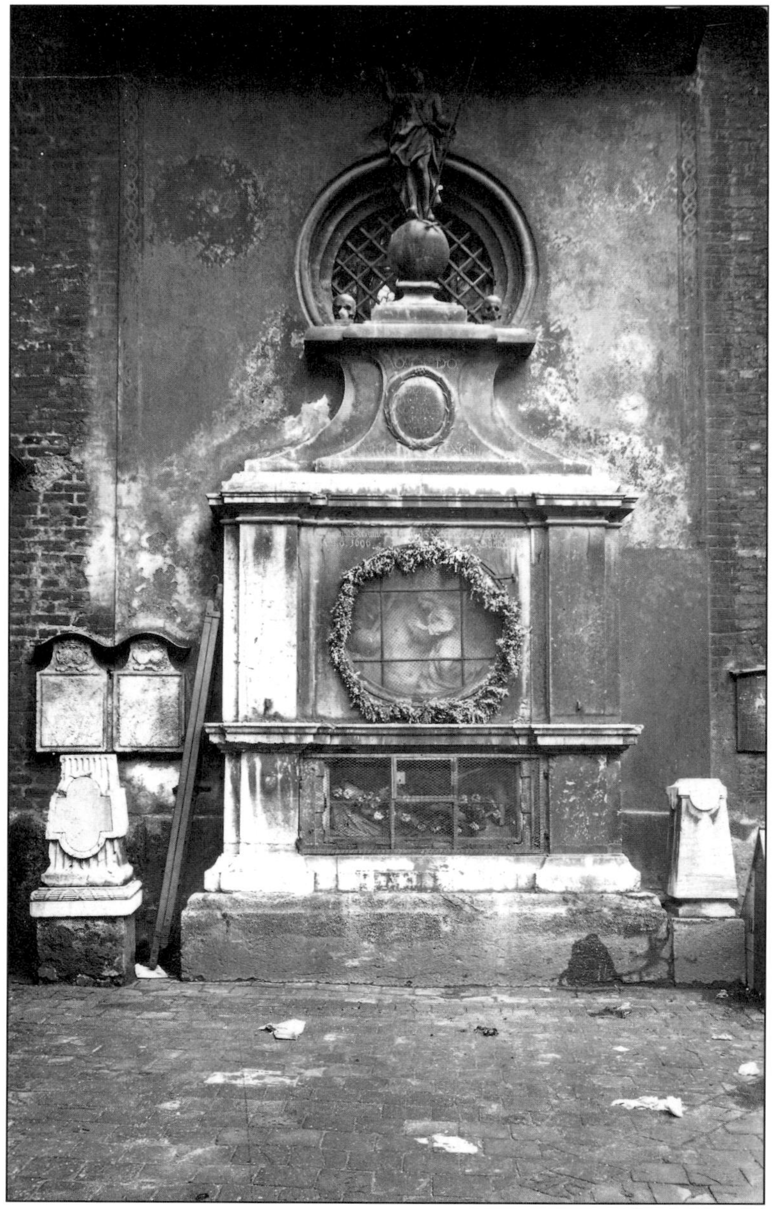

31
Das einst an der Südwand des Sakristeianbaues angebrachte Grabmal der Familie Strobl. Es zeigte Christus am Ölberg, Christus im Grabe und den triumphierenden Auferstandenen.

Aufnahme um 1905

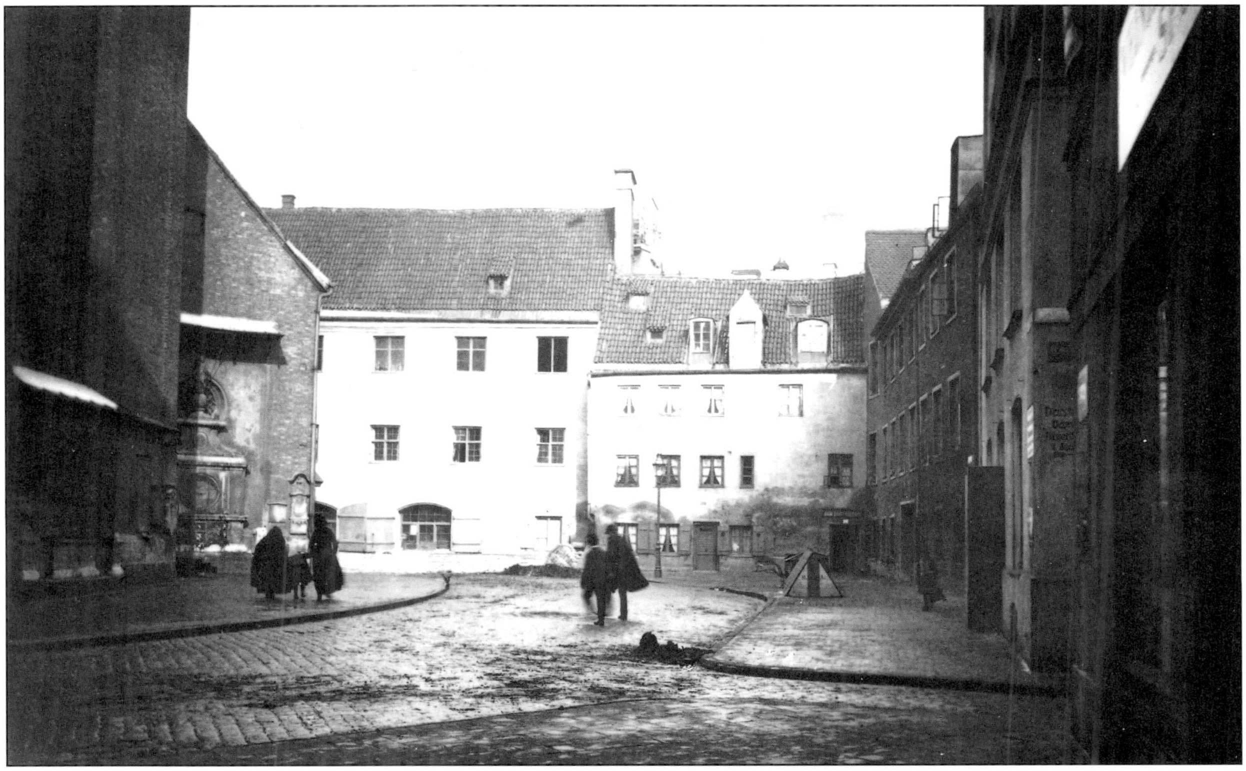

32

Die Nordostseite des Frauenplatzes mit Blick auf den Sakristeianbau und mittelalterliche Gebäude der Kirchenstiftung. Links der ehemalige Baustadel, das spätere „Bruderhaus".

Aufnahme um 1905

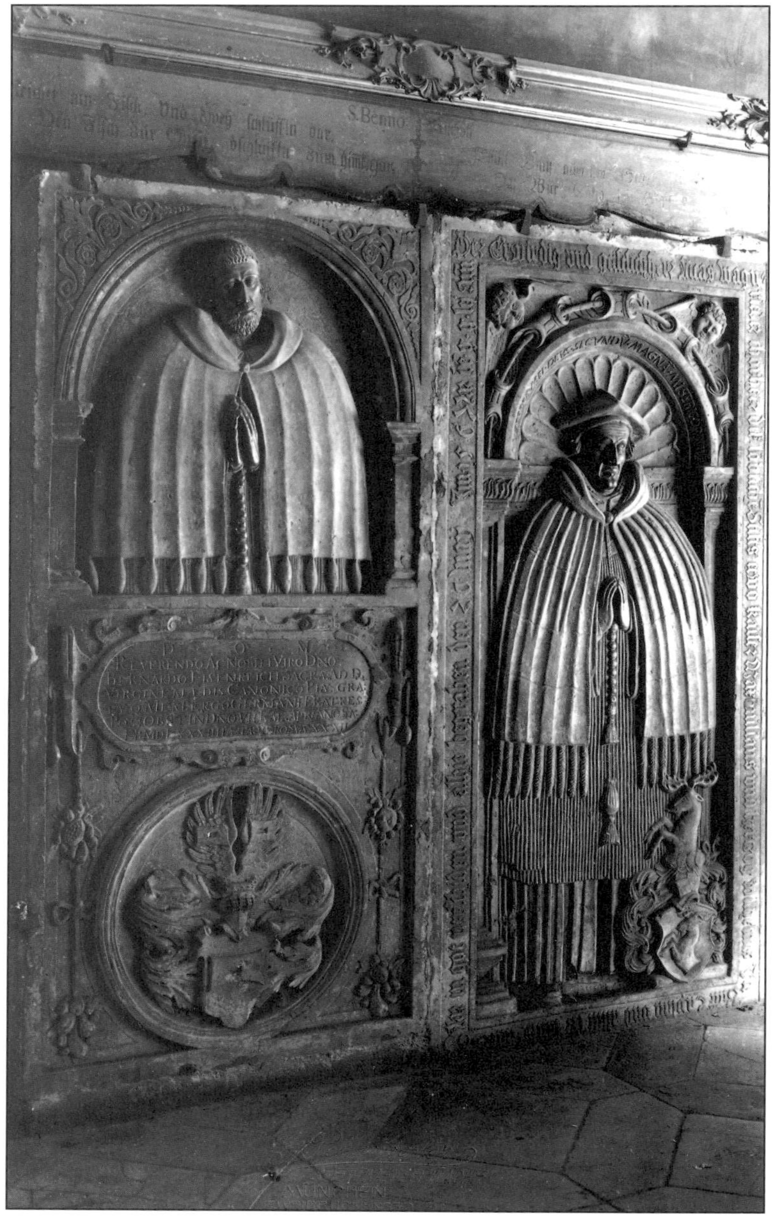

33
Die Epitaphien der Chorherren Bernhard Eisenreich (gest. 1584) und Andreas Wagenrieder (gest. 1567) unter dem Musikchor der Frauenkirche.

Aufnahme um 1910

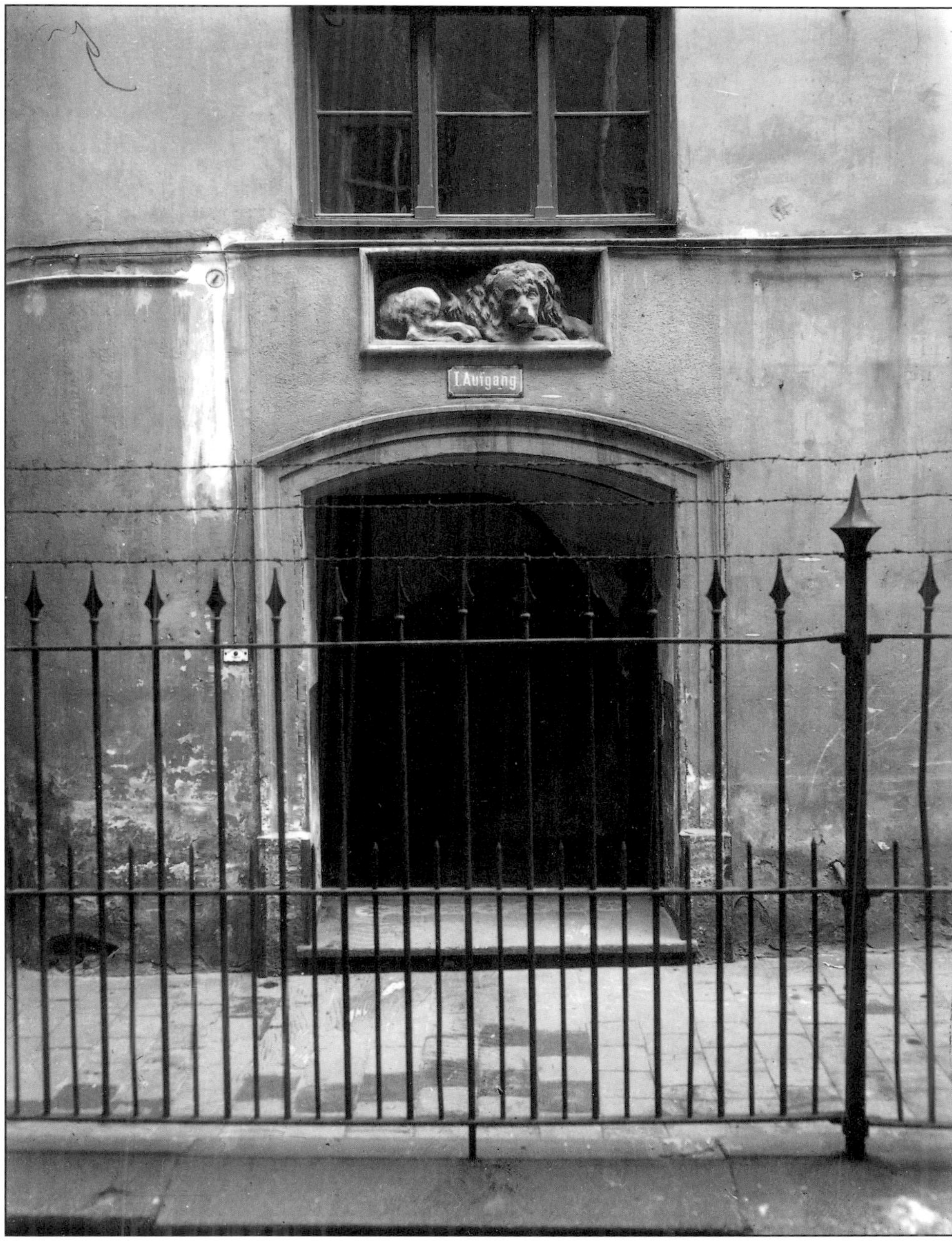

34

Der einst im Innenhof des Anwesens Löwengrube 18 angebrachte liegende Löwe war eine Anspielung auf den (älteren) Straßennamen.

Aufnahme um 1910

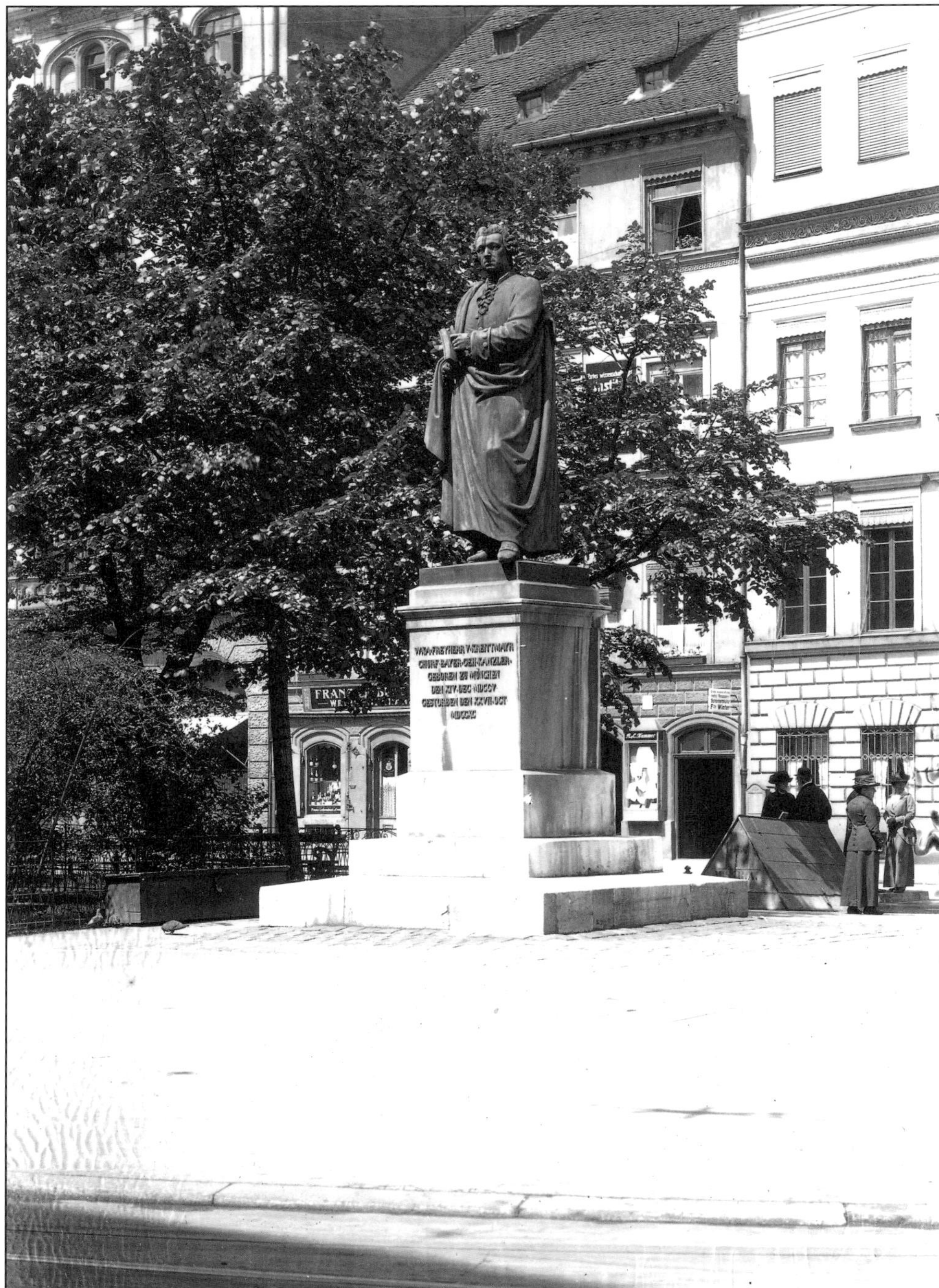

35

Das Erzstandbild des Wiguläus von Kreittmayr, des berühmten bayerischen Staatskanzlers und Rechtsgelehrten am Promenadeplatz in Höhe des Montgelas-Palais. Das Denkmal wurde im 2. Weltkrieg eingeschmolzen.

Aufnahme vom 19.5.1914

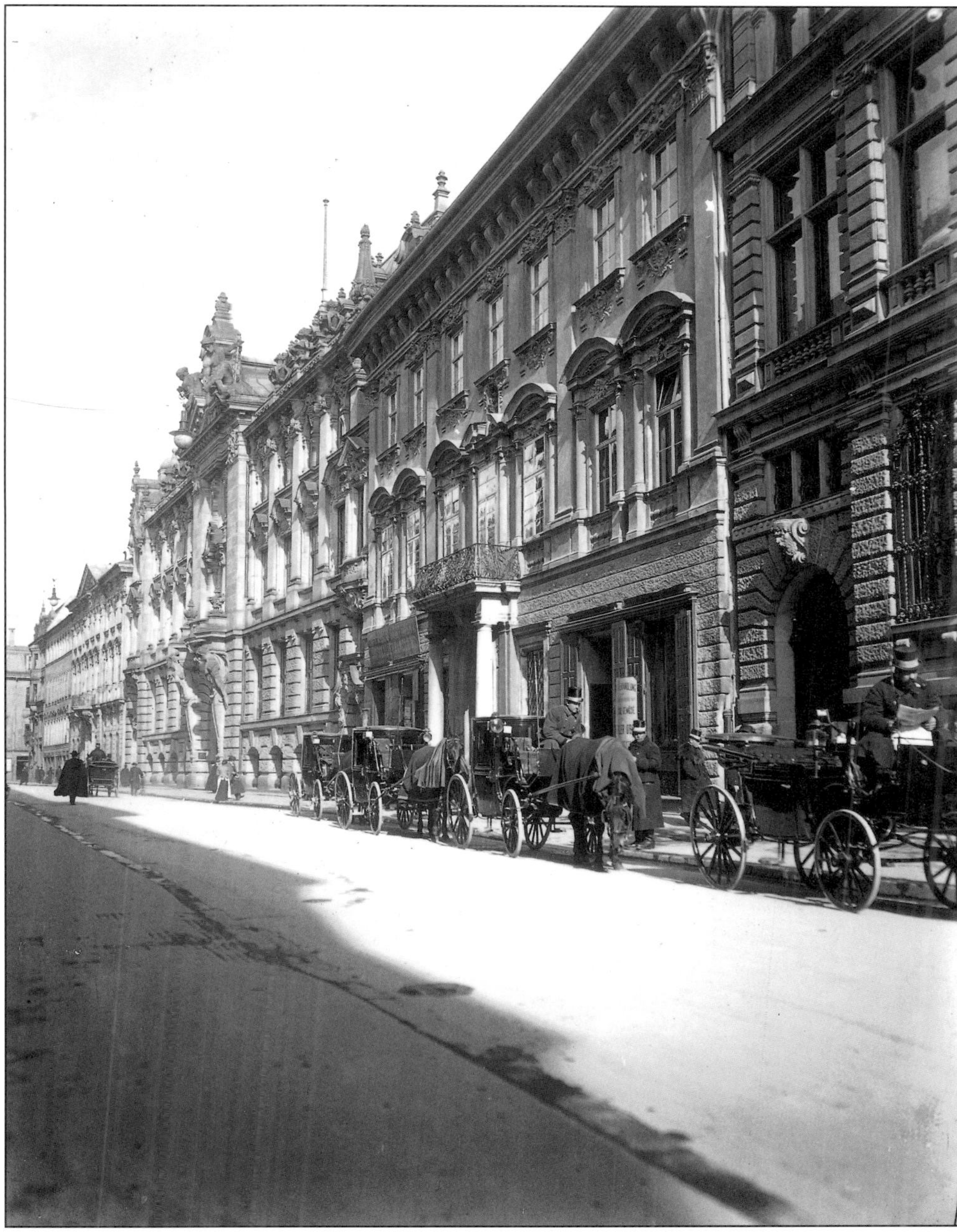

36

Die „noblen" Fassaden der östlichen Promenadestraße (seit 1952 Kardinal-Faulhaber-Straße). Zwischen die Cuvilliés-Dekorationen des Palais Portia (im Vordergrund) und des Palais Holnstein, des erzbischöflichen Palais, hat sich der pathetische und überladene Neubau der Hypo-Bank geschoben.

Aufnahme vom 17.3.1908

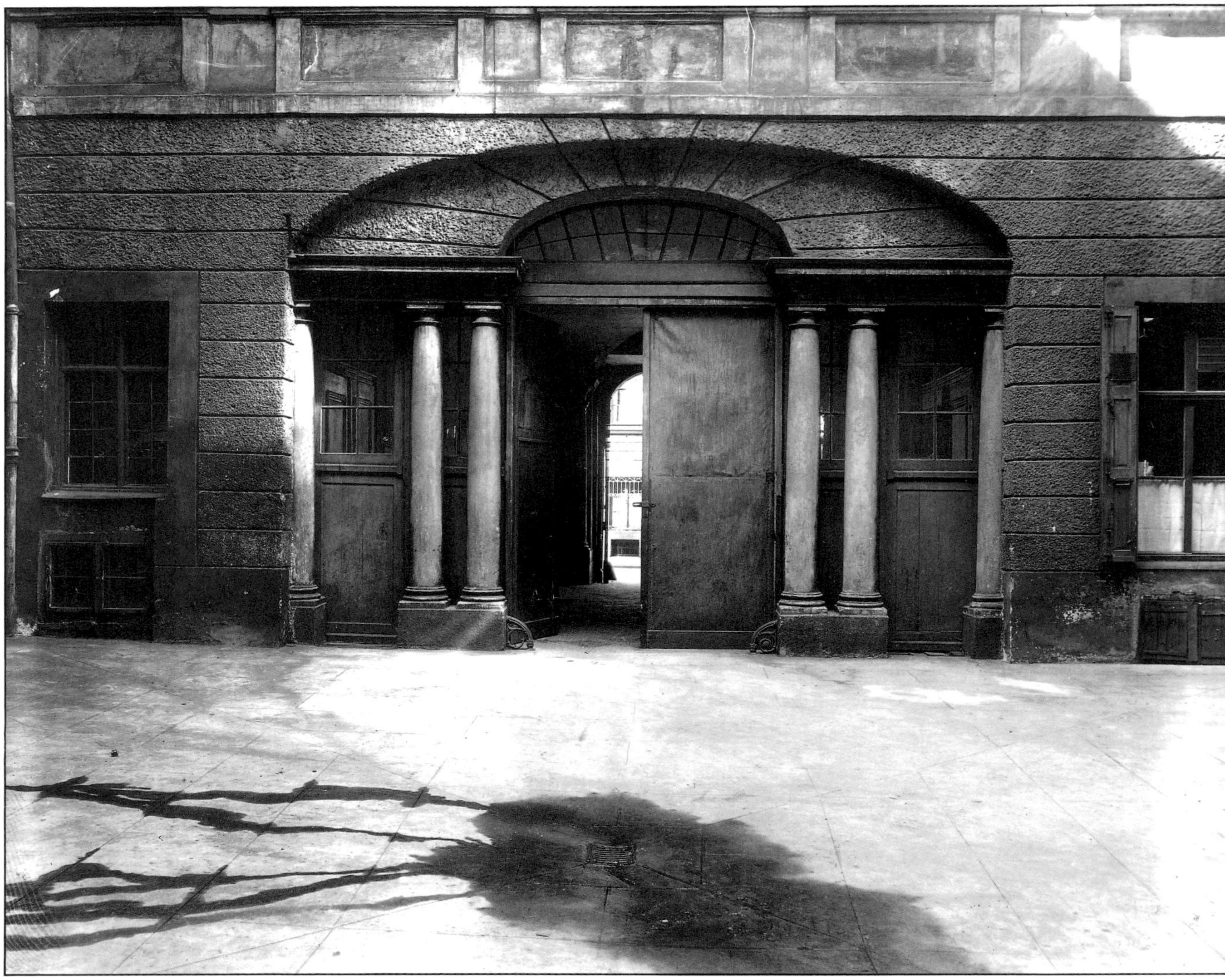

37

Innenhof des Palais Portia. 1693 von Zuccalli errichtet, wurde das Palais 1731 von Cuvilliés für die nachmalige Fürstin Portia umgestaltet. Von der Architektur Zuccallis hatte sich bis zur Zerstörung des Palais im 2. Weltkrieg nur der Innenhof erhalten. Der Wiederaufbau berücksichtigte allein die Fassade und gestaltete die rückwärtigen Bauteile völlig neu.

Aufnahme vom 26.9.1919

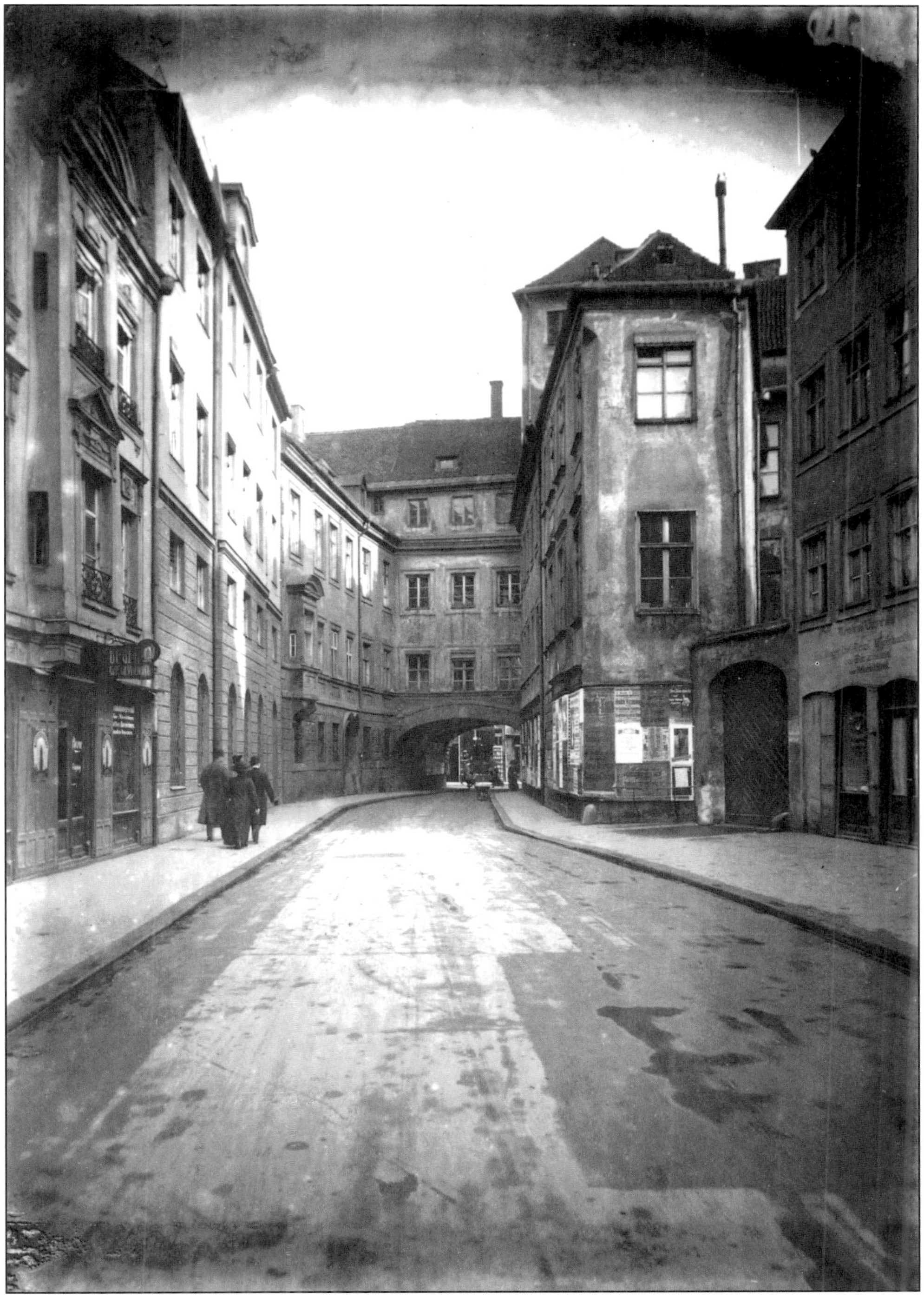

38

Blick durch die Salvatorstraße zur Theatinerstraße. Den Abschluß der Straße bildete einst der sog. Kühbogen, der sich zwischen zwei Trakten des im Stil des benachbarten Theatinerklosters errichteten Palais Berchem zur Theatinerstraße öffnete. Das Palais war zum Zeitpunkt der Aufnahme ebenso wie das ehemalige Theatinerkloster Amtssitz des Innenministeriums. Nach Kriegszerstörung wurde das Berchem-Palais nicht mehr rekonstruiert.

Aufnahme vom 23.2.1912

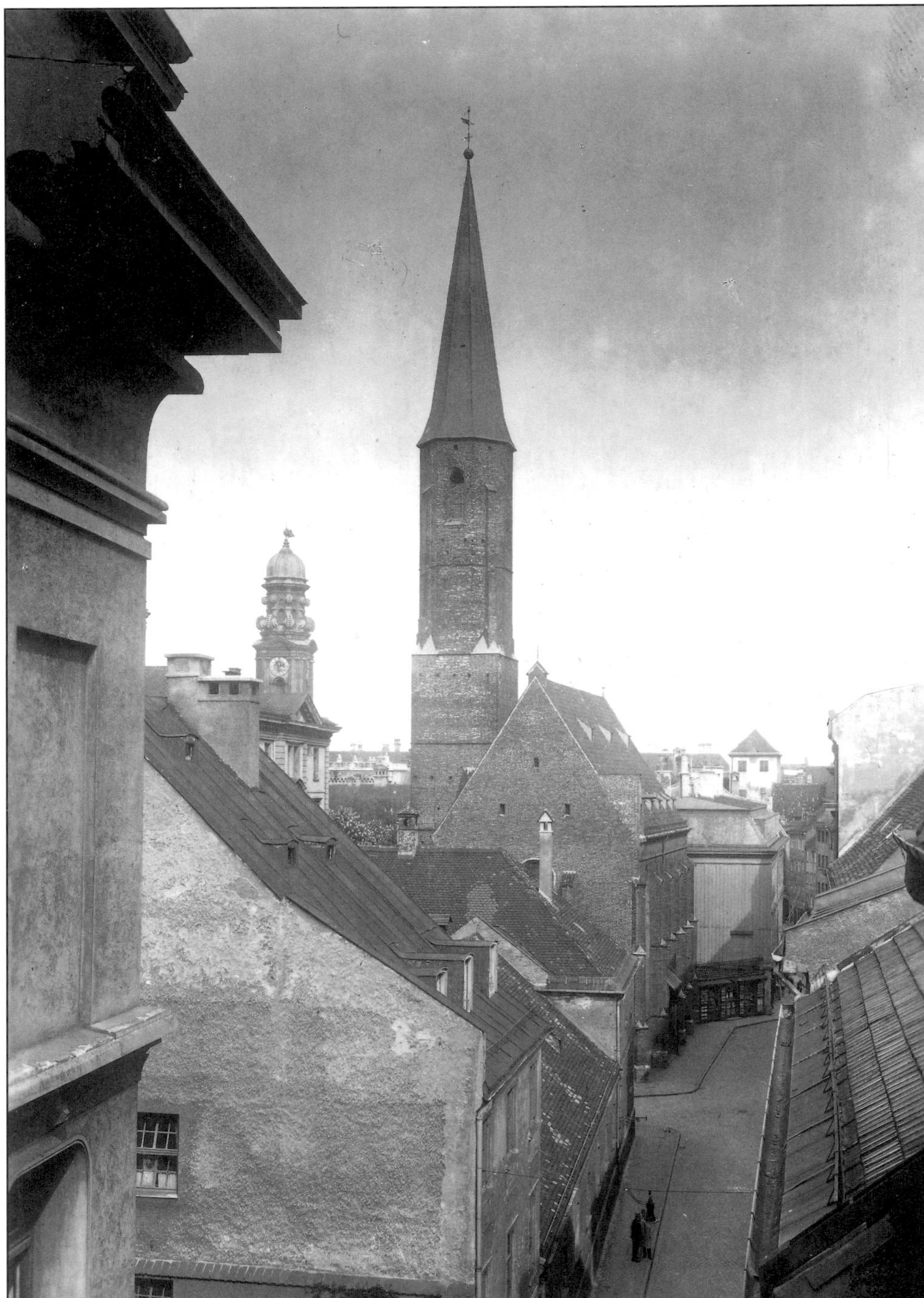

39
Blick über die Dächer der Salvatorstraße auf die Westseite der Salvatorkirche.
Aufnahme von 1924

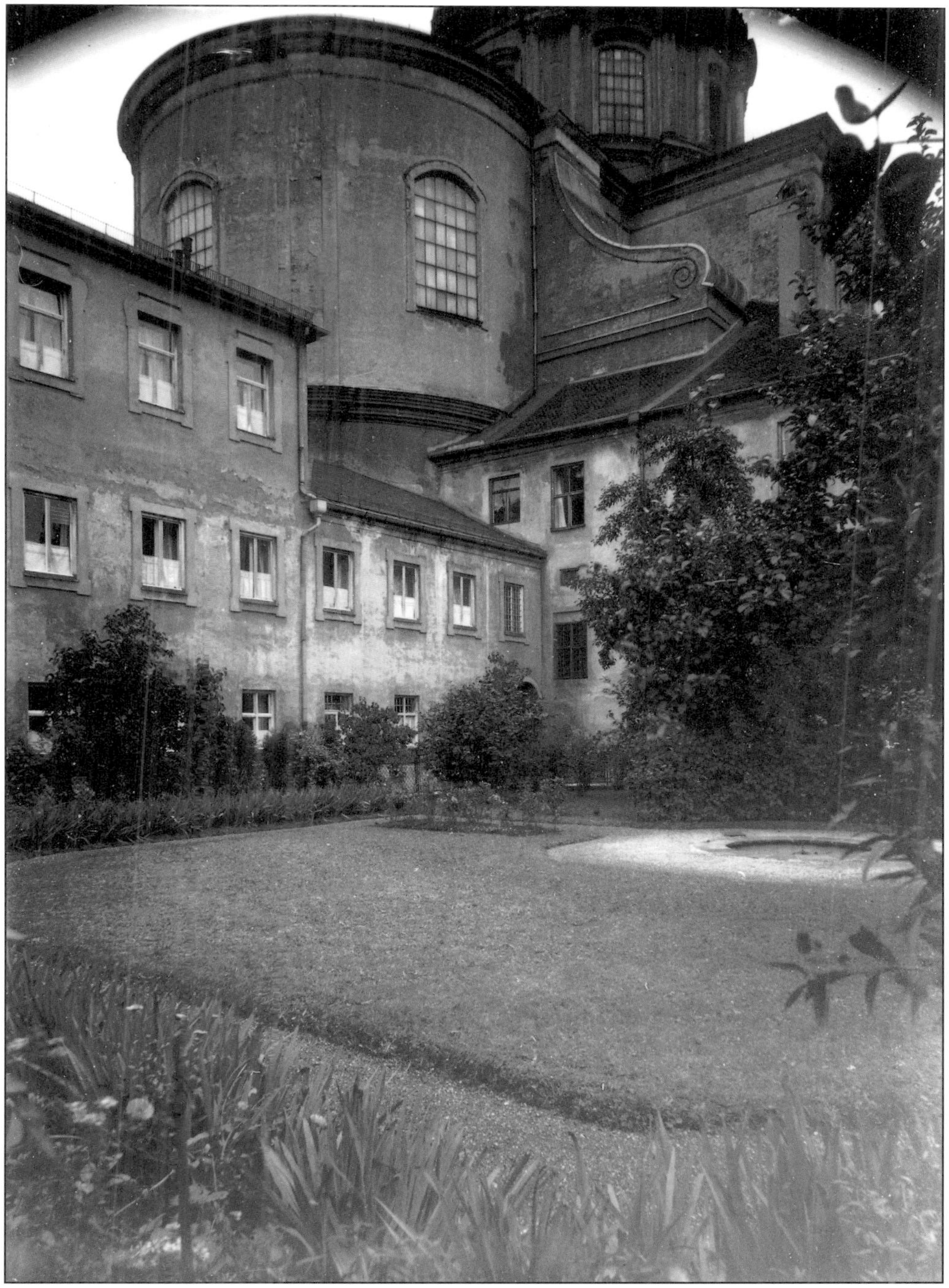

40

Der alte Garten des Theatinerklosters mit Blick auf Chor und Kuppel der St. Kajetanskirche.

Aufnahme vom 15.10.1932

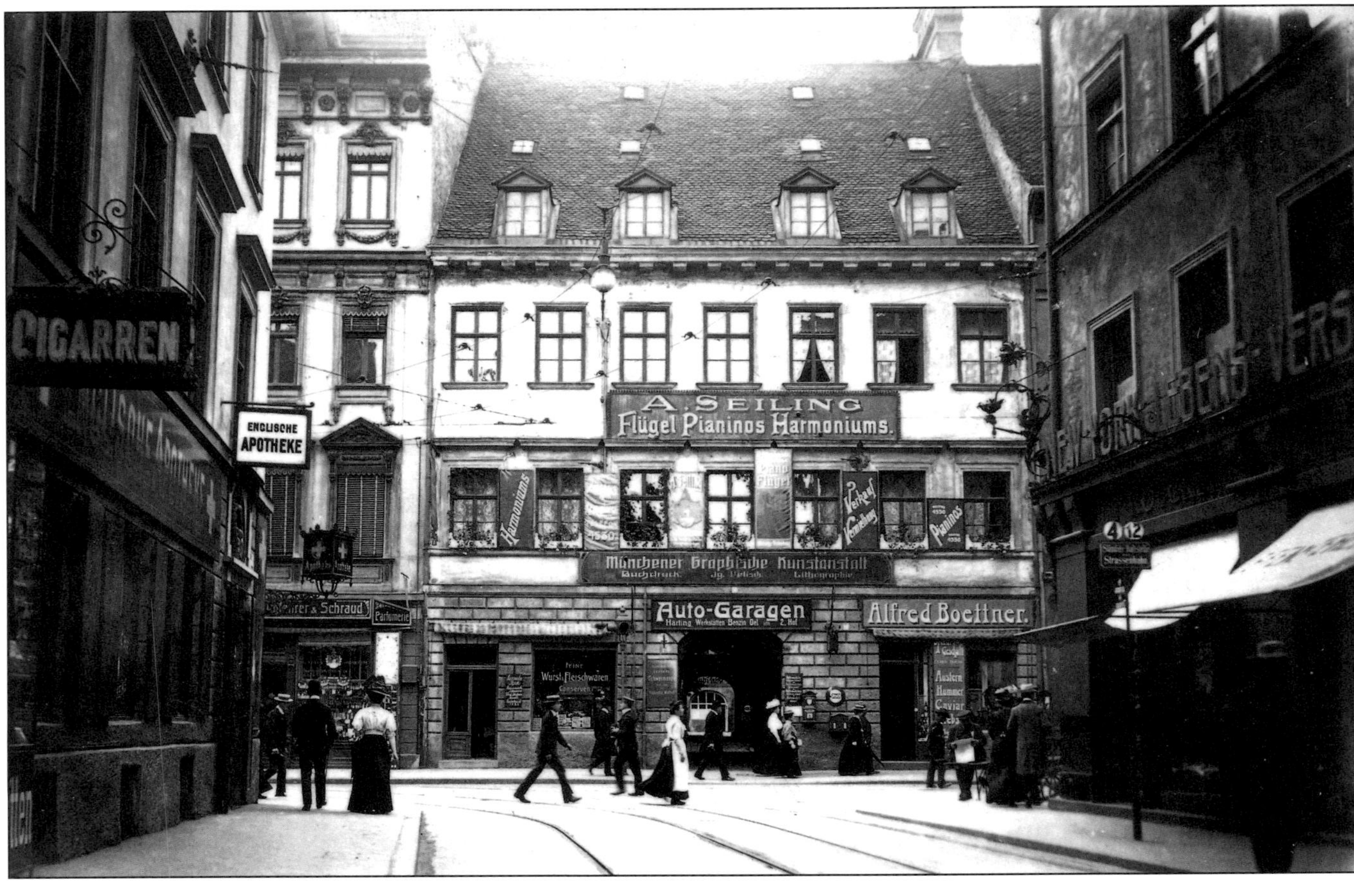

41

Blick von der Perusastraße auf das Gebäude Theatinerstraße Nr. 8, das von 1880–1905 die (militärische) Stadtkommandantur von München beherbergte. Links im Anschluß ein Teil des ehemaligen Palais Arco an der Ecke Theatiner-Maffeistraße. Beide noch aus dem 18. Jahrhundert stammenden Bauten wurden 1908–1910 durch moderne Architektur ersetzt.

Aufnahme von 1908

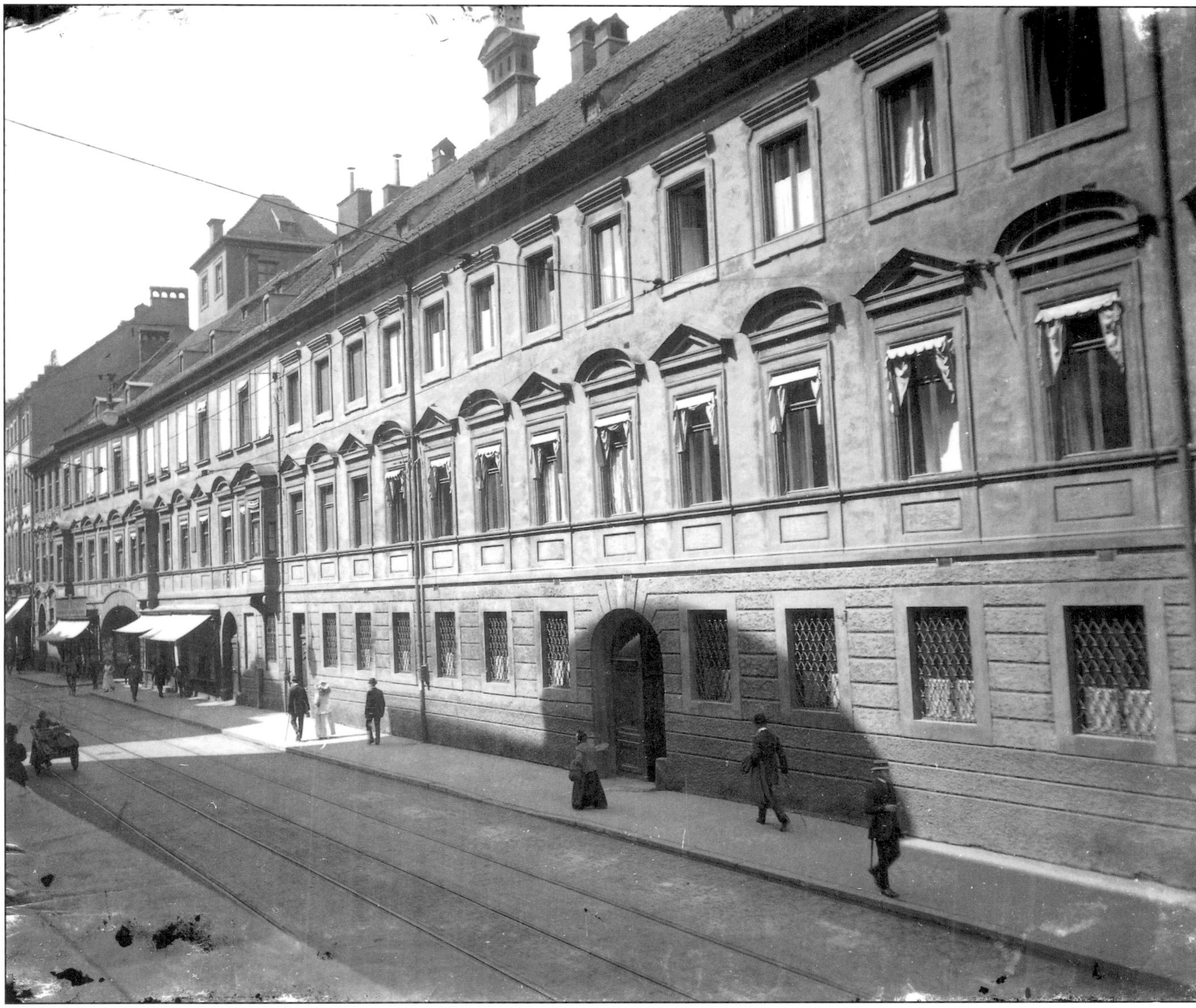

42

Die dem Architekturstil Zuccallis verpflichtete langgestreckte Fassadenabwicklung von ehemaligem Theatinerkloster und (nach Süden) anschließendem Palais Berchem. Vor dem kleinen Türmchen des Palais Berchem öffnet sich mit dem sog. Kühbogen der Eingang zur Salvatorstraße.

Aufnahme vom 12.5.1911

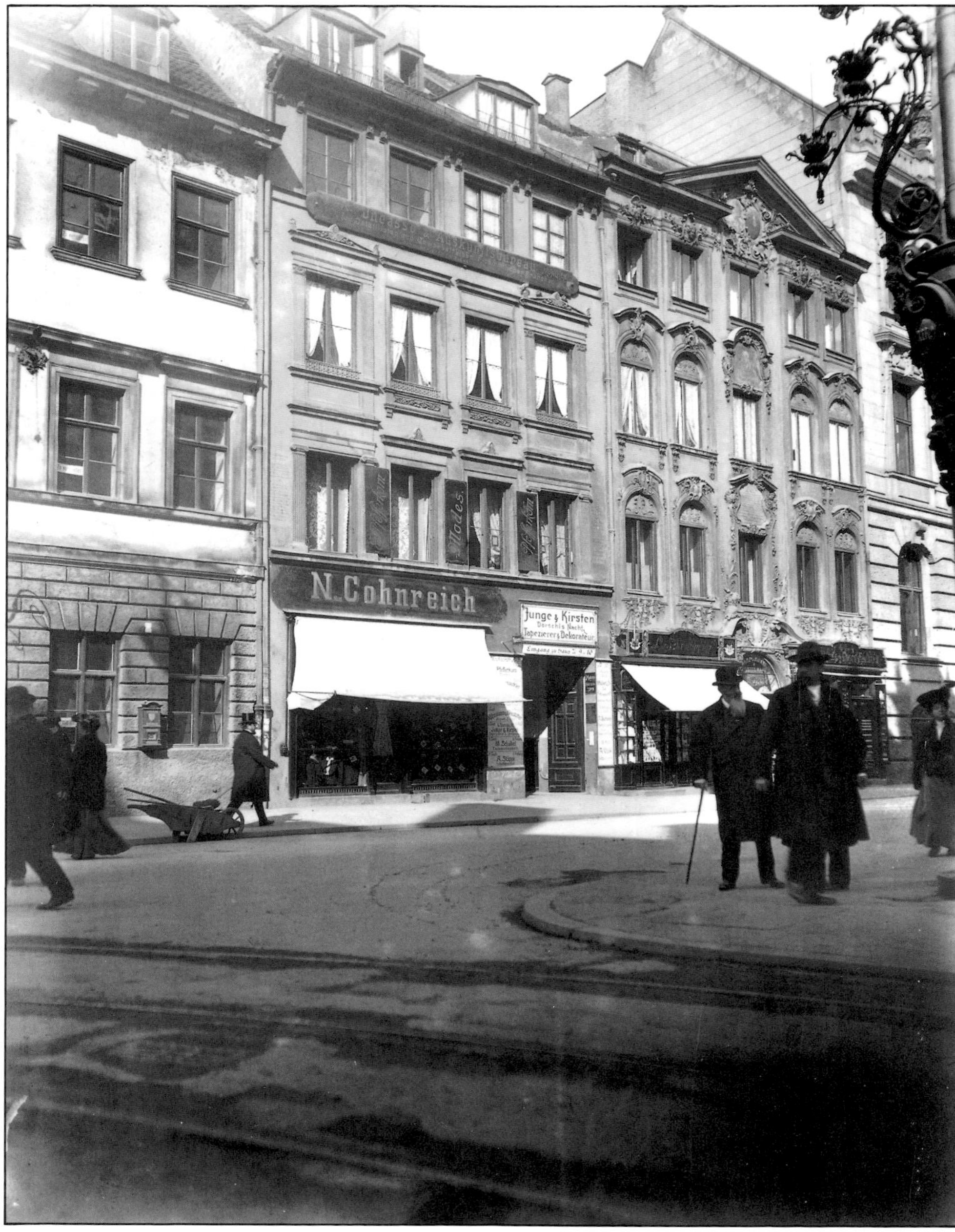

43

Die sich an die ehemalige Stadtkommandantur im Norden anschließenden Häuser an der Theatinerstraße, von der Einmündung der Perusastraße aus gesehen. Das prächtige Rokokogebäude mit dem kleinen Giebel ist das sog. Mielich-Haus. Es war im 16. Jahrhundert Wohnhaus des Münchner Malers Hans Mielich und wurde 1747–1754 im Auftrag des damaligen Besitzers Felix von Toerring-Jettenbach durch Ignaz Gunezrhainer zu einem Palais umgestaltet. Die nach schweren Kriegsbeschädigungen noch erhaltene Fassade wurde bei der Schutträumung mit beseitigt.

Aufnahme vom 1.3.1905

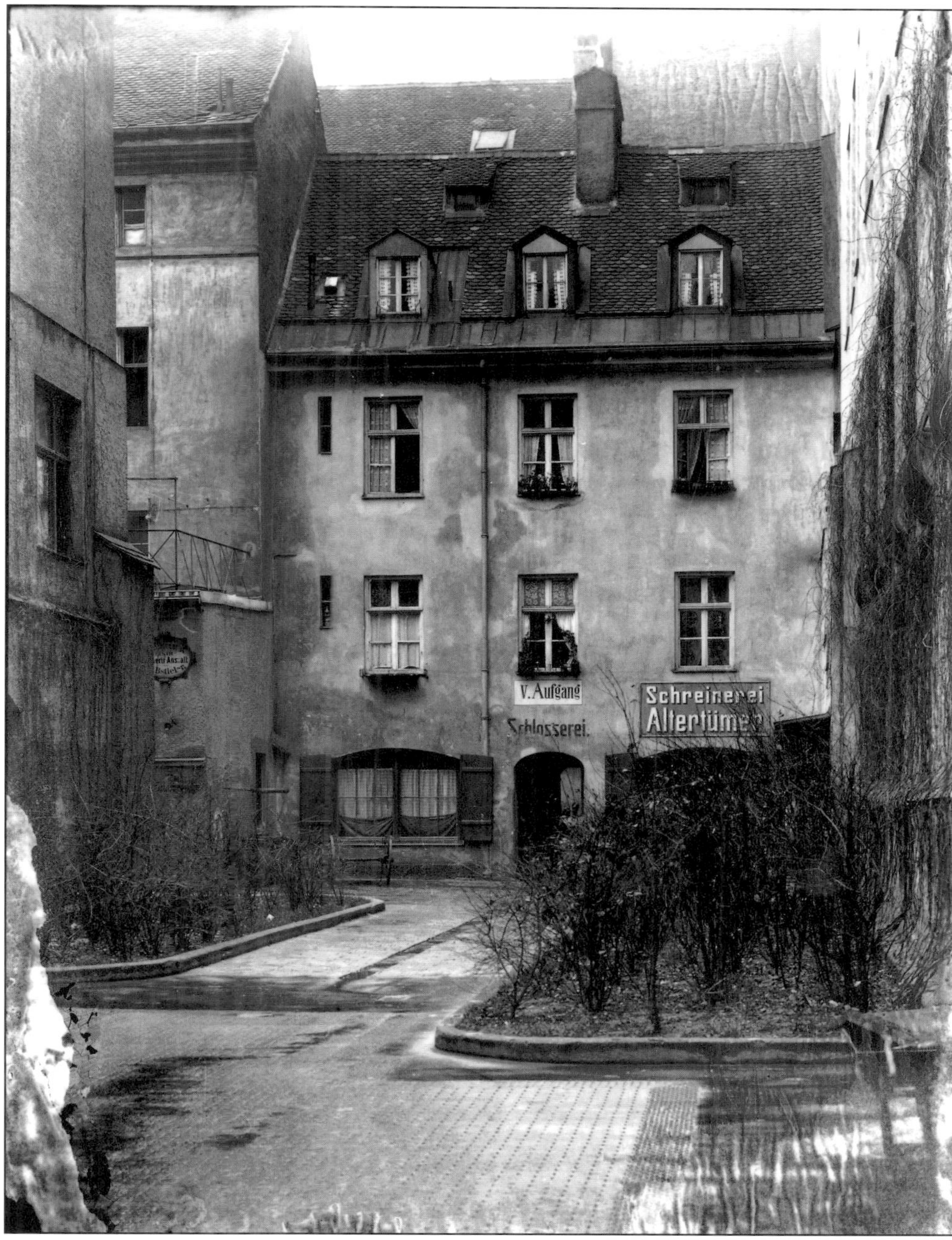

44

Die in den Häusergevierten der Innenstadt seit dem Mittelalter bestehenden Gartenhöfe erfuhren mit dem Wachsen der Stadt eine zunehmende Bebauung. So gab es auch beim sog. Mielich-Haus (Theatinerstraße Nr. 10) zuletzt mehrere Hinterhöfe mit gestaffelter Bausubstanz, die über sechs Aufgänge erschlossen war.

Aufnahme vom 29.7.1918

Das Graggenauerviertel

Das Graggenauerviertel trägt seinen Namen nach einer alten Flurbezeichnung „Krähenau“ und umschreibt den Altstadtbereich zwischen Wein-, Theatinerstraße, Odeonsplatz und vorderer Ludwigstraße gegen Westen bzw. der Trasse Marienplatz, Tal, Isartorplatz gegen Süden. Die Außenlinie des Viertels gegen Osten und Norden, also gegen das Lehel und die Schönfeldvorstadt, folgte einst einer die ehemaligen Fortifikationen nachzeichnenden komplizierten Linie über Kanal- und Herzog-Rudolf-Straße bis zur Von-der-Tann-Straße, so daß auch Hofgarten und sog. Finanzgarten diesem Quartier integriert sind. Der heutige Altstadtring hat die differenzierte Trennungslinie des Graggenauerviertels vom anschließenden Lehel freilich inzwischen „begradigt“.

Das hier vorgestellte Quartier gliederte sich ursprünglich in einen zunächst von der Hofdienerschaft, später auch vom gehobenen Bürgertum bevorzugten Wohnbereich zwischen Marienplatz und Viscardistraße bzw. entlang der Diener- und Burgstraße, ferner in einen exemten Bezirk fürstlicher Hofhaltung, der den Alten Hof und die sich im Norden anschließende Neufeste/Residenz vereinnahmte und schließlich in ein teilweise dem Hofdienst zugeordnetes (z.B. Hofpfisterei, Marstall), teilweise handwerklich-zünftisch genutztes Areal, wobei letzteres den Nordteil des Tals beanspruchte. Eine wichtige Vermittlungsfunktion zwischen Hof und Bürgertum hatten vor der Säkularisation das Franziskanerkloster am heutigen Max-Joseph-Platz und die umgebenden Baulichkeiten des Pütrich- und Ridlerklosters. Dieser historischen Vorgabe folgend ist das Stadtviertel bis heute strukturell am uneinheitlichsten geblieben: Zonen bürgerlichen Selbstbewußtseins (Altes Rathaus, Neues Rathaus) Zentren mittelständischer Betriebsamkeit (Tal) wechseln mit vornehmen, ja exklusiven Geschäftsstraßen (Maximilianstraße, Residenzstraße) und elitären Kunst- und Museumsbereichen (Max-Joseph-Platz, Residenz). Das zur Frauenpfarrei gehörige Graggenauerviertel war durch die räumliche Präsenz der Landesherrschaft stets von besonderer Attraktivität für Reisende. An dieser Beliebtheit hat sich bis heute wenig geändert, wobei die Gegend um das „Platzl“ eigentlich erst in unserem Jahrhundert eine entsprechende Aufwertung erfahren hat. Völlig verschwunden ist inzwischen die einst besonders dichte Bebauung zwischen der (hinter dem Neuen Rathaus gelegenen) Landschaftstraße und der neuen Schrammerstraße; hier wurde nach dem 2. Weltkrieg der sog. Marienhof freigeräumt.

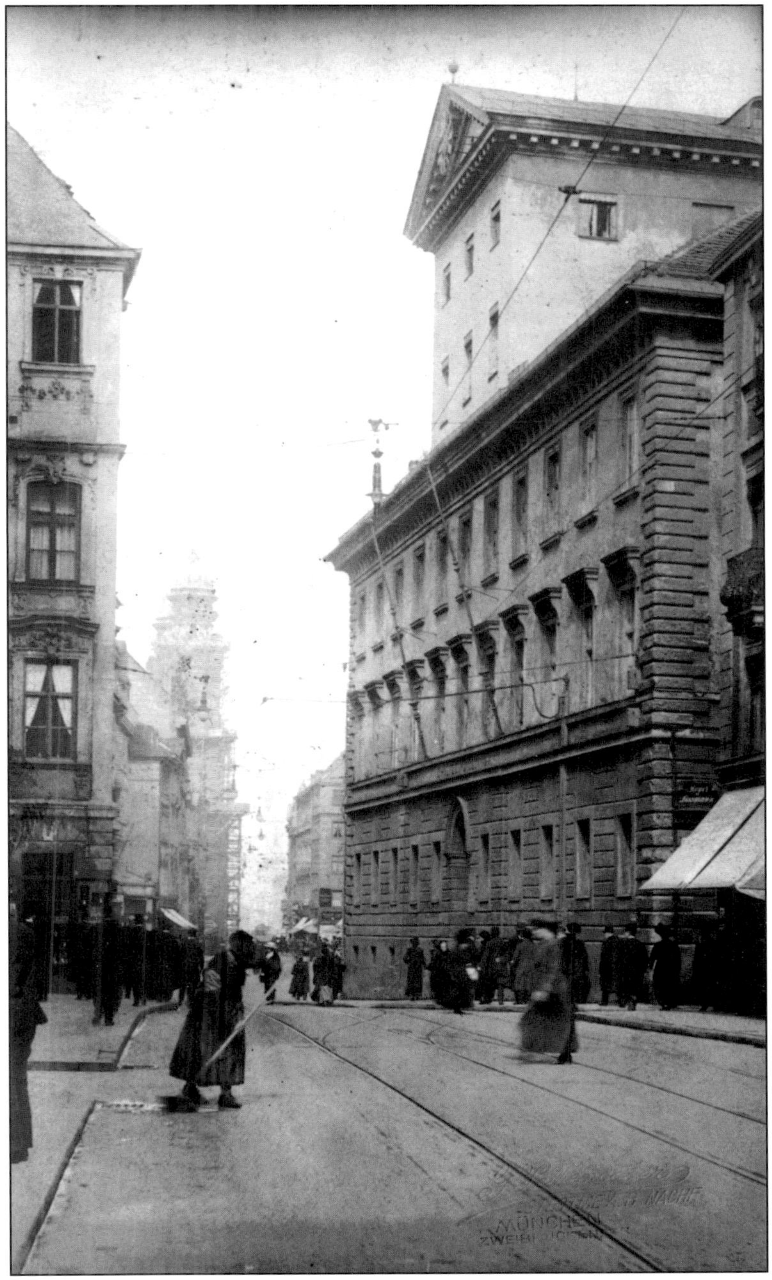

45

Blick in die vordere Weinstraße. Rechts der charakteristische Komplex der alten Polizeidirektion zwischen Gruft- und Schrammerstraße. Es war dies ursprünglich das von Zuccalli errichtete Kloster der Englischen Fräulein (bis 1808), dessen Fassaden im 19. Jahrhundert eine klassizistische Überarbeitung erfahren hatten. Nach Kriegszerstörung wurde das Gebäude mit dem gesamten umliegenden Areal für den sog. Marienhof freigeräumt. Der alten Polizeidirektion gegenüber, mit stark einspringender Ecke, die im Fassadenschmuck des 18. Jahrhunderts prangende ehemalige Schutzmannkaserne, die bereits 1914 abgerissen wurde.

Aufnahme um 1910

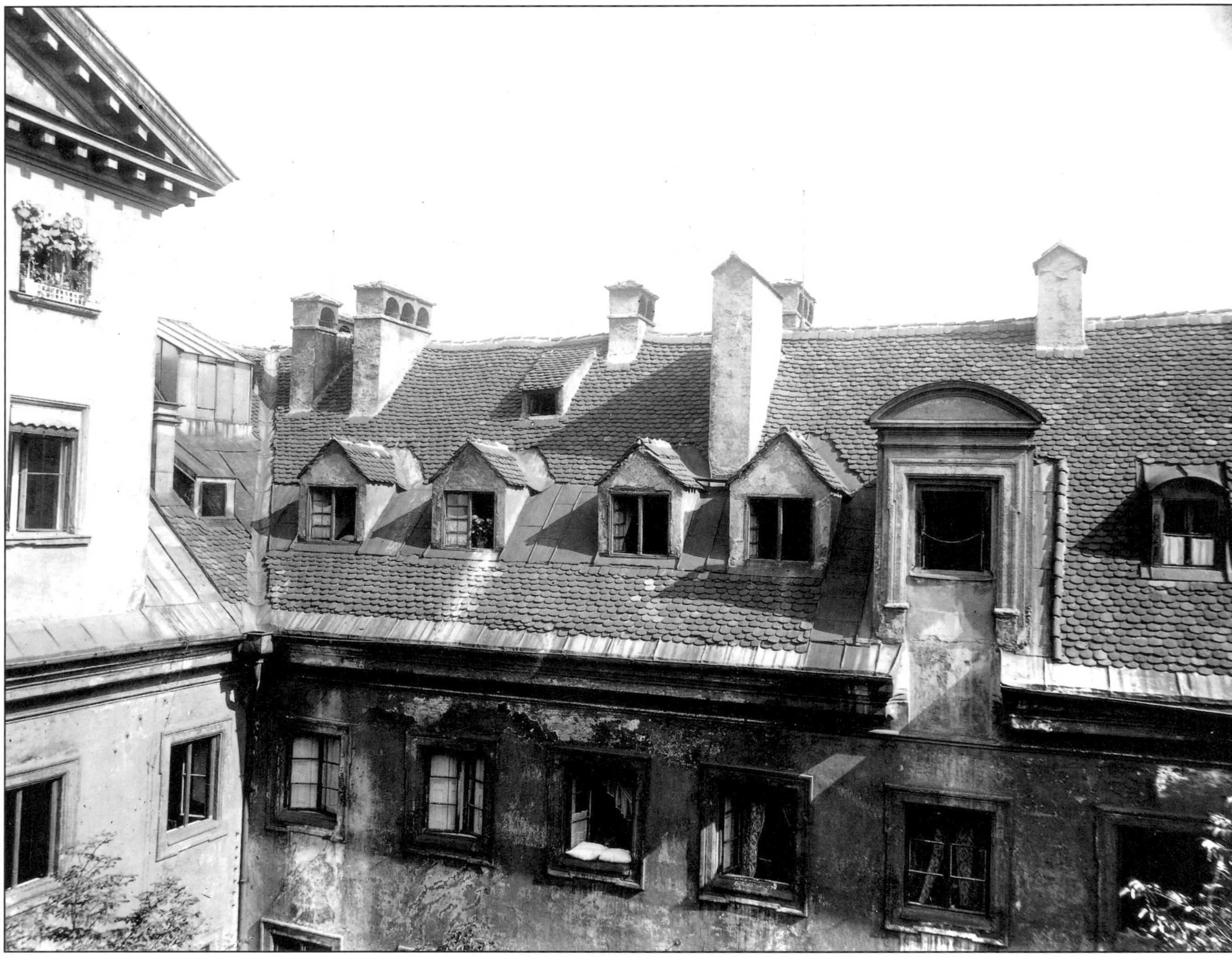

46
Gauben und Kamine im Innenhof der ehemaligen Polizeidirektion, Weinstraße 13.
Aufnahme von 1920

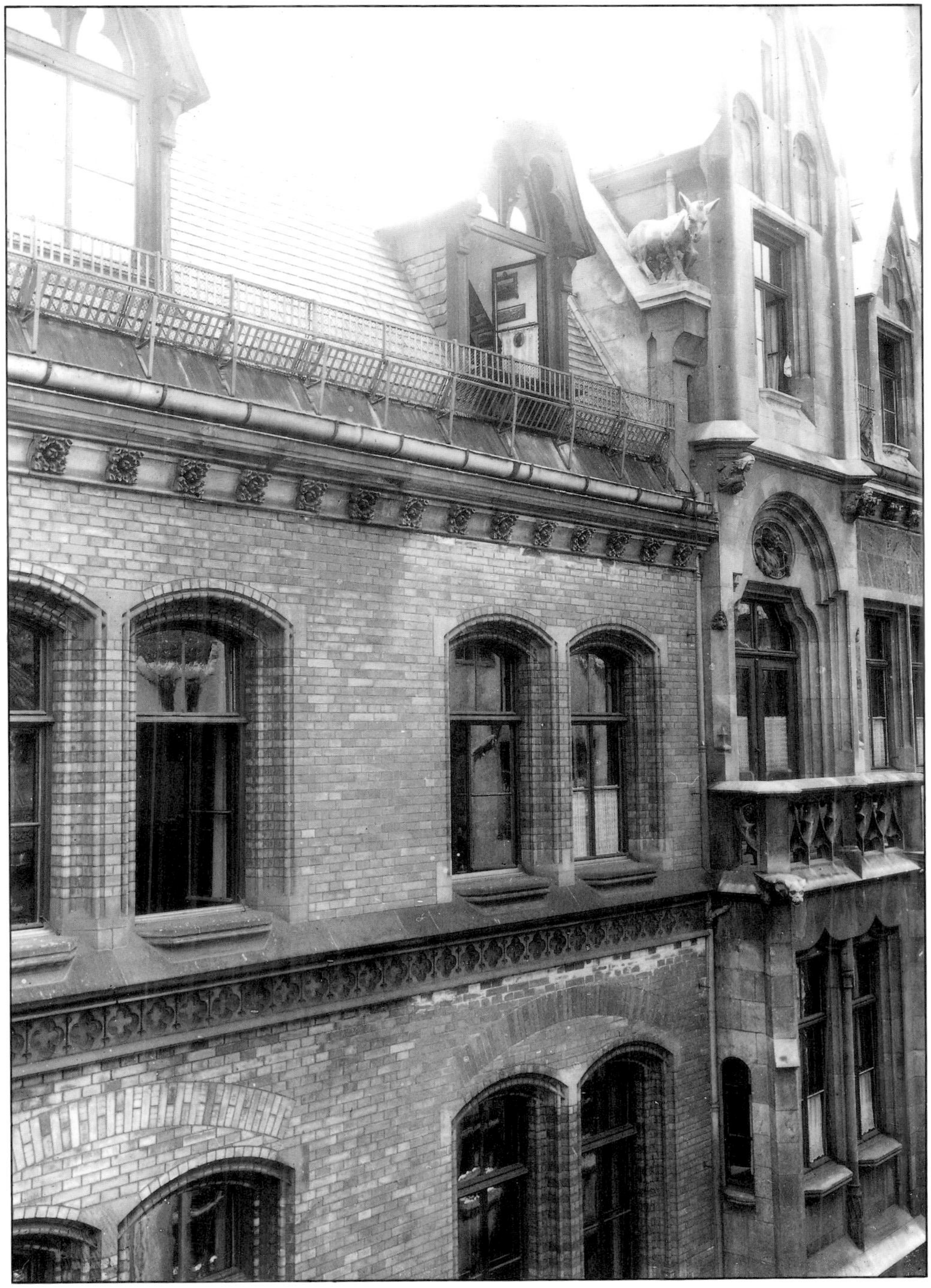

47

Rathausfassade an der Landschaftsstraße. Am Übergang des schlichter gehaltenen zweiten zum dritten Bauabschnitt war ein steinerner Esel postiert, der dem Volksmund Anlaß zu originellen Deutungen gab. Gerade dieser Teil des Rathauses wurde nach Kriegsbeschädigung in veränderter Form wiederaufgebaut.

Aufnahme vom 18.7.1919

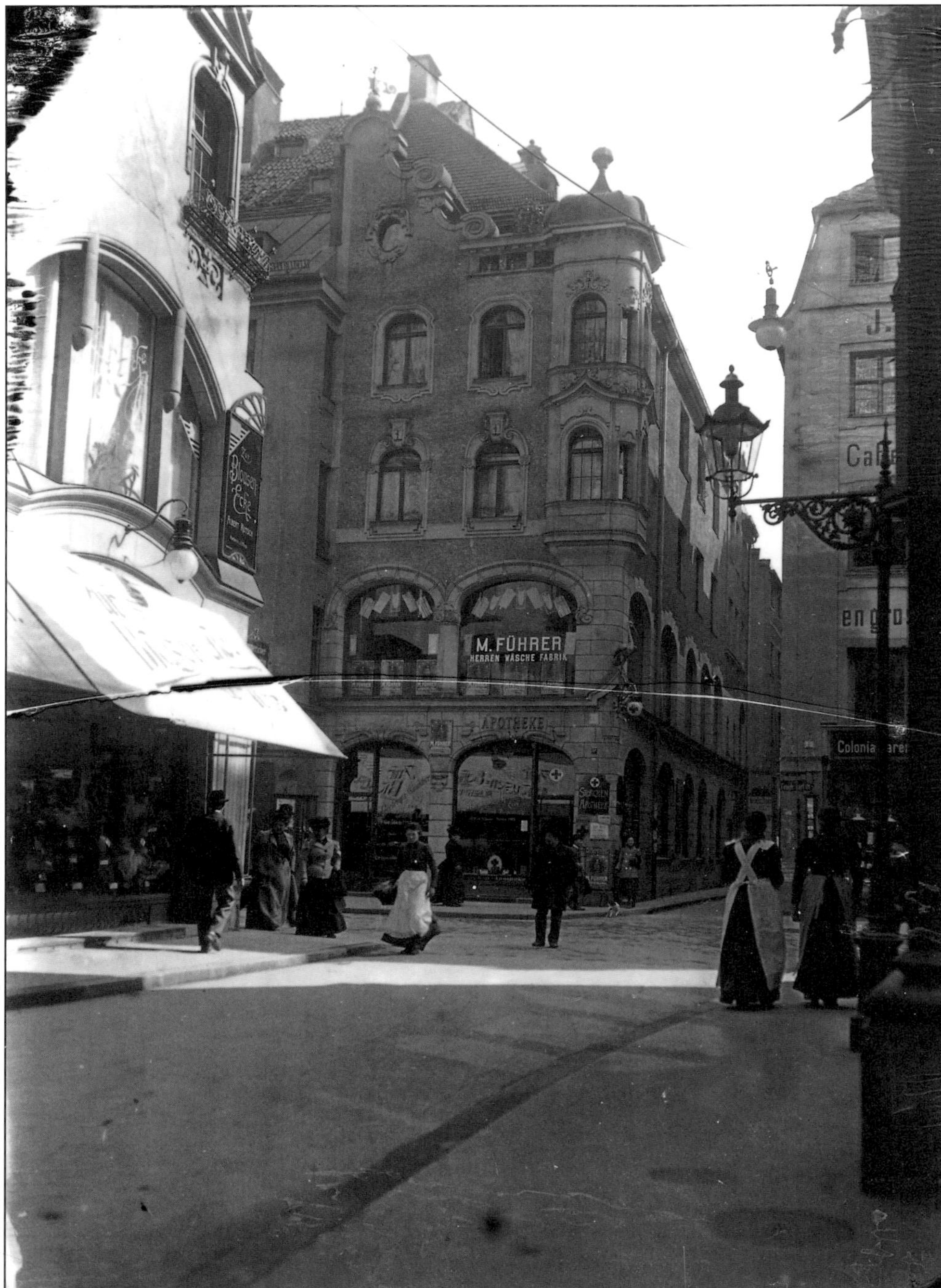

48/49

Nicht mehr existierende Altstadtgassen im Bereich des heutigen Marienhofes. Auf dem linken Bild die Landschaftsstraße Ecke Dienerstraße, auf dem rechten Bild der neugotisch gestaltete Komplex des „Englischen Hofes“ an der Dienerstraße zwischen Gruft- und Schrammerstraße.

Aufnahme links vom 18.5.1903, rechts vom 28.9.1912

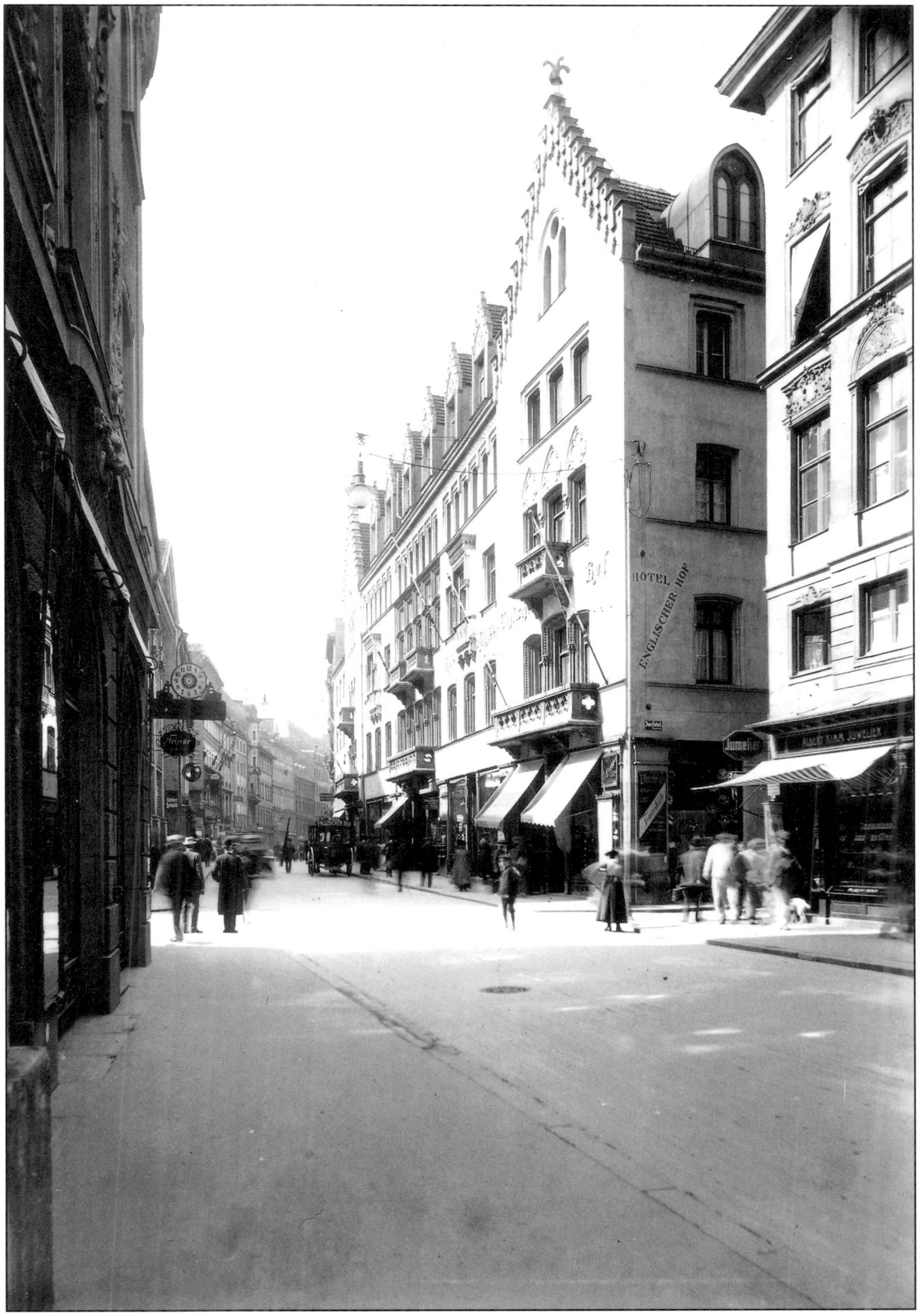
HOTEL
ENGLISCHER HOF

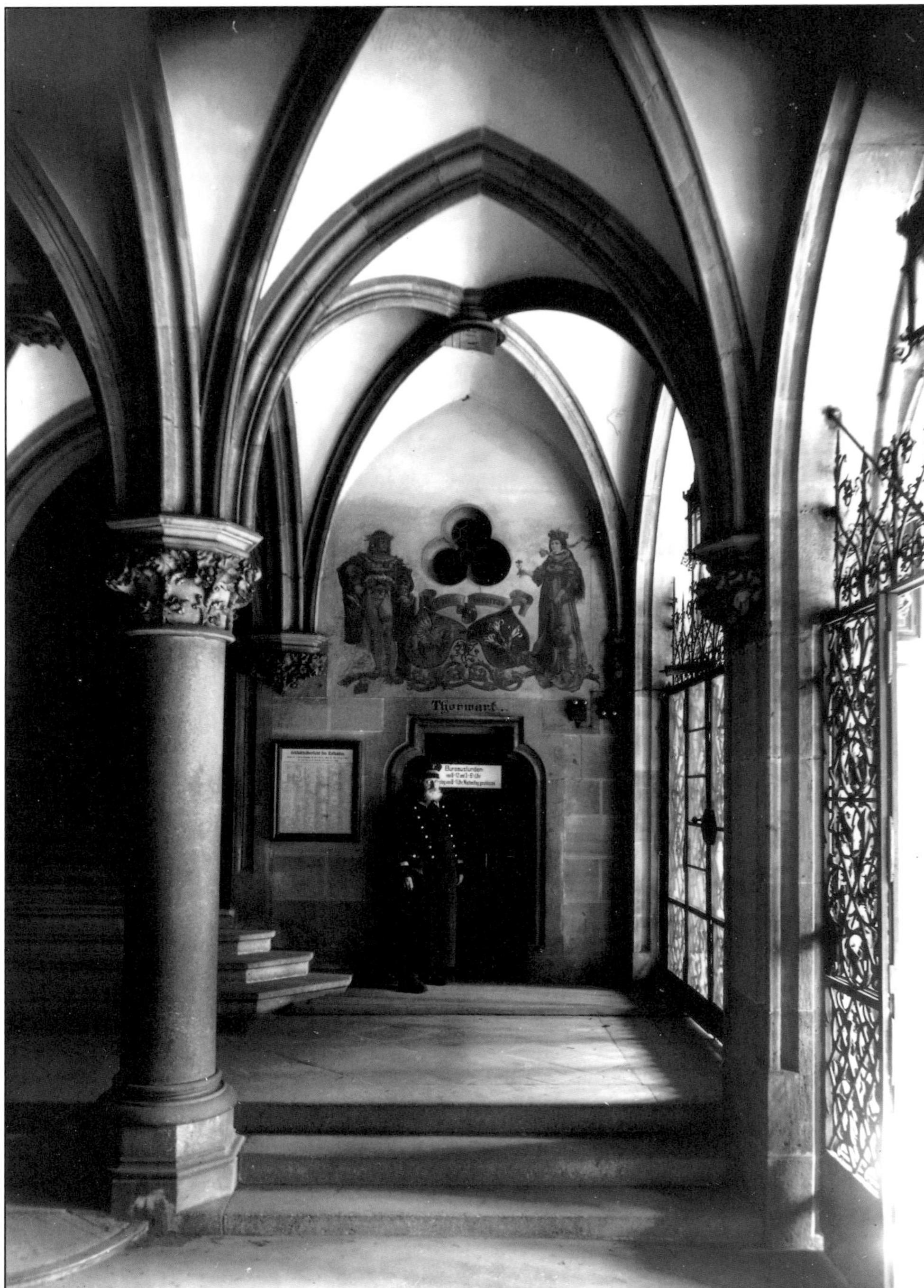

50

Vorhalle des Rathauses. Uniform und Haltung des Rathauspförtners entsprechen noch der Würde einer Amtsperson.

Aufnahme vom 20.2.1913

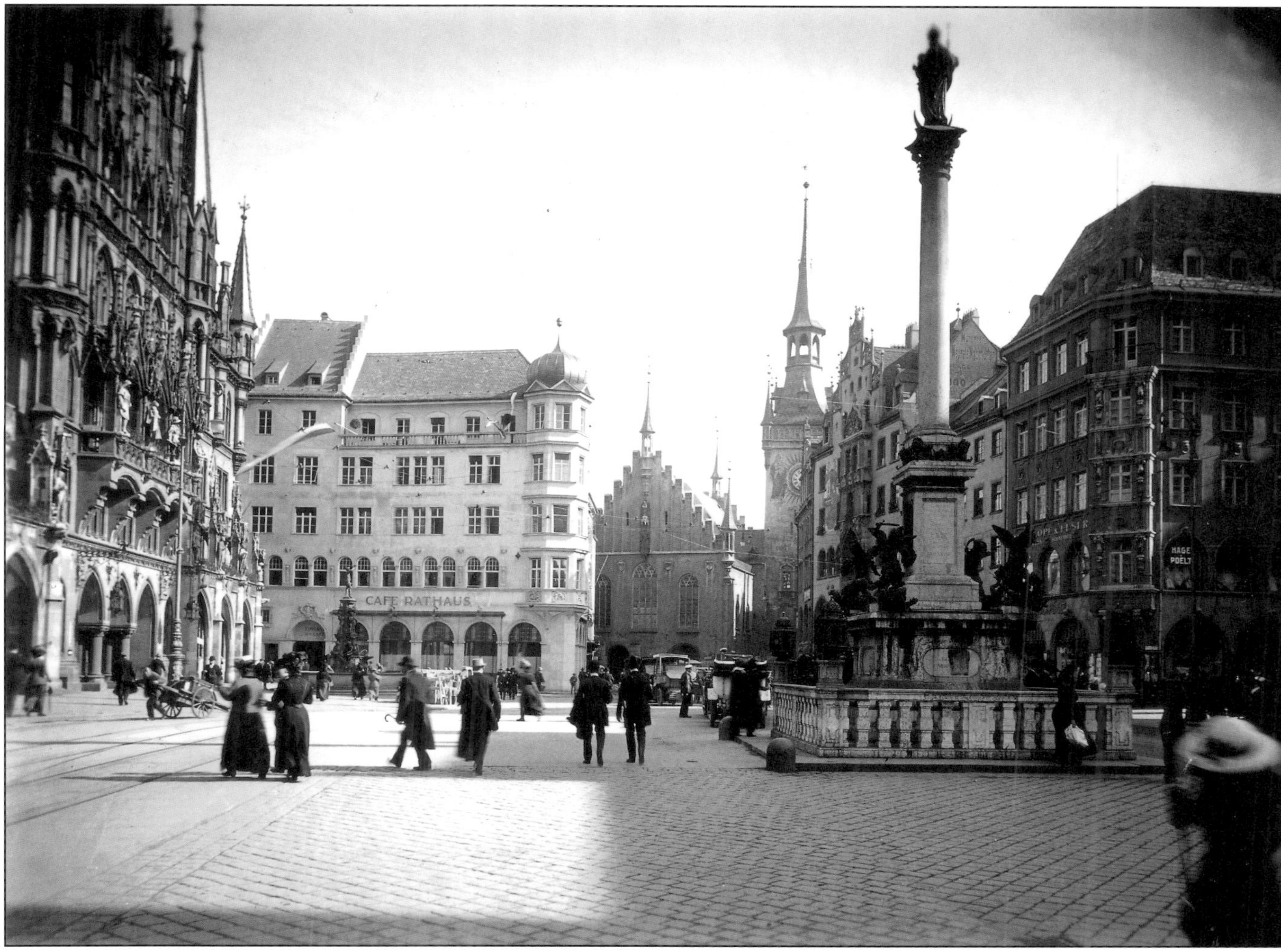

51
Marienplatz gegen Osten.
Aufnahme um 1914

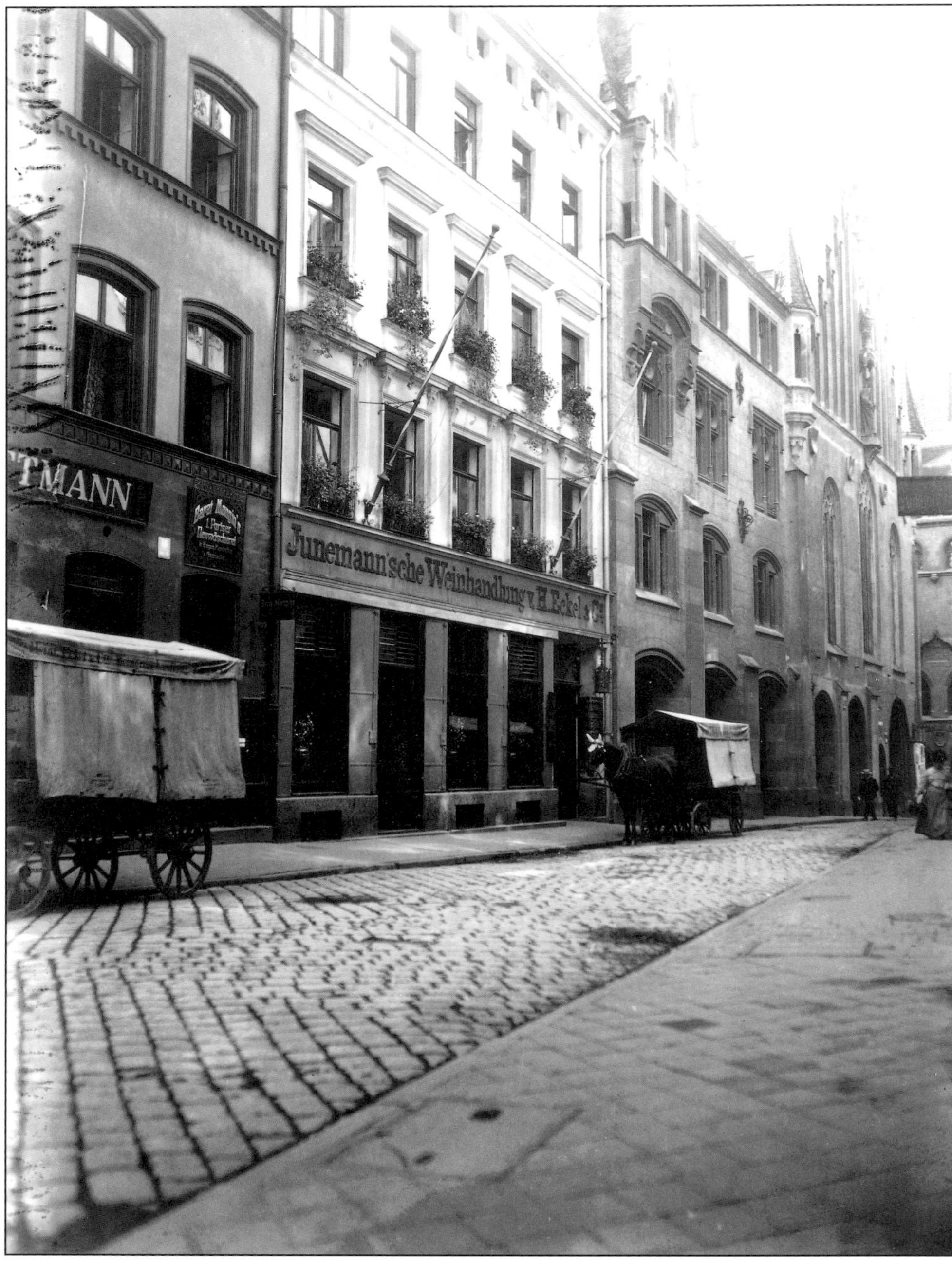

52

Der an das Alte Rathaus anschließende Teil der Burgstraße.

Aufnahme von 1904

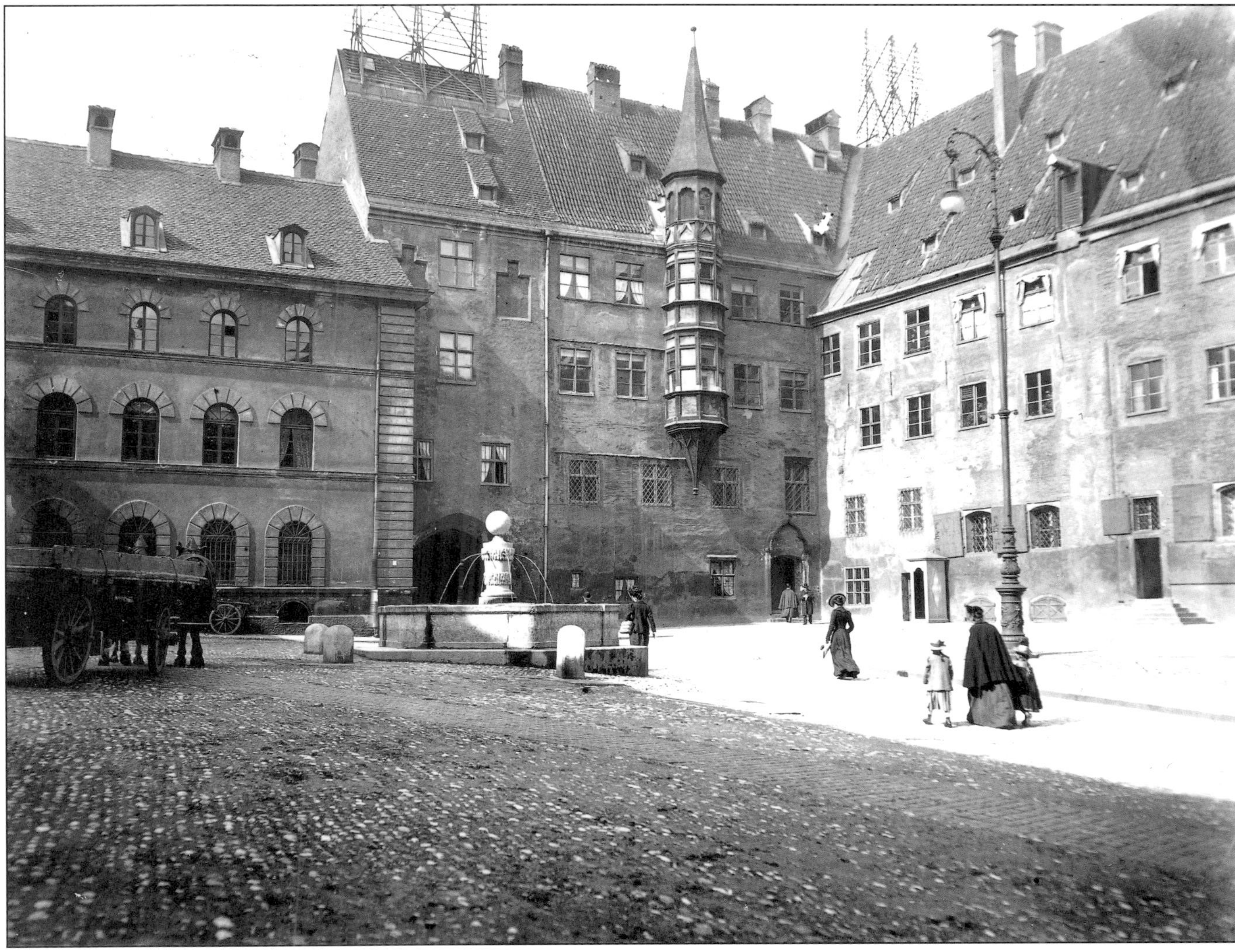

53

Alter Hof gegen Süden. Der erst 1967 rekonstruierte hohe mittelalterliche Torturm – er war 1813 abgetragen worden – fehlt. Unschön der links anschließende, nach 1831 errichtete klassizistische Bauteil, der bereits 1902/03 durch einfühlsamere Architektur ersetzt wurde.

Aufnahme um 1900

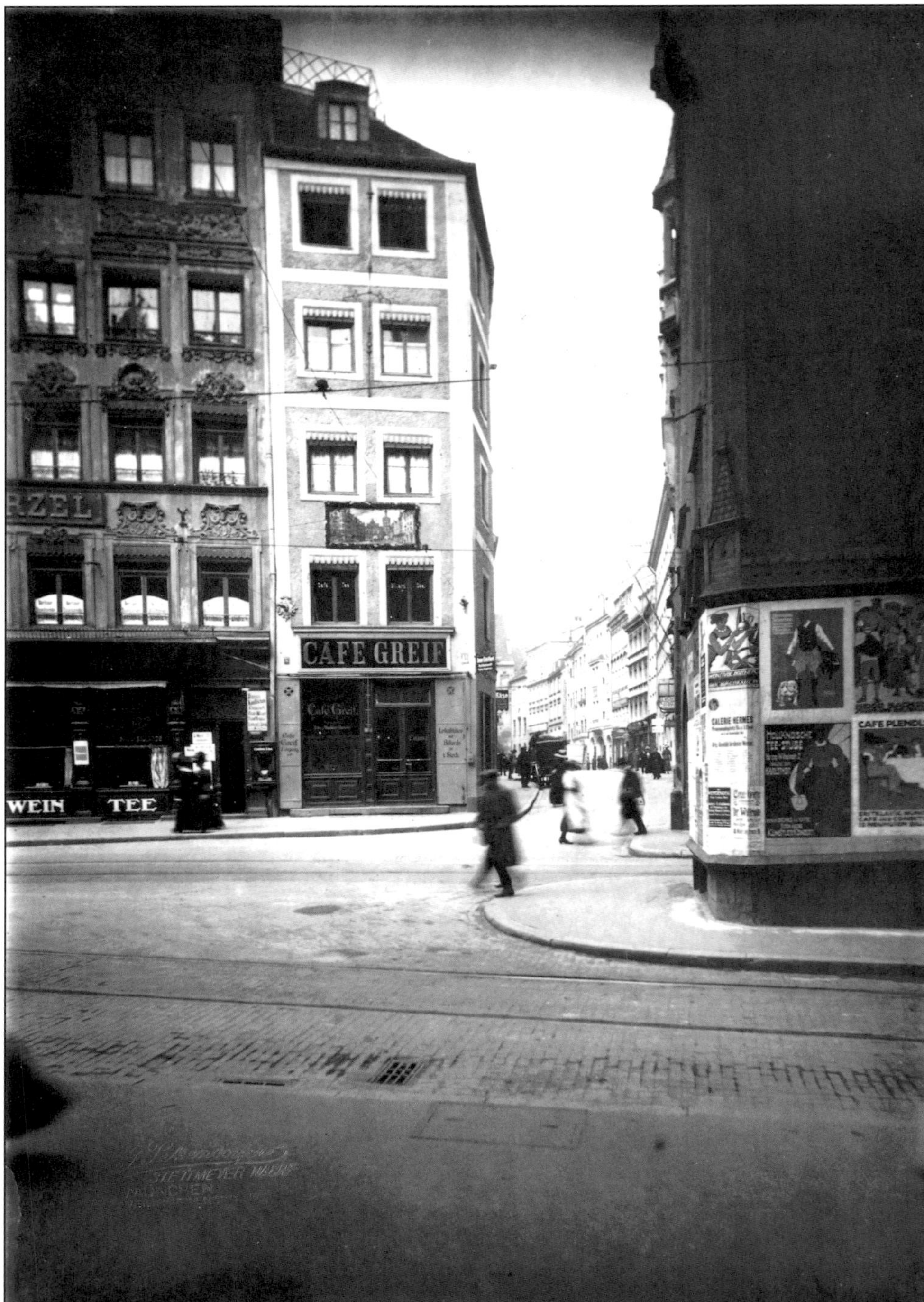

54

Die originellen Fassaden der aneinanderstoßenden Cafés Perzl und Greif an der Einmündung der Burgstraße in den Bereich des Marienplatzes. Dieses Areal gehört heute zum Komplex des Kaufhauses Beck.

Aufnahme von 1912

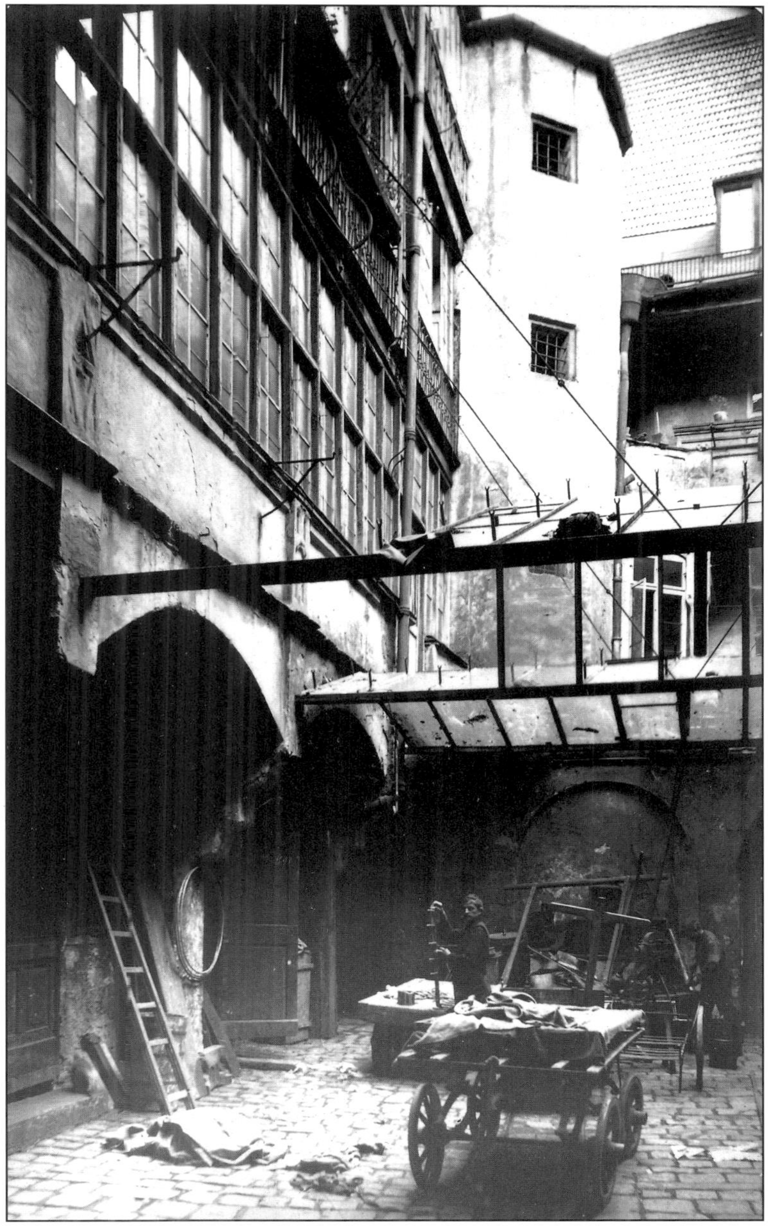

55

Malerischer Hof mit gotischem Treppenturm an der Burgstraße Nr. 5, hier als Freiluftwerkstatt der Hof- und Kabinettschlosserei Höck genutzt. Das ehemalige Stadtschreiberhaus aus dem 15. Jahrhundert ist mit den 1962/63 freigelegten Fresken Hans Mielichs das einzige, nahezu original erhaltene gotische Münchener Bürgerhaus.

Aufnahme um 1905

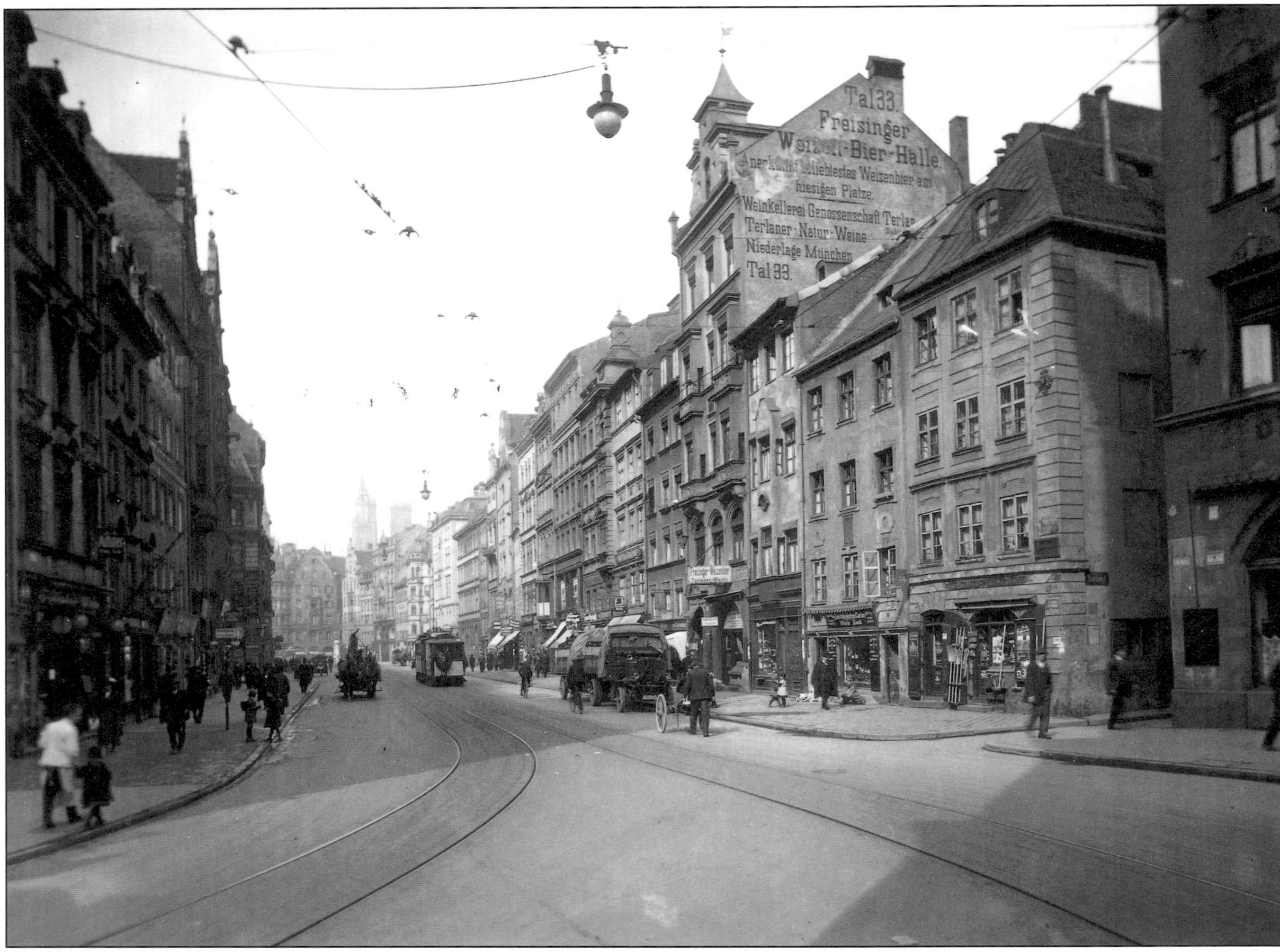

56

Die Nordseite des „geschäftigen“ Tals, vom Isartor aus gesehen.

Aufnahme von 1913

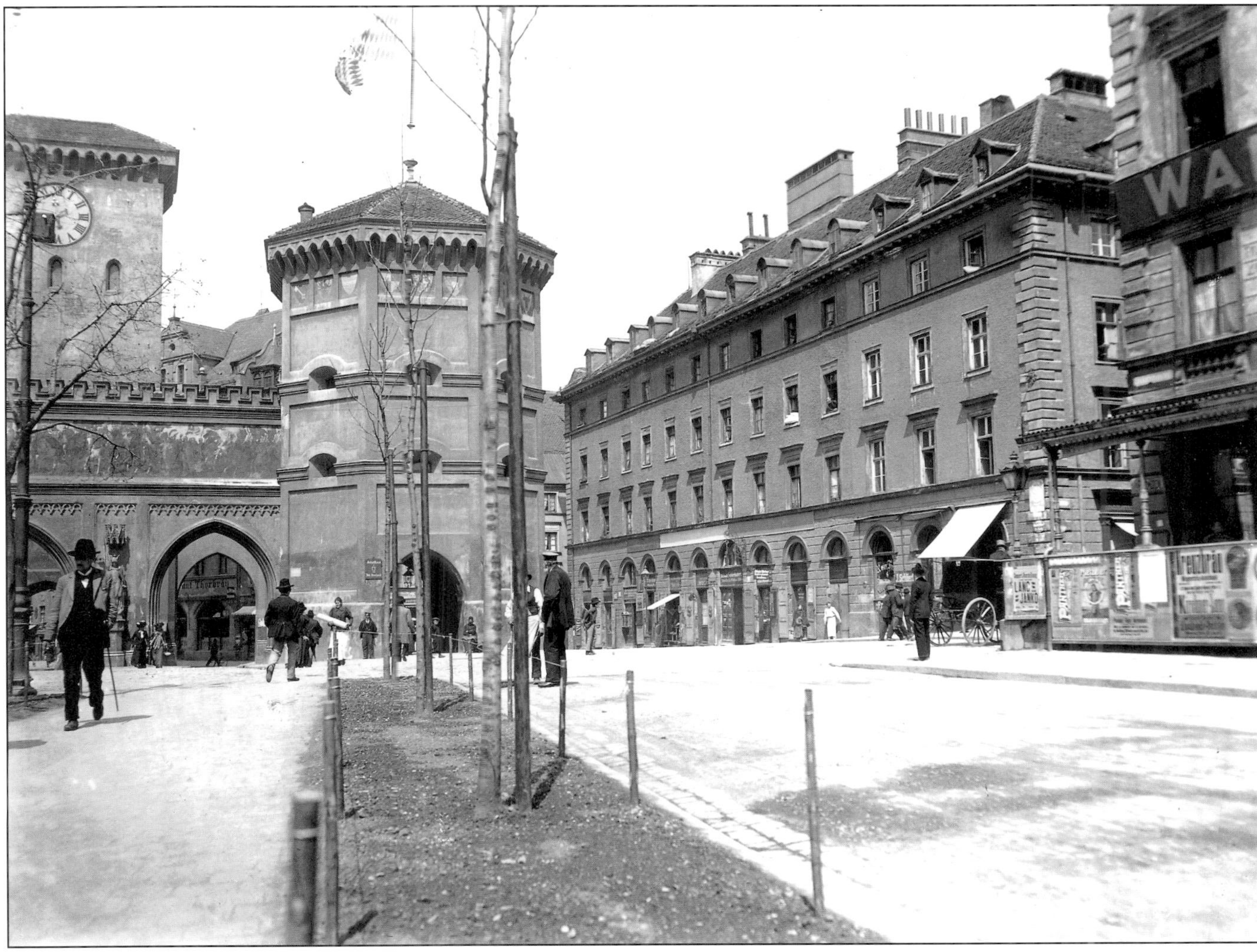

57

Isartorplatz mit geschlossener Bebauung zwischen Lueg ins Land und Herrnstraße. Hier ist heute der Mittlere Ring durchgeführt.

Aufnahme um 1910

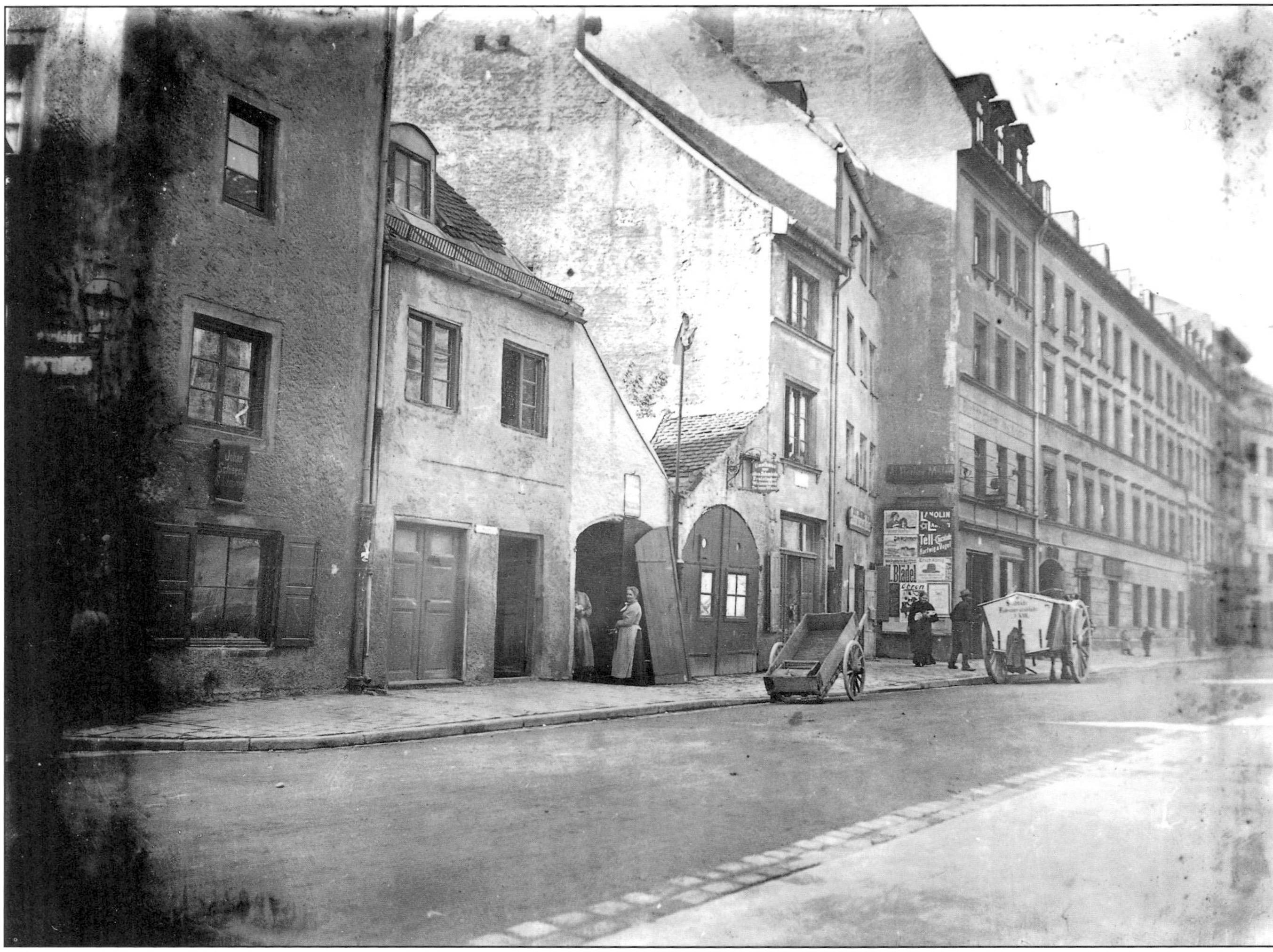

58
Kleinbürgerliches Milieu an der Marienstraße.
Aufnahme vom 28. 10. 1903

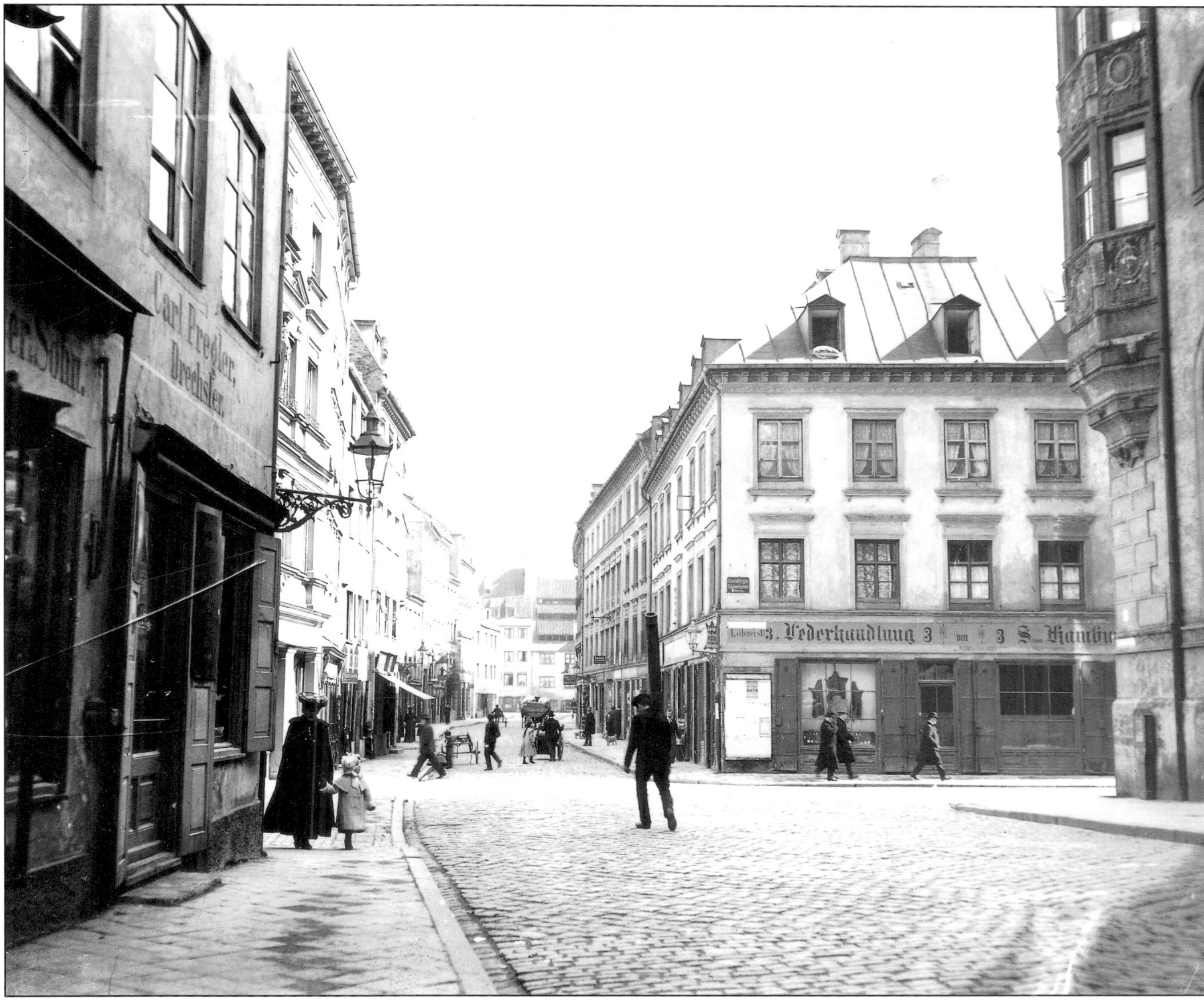

59

Ledererstraße nach Osten. An die Tradition dieser alten Handwerkergasse erinnert noch eine an der Ecke Maderbräustraße gelegene Lederhandlung. Auch am Ende der Straßenflucht befindet sich ein schon zur Hochbrückenstraße gehöriges altes Gerberhaus mit charakteristischem, für Trockenböden mehrfach geöffnetem Dach.

Aufnahme um 1905

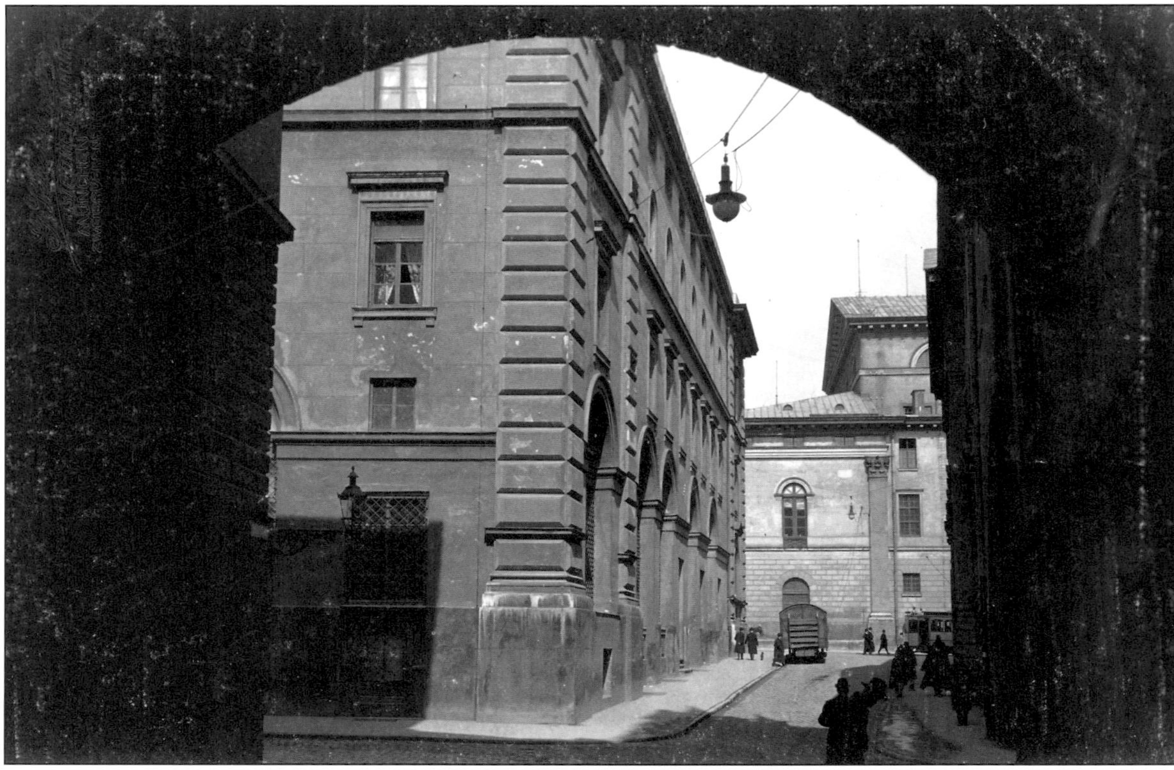

60

Blick aus dem nördlichen Torbogen des Alten Hofes über den Hofgraben auf das Nationaltheater an der Maximilianstraße.

Aufnahme vom 3.3.1907

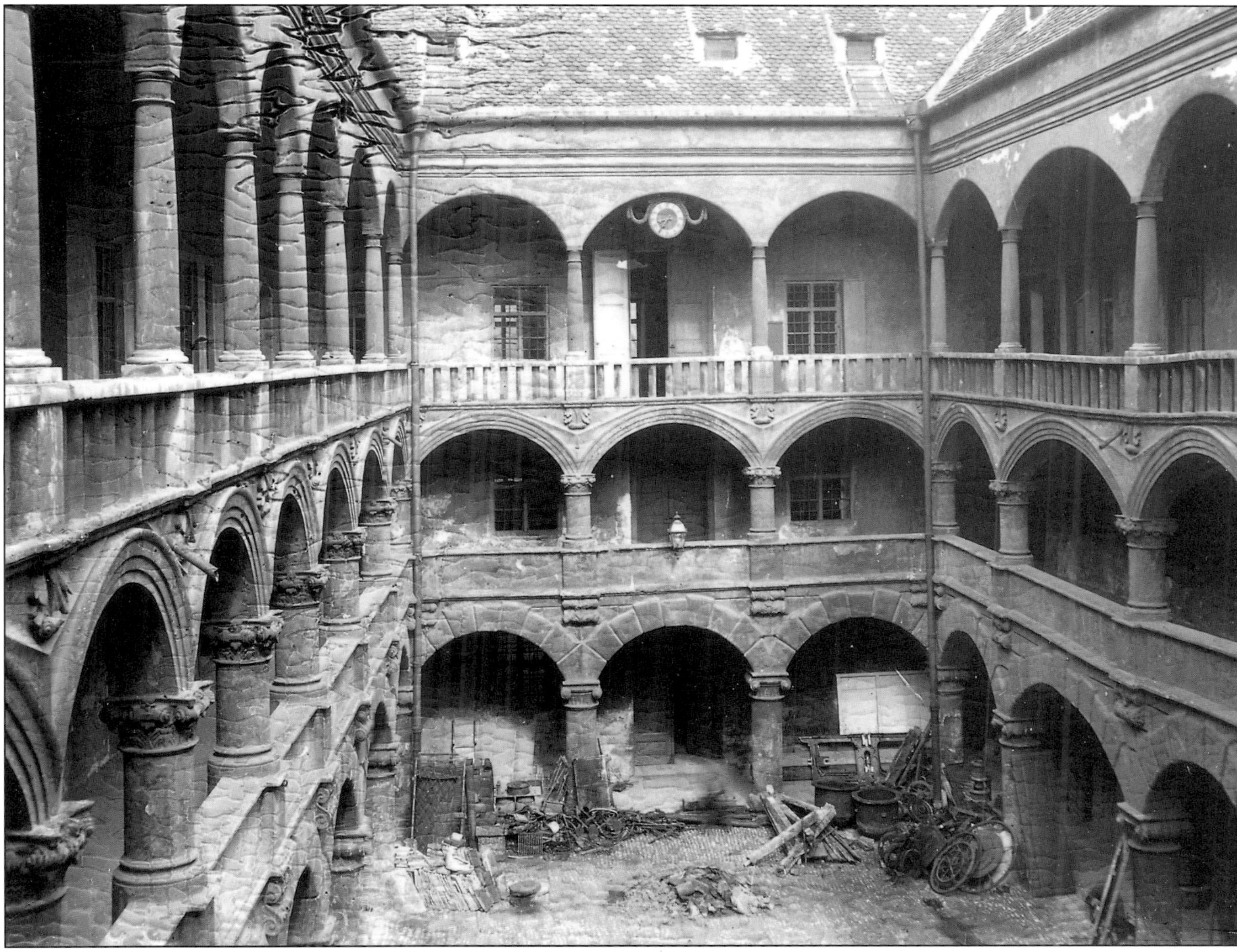

61
Der prächtige Renaissance-Innenhof des Alten Marstalles, der von 1803 bis 1983 als Münze genutzt wurde.
Aufnahme von 1914

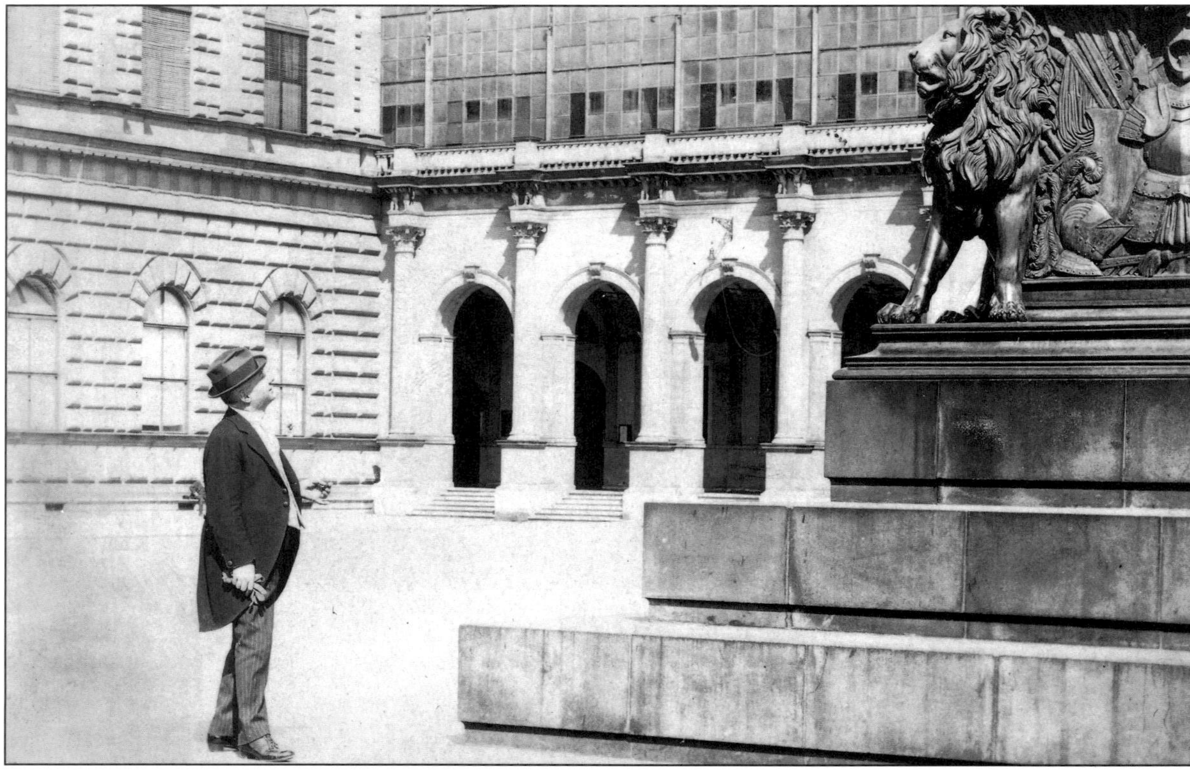

62

Nordostecke des Max-Joseph-Platzes. Hier öffnet sich in Bögen der Eingang zum alten Cuvilliés-Theater. Über dem Portal der einstige Wintergarten König Maximilians II., abgebrochen 1922. Heute ist hier der Eingang in das Neue Residenztheater.

Aufnahme um 1920

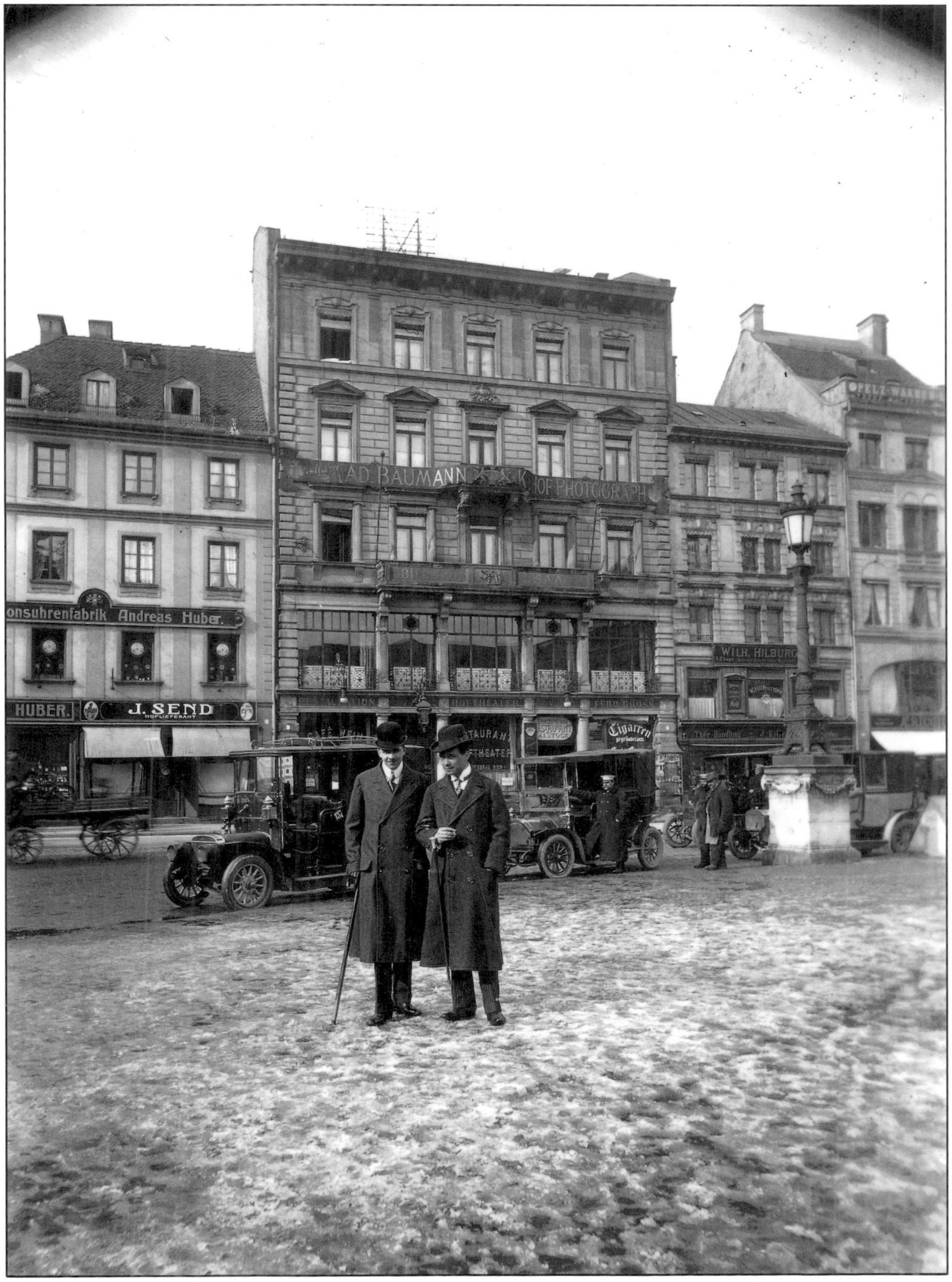

63

Die Front der Residenzstraße gegenüber dem Hof- und Nationaltheater. Schon im vorigen Bild hat Pettendorfer durch den aufmerksamen Betrachter des Denkmals Max I. Joseph die „Fremdenstadt" München apostrophiert. Die vor dem Droschkenstandplatz an der Oper aufgenommenen eleganten Herren sollen wohl das weltstädtische Flair Münchens zum Ausdruck bringen.

Aufnahme vom 18.2.1910

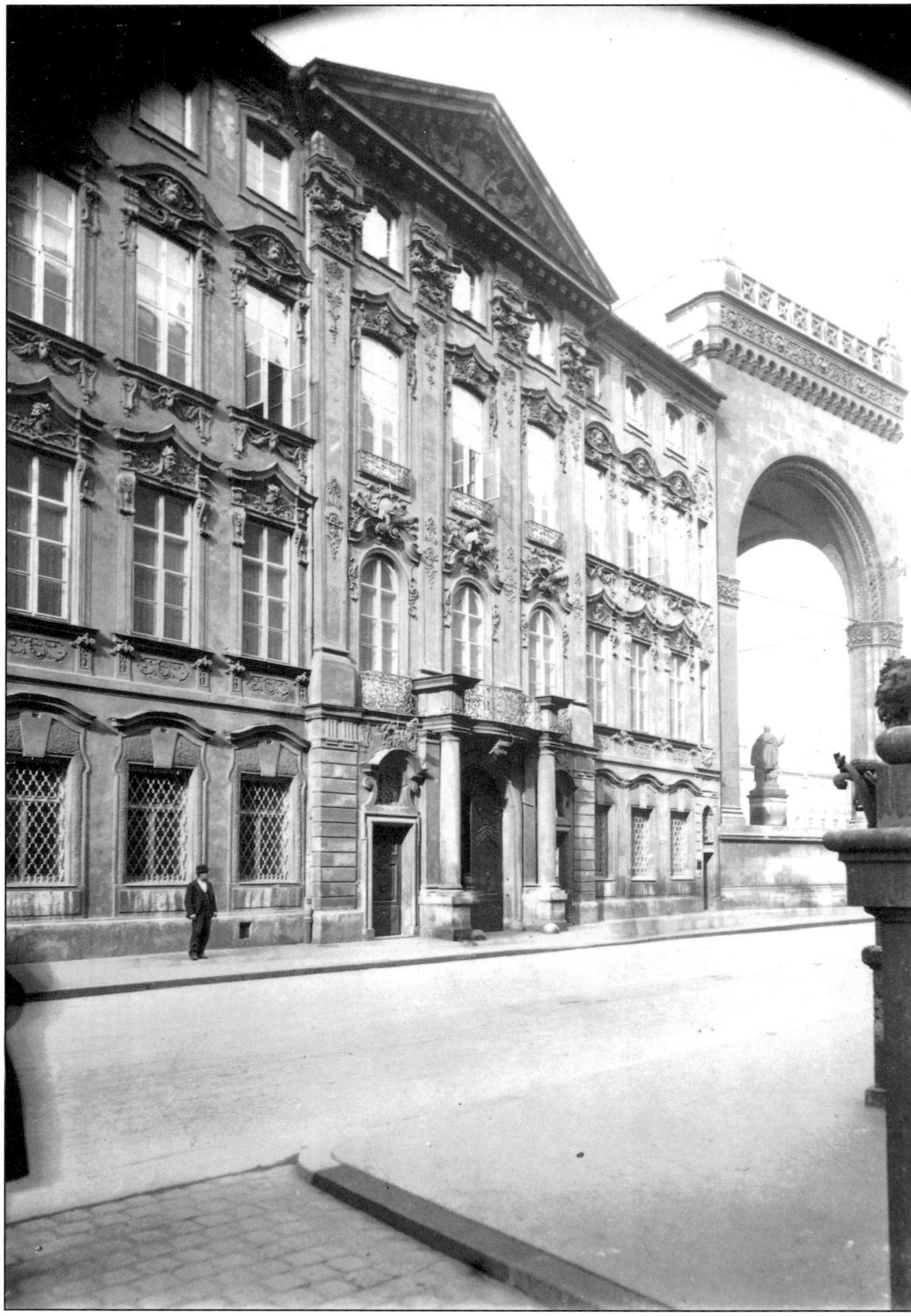

64

Preysing-Palais mit Feldherrnhalle von der Residenz aus gesehen. Das von 1723–28 von J. Effner geschaffene erste Münchner Rokokopalais zeigt die Erdgeschoßzone noch ohne Ladeneinbauten.

Aufnahme von 1913

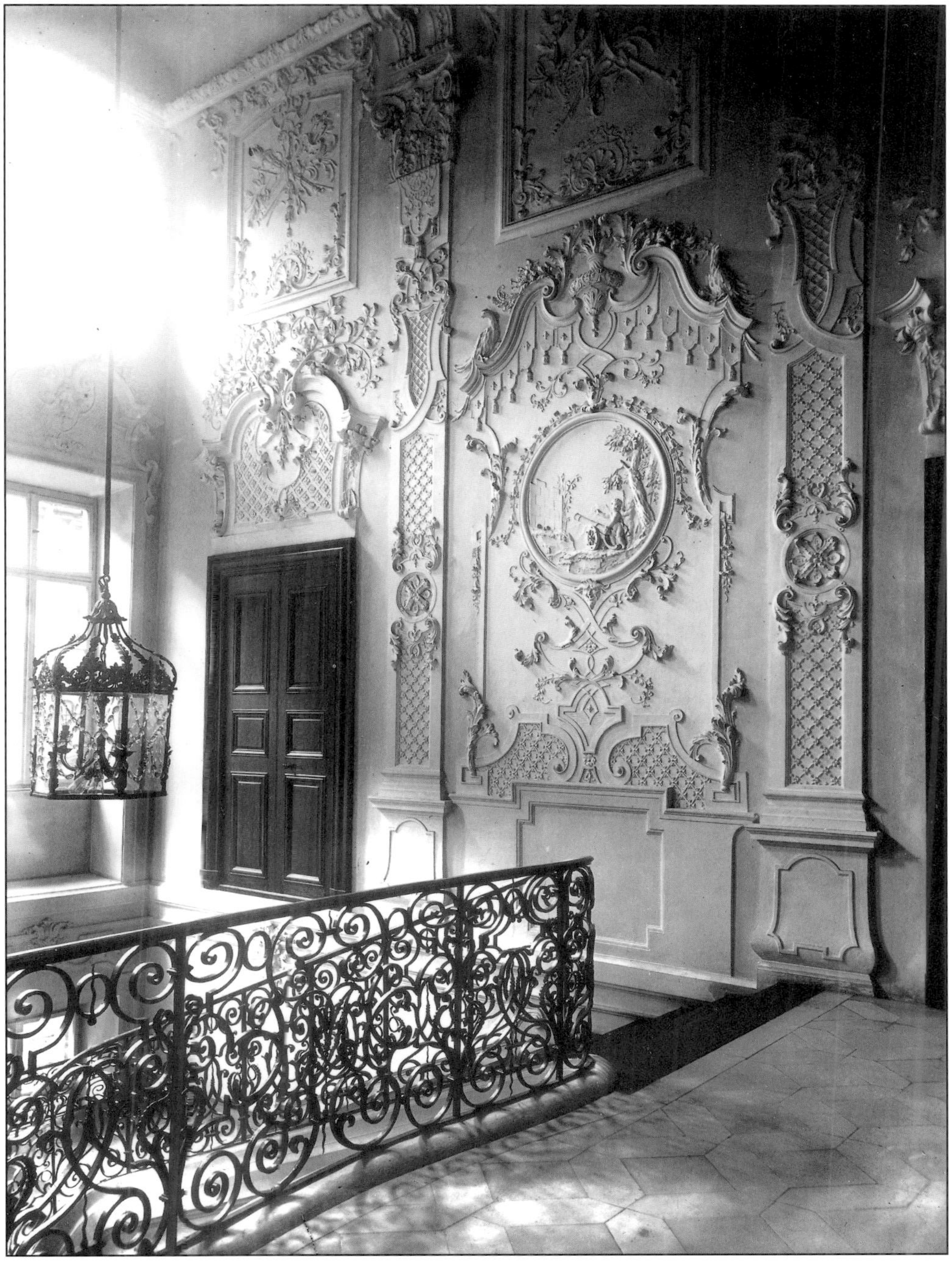

65

Zarter Stuck und das Filigran des Schmiedeeisens verbinden sich im Treppenhaus des Preysing-Palais zu einer Symphonie des Rokoko.

Aufnahme von 1916

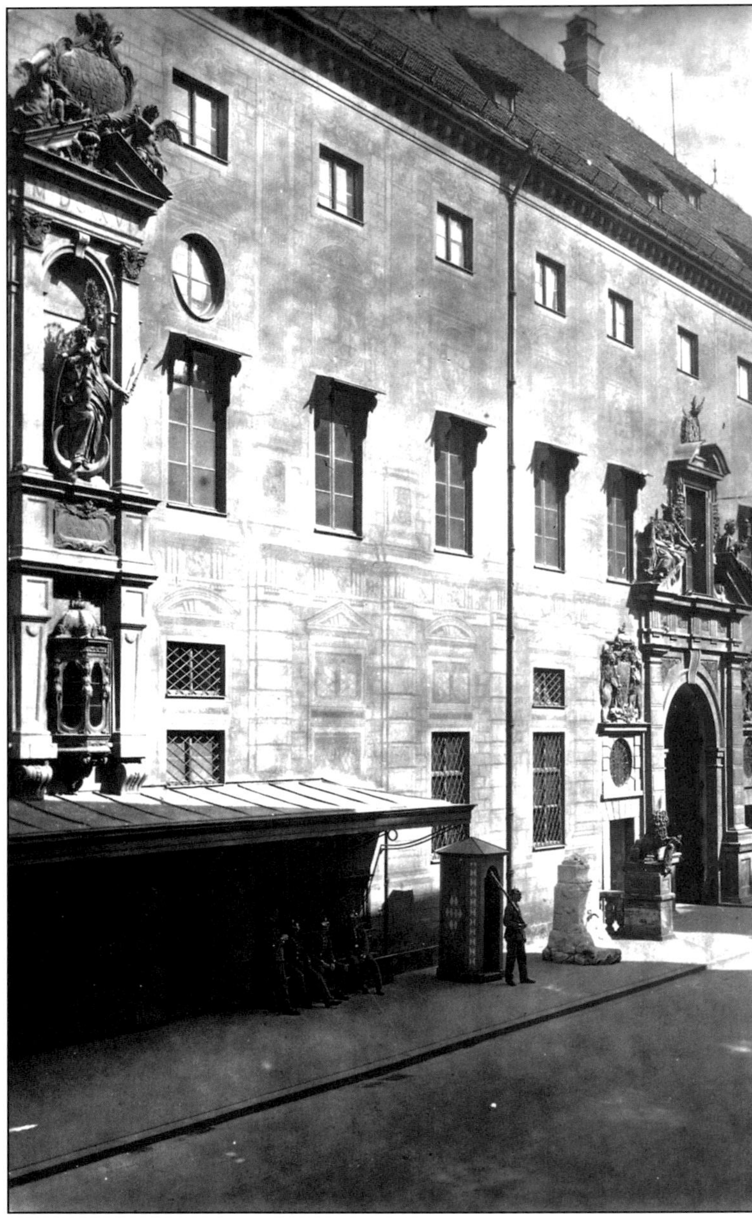

66

Die Westfassade der Residenz. Unmittelbar unter der Figur der Patrona Boiariae und dem Ewigen Licht war das Wachlokal des die Residenz schützenden Infanterie-Leibregiments. Heute befindet sich hier die Residenz-Apotheke. Der kleine Marmorbrunnen aus dem späten 18. Jahrhundert ist längst aus dem Straßenbild verschwunden.

Aufnahme um 1905

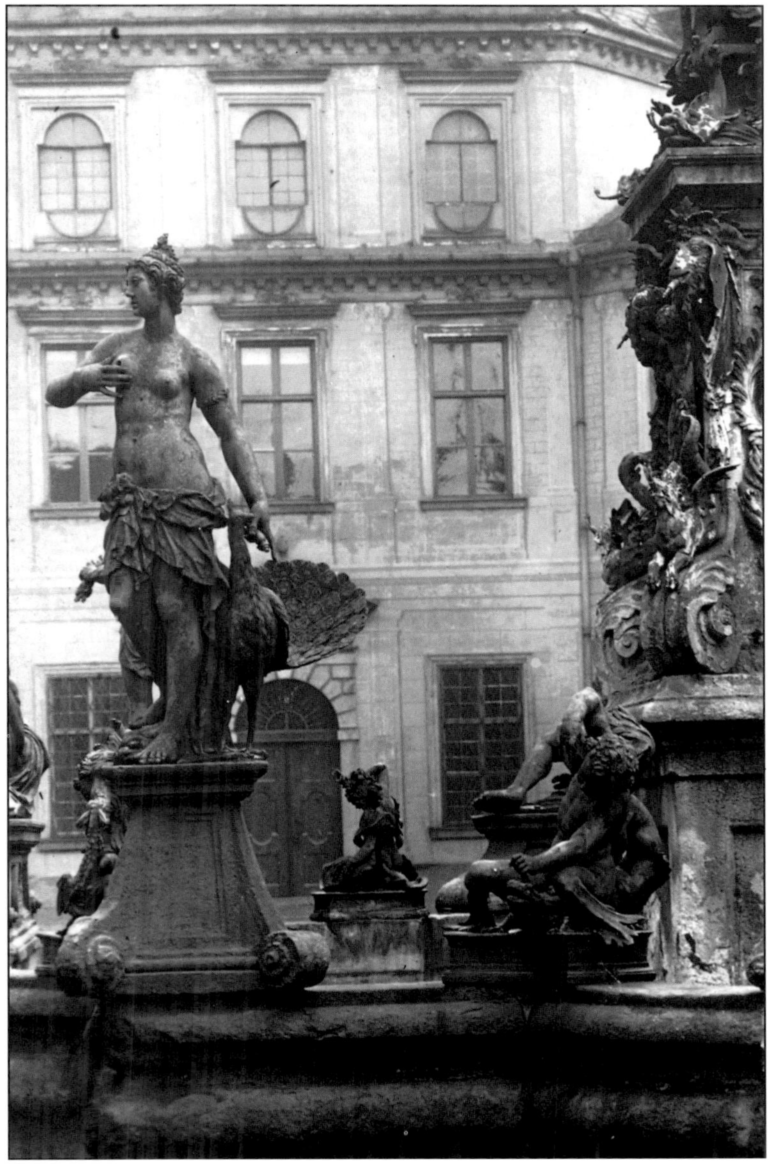

67

Den Mittelpunkt des Brunnenhofes bildet der Wittelsbacher-Brunnen, der in seinen wesentlichen Teilen zunächst ein Monumentalbrunnen vor dem Palast Herzog Ferdinands am Rindermarkt gewesen war. Hier das von Peter Candid geschaffene Erzbild der Juno, die das Element der Luft symbolisiert.

Aufnahme um 1920

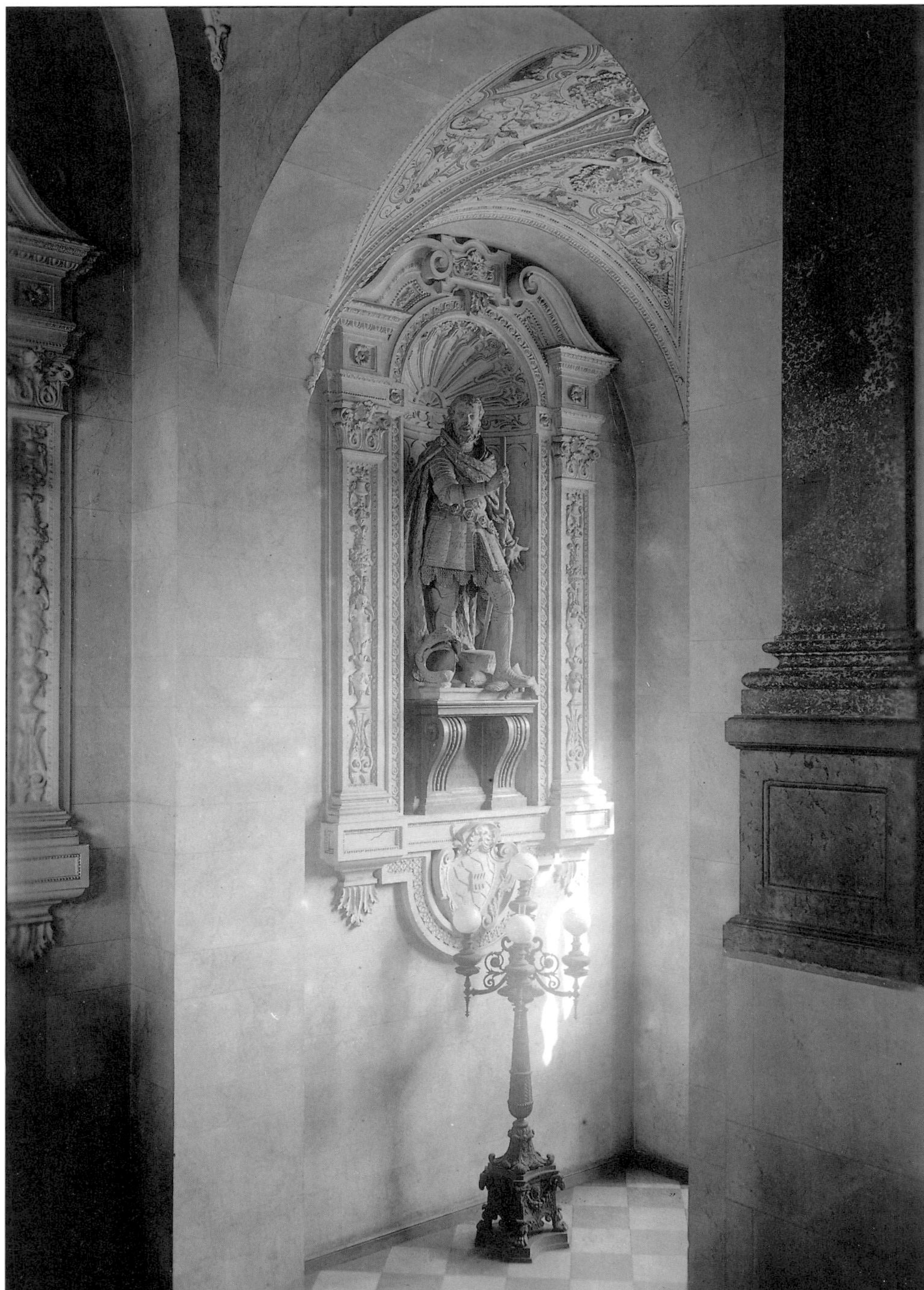

68
Detailaufnahme der Kaisertreppe in der Residenz, hier mit der Statue des Otto von Wittelsbach.

Aufnahme um 1920

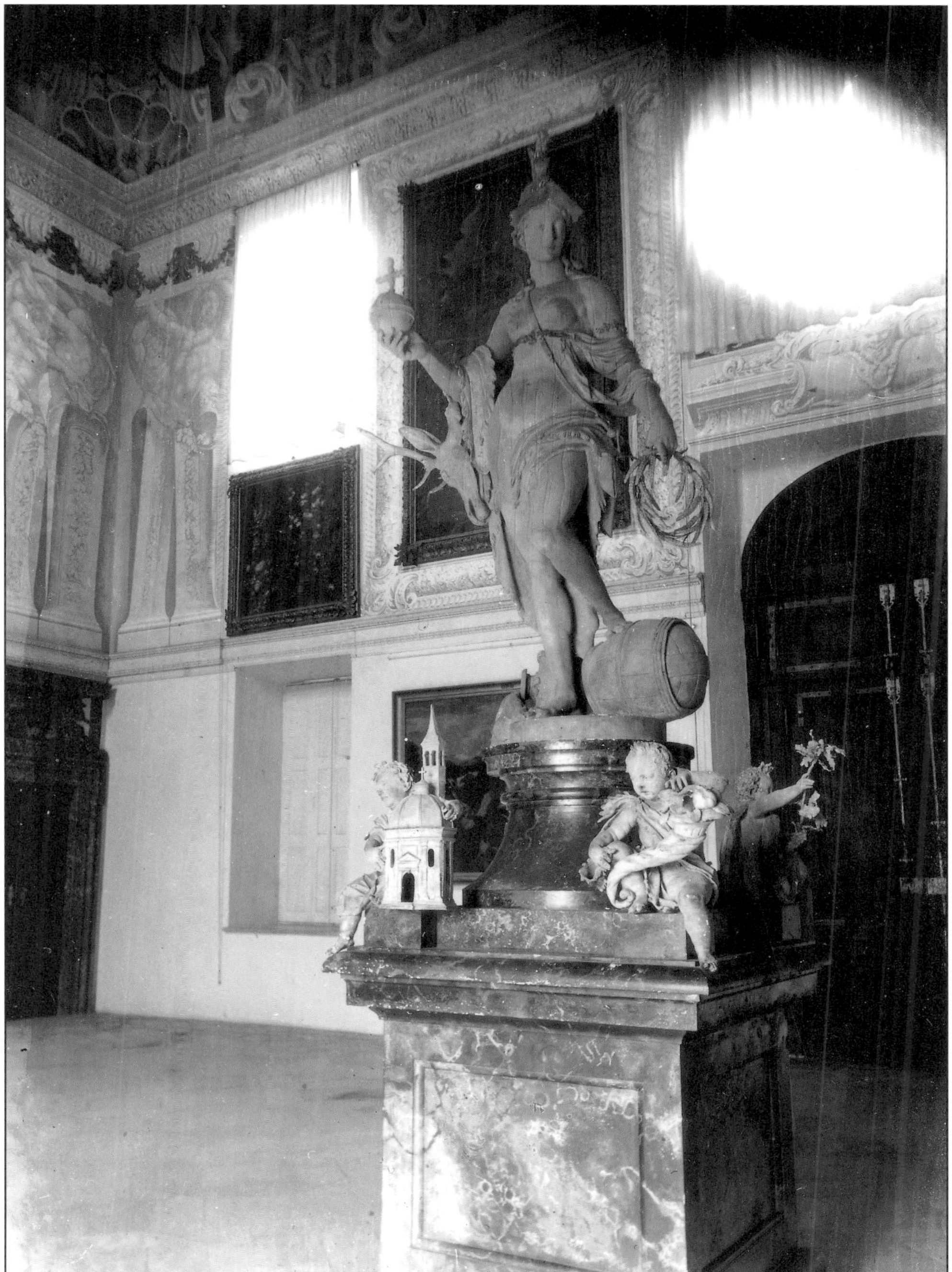

69

Die von Hubert Gerhard geschaffene Bekrönung des Hofgartentempels, die sog. Tellus Bavariae ließ Prinzregent Luitpold 1897 in Gips abgießen. Der Abguß fand in der Residenz Aufstellung, wo sich heute das Original befindet.

Aufnahme um 1920

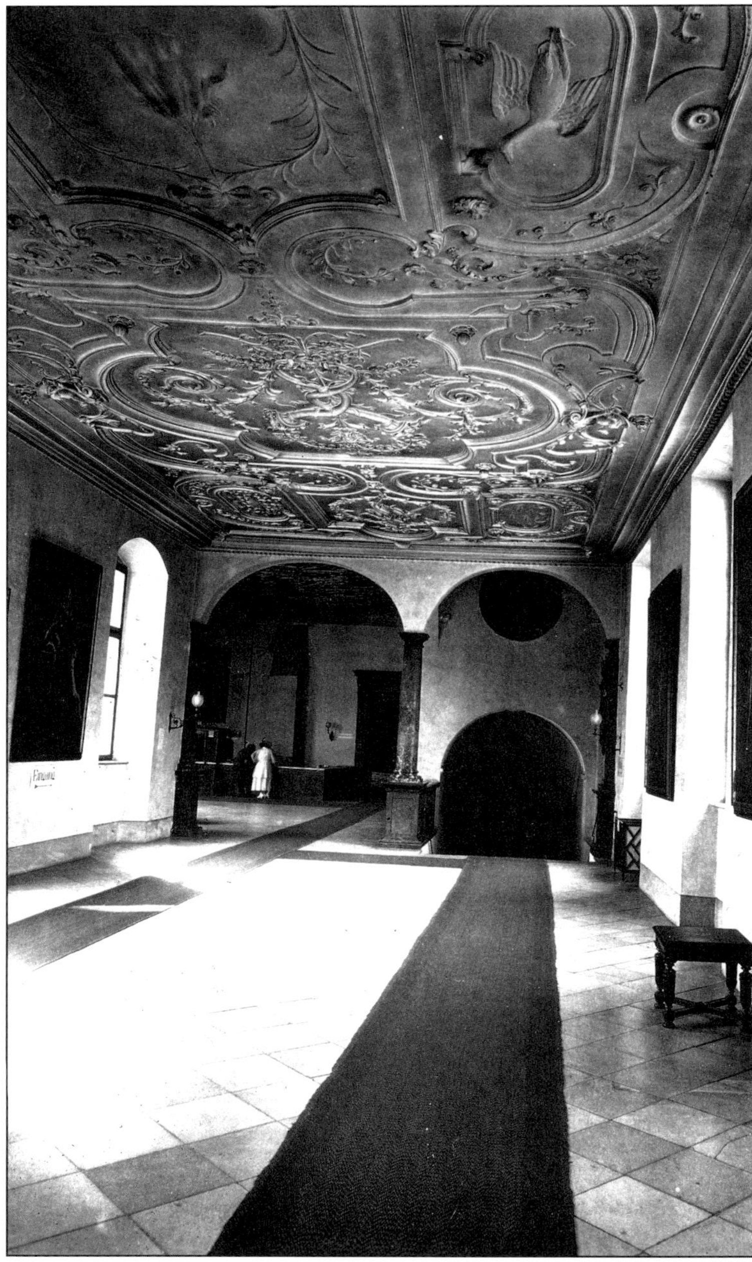

70

Aufgang in der Residenz mit reich stuckierter Decke.

Aufnahme um 1920

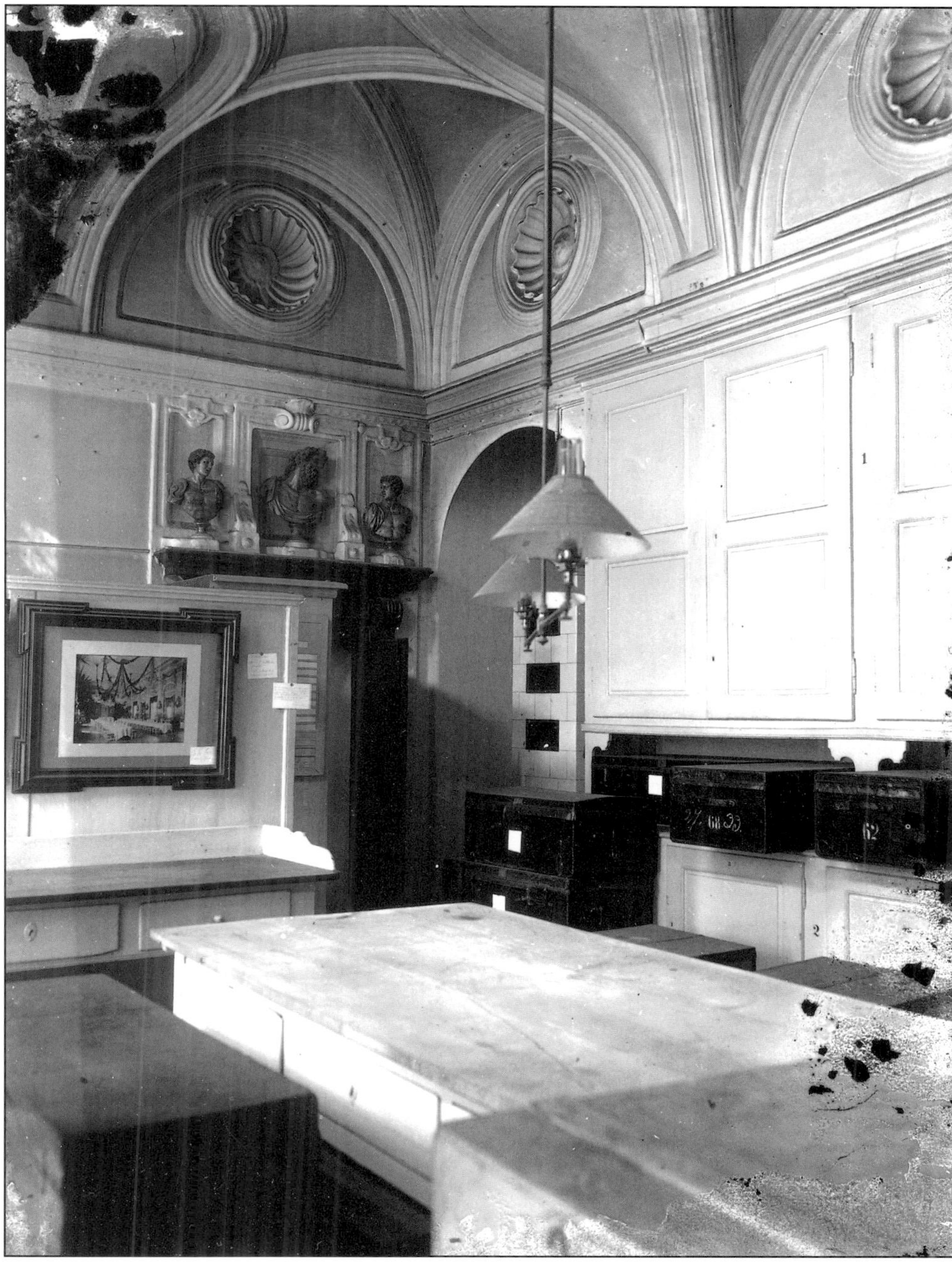

71

Die einstige Silberkammer der Residenz, im Erdgeschoß des Kapellenhoftraktes gelegen, mit stuckiertem Gewölbe.

Aufnahme vom 3.2.1920

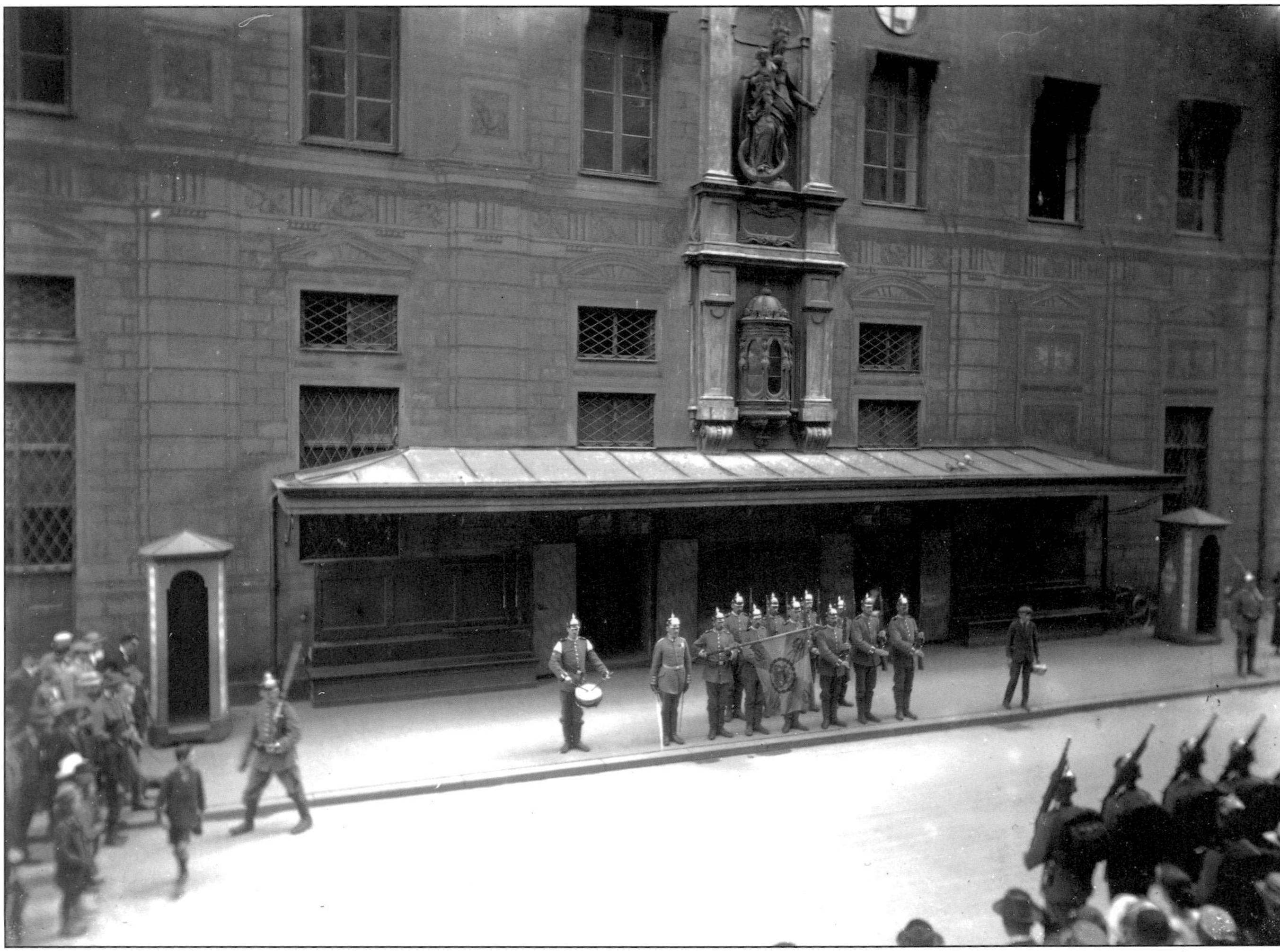

72
Wachablösung des Infanterie-Leibregiments vor der Residenz.
Aufnahme vom 28. 8. 1914

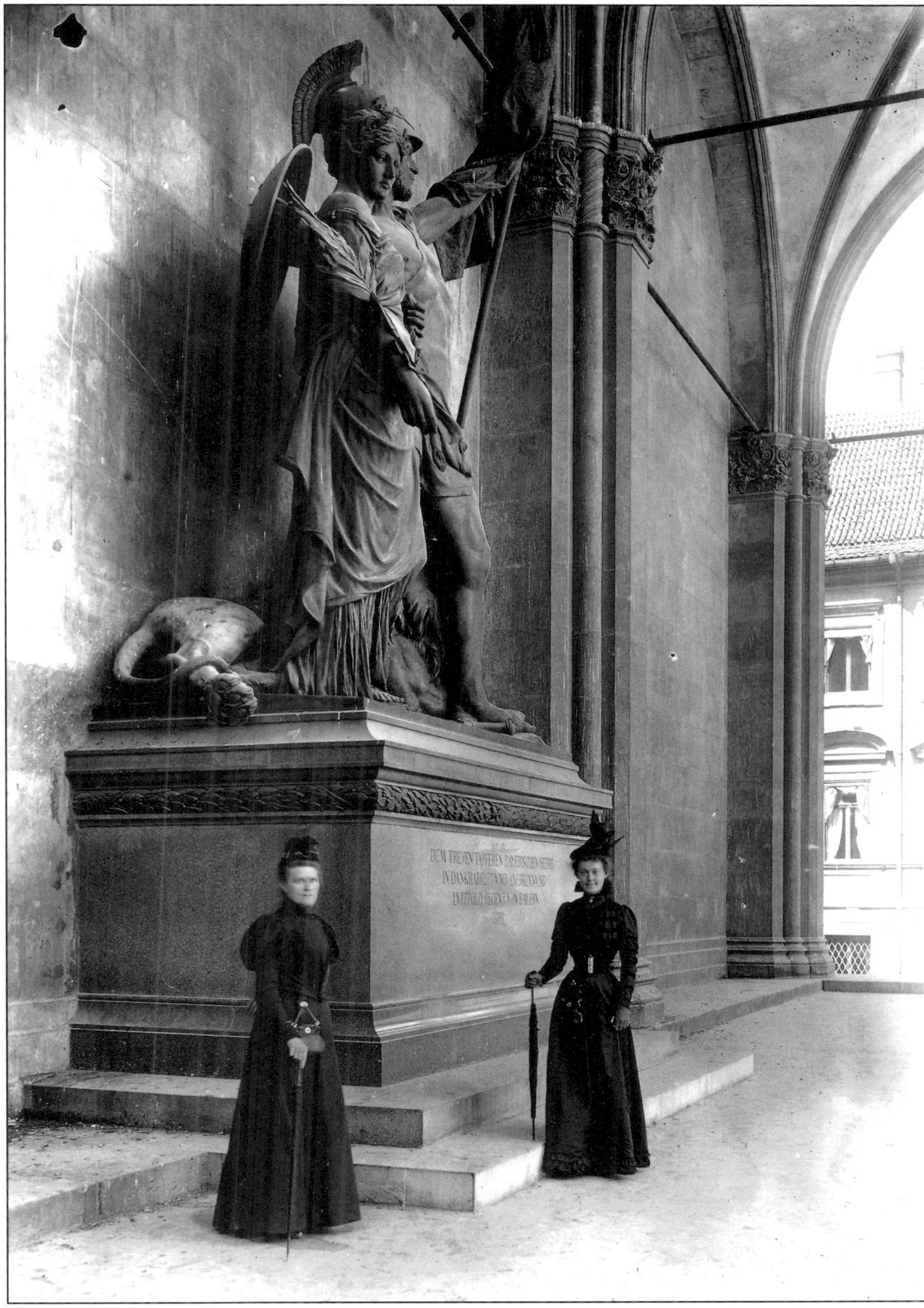

73

Erinnerungsfoto vor dem Siegesdenkmal in der Feldherrnhalle. Prinzregent Luitpold widmete 1892 das Monument dem 1870/71 siegreichen bayerischen Herr.

Aufnahme um 1900

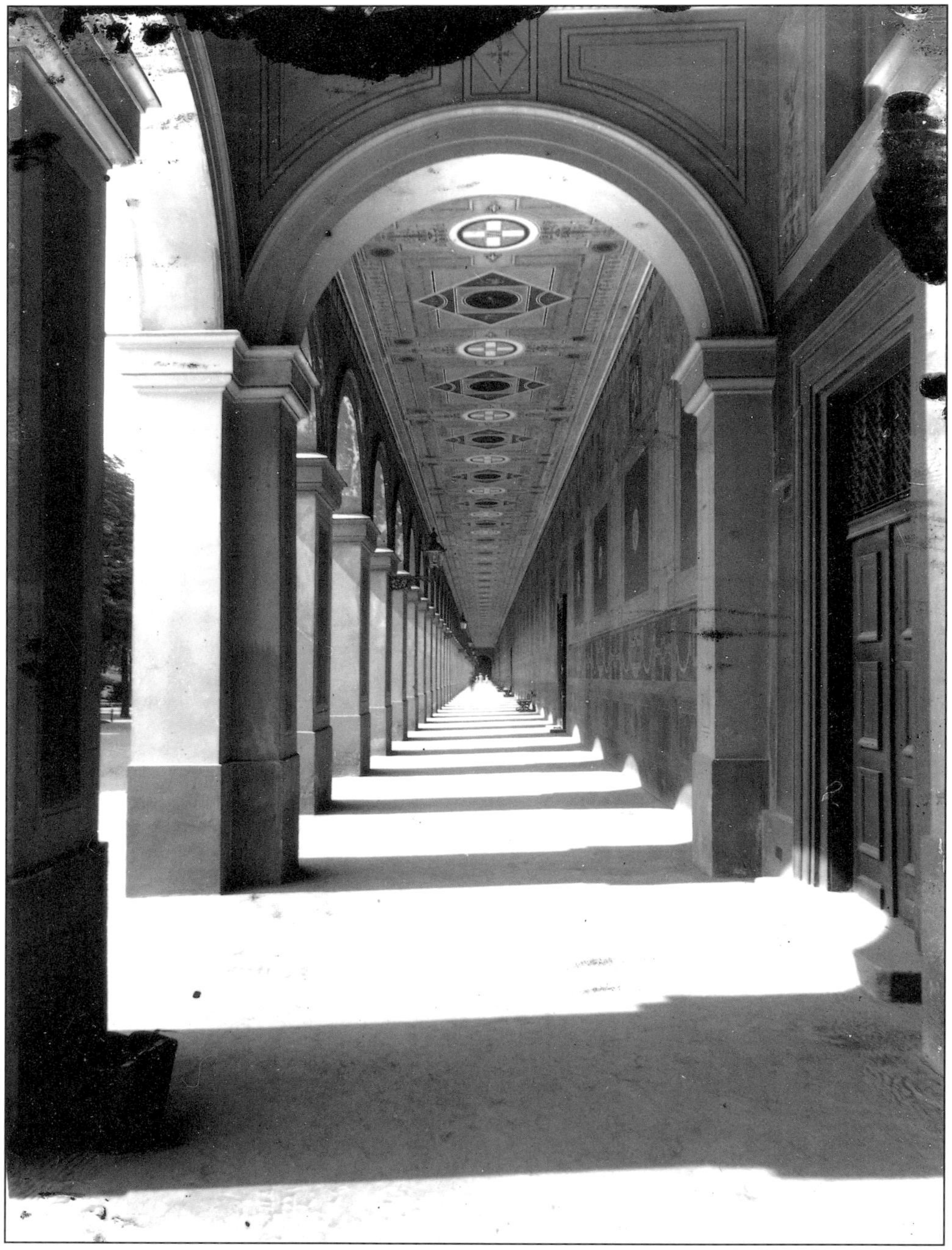

74

Oberer Teil der nördlichen Hofgartenarkaden, der vor dem 2. Weltkrieg mit Szenen aus den griechischen Freiheitskämpfen geschmückt war.

Aufnahme vom 6. 9. 1911

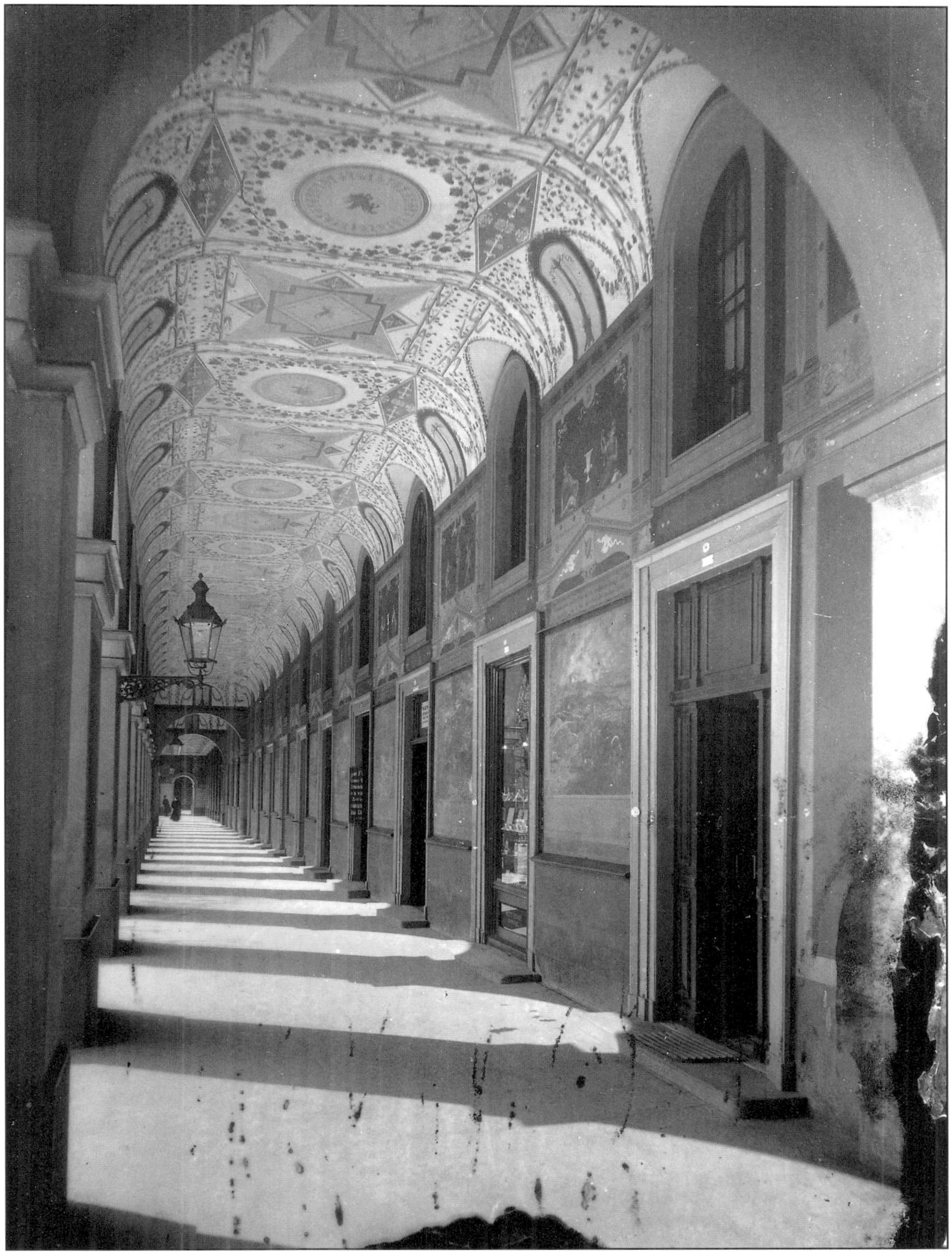

75
Westseite der Hofgartenarkaden hinter dem Bazargebäude. In diesem Abschnitt befand sich der von Karl Rɔttmann gemalte Zyklus von 28 italienischen Landschaften (heute Residenzmuseum).

Aufnahme vom 5.4.1913

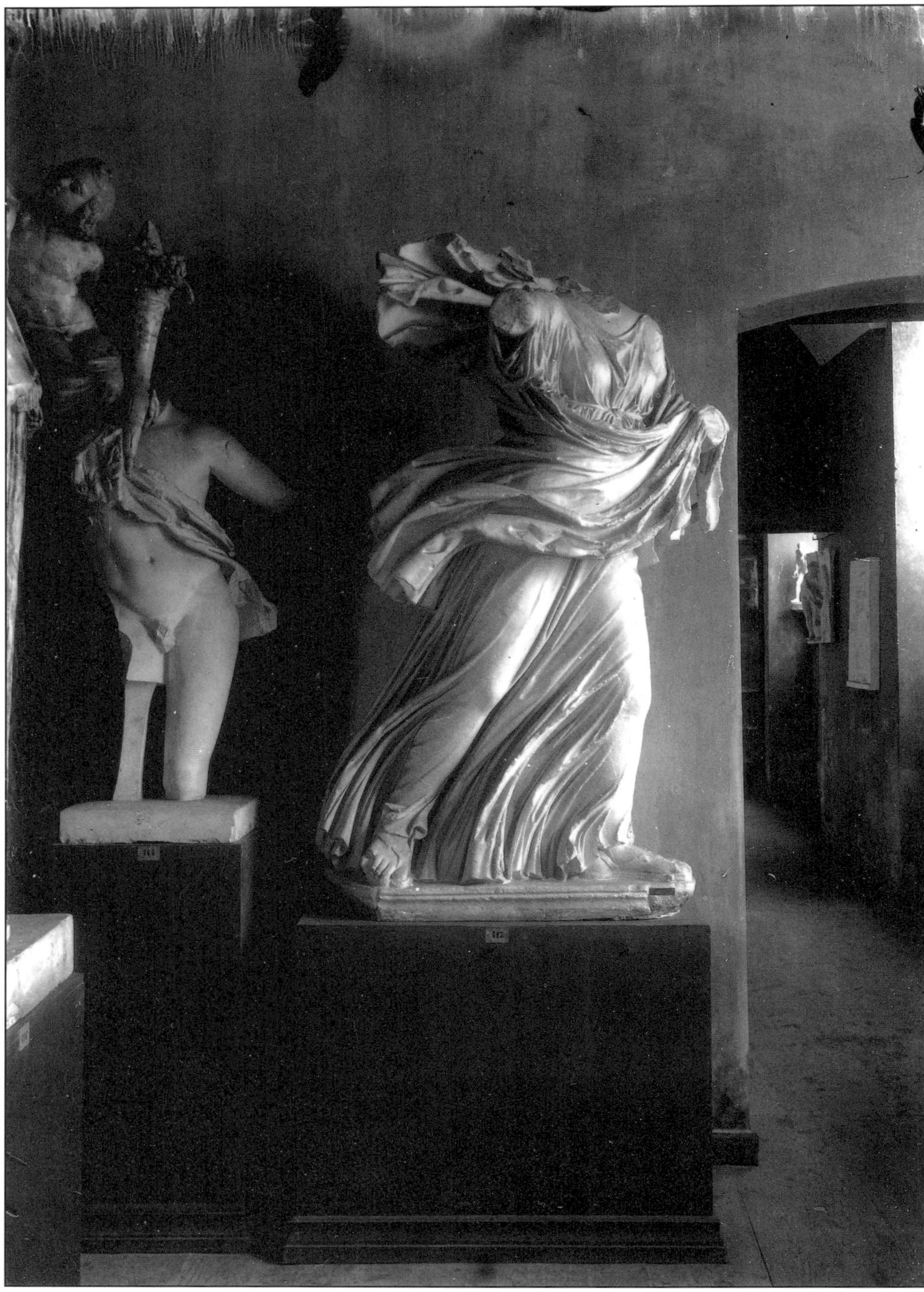

76

Impression aus dem Museum für Gipsabgüsse, das im Trakt der nördlichen Hofgarten-arkaden untergebracht war.

Aufnahme um 1910

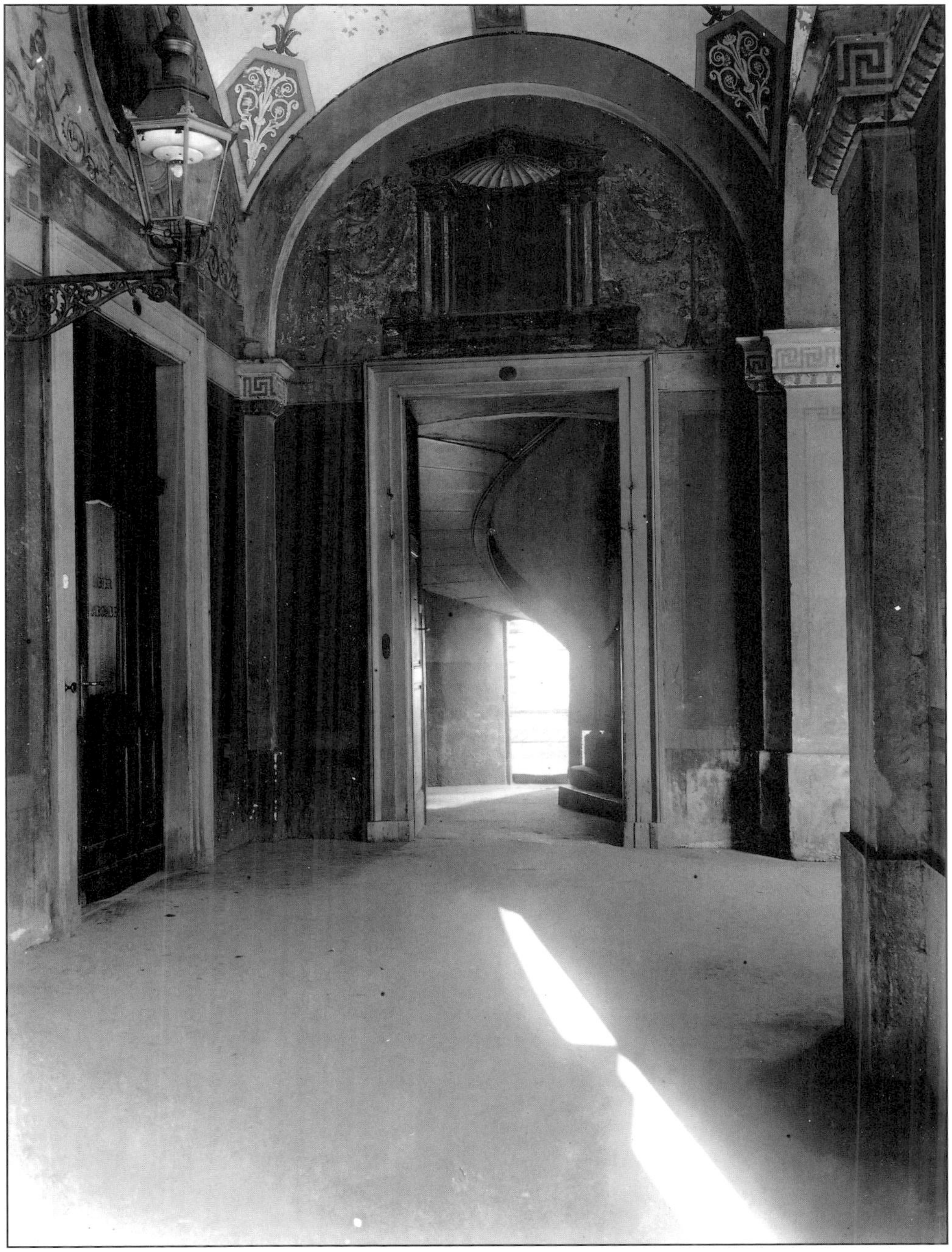

77

Die Nordwestecke der Hofgartenarkaden mit Treppenhaus und heute nicht mehr existierendem Ausgang.

Aufnahme von 1916

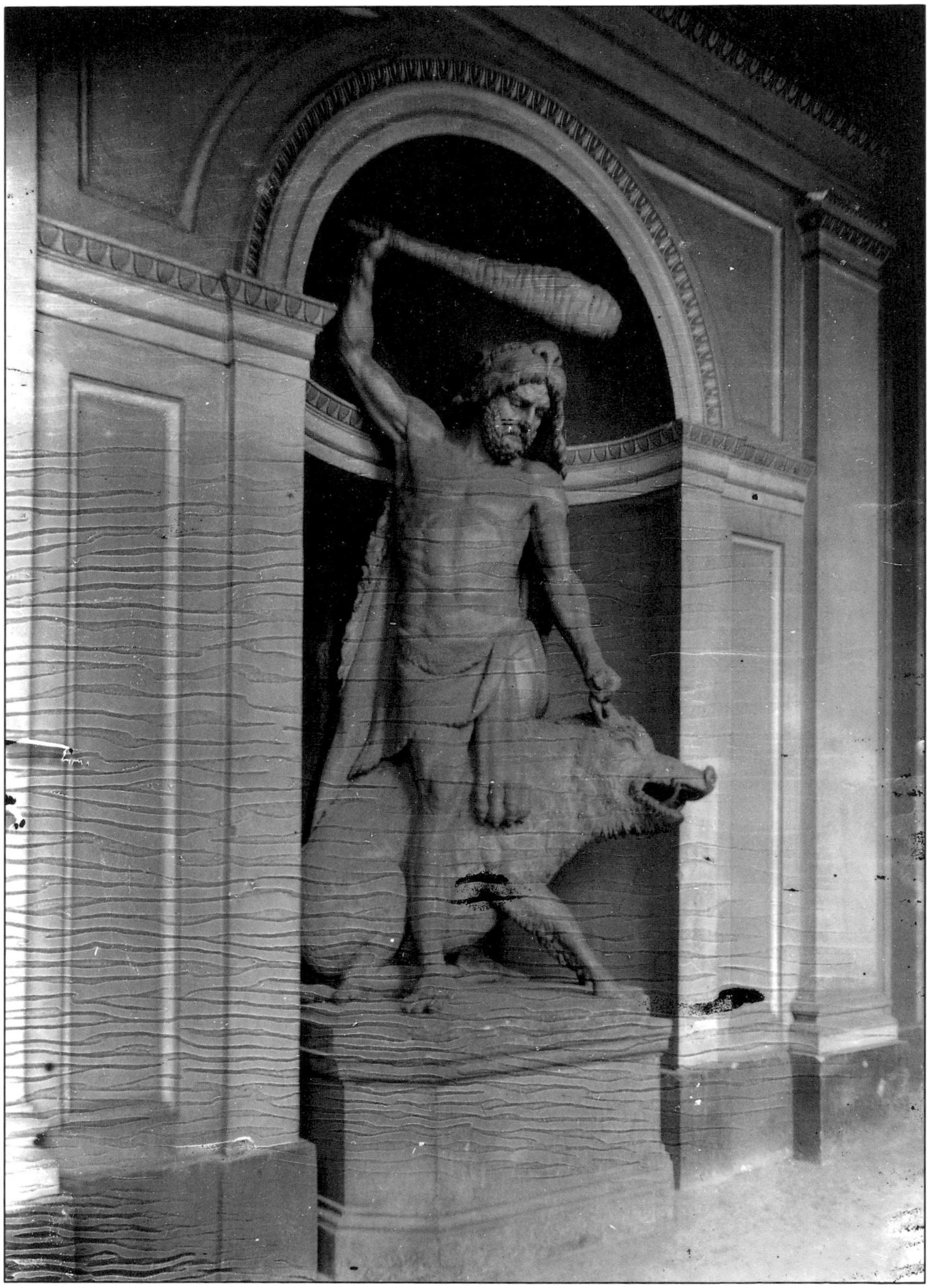

78

Im kriegszerstörten Teil der Nordarkaden beim Übergang zum Kunstvereinsgebäude standen bis zum 2. Weltkrieg sieben von Roman Anton Boos um 1780 geschaffene Kolossalfiguren, die Taten des Herkules darstellend. Hier Herkules und der Erymanthische Eber. Einige erhaltene Figuren sind heute in der Residenz und im Schloß Dachau aufgestellt.

Aufnahme um 1910

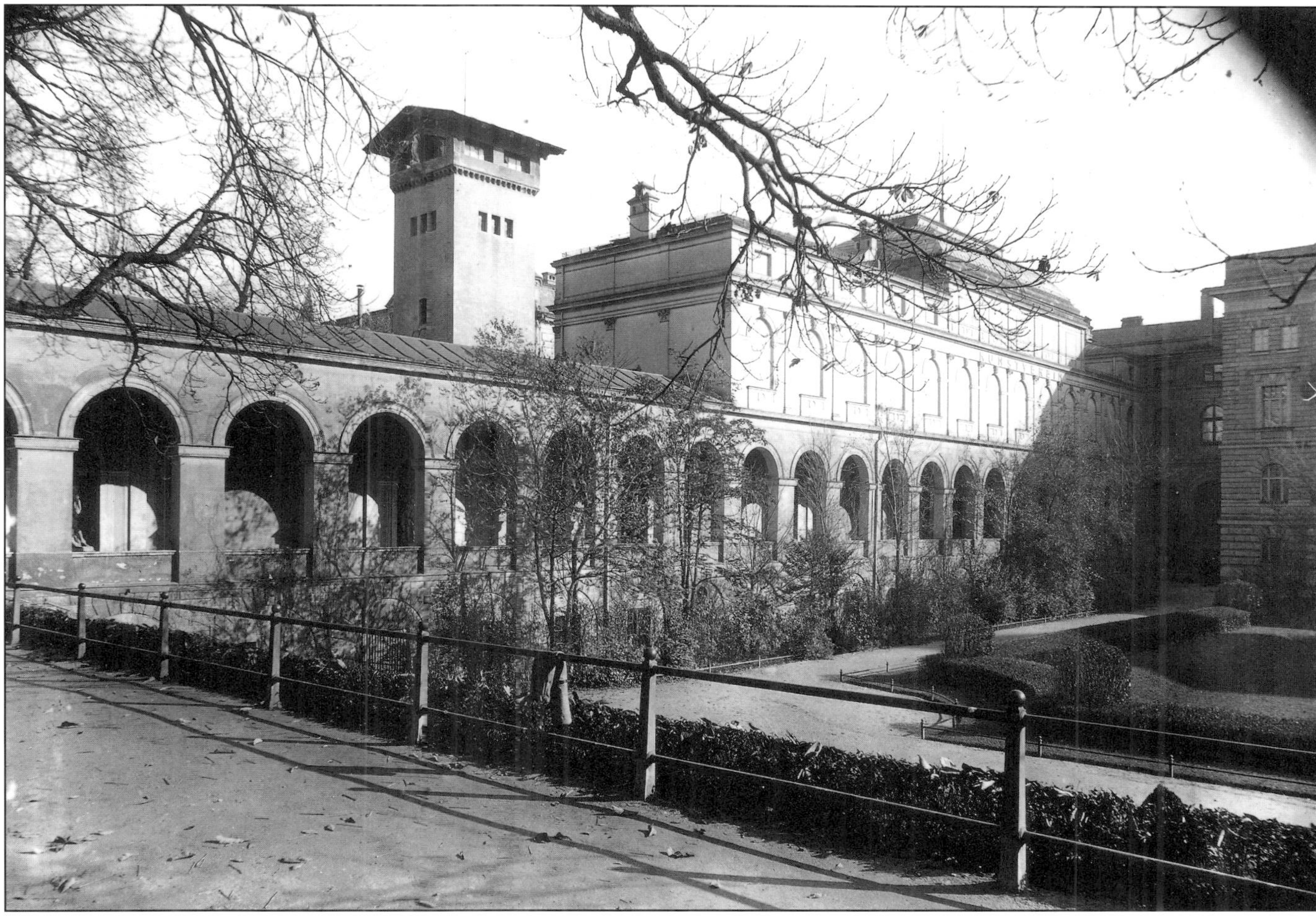

79

Abschluß der Nordarkaden mit Kunstvereinsgebäude, 1867 erbaut, dahinter der Turm des Hofgartenbrunnhauses an der Galeriestraße. Die gesamte hier gezeigte Bausubstanz fiel zusammen mit dem Armeemuseum dem 2. Weltkrieg zum Opfer. Im Souterrainbereich erkennbar die bei den gegenwärtigen Ausgrabungen und Restaurierungen im Bereich des Armeemuseums so heiß umkämpften älteren Arkadenbögen.

Aufnahme von 1915

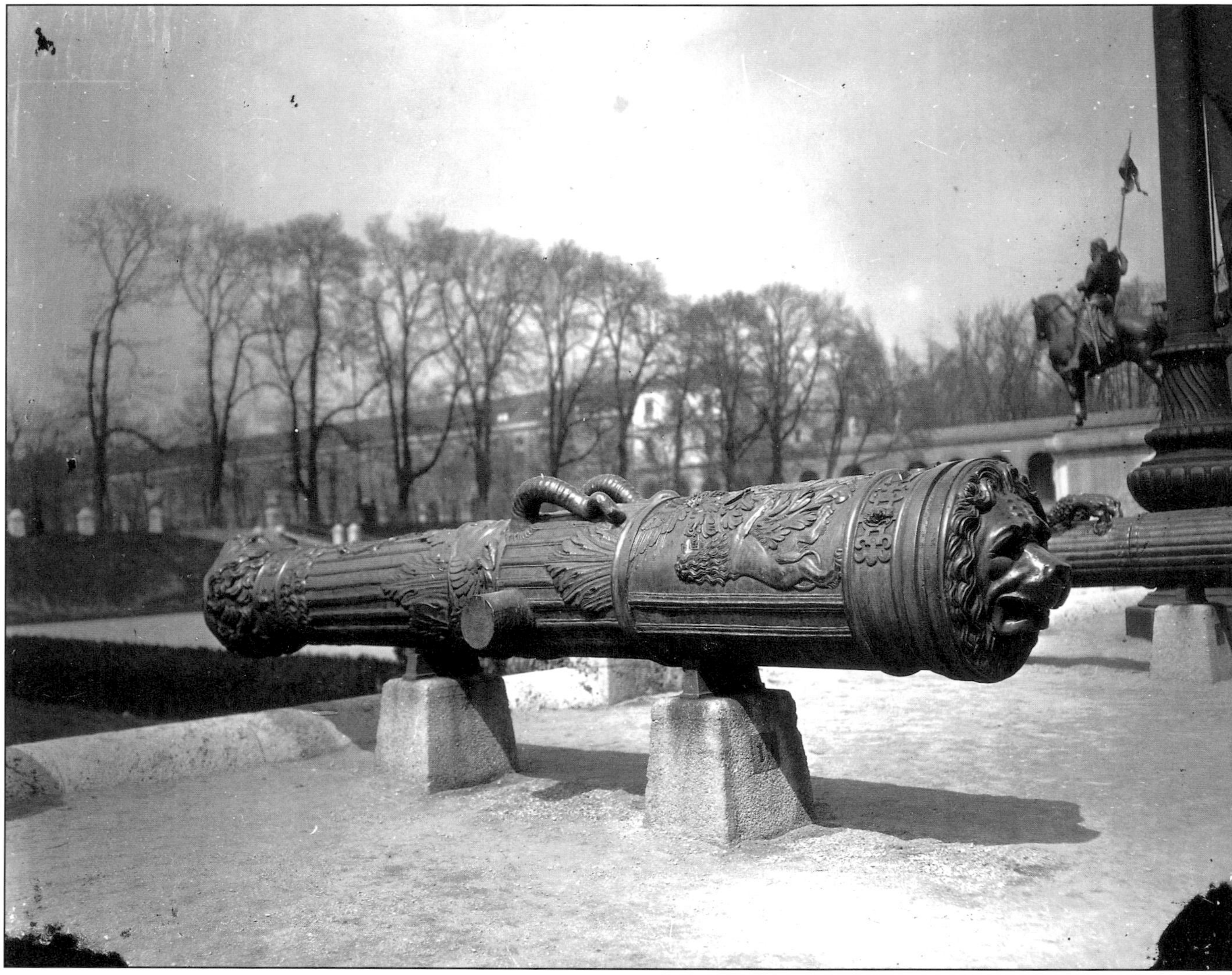

80

Alte Geschützrohre vor dem Armeemuseum, dahinter das am 24. 3. 1911 enthüllte Denkmal Otto von Wittelsbachs.

Aufnahme vom 18. 4. 1911

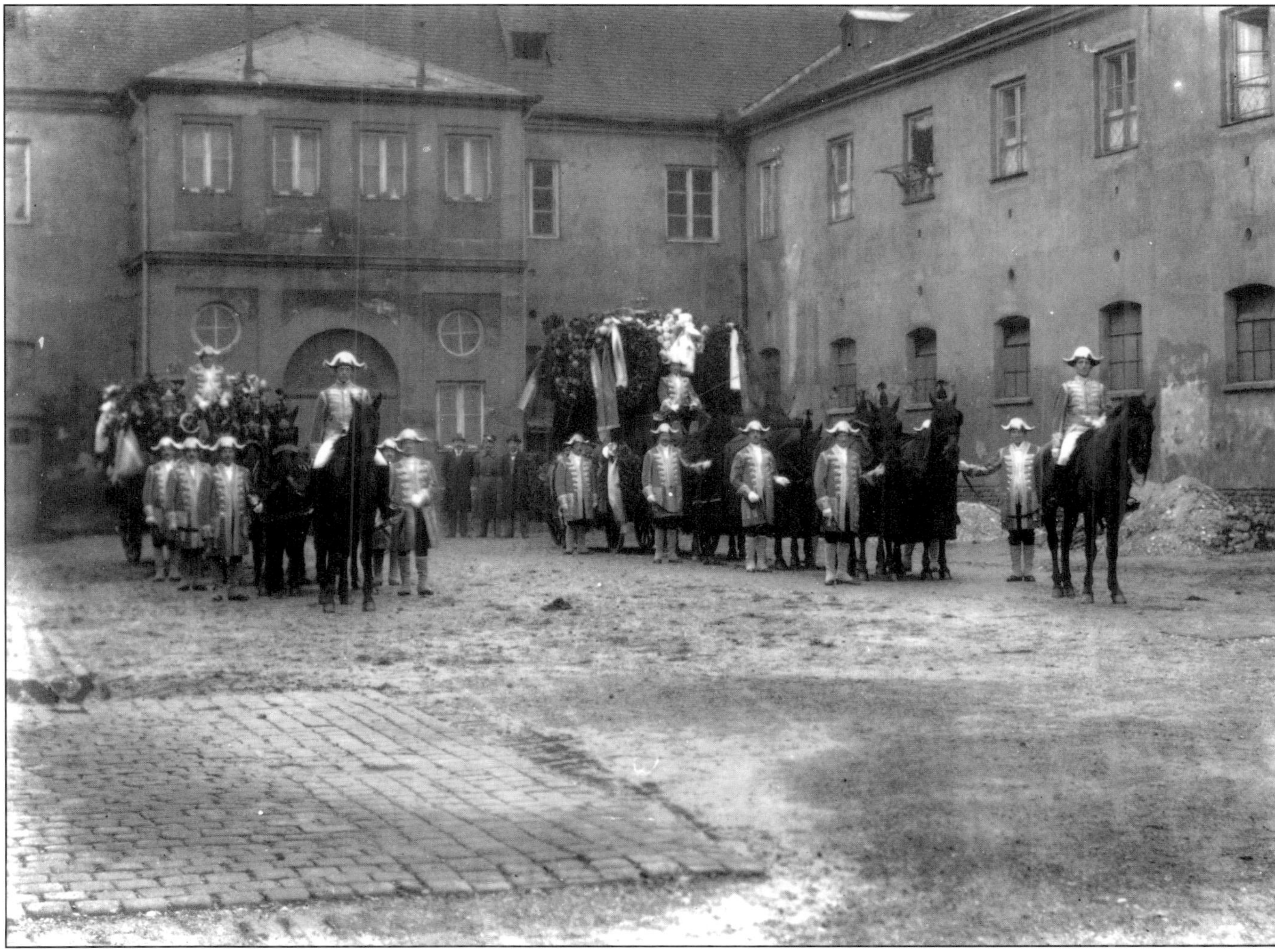

81
Hof des Marstalls mit den Hofleichenwagen für König Ludwig III. und seine Frau Therese.
Aufnahme vom 5.11.1921

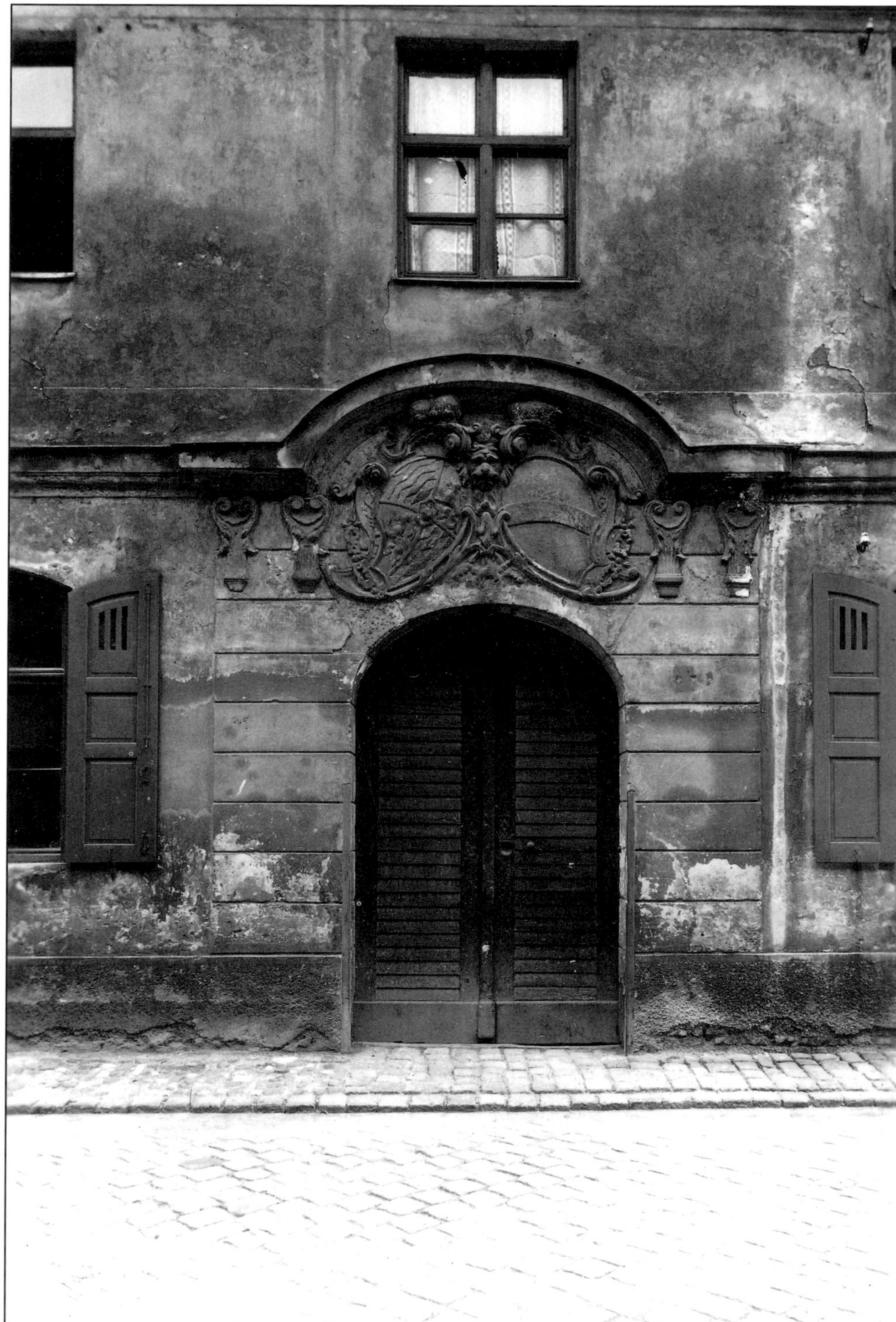

82

Ein Eingang zur Kgl. Wagenremise an der Marstallstraße (Nr. 7) mit bayerisch-österreichischem Allianzwappen aus der Zeit Kurfürst Karl Albrechts.

Aufnahme vom 7.9.1915

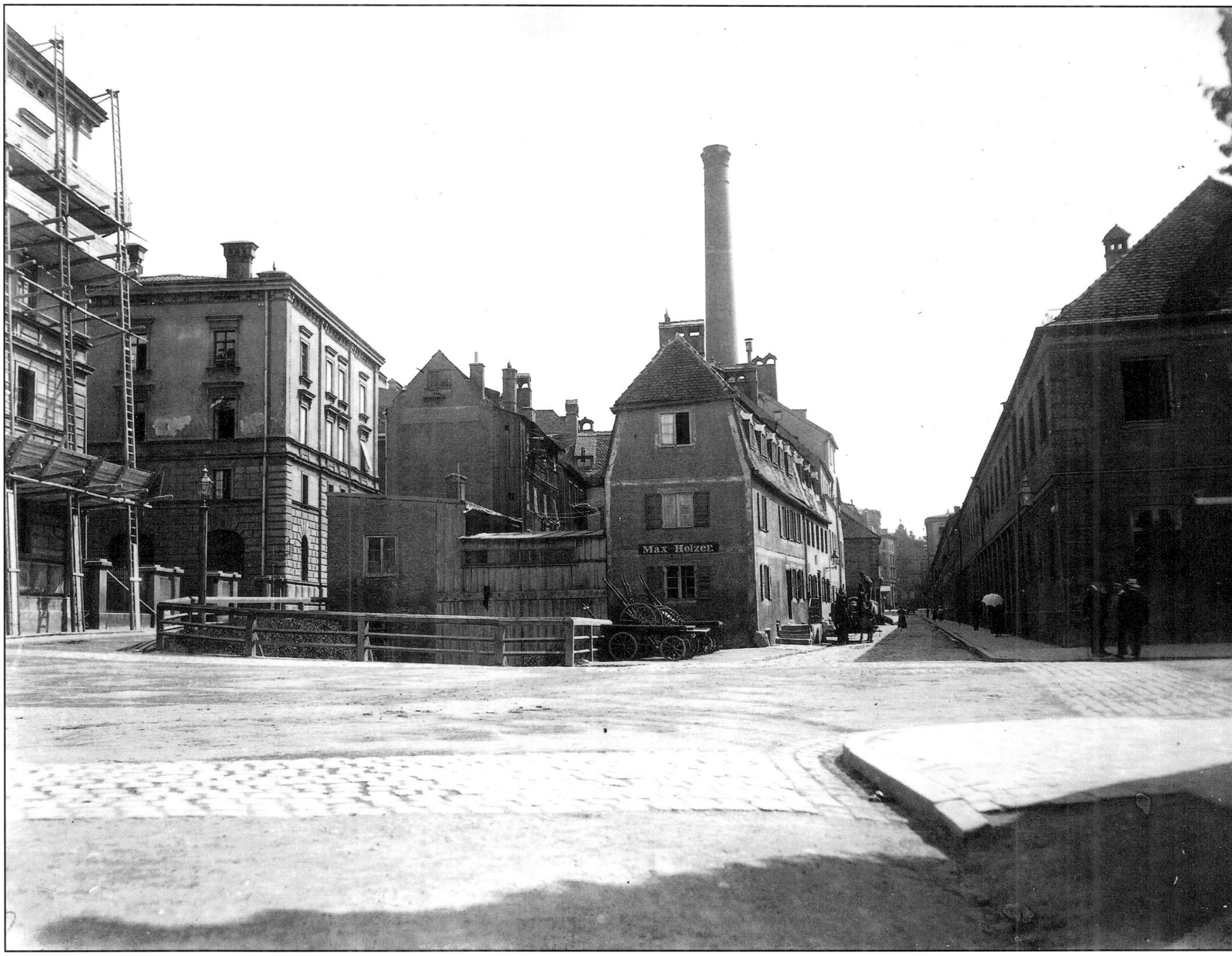

83

Das Zusammentreffen der Hofgartenstraße rechts, mit der Marstall- (halbrechts) und der Wurzerstraße (links), von der Pilotystraße aus gesehen. Zwischen den Häusern (unter der Brücke) fließt der noch nicht überbaute Kainzmühlbach. Das gesamte Areal ist nach der Durchführung des Mittleren Ringes heute zur Straßenfläche geworden.

Aufnahme vom 26.6.1903

Das Hackenviertel

Das Hackenviertel umfaßt das zwischen Karlsplatz/Stachus und Sendlinger-Tor-Platz gelegene, im Osten von Rosen- und Sendlinger Straße, im Norden von Kaufinger- und Neuhauser Straße begrenzte Altstadtsegment. Dessen Westgrenze schließt zwischen Karlsplatz/Stachus und Sendlinger-Tor-Platz die Sonnenstraße (den einstigen Festungsgürtel) in ihrer ganzen Breite ein.

Der Name dieses Viertels ist abgeleitet von einer alten Flurbezeichnung (im Hagga), die im Umkreis der heutigen Hackenstraße urkundlich belegt ist. Das Quartier wird durch drei sich senkrecht schneidende Trassen in gut gegliederte Bebauungsblöcke aufgeteilt, wobei auffällige Knicke in jenen Straßenzügen, die an Färbergraben und Sendlinger Straße anschließen, einen Hinweis auf einen verschwundenen Sondersiedlungsbereich „Altheim“ geben. Der Bereich zwischen Kaufingerstraße, Färbergraben und Rosenstraße ist noch Bestandteil der auf Heinrich den Löwen zurückgehenden „inneren“ Stadt, während die sich daran anschließenden Teile des Hackenviertels der Stadterweiterung unter Ludwig dem Bayern zuzurechnen sind. Das Viertel gehört seit altersher zum Bereich der Peterspfarrei, deren Friedhof mit Friedhofskirche (Allerheiligen am Kreuz) sich hier befand. Milieubestimmend bis in unser Jahrhundert war stets das Bürgertum, ein Umstand, der sich in der überwiegenden, relativ dichten Wohnbebauung niederschlägt.

Bis zu den Zerstörungen des 2. Weltkrieges gab es noch sehr alte, im Lauf der Jahrhunderte mehrfach aufgestockte Bausubstanz mit hübschen Fassaden des 18. und frühen 19. Jahrhunderts. Das Hackenviertel galt stets als behäbiges und seriös-bürgerliches Geschäftsviertel, wobei die eigentlichen „Laufstraßen“ allerdings mehr die das Viertel begrenzenden Züge der Kaufinger- und Neuhauser Straße bzw. der Rosen- und Sendlinger Straße bildeten. Nur wenige Palaisbauten vertraten hier die im benachbarten Kreuzviertel so dominante Adelskultur und auch die beiden klösterlichen Bereiche der Servitinnen und Salesianerinnen (später Damenstift) wirkten durch ihre eher zurückhaltende Architektur nicht prägend. Bis zum 2. Weltkrieg war der Charakter des Hackenviertels auch bestimmt durch die beiden großen Komplexe von Herzog- und Josephspital.

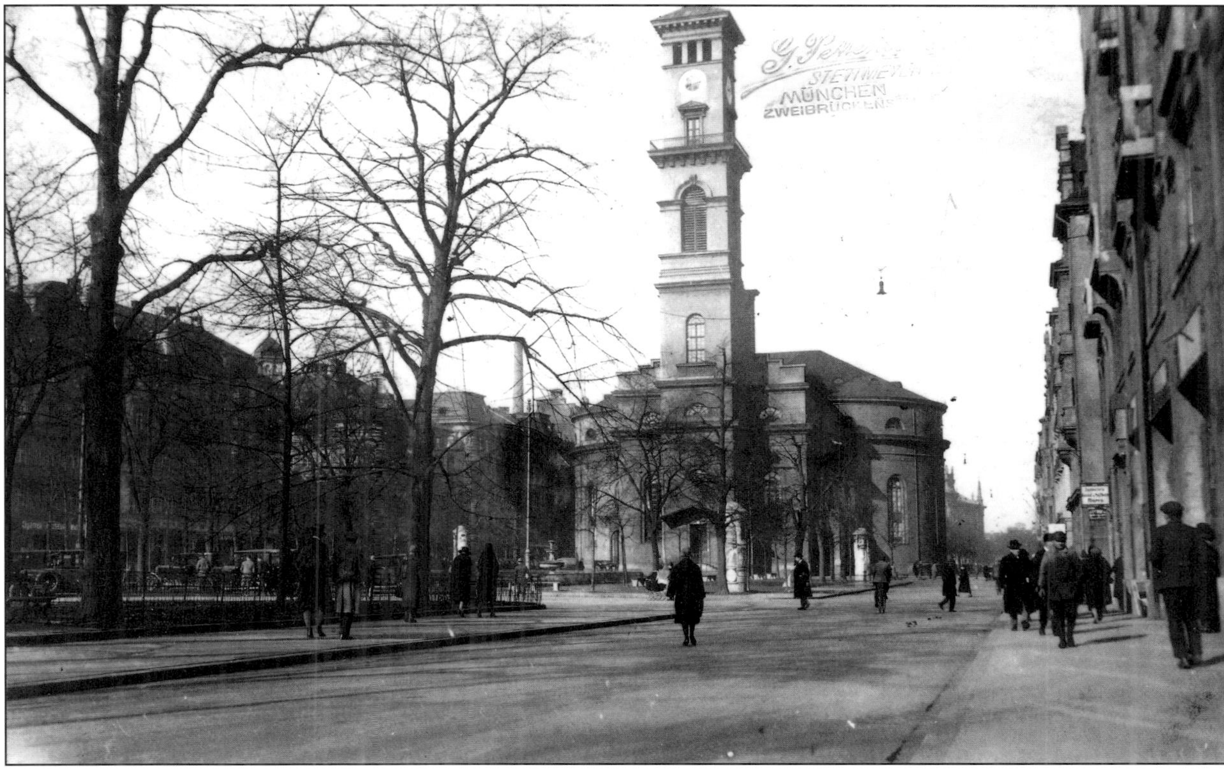

84

Blick vom Karlsplatz auf die Matthäuskirche in der Sonnenstraße. Das erste protestantische Gotteshaus Münchens mußte 1938 der Verkehrsplanung des Dritten Reiches geopfert werden.

Aufnahme um 1925

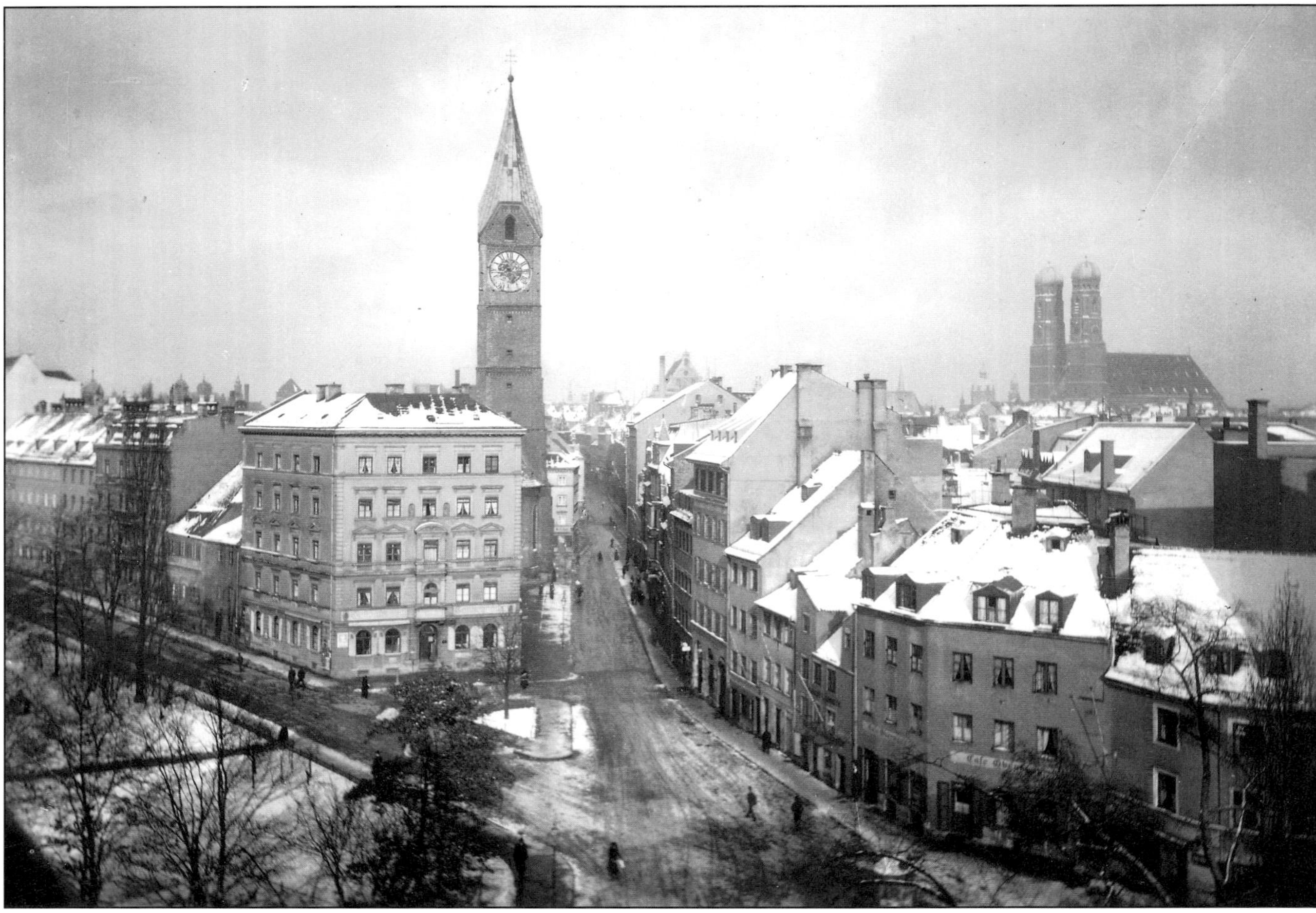

85

Blick über die Herzog-Wilhelm- und Kreuzstraße gegen Norden.

Aufnahme um 1915

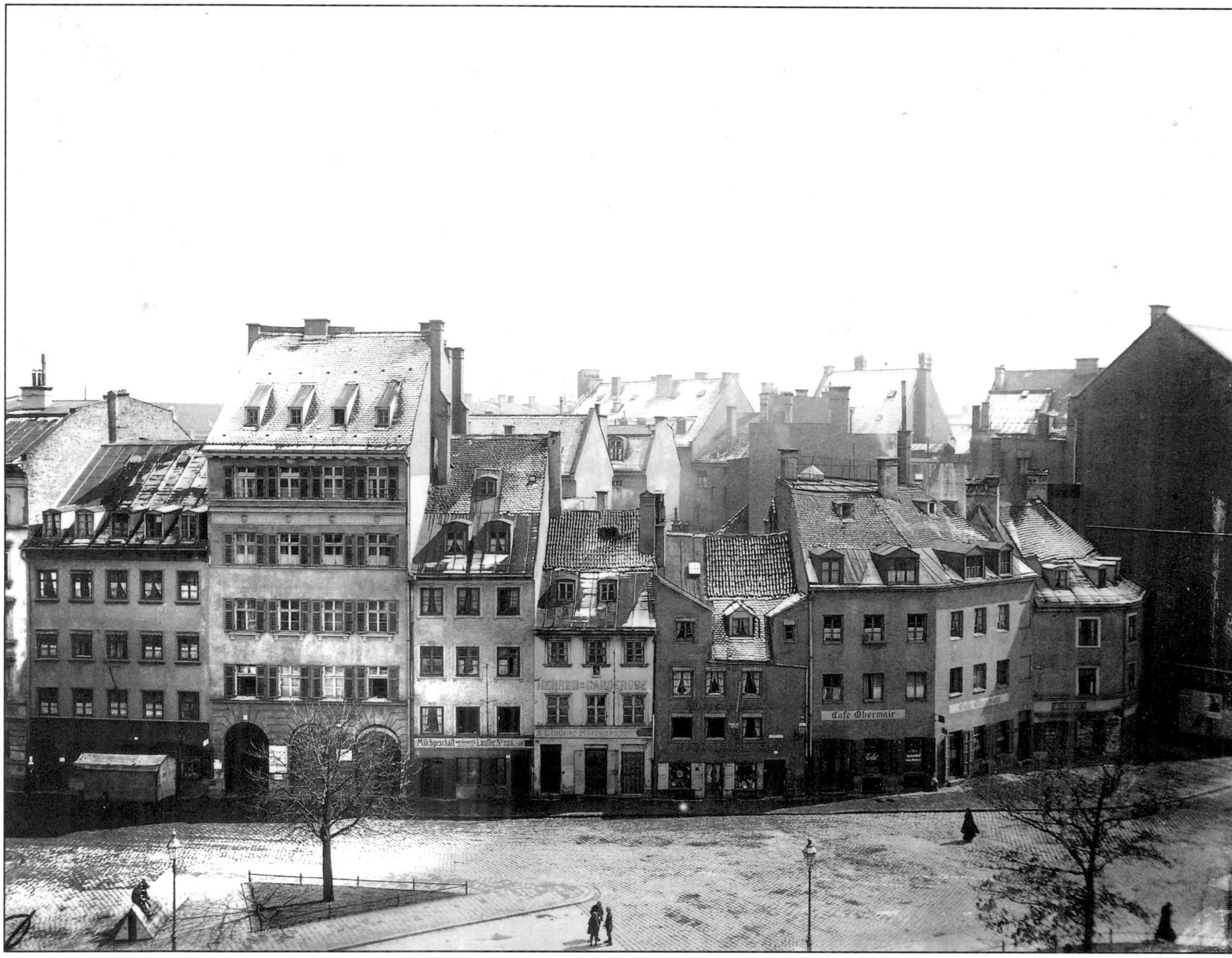

86

Altmünchner Bescheidenheit und Behaglichkeit zeigen die Häuser an der Südseite der Kreuzstraße; hier die Situation zwischen der Einmündung der Herzog-Wilhelm-Straße und dem Sendlinger Tor.

Aufnahme von 1917

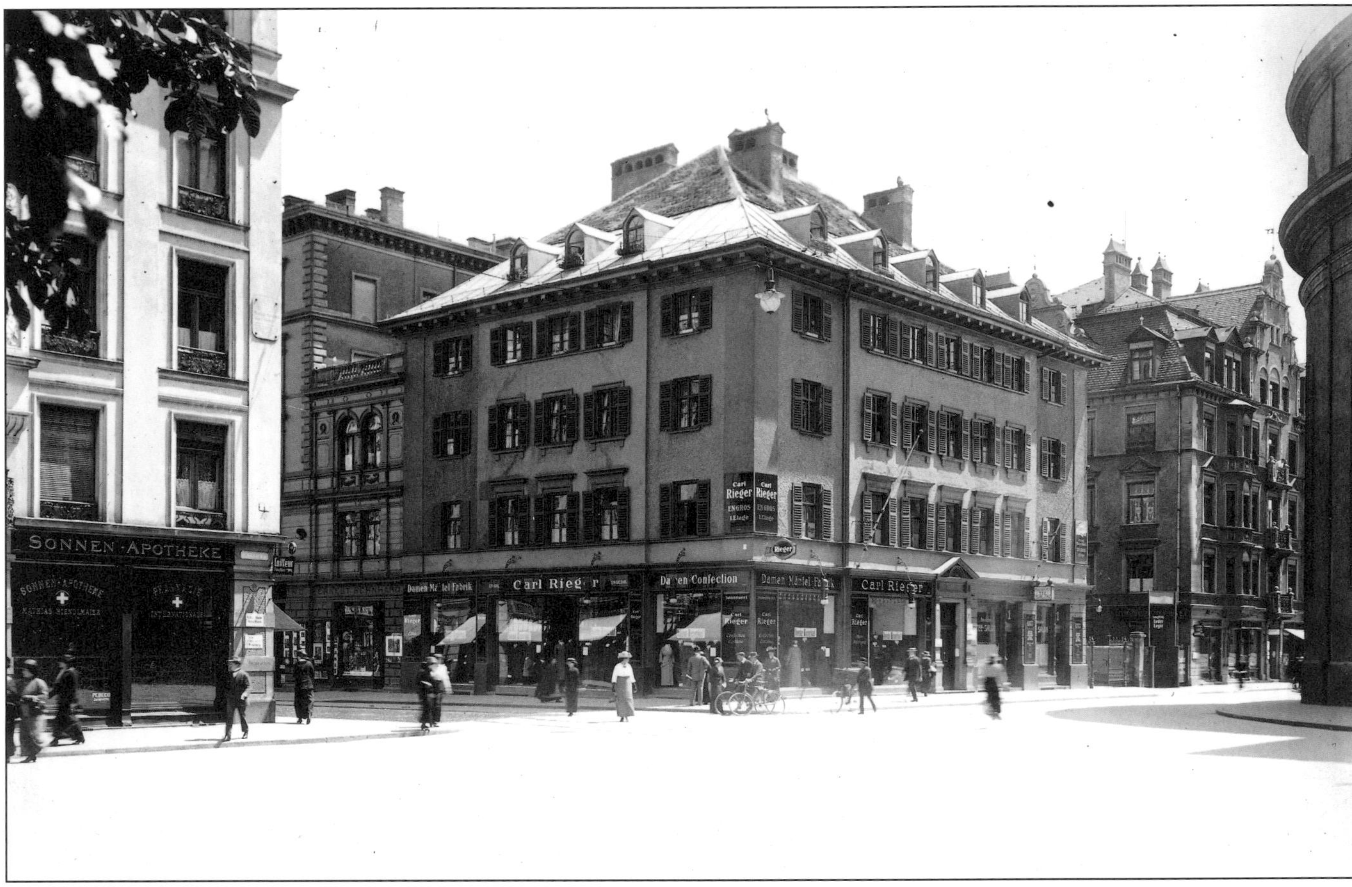

87

Die Einmündung der Herzogspitalstraße in die Sonnenstraße. Rechts die Rundung der Matthäuskirche.

Aufnahme um 1910

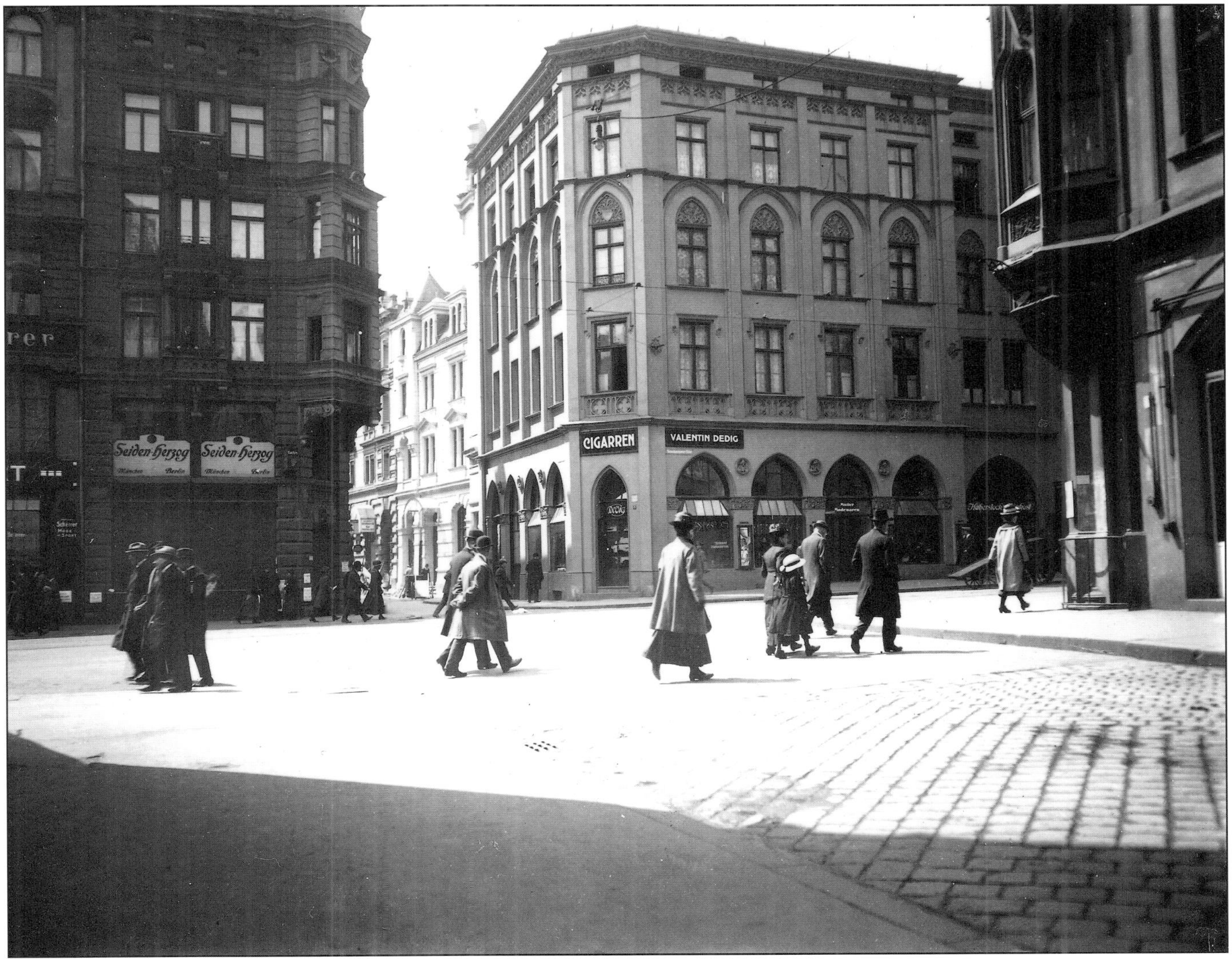

88

Blick aus der Herzog-Max-Straße über die Neuhauser Straße in die Herzog-Wilhelm-Straße.

Aufnahme um 1914

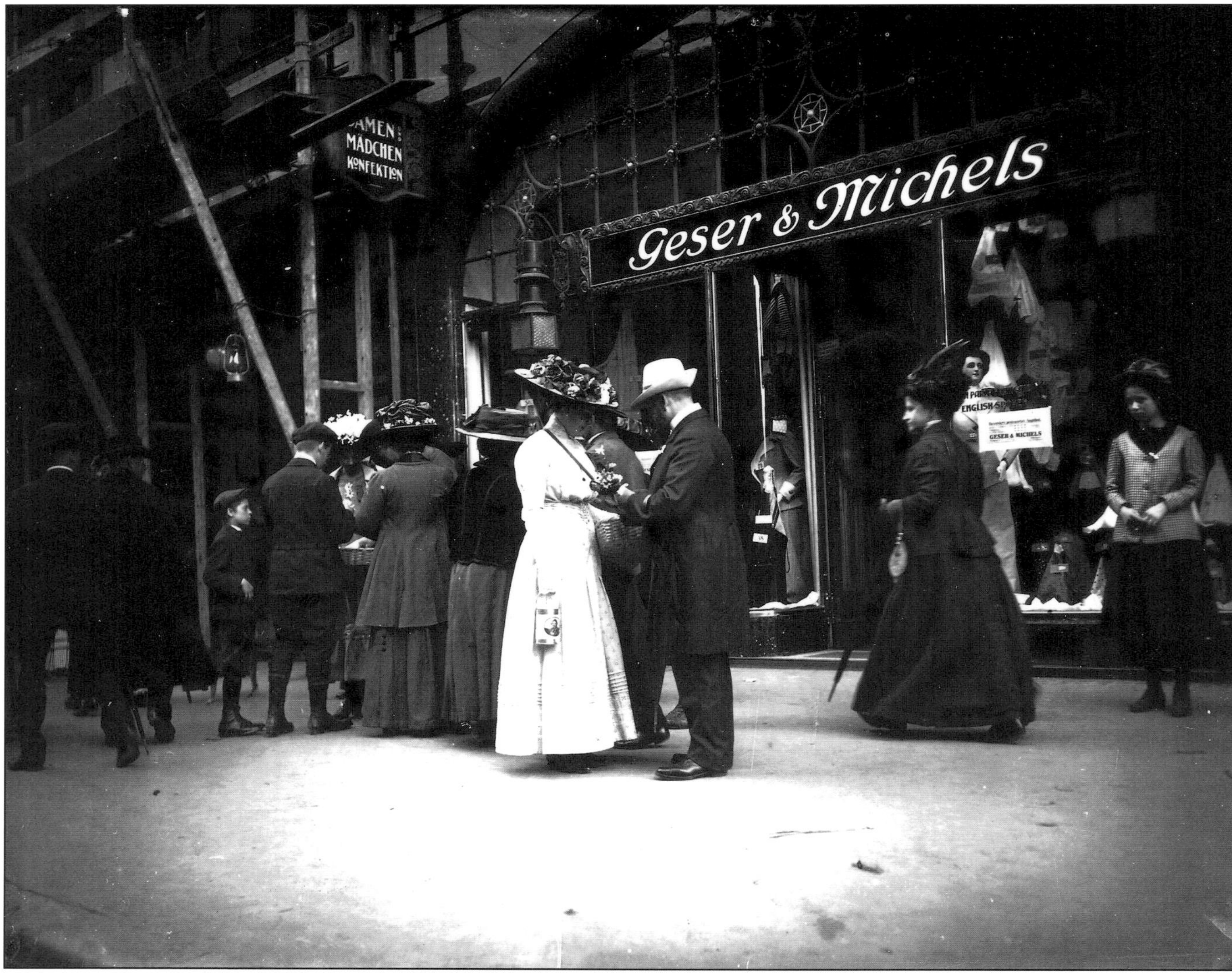

89

Damen der Münchner Gesellschaft sammeln in der Neuhauser Straße für den Margeriten-Tag, einer Wohltätigkeitsveranstaltung zugunsten hilfsbedürftiger Kinder.

Aufnahme vom 10.5.1911

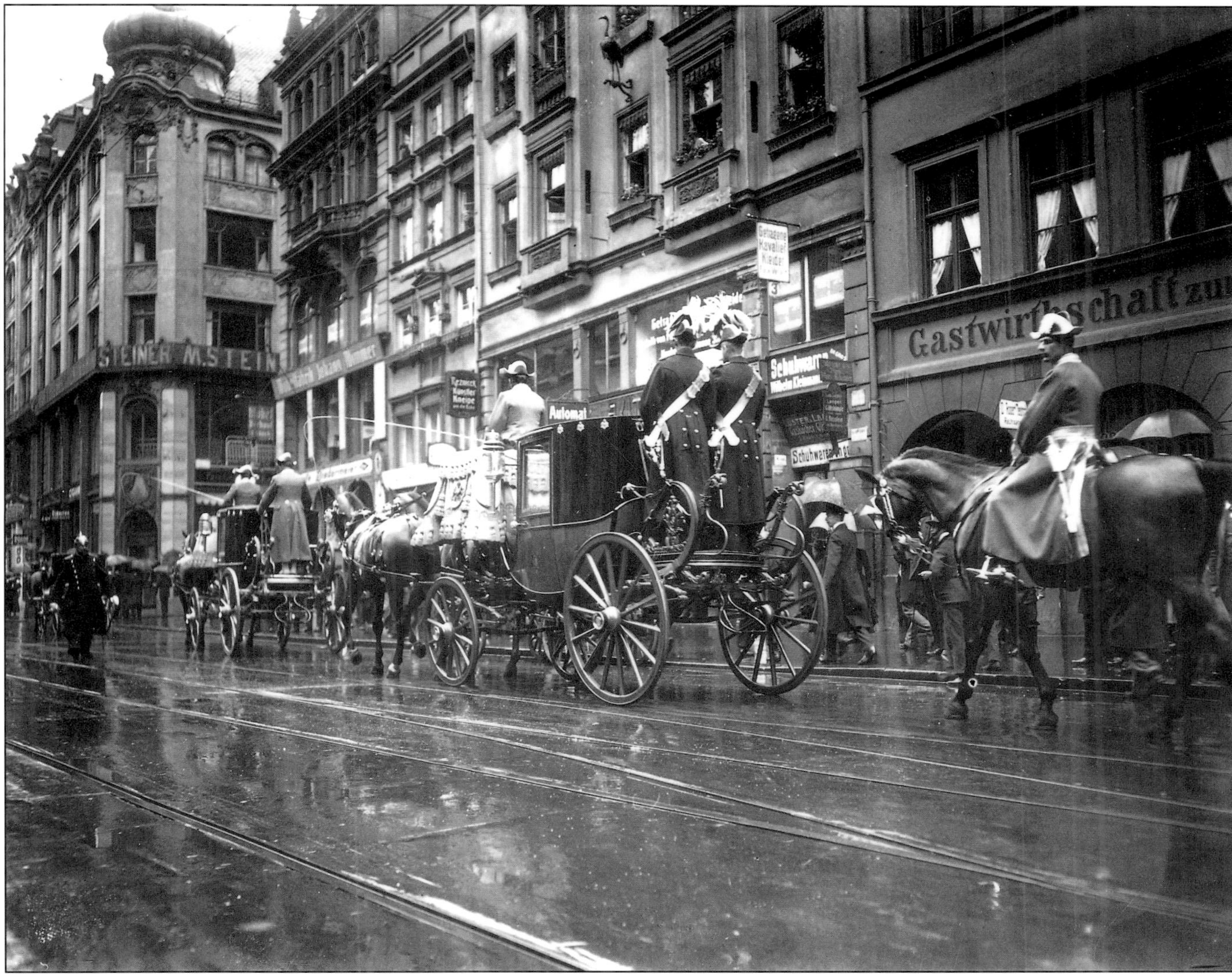

90
Wartende Hofequipagen in der Neuhauser Straße.
Aufnahme um 1910

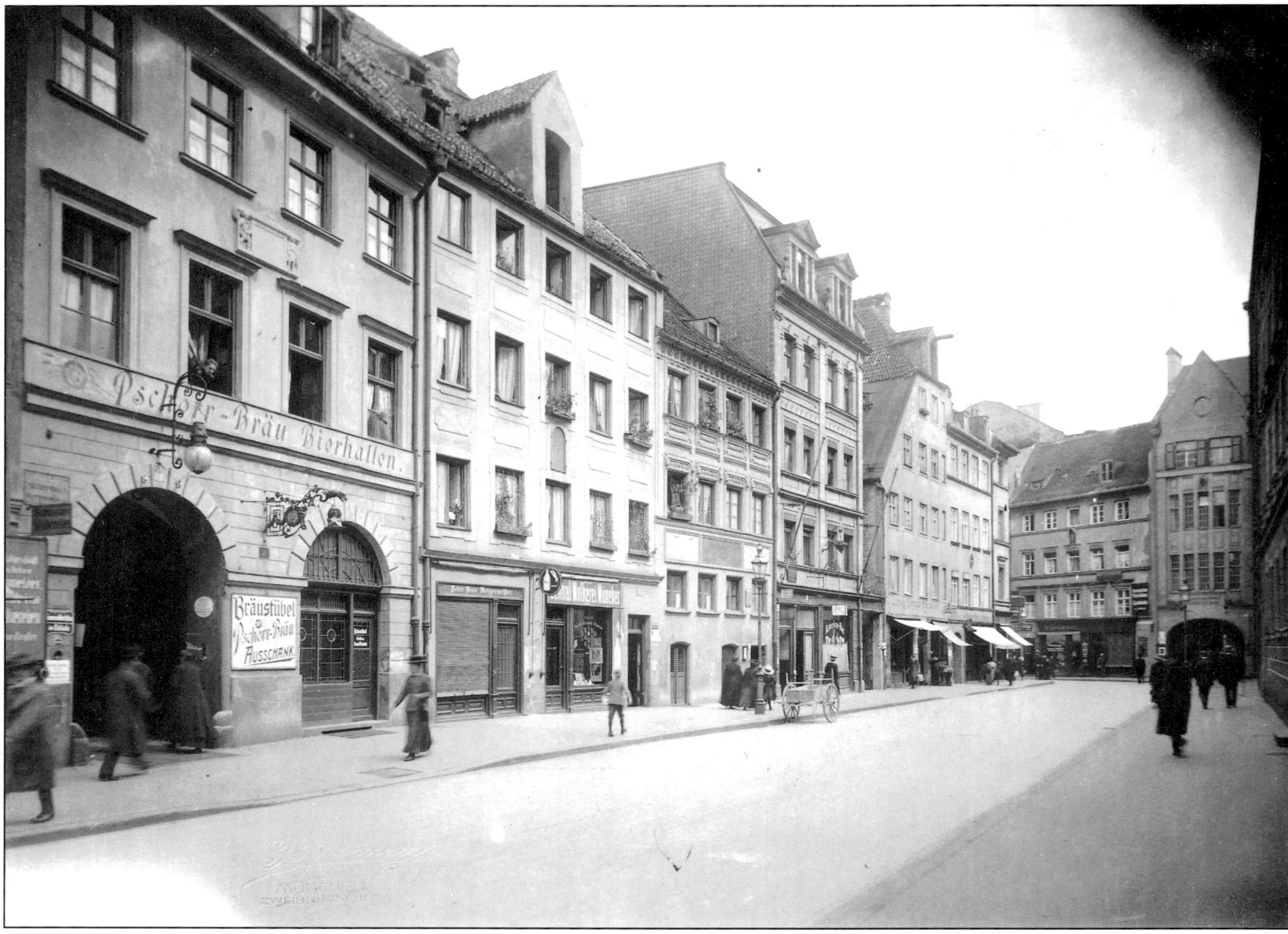

91

Altheimer Eck, Nordseite. Das erste Haus links ist das Geburtshaus des Komponisten Richard Strauß. Hier entstand 1963 unter Zerstörung der alten Bausubstanz ein von der Neuhauser Straße aus durchgehender Kaufhauskomplex.

Aufnahme um 1915

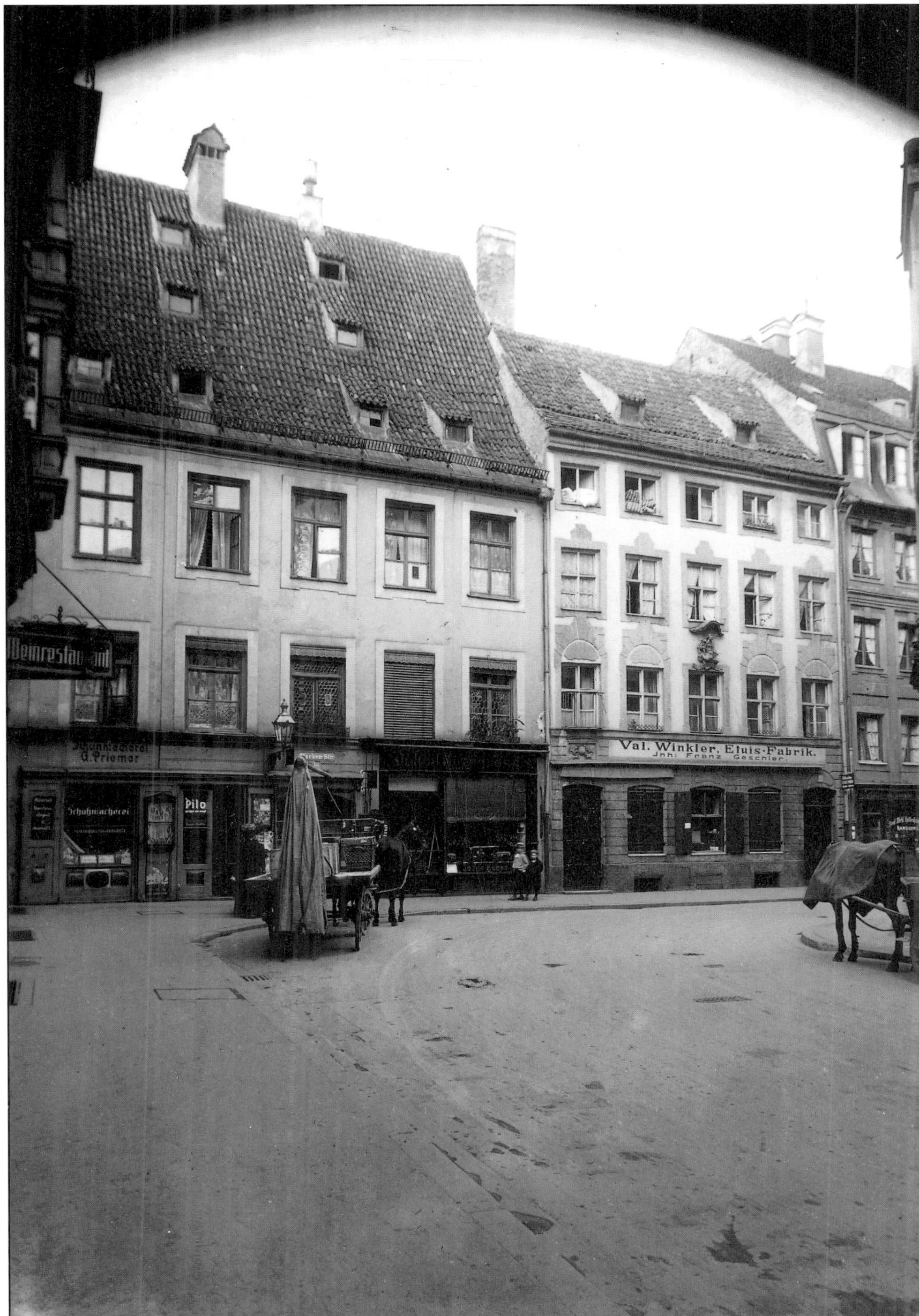

92

Bürgerhäuser an der Nordseite der Hackenstraße, gegenüber dem „Radspieler-Haus".

Aufnahme vom 26.4.1913

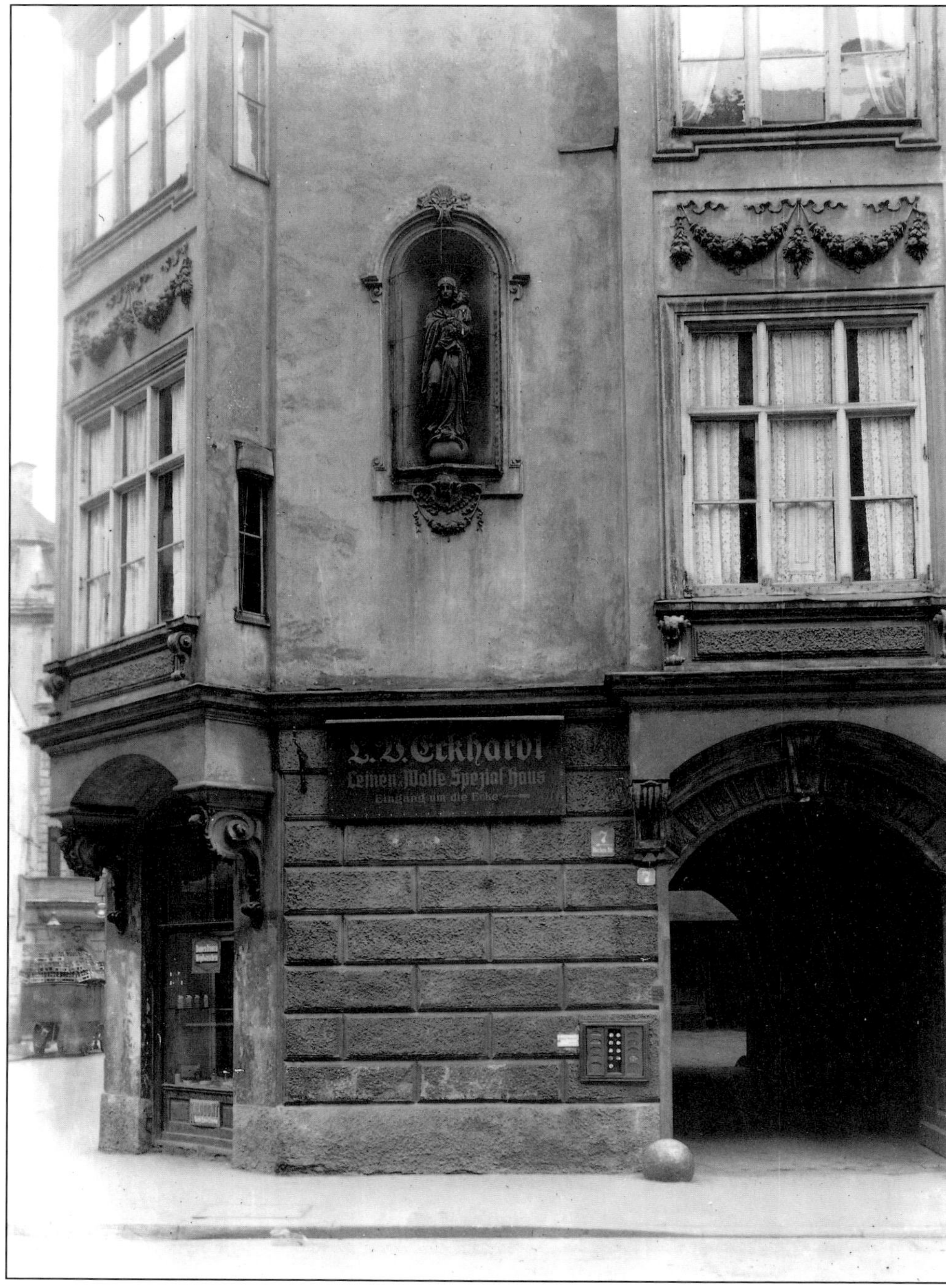

93
Erker und Hausmadonna am „Radspieler-Haus“, Hackenstraße Nr. 7.
Aufnahme vom 3.6.1919

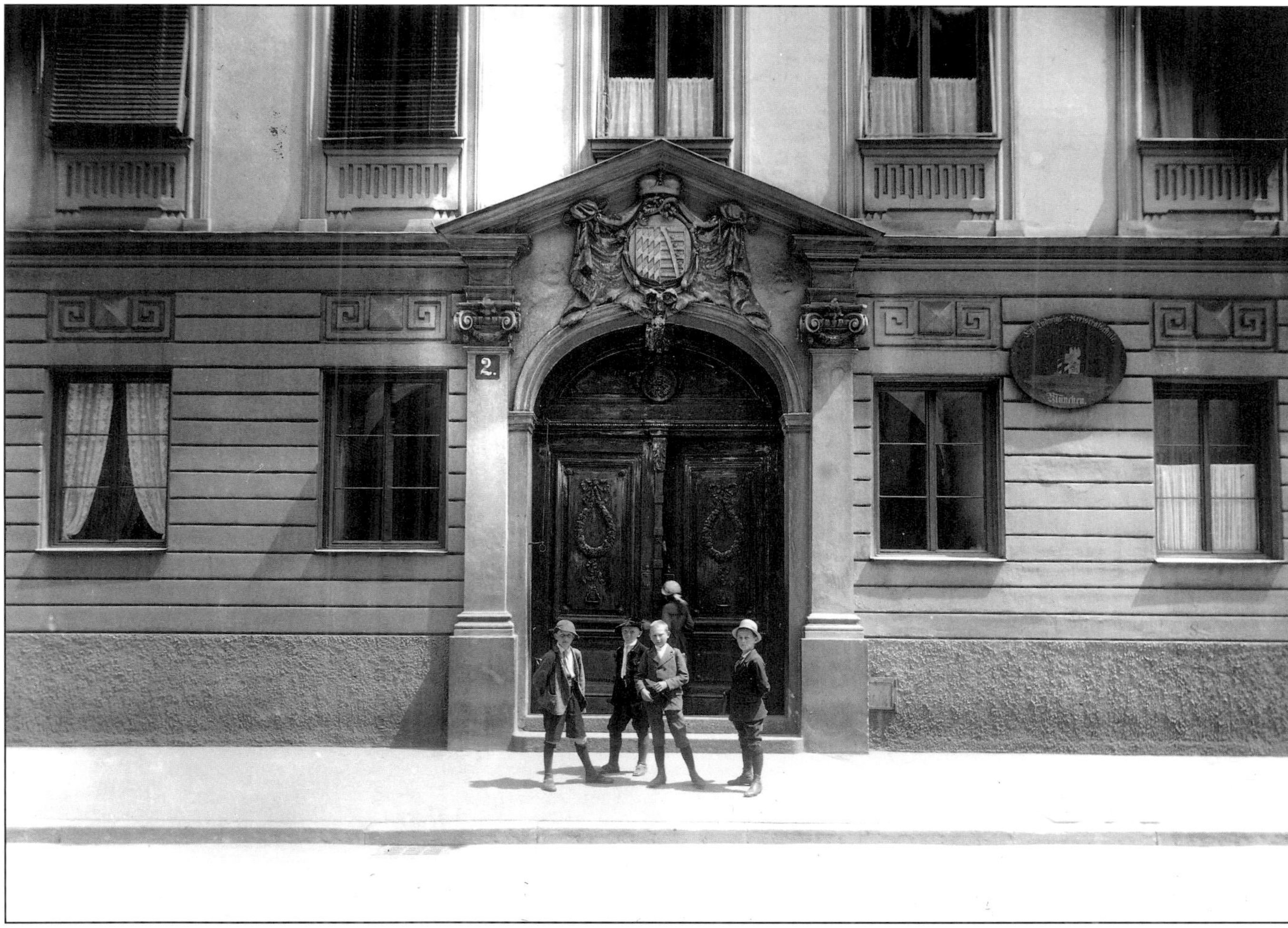

94

Portal des ehem. Damenstiftsgebäudes an der Damenstiftstraße mit bayerisch-sächsischem Allianzwappen. Zum Zeitpunkt der Aufnahme war hier die Ludwigs-Kreisrealschule untergebracht.

Aufnahme vom 7.6.1915

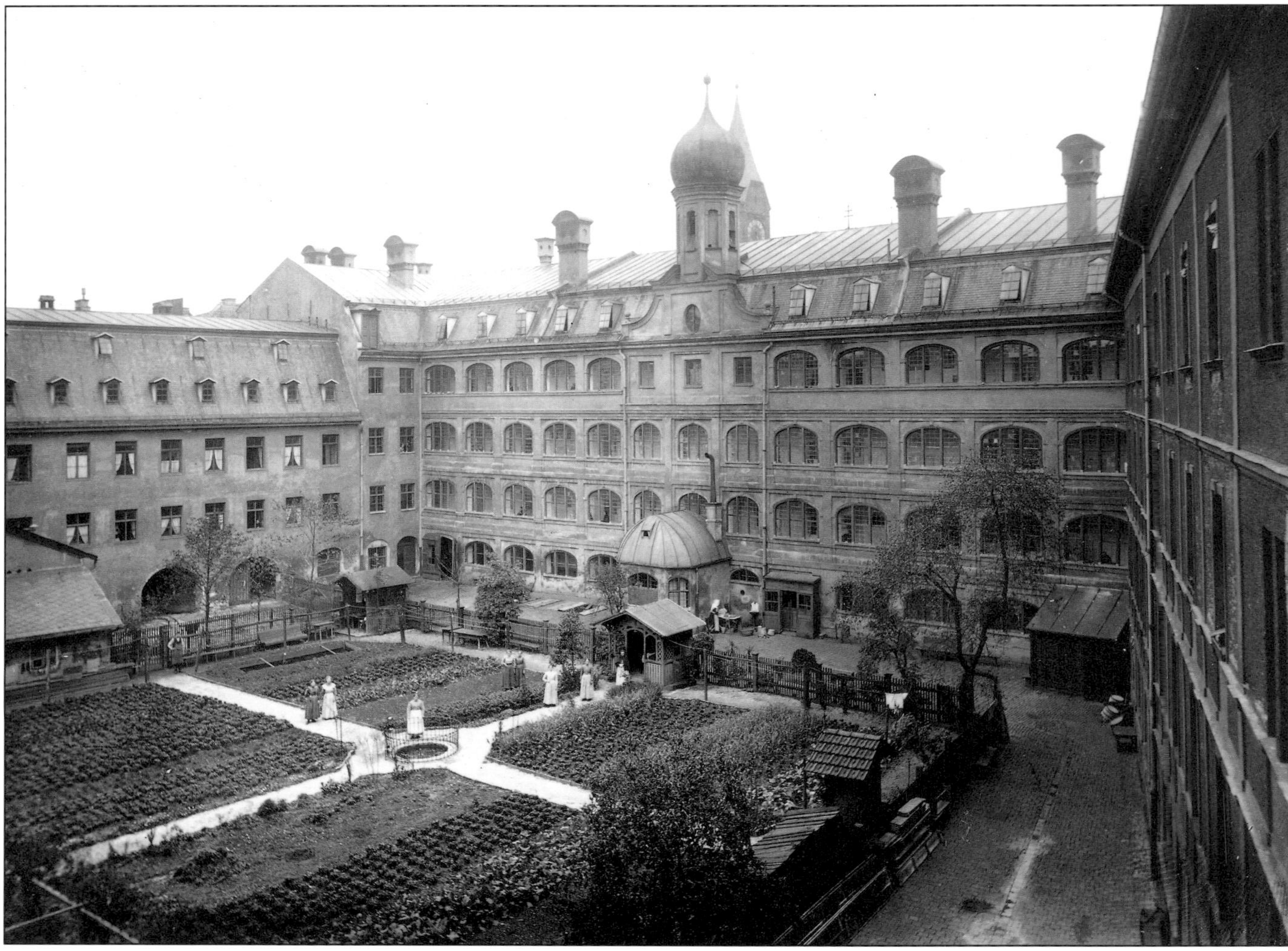

95

Blick vom Herzogspital in den malerischen Innenhof des zu Anfang des 17. Jahrhunderts errichteten Josephspitals. Das Josephspital wurde bis 1934 als Altersheim genutzt. Heute befindet sich an seiner Stelle das Stadtsteueramt.

Aufnahme von 1913

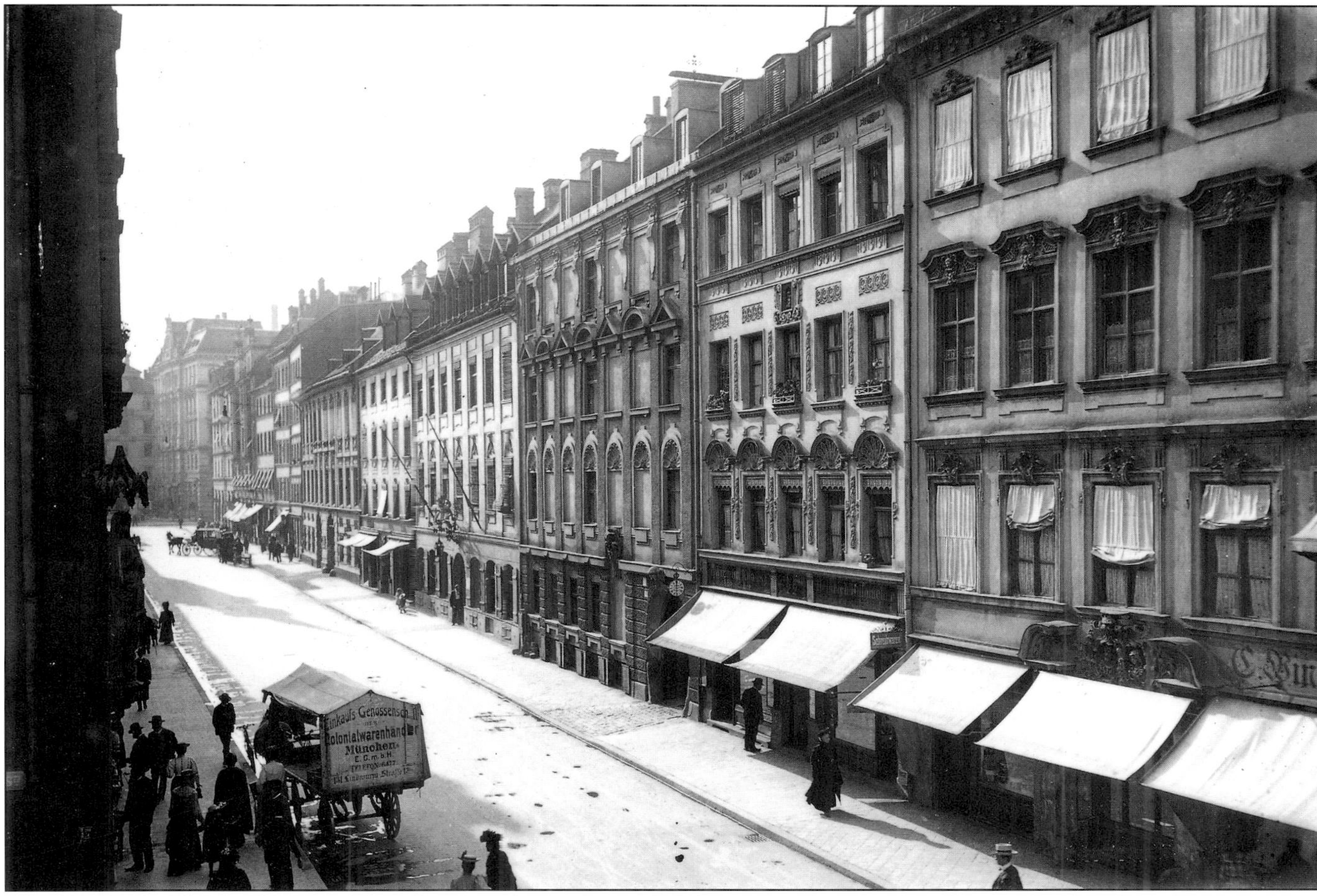

96

Nordseite der Herzogspitalstraße mit gleichmäßiger, gut aufeinander abgestimmter Fassadenabwicklung.

Aufnahme vom 1.6.1905

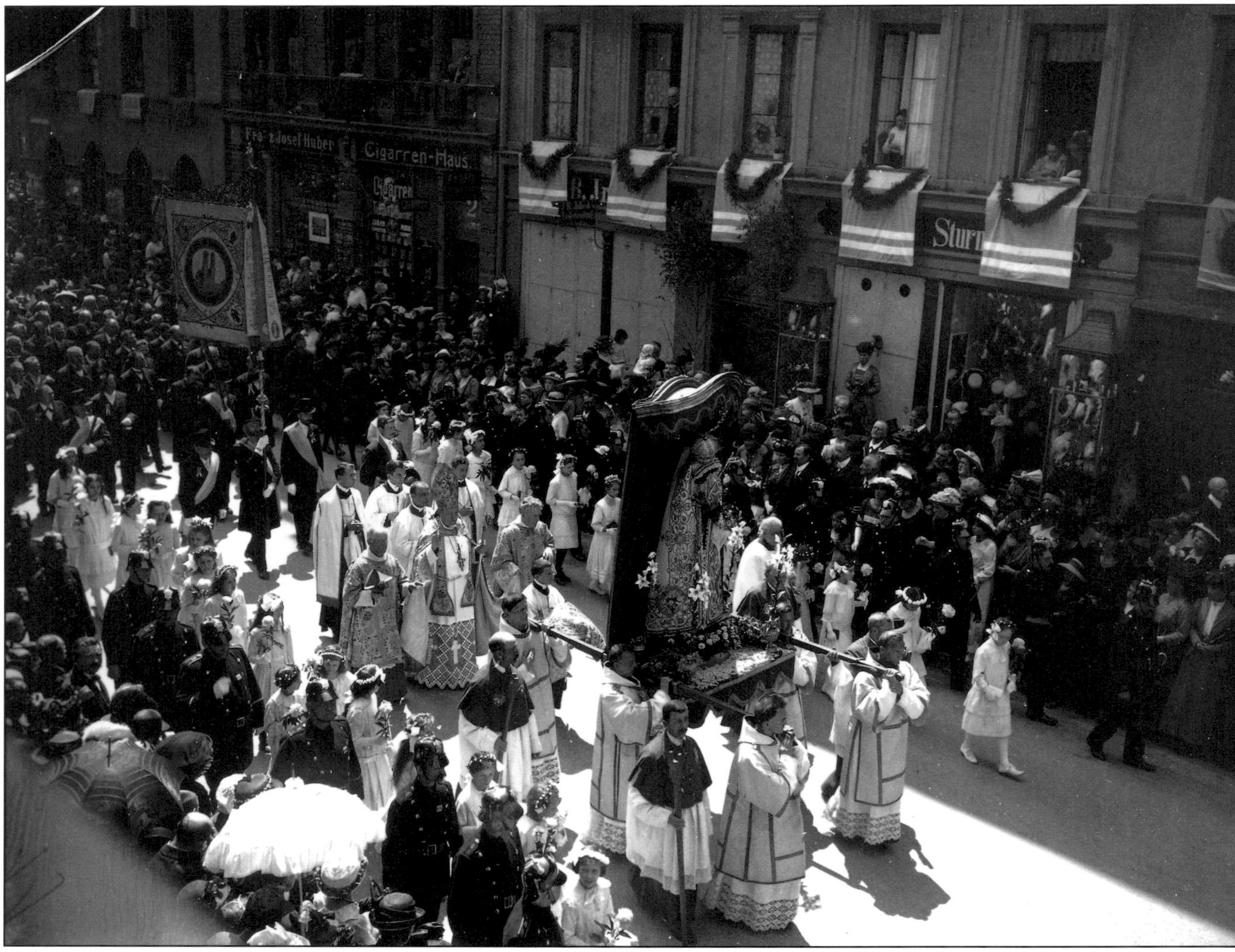

97

Fronleichnamsprozession in der Herzogspitalstraße. Erstmals seit 1777 (Tod Max III. Josefs) wurde das Gnadenbild der Schmerzhaften Muttergottes wieder durch die Stadt getragen. Anlaß war die Fürbitte um einen siegreichen Ausgang des Weltkrieges. Hinter dem Gnadenbild der Erzbischof von München-Freising, Franz von Bettinger.

Aufnahme vom 3.6.1915

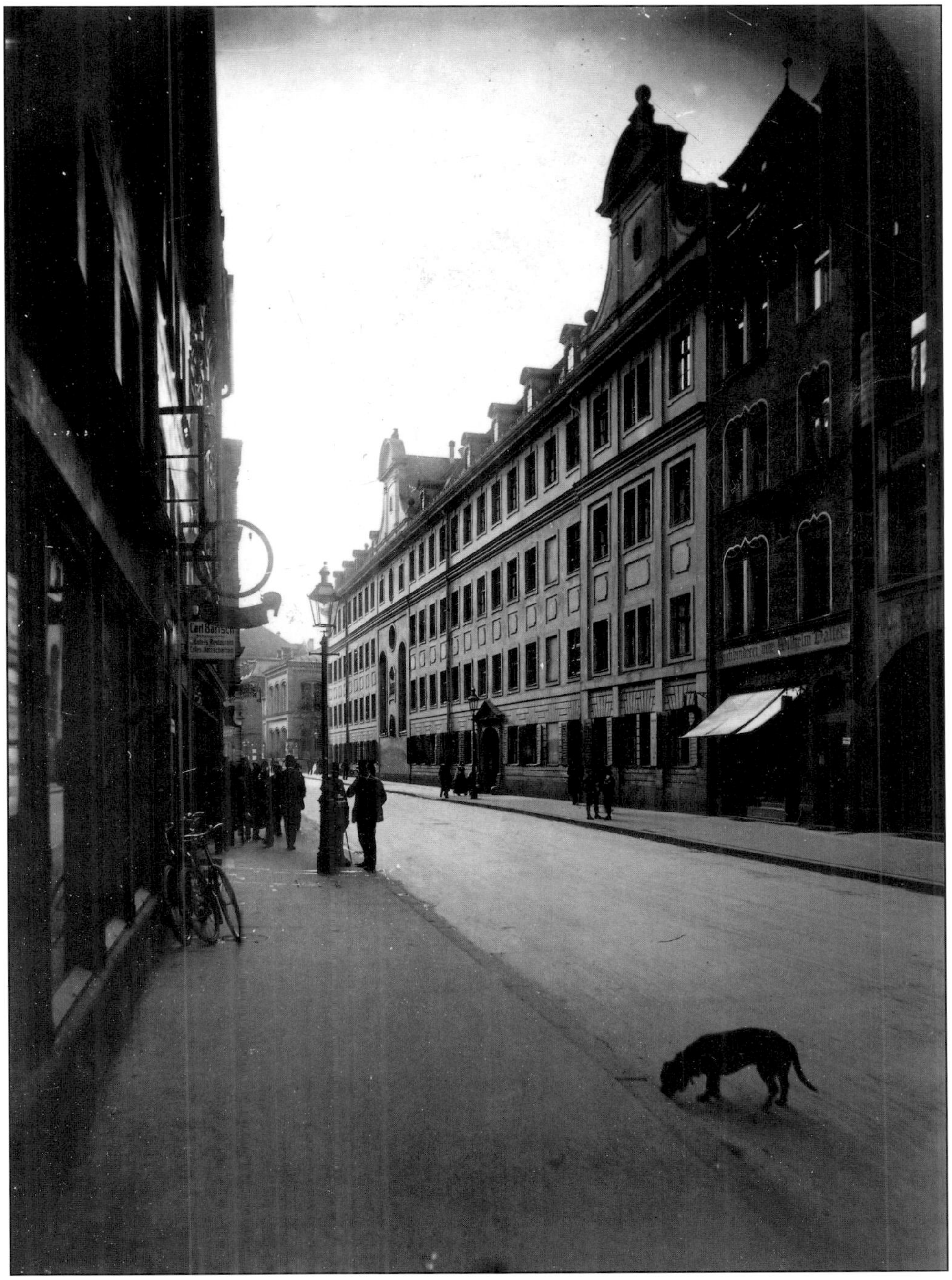

98

Josephspitalstraße mit der Fassade des Josephspitals. Die beiden Rundbogenfenster gehören zur Spitalkirche.

Aufnahme vom 18. 10. 1913

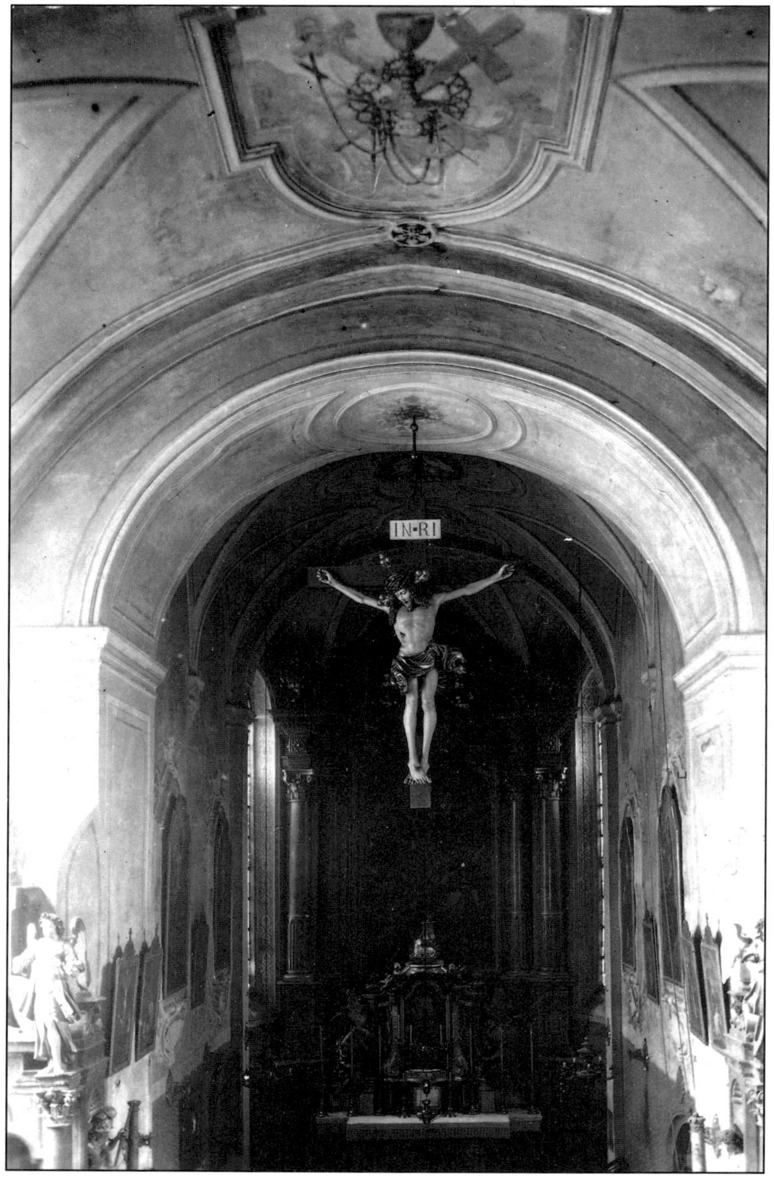

99

Blick in den Chor der Kreuzkirche (eigentlich Allerheiligenkirche am Kreuz) mit dem damals freihängenden Kruzifixus aus dem frühen 16. Jahrhundert.

Aufnahme vom 18. 11. 1916

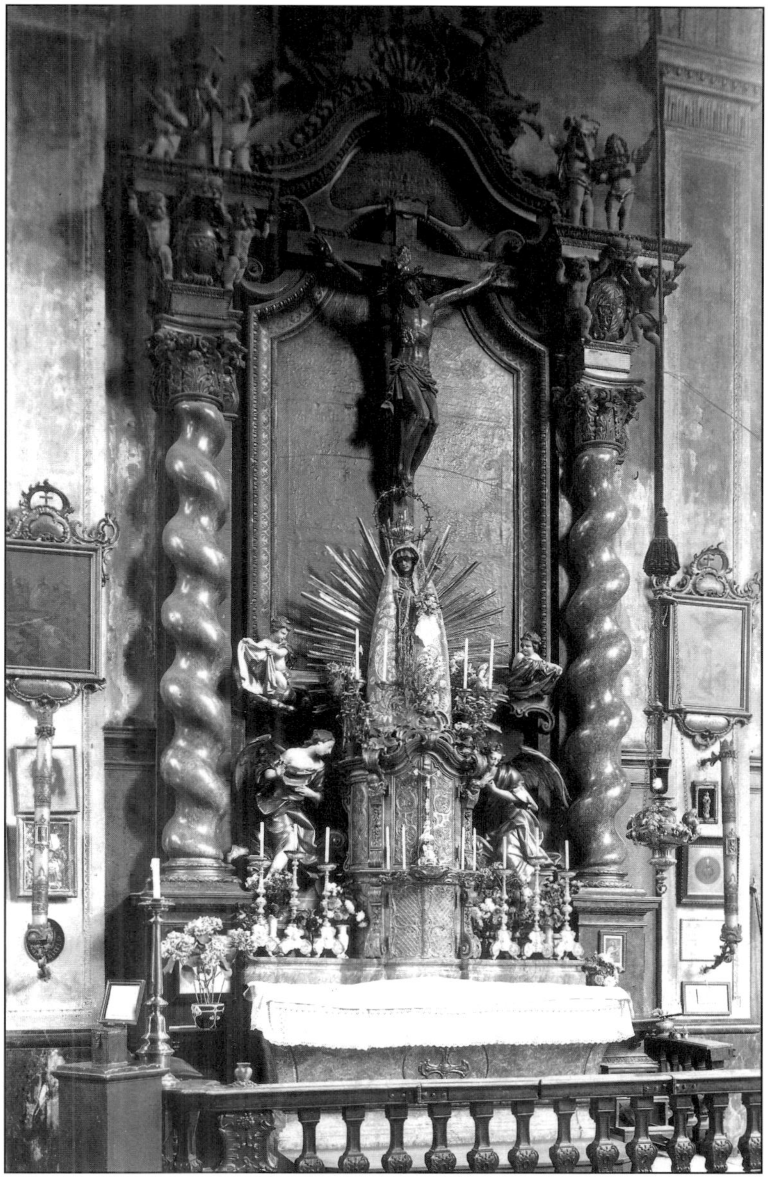

100

Das von den Münchnern stets hoch verehrte Gnadenbild der Schmerzhaften Muttergottes in der Herzogspitalkirche. Die Marienstatue steht hier noch unter dem großen Kruzifix des Tobias Bader auf einem reich gezierten Barockaltar. In der nach Kriegszerstörung modern gestalteten Herzogspitalkirche ist das Gnadenbild in schlichter Rahmung aufgestellt.

Aufnahme um 1905

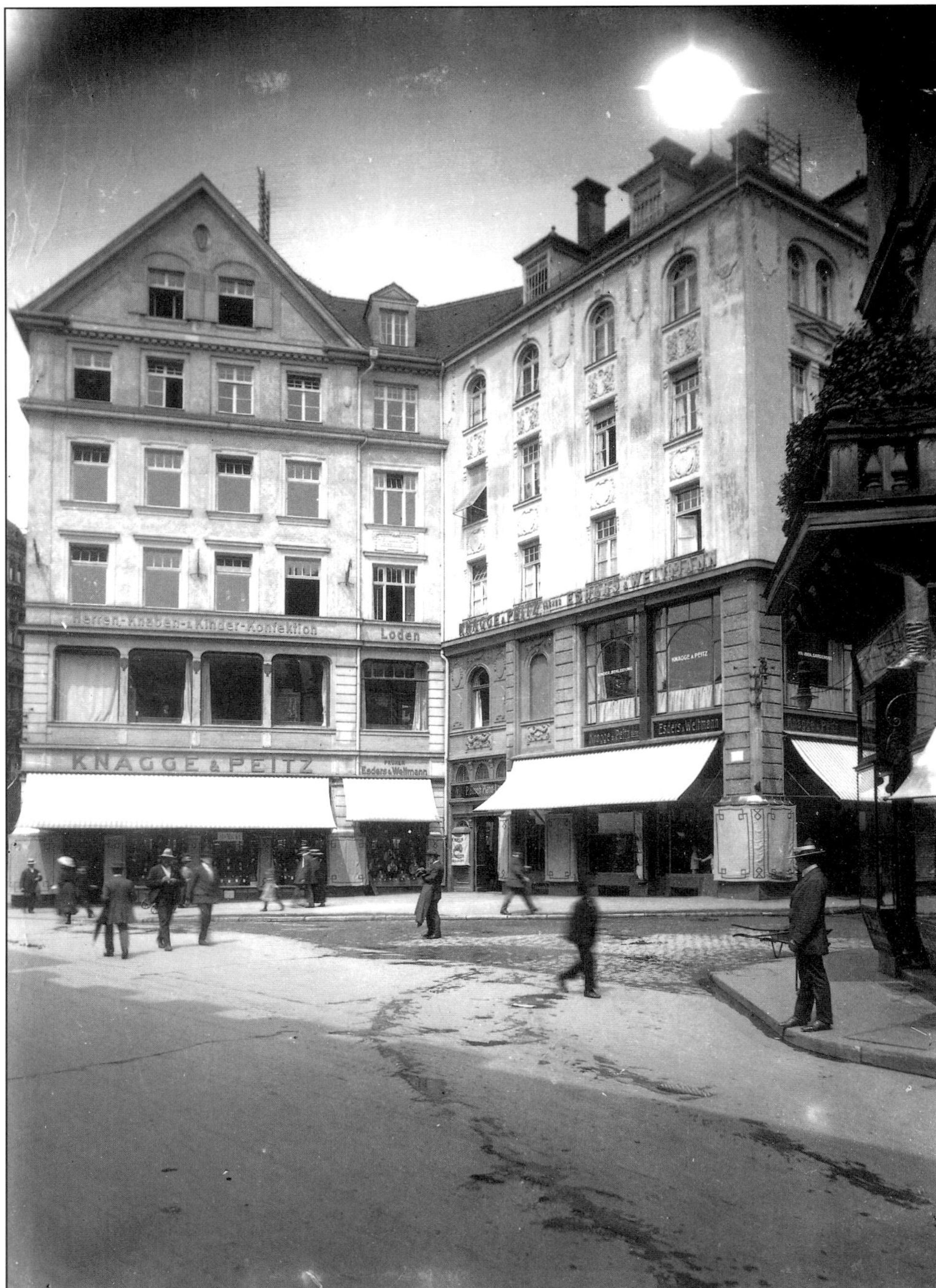

101

Herrenbekleidungsgeschäft Knagge & Peitz am Färbergraben mit den für die Jahrhundertwende typischen zweigeschossigen Schaufenstereinbauten. Die Firma florierte hier seit 1895, die Gebäude wurden im 2. Weltkrieg vernichtet.

Aufnahme vom 23. 9. 1912

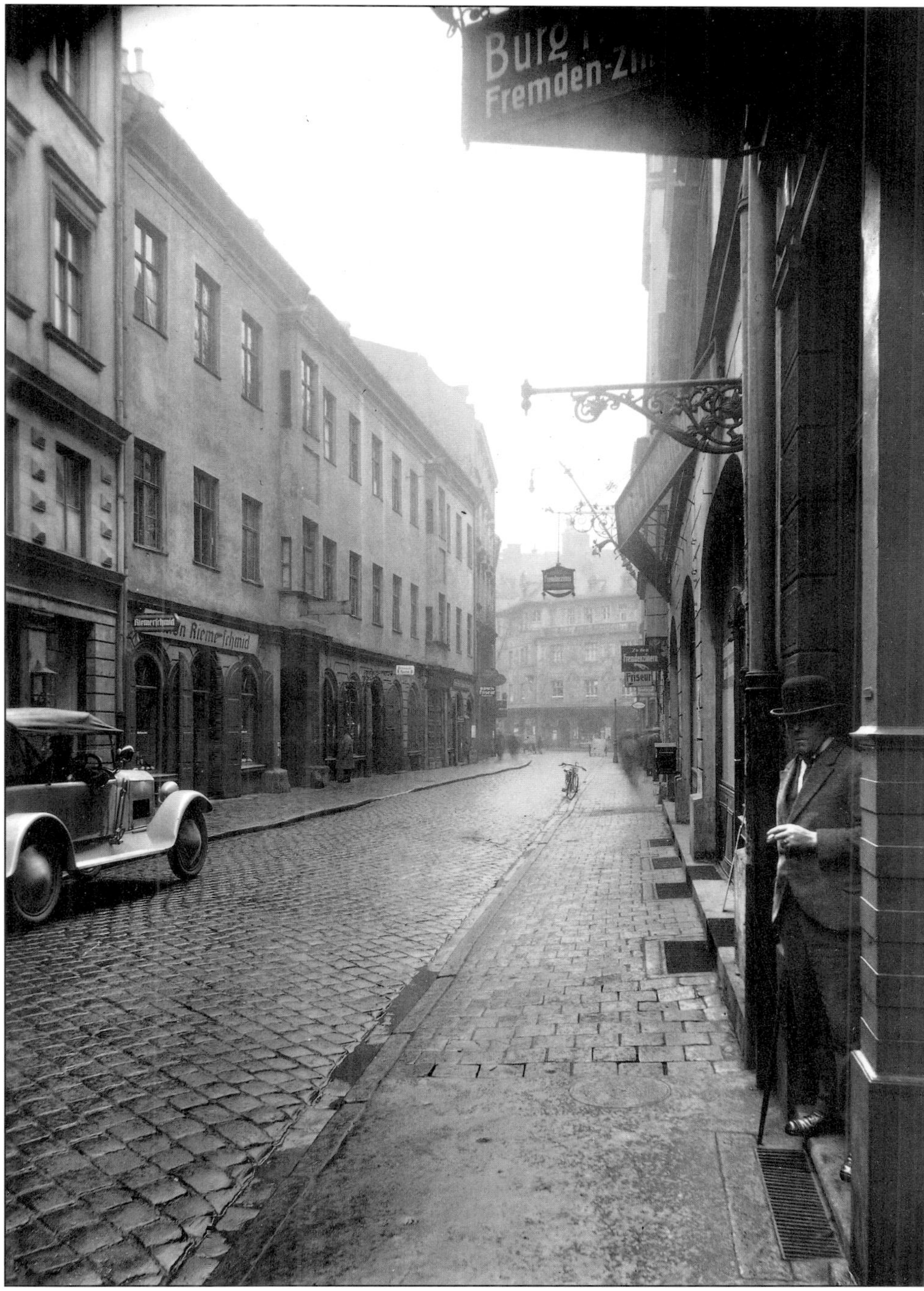

102

Die Aufnahme der Fürstenfelder Straße gibt die Düsterkeit mancher innerstädtischer Straßenzüge eindrucksvoll wieder.

Aufnahme vom 31.3.1923

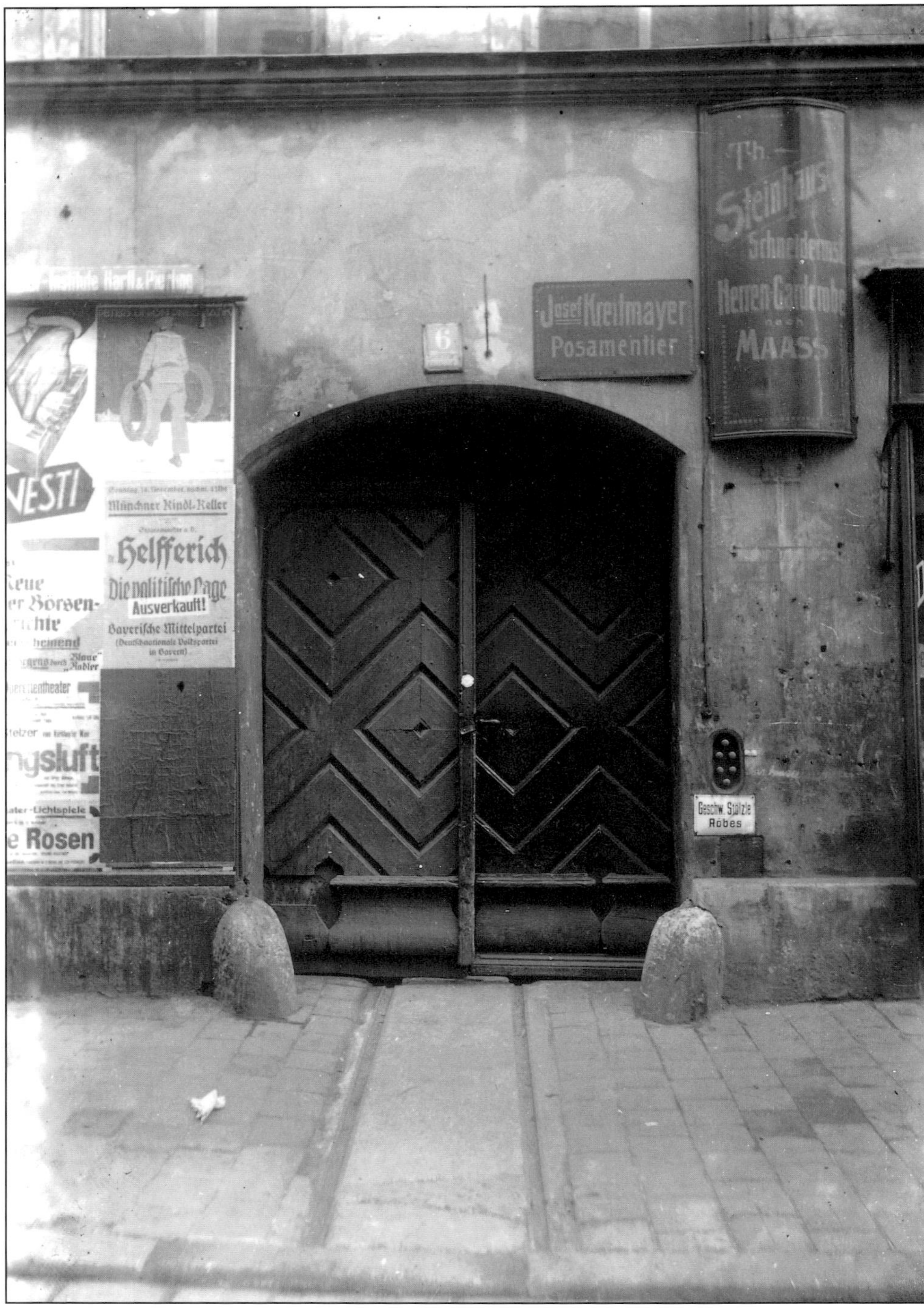

103
Höfe, Durchgänge, Torbogen und Portale im Bereich der Fürstenfelder Straße.
Einfahrt Fürstenfelder Straße Nr. 6.

Aufnahme vom 12.11.1926

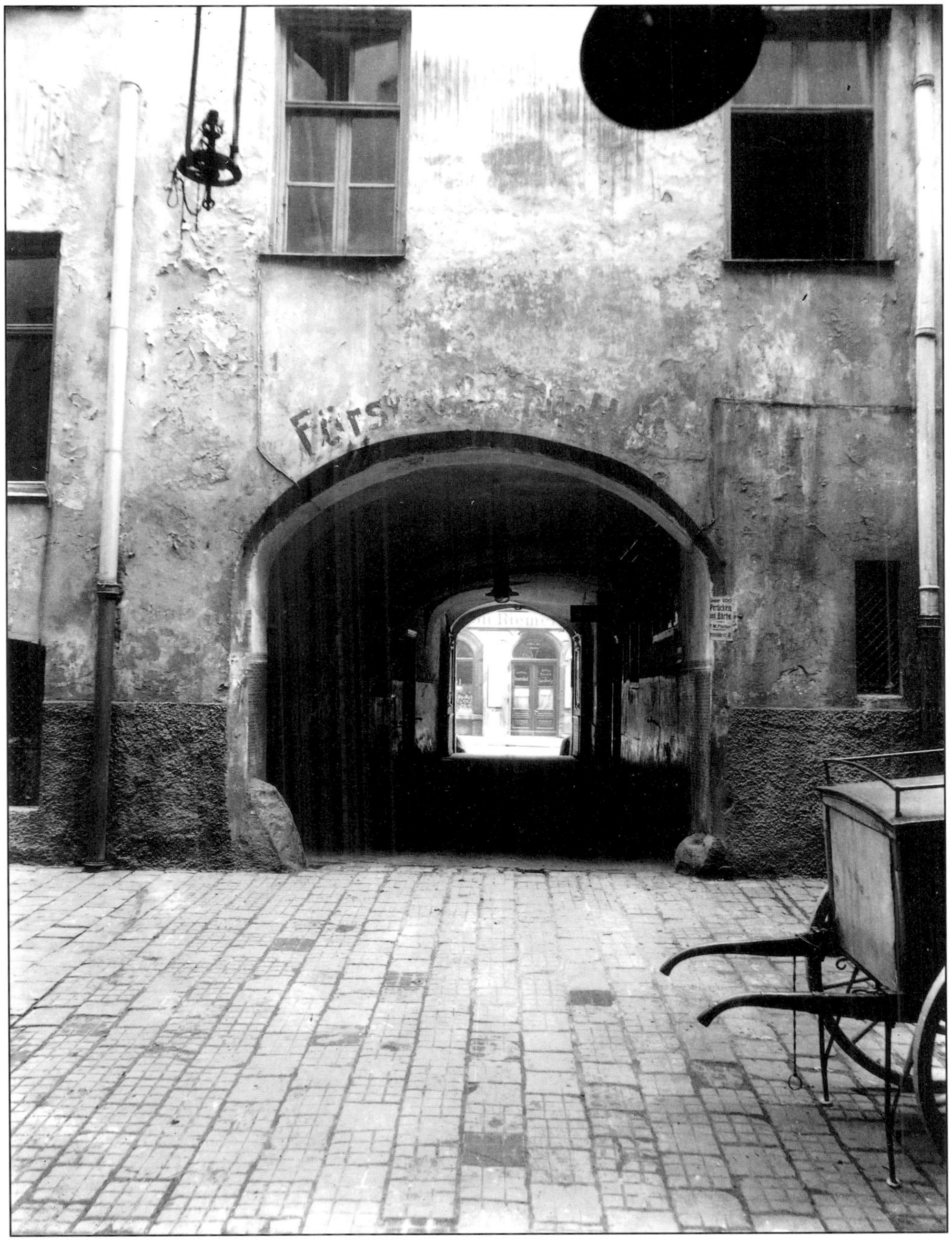

104
Hofausgang Fürstenfelder Straße Nr. 14.
Aufnahme vom 13.2.1913

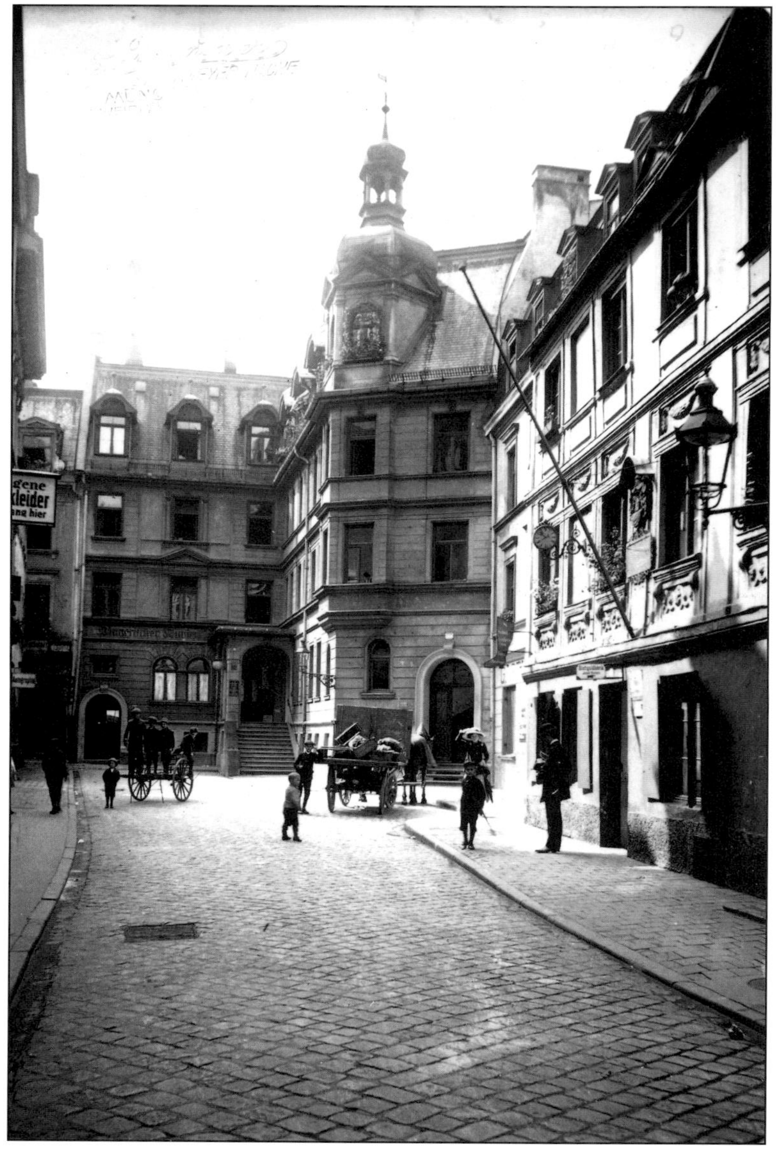

105
An der Hofstatt.
Aufnahme um 1910

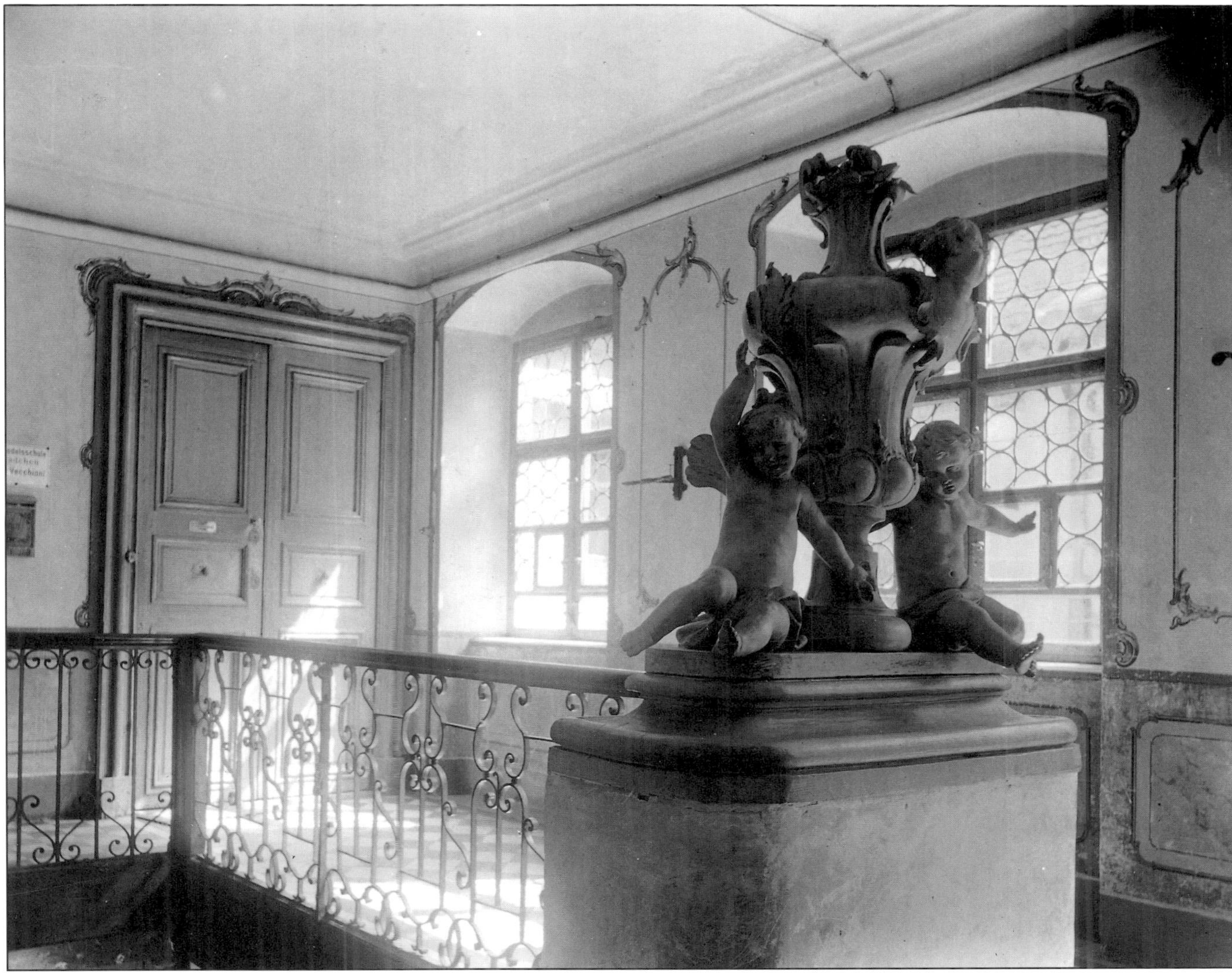

106

Immer wieder waren in diesem dichtbelegten Geschäftsviertel ungewöhnliche Situationen zu entdecken: Hier das zierliche Rokoko-Stiegenhaus des ehem. Palais Lamberg an der Kaufingerstraße Nr. 10, das im 2. Weltkrieg vernichtet wurde.

Aufnahme vom 16.4.1914

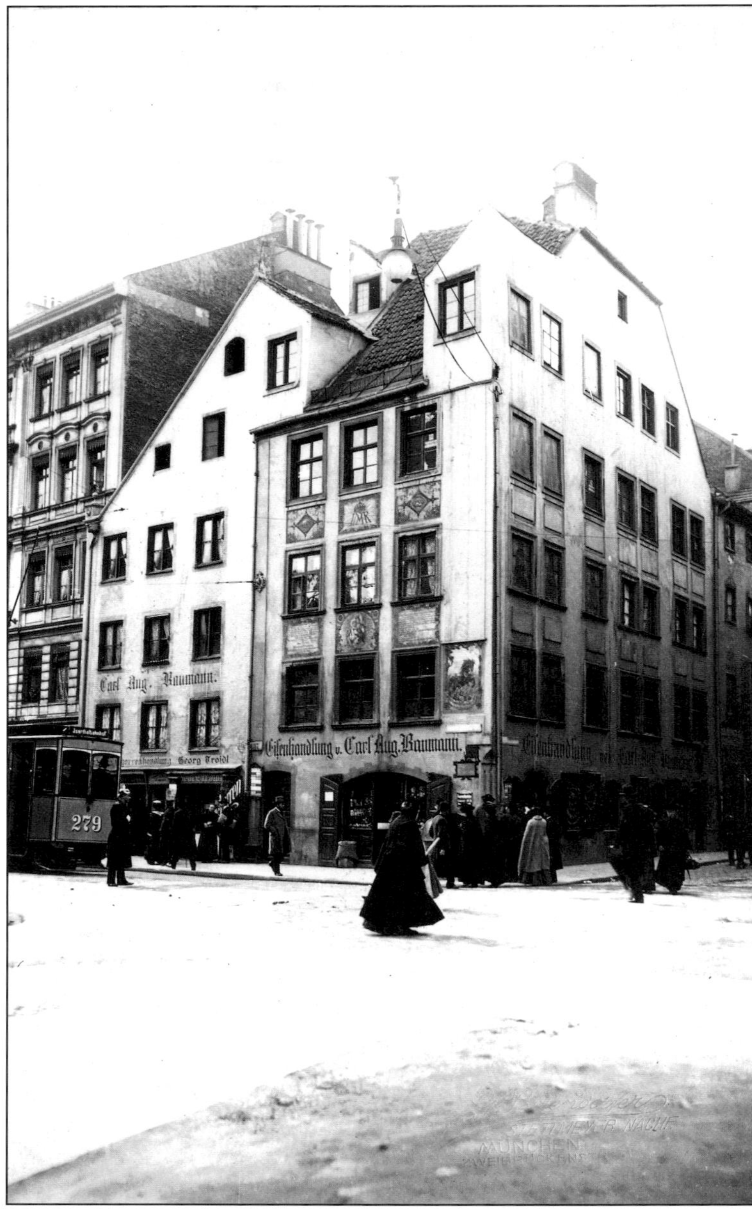

107

Das „Rappeneck“ bei der Einmündung des Färbergrabens in die Sendlinger Straße, das bereits 1910 einem historisierenden Neubau weichen mußte.

Aufnahme um 1905

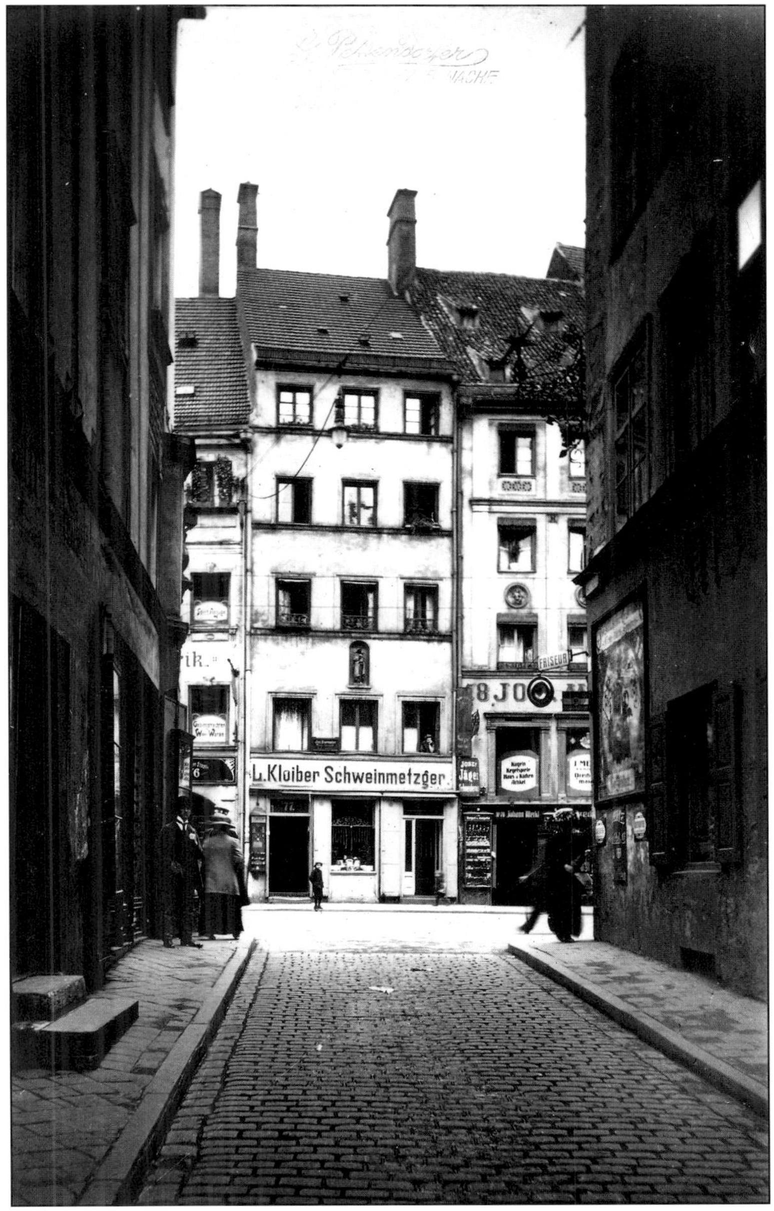

108

Blick aus der Dultstraße auf die Westseite der Sendlinger Straße.

Aufnahme um 1905

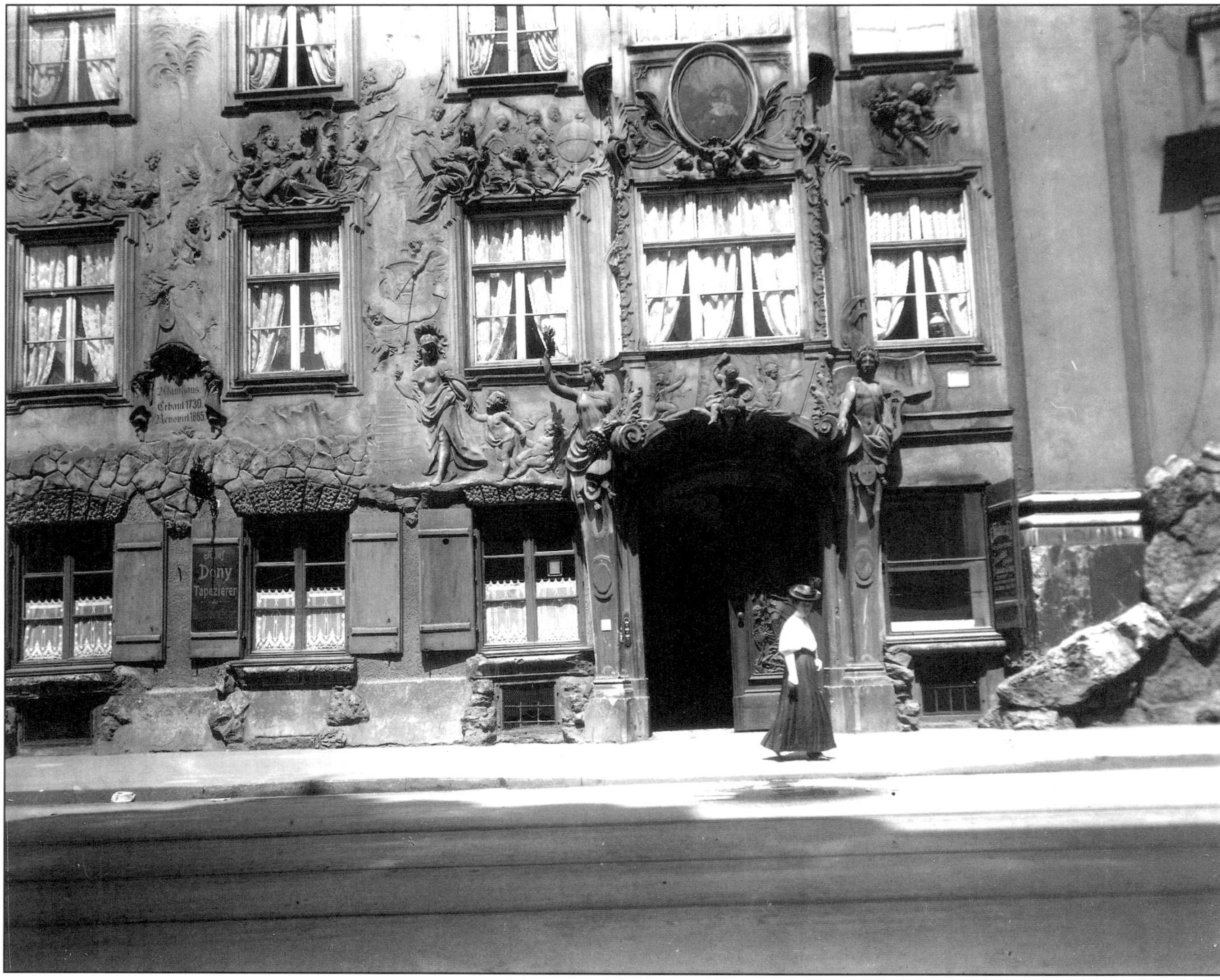

109

Ein Juwel des Rokoko: das Asamhaus, Sendlinger Straße Nr. 61, mit seiner reich stuckierten Fassade.

Aufnahme vom 21.7.1907

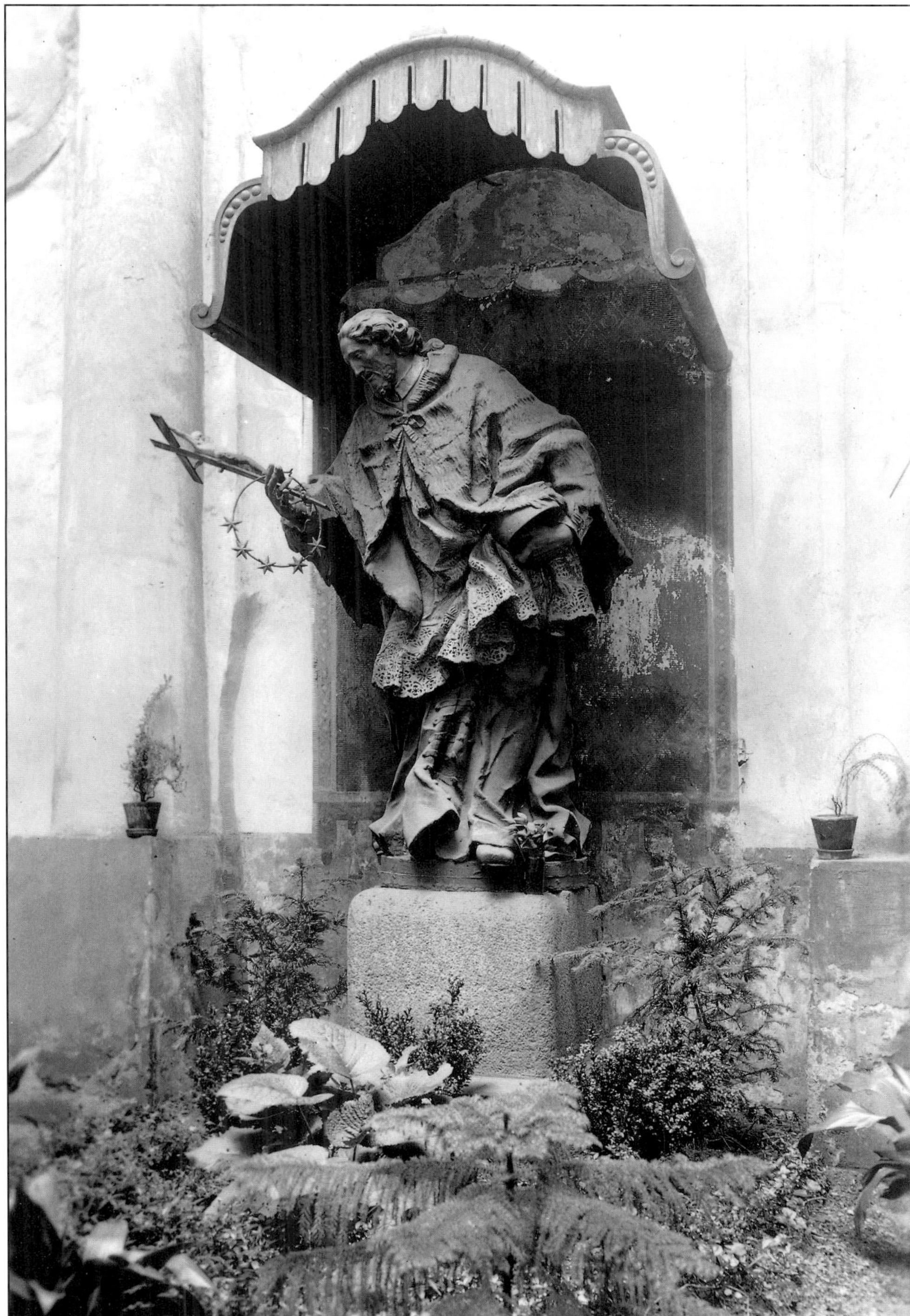

110

Holzstatue des hl. Johann Nepomuk von Egid Quirin Asam im Hof des Asamhauses. Das Original dieser Plastik befindet sich heute im Bayerischen Nationalmuseum.

Aufnahme vom 3.7.1917

Das Angerviertel

Das nach einem Anger, d.h. einer großen Wiese im Umkreis des alten Klosters von St. Jakob benannte Stadtviertel wird gegen Westen durch die Sendlinger- und Rosenstraße vom Hackenviertel und nach Norden durch die Trasse Marienplatz-Tal-Isartorplatz vom Graggenauerviertel geschieden. Seine südliche bzw. südöstliche Grenze gegen die Isarvorstadt ist definiert durch die Außenlinie der niedergelegten Festungswerke und folgt zwischen Sendlinger-Tor-Platz und Isartorplatz den Zügen von Müller- und Rumfordstraße.

Das Angerviertel war immer der Lebens- und Arbeitsbereich „kleiner Leute", die an den offenen Stadtbächen ihr Handwerk betrieben oder seit dem 19. Jahrhundert von Handel und Wandel am Viktualienmarkt und an der Schrannenhalle profitierten. Auch einfache Gastwirtschaften mit großen Stallungen für die zu den Markt- und Schrannentagen anreisenden Bauern der näheren und weiteren Umgebung prägten den Charakter dieses Altstadtquartiers, in dem ursprünglich auch der größte Münchner Jahrmarkt, die Jakobidult, abgehalten wurde. Die Stadt unterhielt hier ihr Zeughaus und den damit räumlich verbundenen Marstall. Der ausgedehnte Klosterbereich der Klarissen von St. Jakob (der Anger) und das weit ausgreifende Hl. Geist-Spital bei der gleichnamigen Kirche gaben dem Viertel im Mittelalter auch ein geistlich-soziales Gepräge.

Deutlich geschieden vom übrigen Stadtviertel war noch zu Beginn unseres Jahrhunderts der auf der Altstadtterrasse gelegene Bereich um die altehrwürdige St. Peters-Pfarrkirche, wobei westlich des Abgangs zum Viktualienmarkt zwischen dem Rindermarkt und dem unterhalb verlaufenden Rosental keine Straßenverbindung existierte, weshalb der Verkehr über sog. Durchhäuser abgewickelt werden mußte. Diese Abriegelung der älteren „Heinrichstadt" gegenüber der Stadterweiterung des 13./14. Jahrhunderts wurde nach dem 2. Weltkrieg durch die vom Rindermarkt zum Oberanger gelegte Schneise des Altstadtringes bis zur Unkenntlichkeit verwischt. Auch die einst wohlgeordneten kleinbürgerlichen Wohn- und Lebensbereiche um Oberanger und Unteren Anger müssen als totale Kriegsverluste abgeschrieben werden.

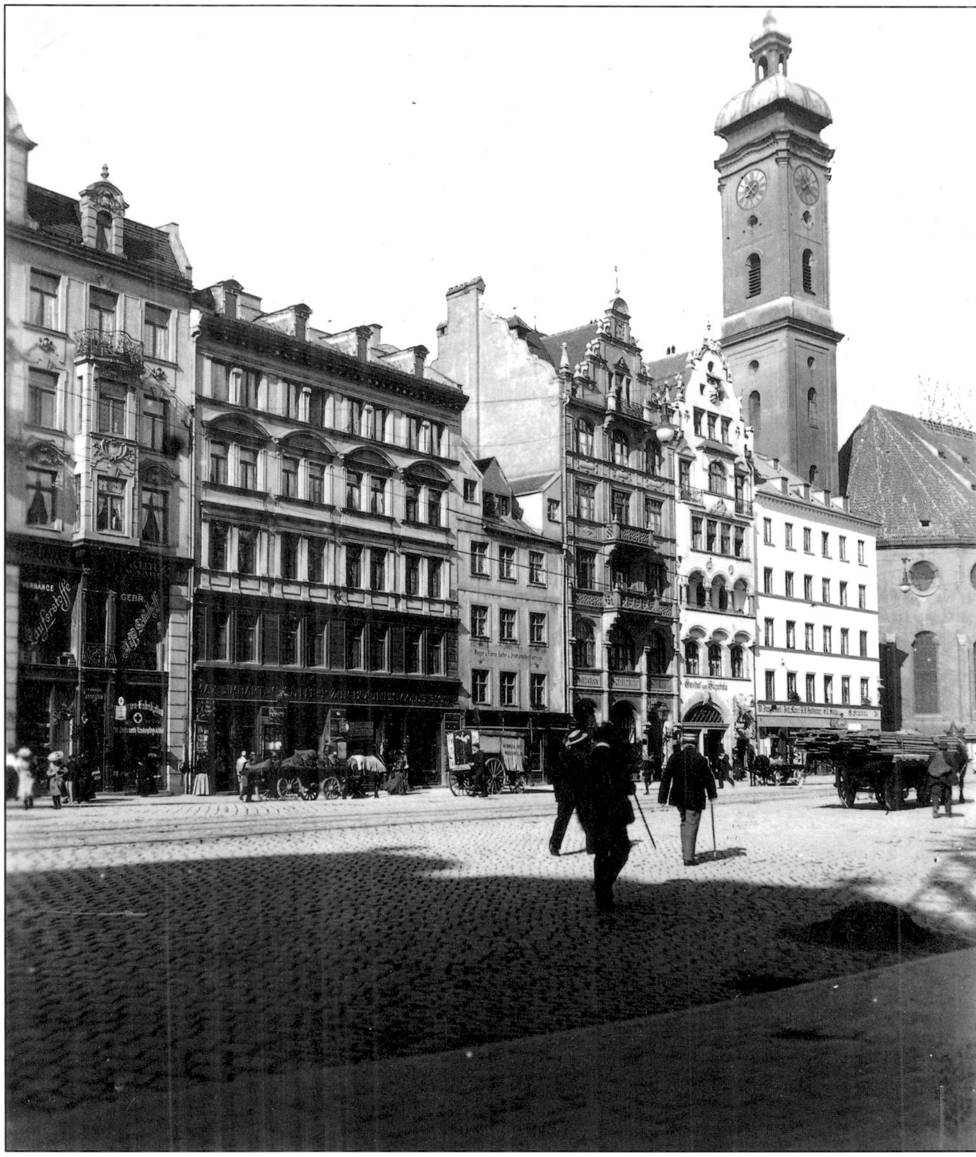

111

Südfront des Tals im Anschluß an die Heiliggeistkirche.

Aufnahme vom 6.8.1904

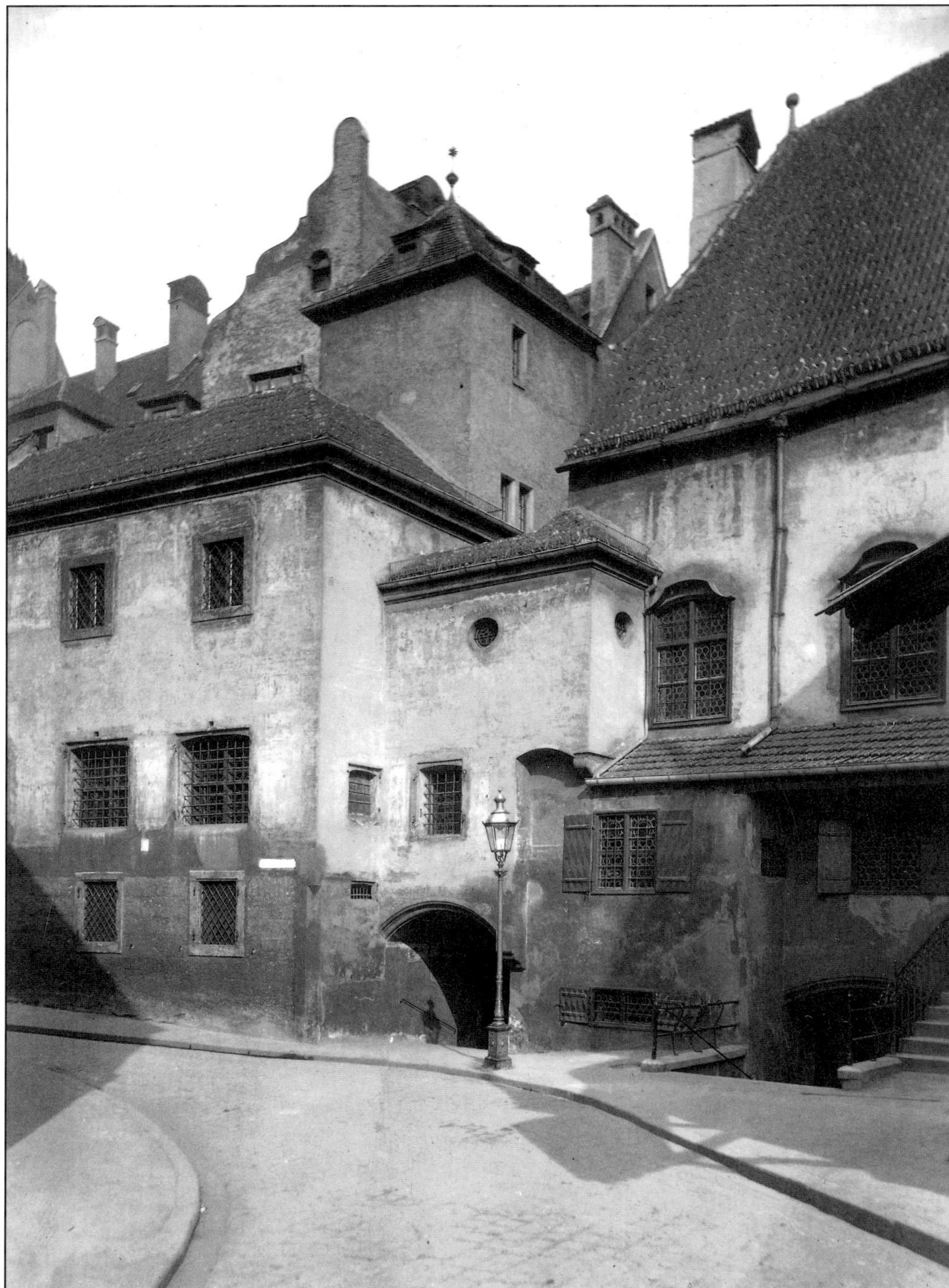

112

Das sog. kleine Rathaus (mit Ratsstuben) und dem einstigen Stadtkammergebäude an der Nordostecke des Petersplatzes. Seit dem 19. Jahrhundert wurden die Gebäude vom Standesamt München I und vom Stadtarchiv genutzt. Diese unmittelbar mit dem Alten Rathaus verbundene Bausubstanz wurde durch den Krieg zerstört und in der Folge nicht mehr rekonstruiert.

Aufnahme vom 20.3.1913

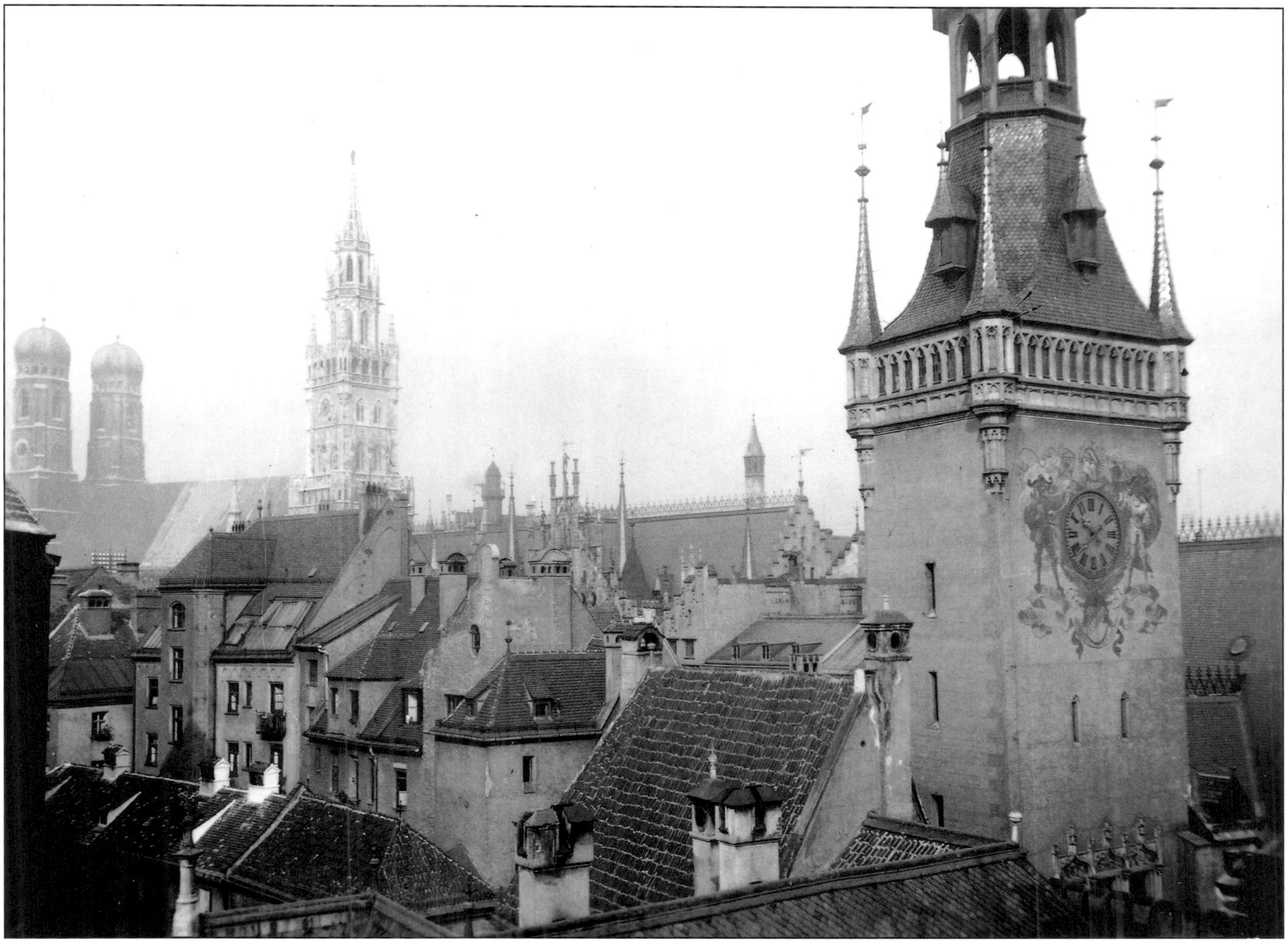

113

Der noch von Giebeln und Dächern umgebene Turm des Alten Rathauses.

Aufnahme vom 14. 10. 1908

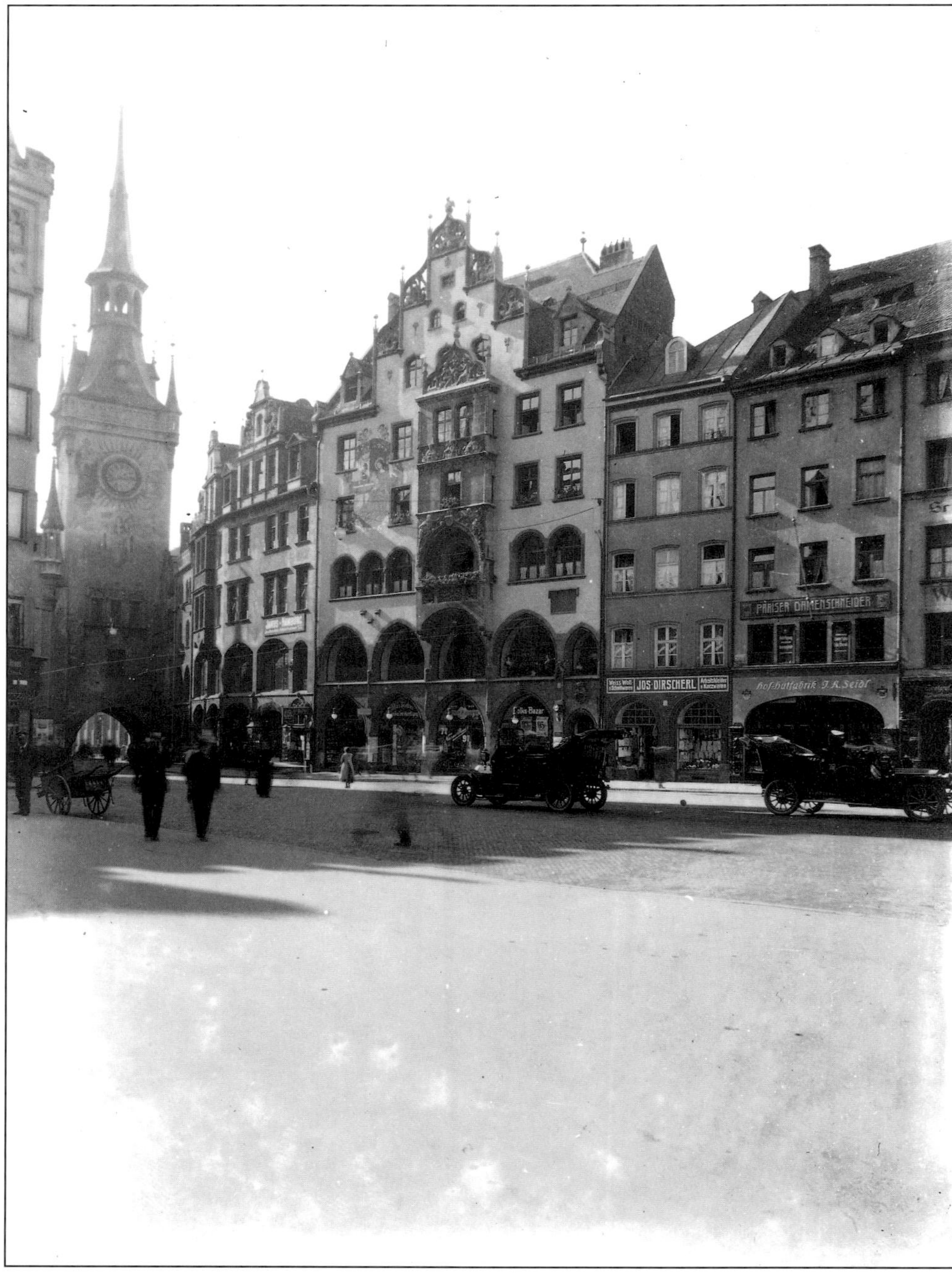

114

Südseite des Marienplatzes mit dem zum Tal hin abschließenden Turm des Alten Rathauses. In der Bildmitte das nach seinem Architekten benannte neugotische „Ostenriederhaus".

Aufnahme vom 28. 7. 1910

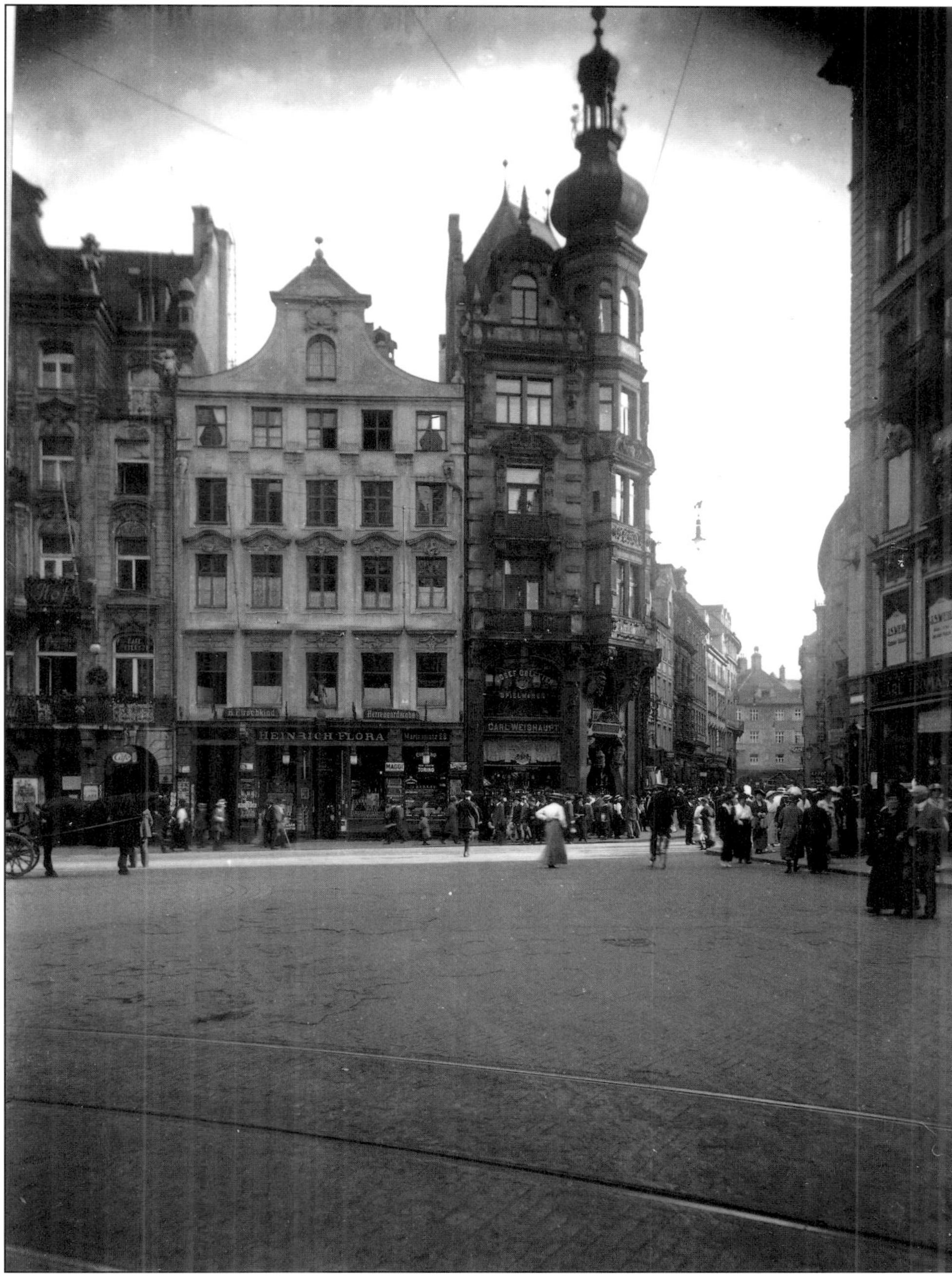

115

Marienplatz an der Einmündung der Rosenstraße mit dem geschweiften Giebel und der Barockfassade des damaligen Kaufhauses Flora, neben dem sich schmalbrüstig das 1890 im Stil des Historismus erbaute neue Thomasshaus „auftürmt". Die gesamten hier gezeigten Gebäude an der Südseite des Marienplatzes wurden nach Kriegszerstörung abgeräumt und durch Neubauten ersetzt.

Aufnahme vom 3.7.1915

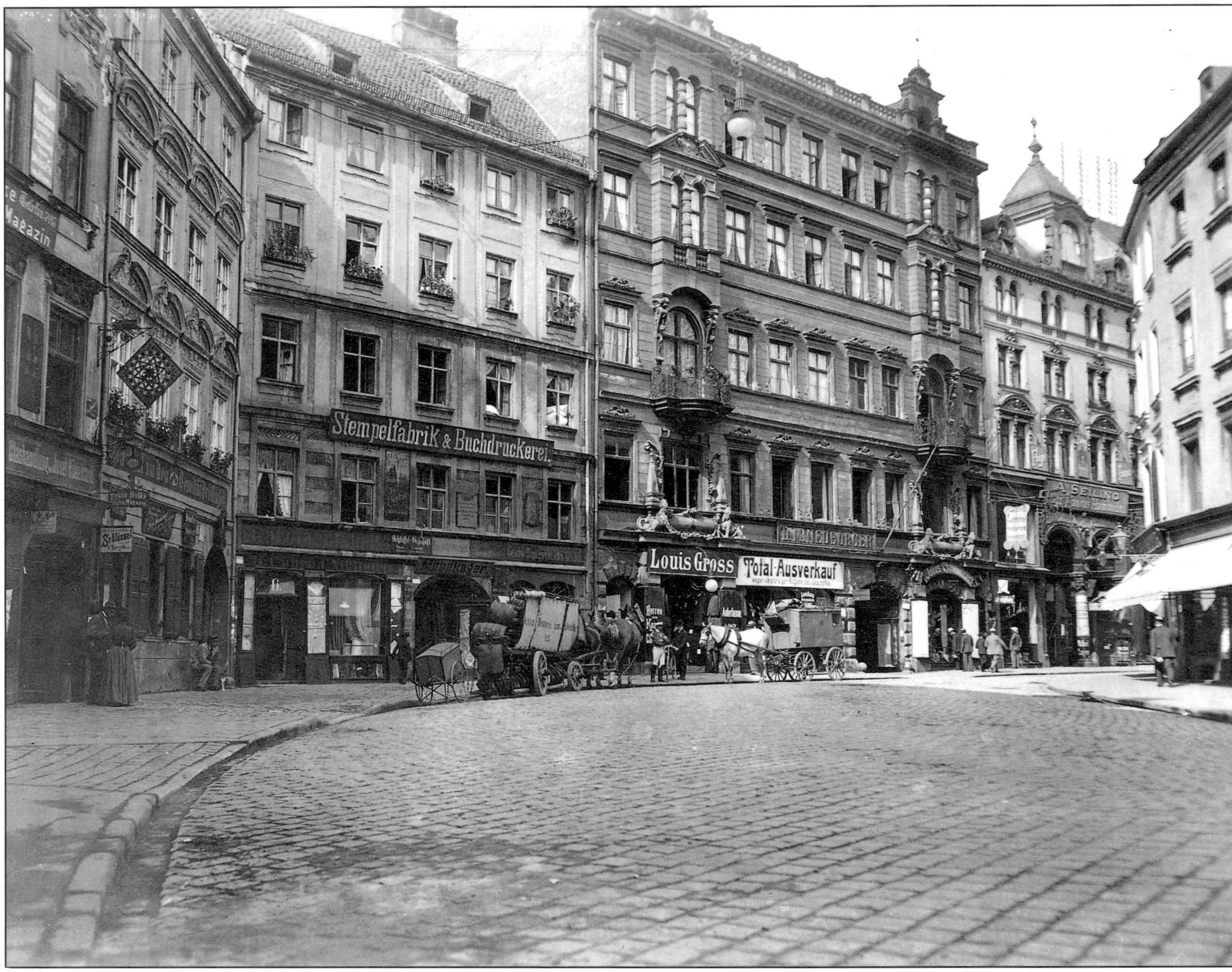

116

Die noch nicht durch eine breite Straße zum Rosental und Anger aufgebrochene Südseite des Rindermarktes mit einem rücksichtslos in die ältere Bausubstanz eingezwängten Wohn- und Geschäftshaus im Stil des Historismus. Das zweite Gebäude von links ist das Gasthaus „Drei Rosen".

Aufnahme von 1904

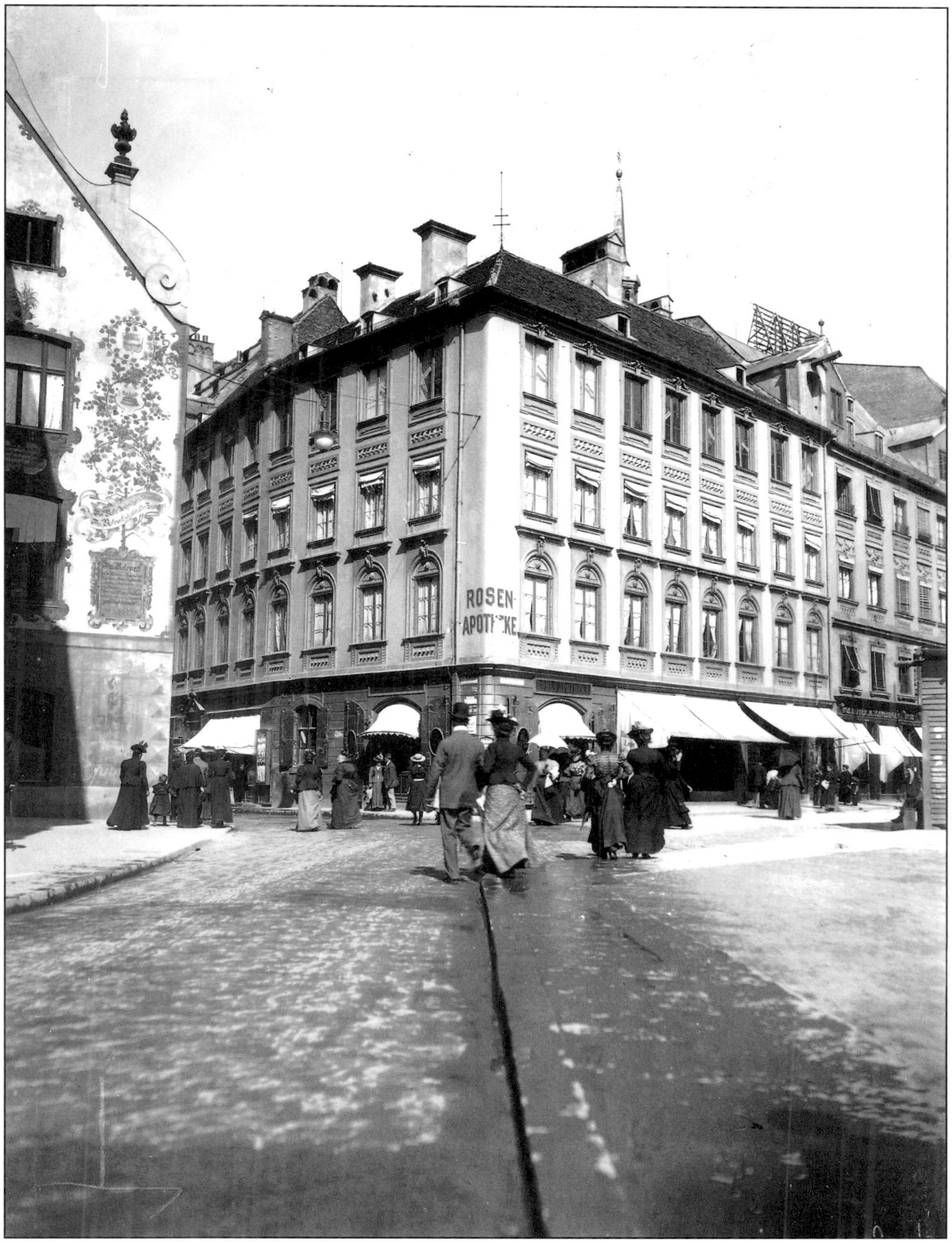

117

Situation Ecke Rosenstraße/Rindermarkt. Links die mit einem Rosenstock bemalte vorspringende Fassade des Gasthauses Spöckmeier, rechts das freigeräumte Areal des Ruffinibazars, auf dem 1903–04 von Gabriel von Seidl die neuen Ruffinihäuser errichtet wurden.

Aufnahme von 1903

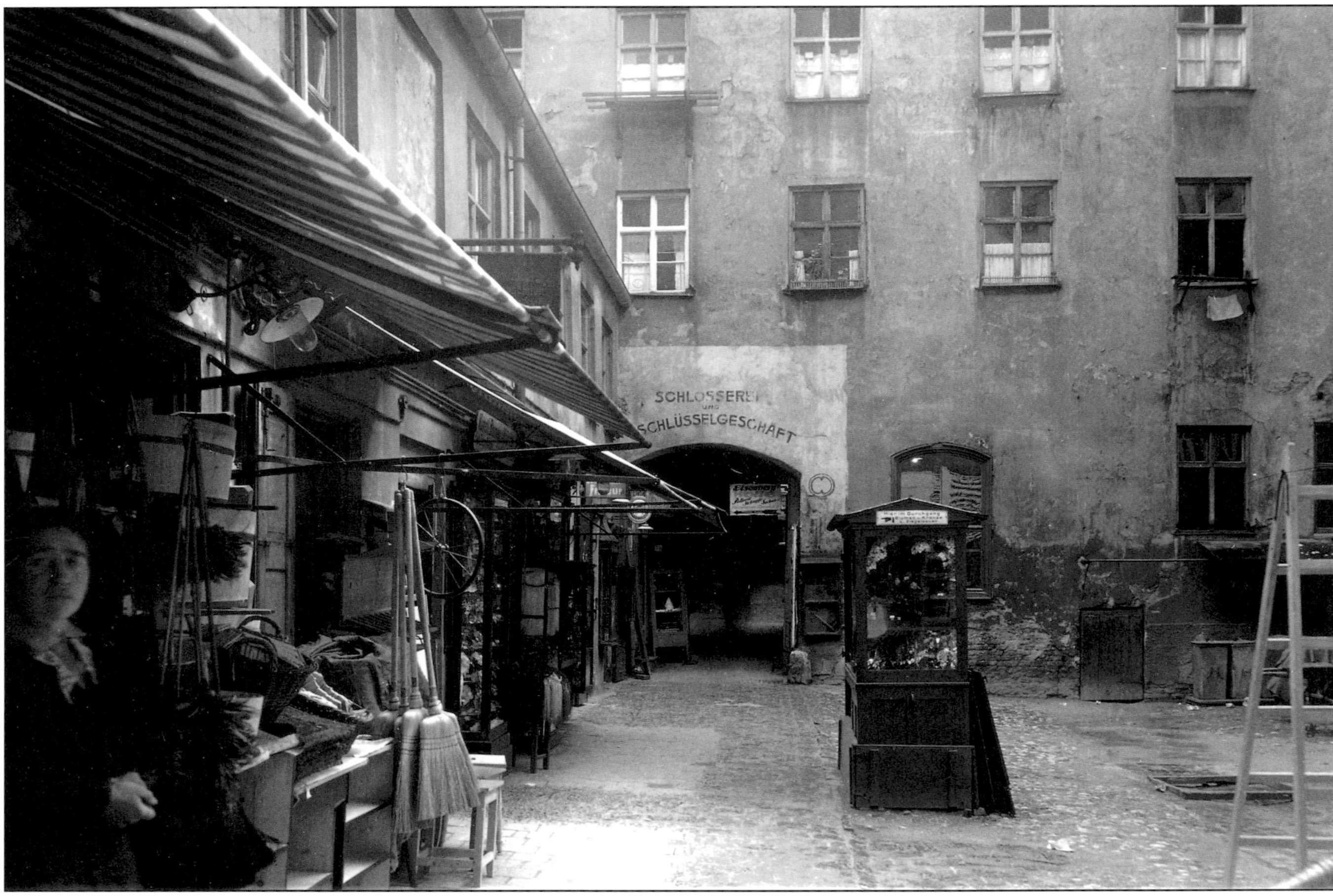

118

Der malerische „Haslinger-Durchgang" war neben der 1899 geschaffenen Pettenbeckstraße die Hauptverbindung zwischen dem Rindermarkt und dem Rosental.

Aufnahme vom 19.5.1930

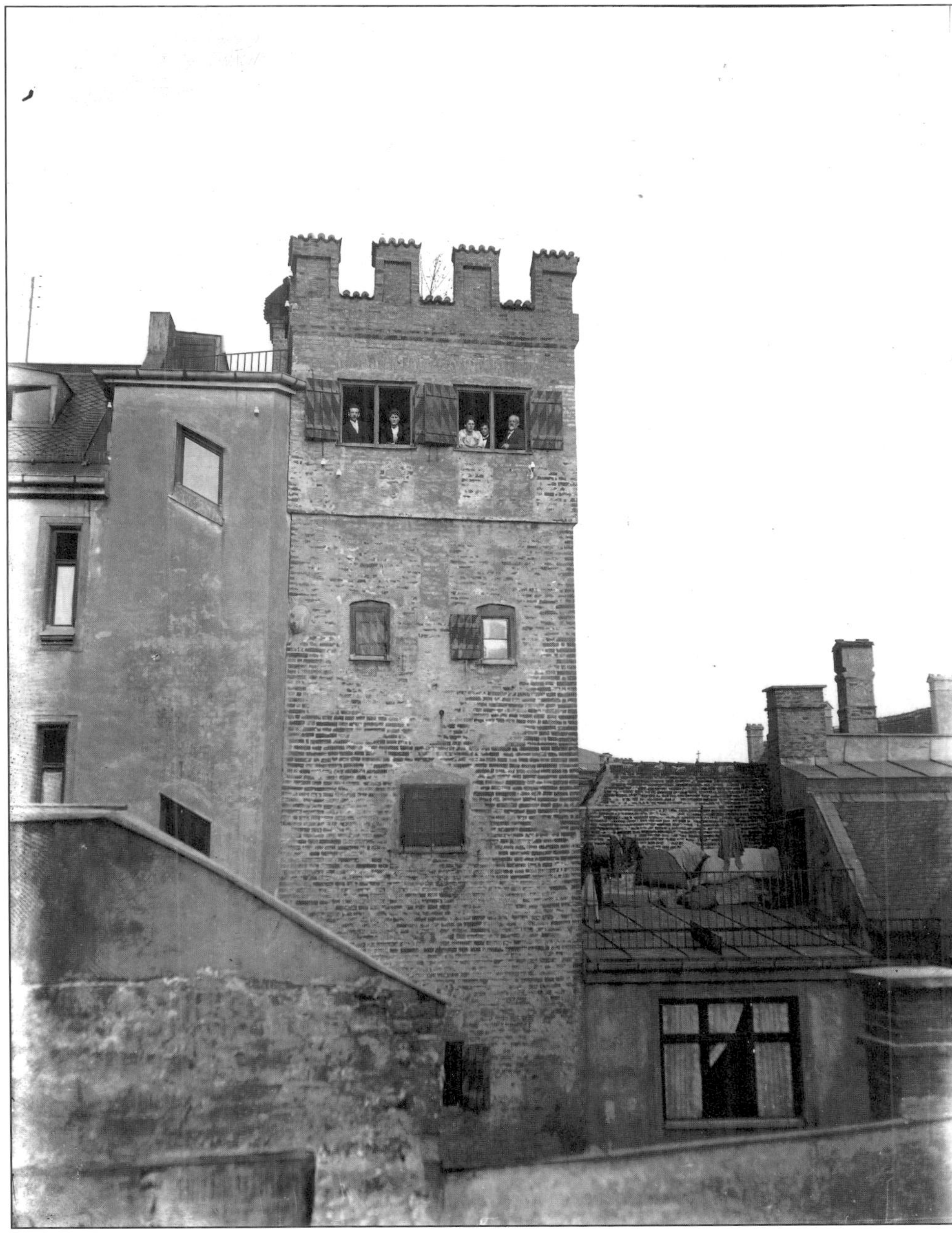

119

Der heute freigestellte sog. Löwenturm war ursprünglich in das Häusergeviert zwischen Rindermarkt und Rosental eingebaut. Seine einstige Funktion ist nach wie vor umstritten. Zum Zeitpunkt der Aufnahme diente das Obergeschoß des Turmes der Gesellschaft „Zum gestiefelten Kater“ als Vereinslokal.

Aufnahme vom 6.6.1900

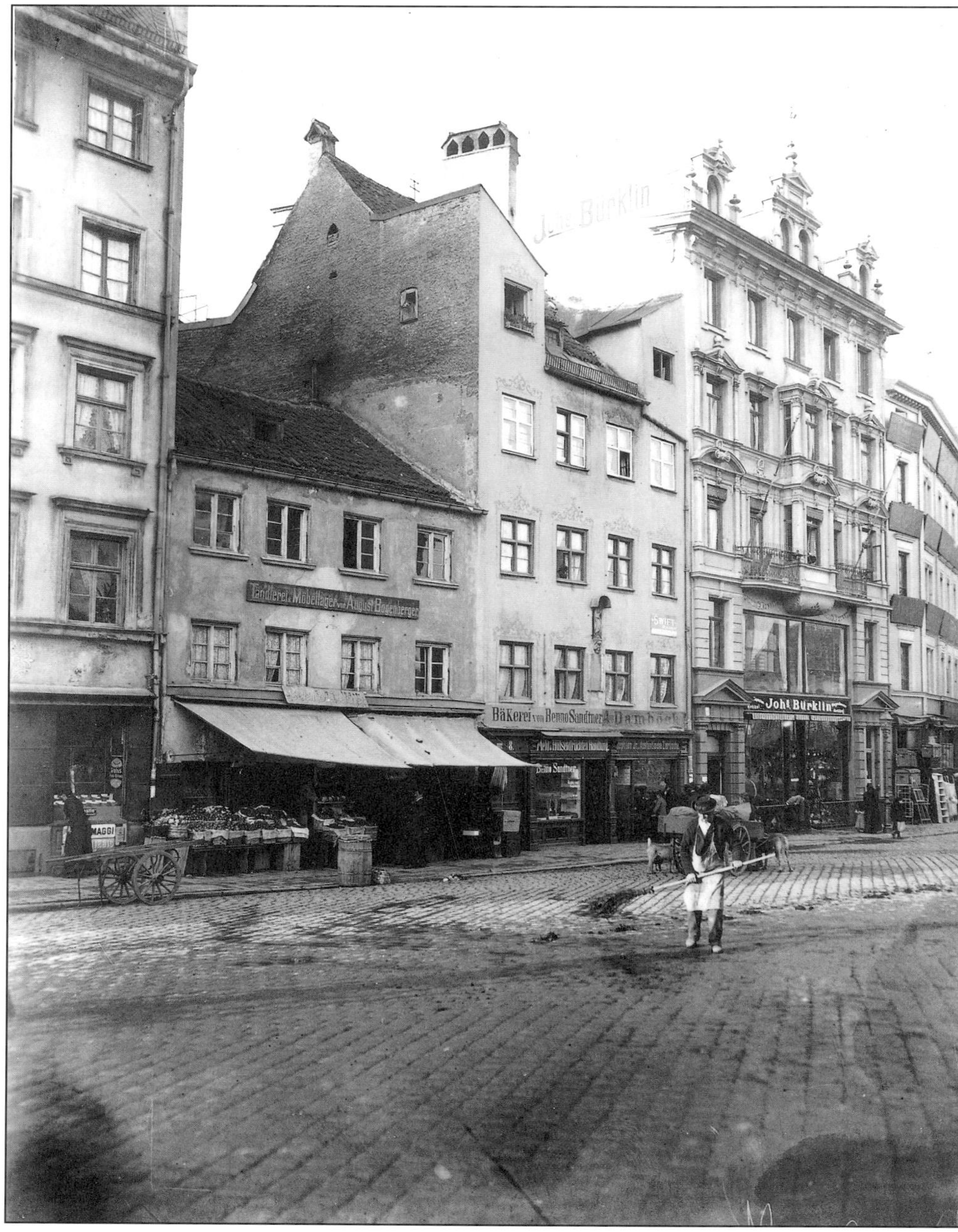

120

Zwei alte Münchner Bürgerhäuser an der Blumenstraße (heute Prälat-Zistl-Straße) zwischen Sebastiansplatz und Rosental.

Aufnahme vom 14.11.1903

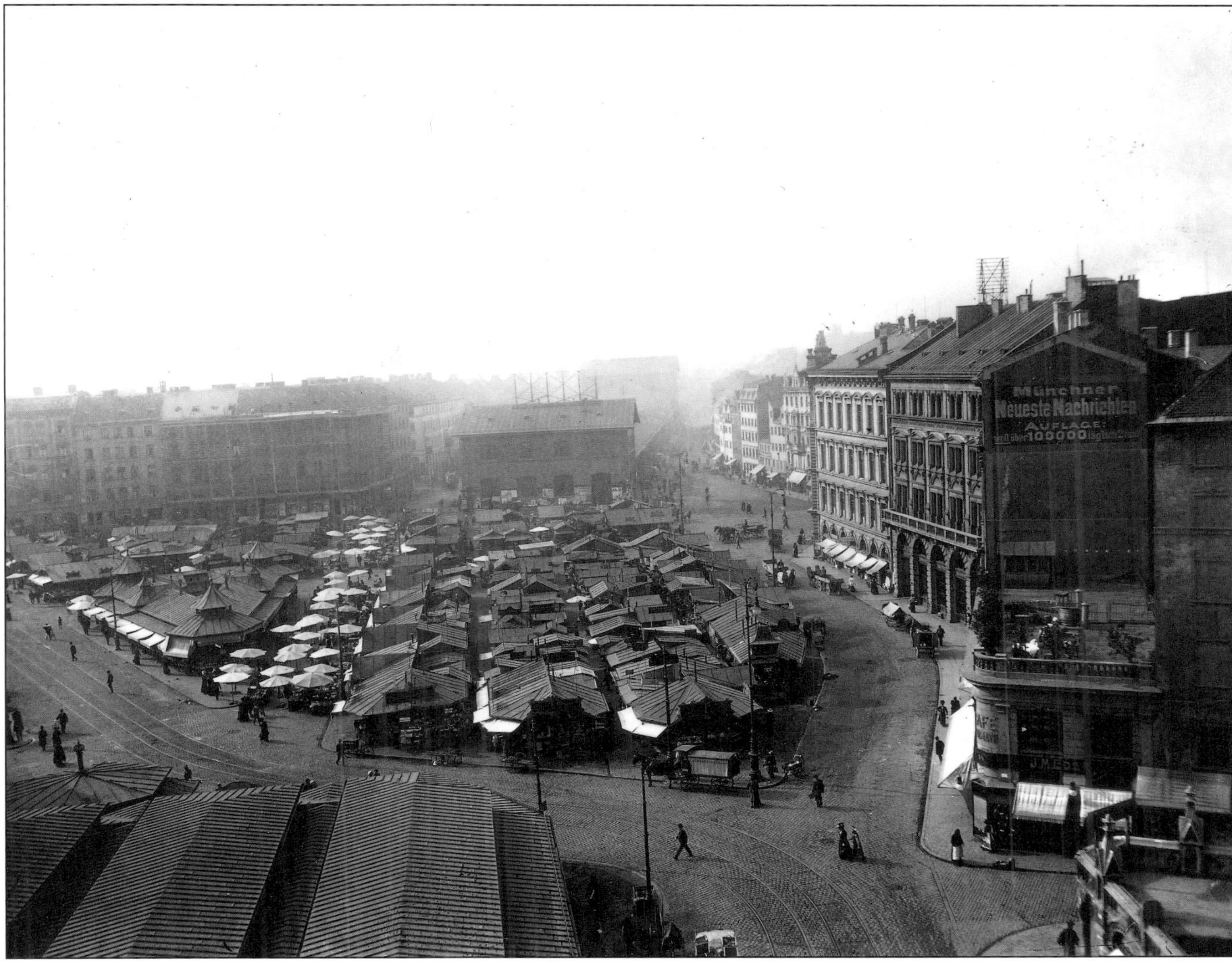

121

Blick vom Dach der Heiliggeistkirche über das Gewirr der „Standln“ am Viktualienmarkt.

Aufnahme von 1908

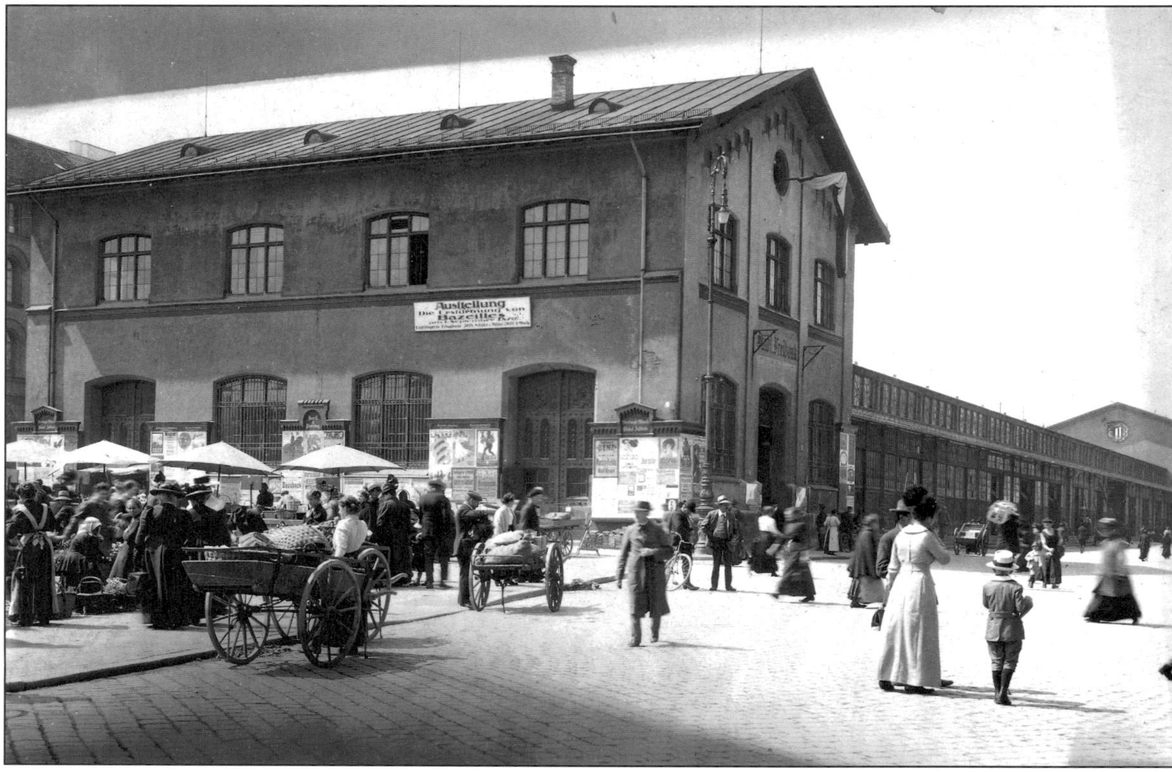

122

Nördlicher Teil der Schrannenhalle am Viktualienmarkt. Im (bis heute als Rest verbliebenen) Kopfbau ist die städtische Freibank untergebracht. Der hier sichtbare Teil des Hallentraktes wurde 1932 durch einen Brand vernichtet.

Aufnahme um 1910

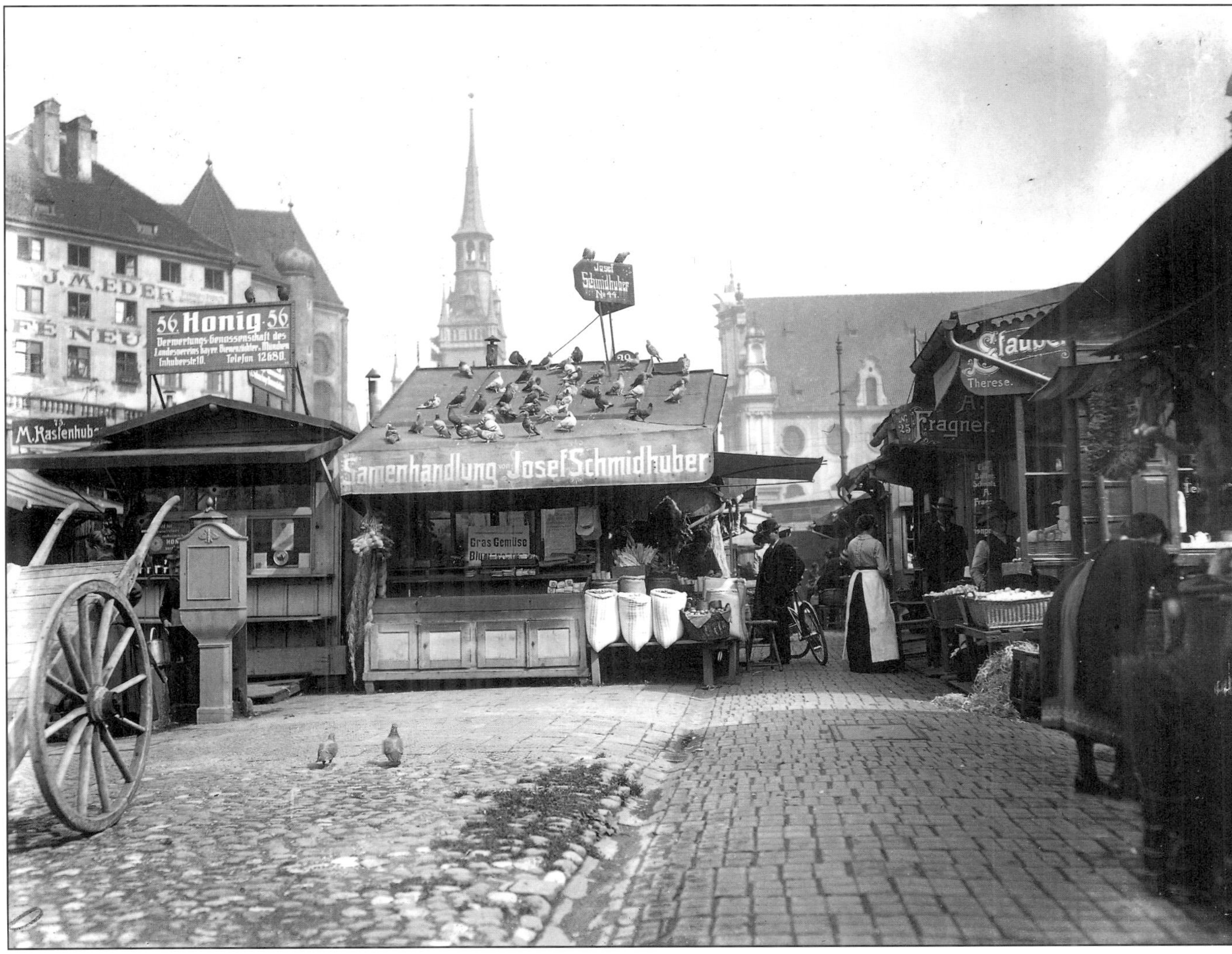

123
Typische Marktszene am Viktualienmarkt.
Aufnahme von 1913

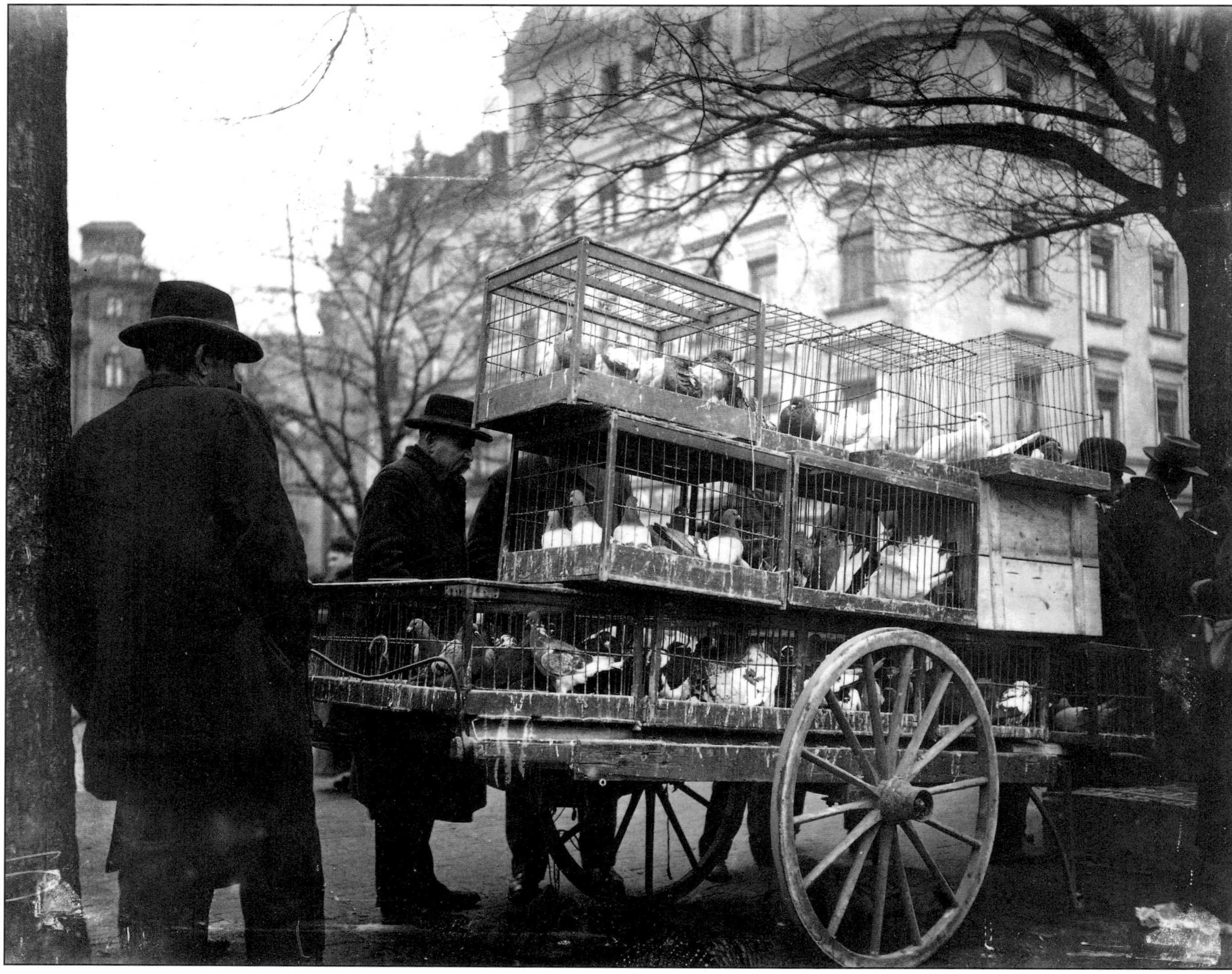

124/125
Geflügelmarkt auf dem Areal zwischen Westenrieder- und Frauenstraße. Links: Käfige mit Tauben. Rechts: „Frische Ganserl".

Aufnahmen vom 26.11.1913

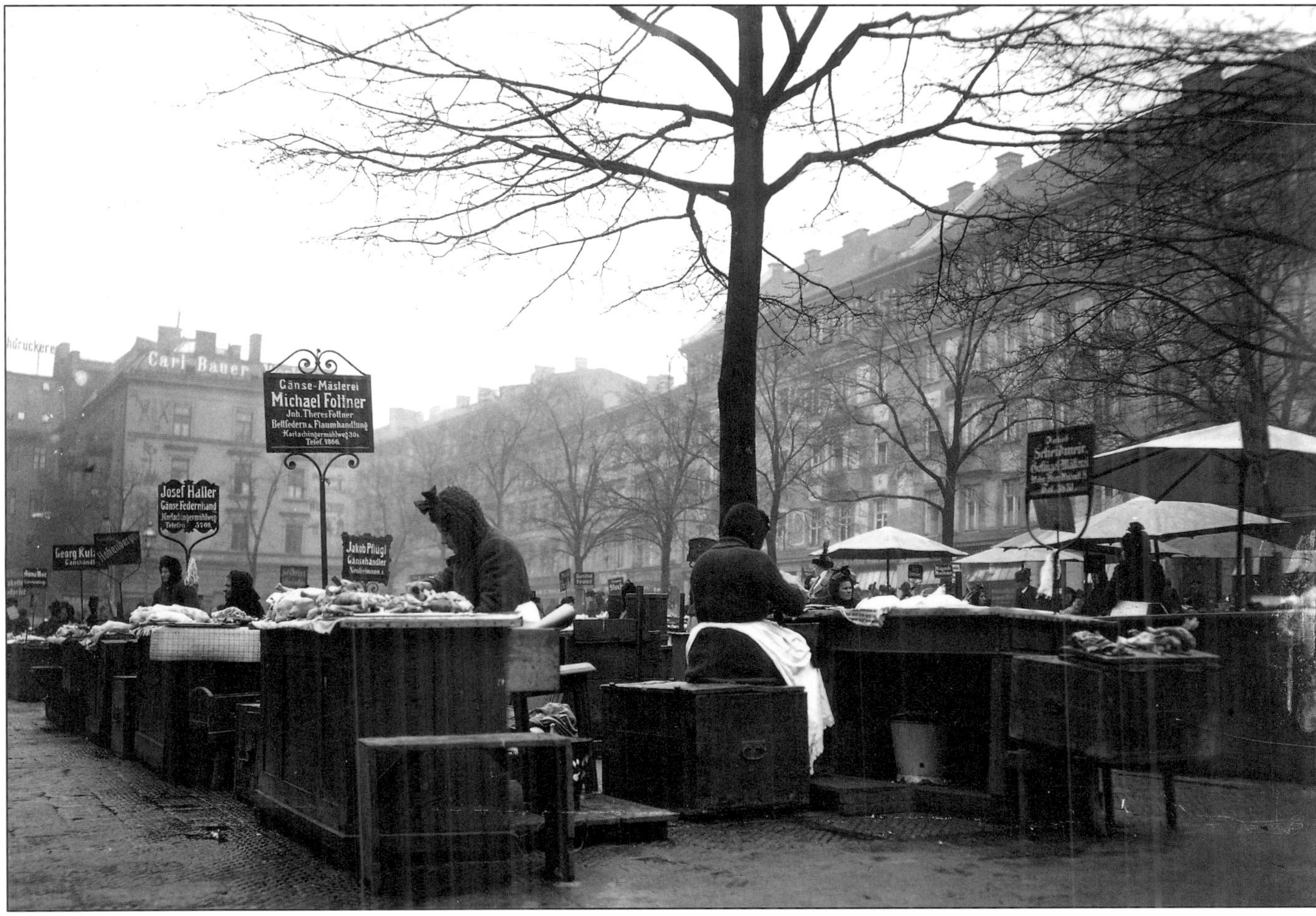

Carl Bauer
Gänse-Mästerei
Michael Fottner
Jnh. Theres Fottner
Bettfedern & Flaumhandlung
Harlachingermühlweg 30.
Telef. 1866.
Josef Haller
Gänse. Federnhand
Harlachingermühlweg
Jakob Pflugl
Gänsehändler

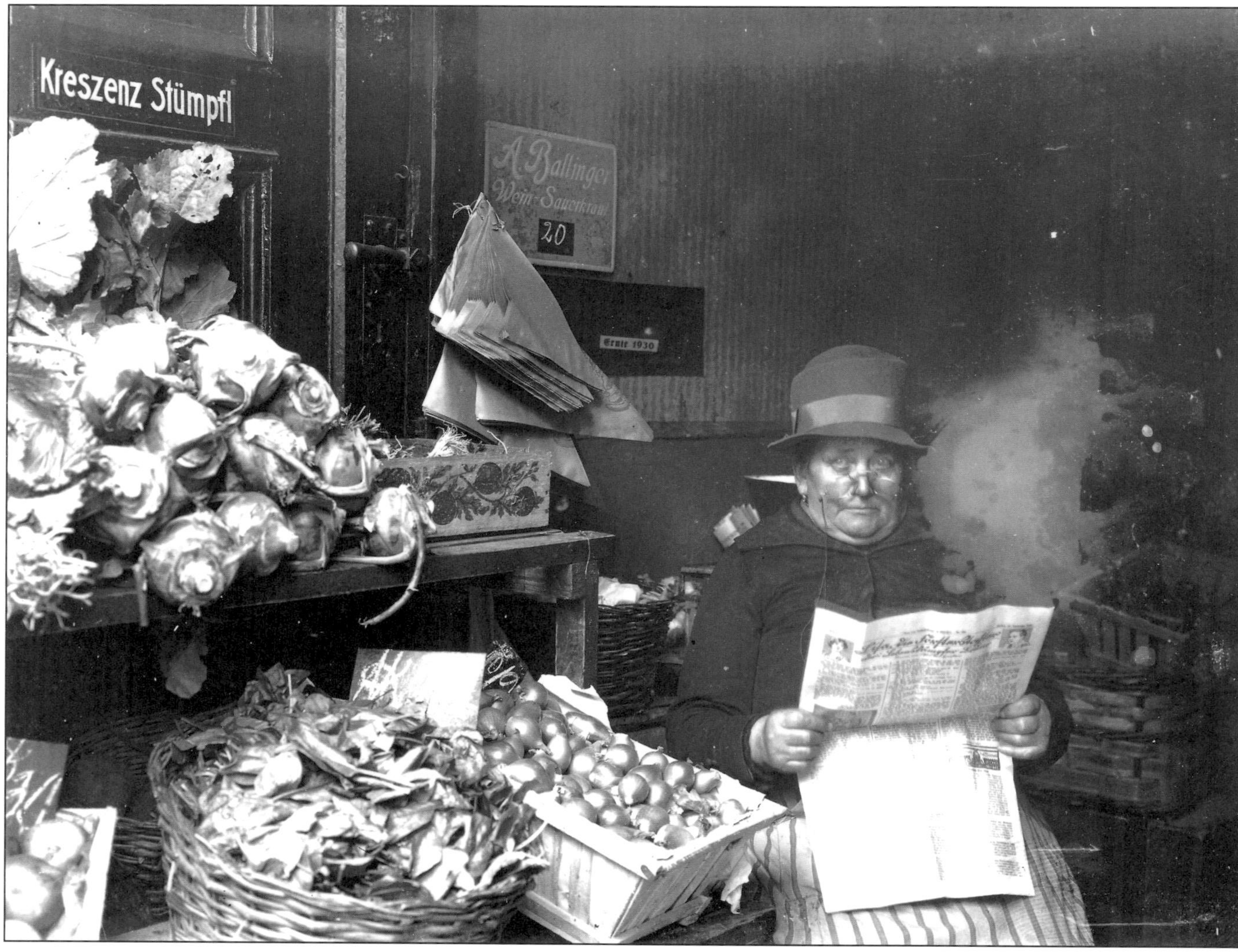

126
Kreszenz Stümpfl, Gemüsefrau am Viktualienmarkt.
Aufnahme von 1930

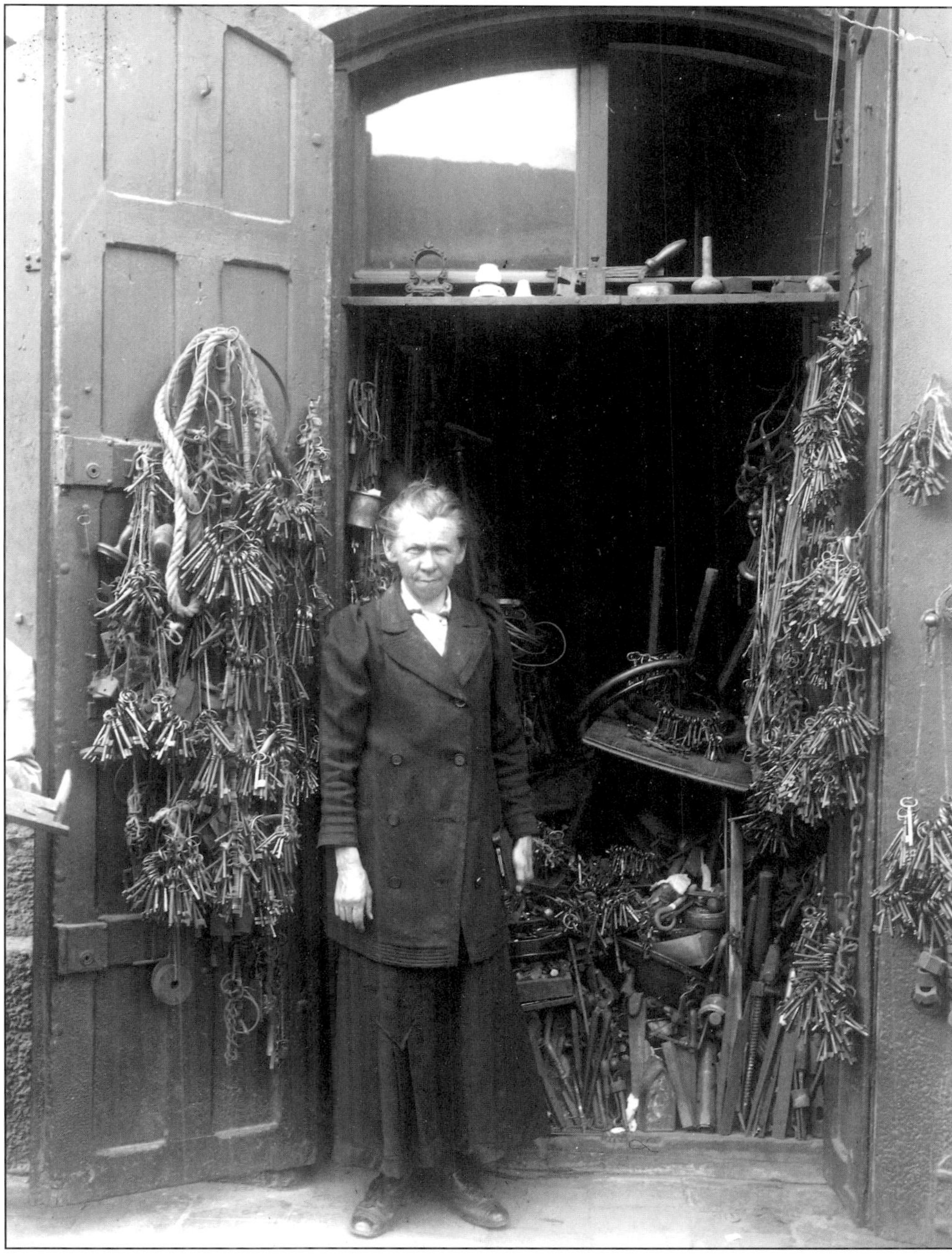

127

Therese Foag, Besitzerin eines Schlüsselladens an der Blumenstraße Nr. 14, nächst dem Sebastiansplatz.

Aufnahme um 1915

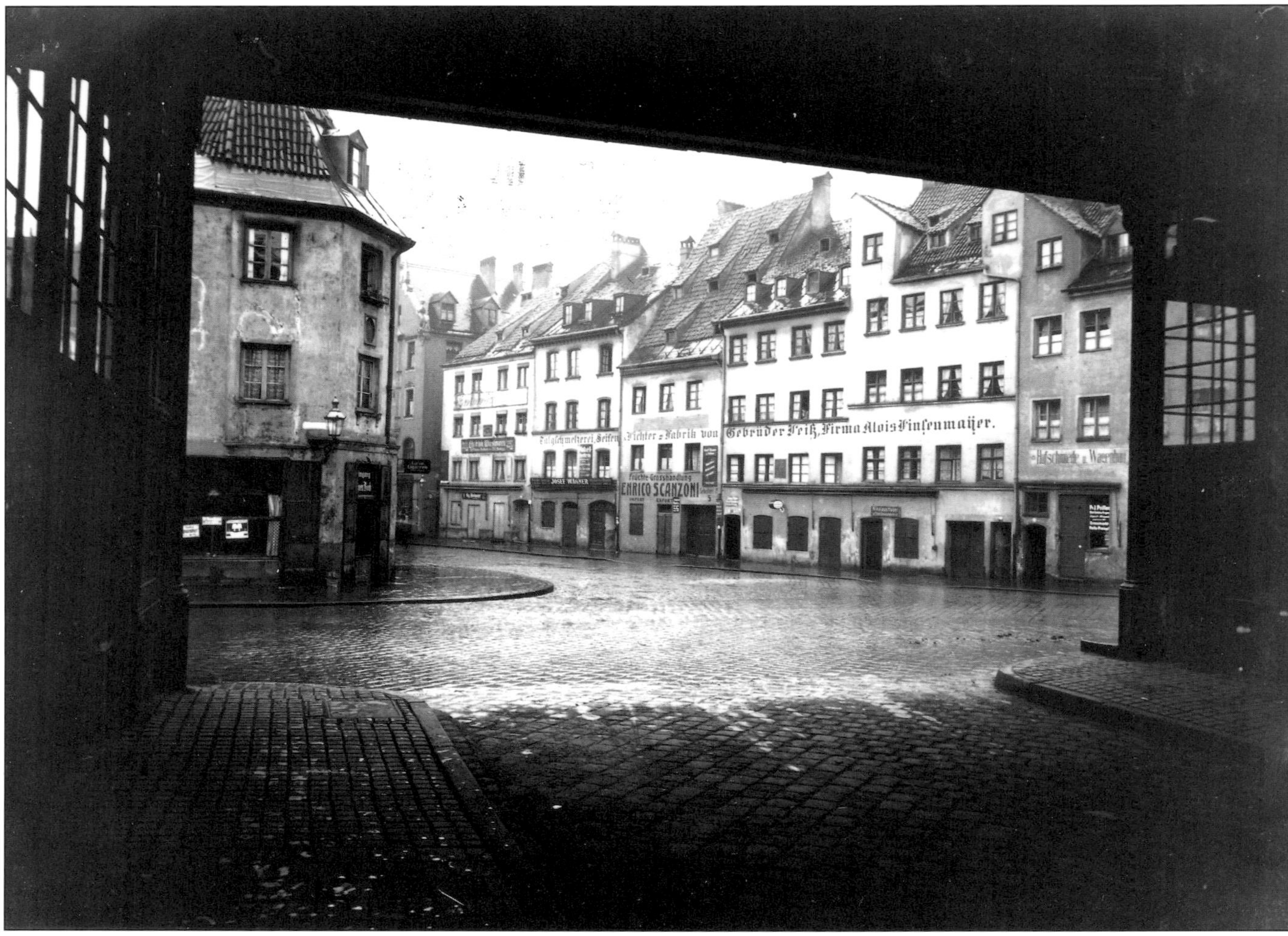

128

Blick aus der Schrannenhalle auf die Nordseite des Sebastiansplatzes mit seinen heute noch erhaltenen mittelalterlichen Häusern. Links der berühmte Gasthof „Zum Blauen Bock“.

Aufnahme von 1913

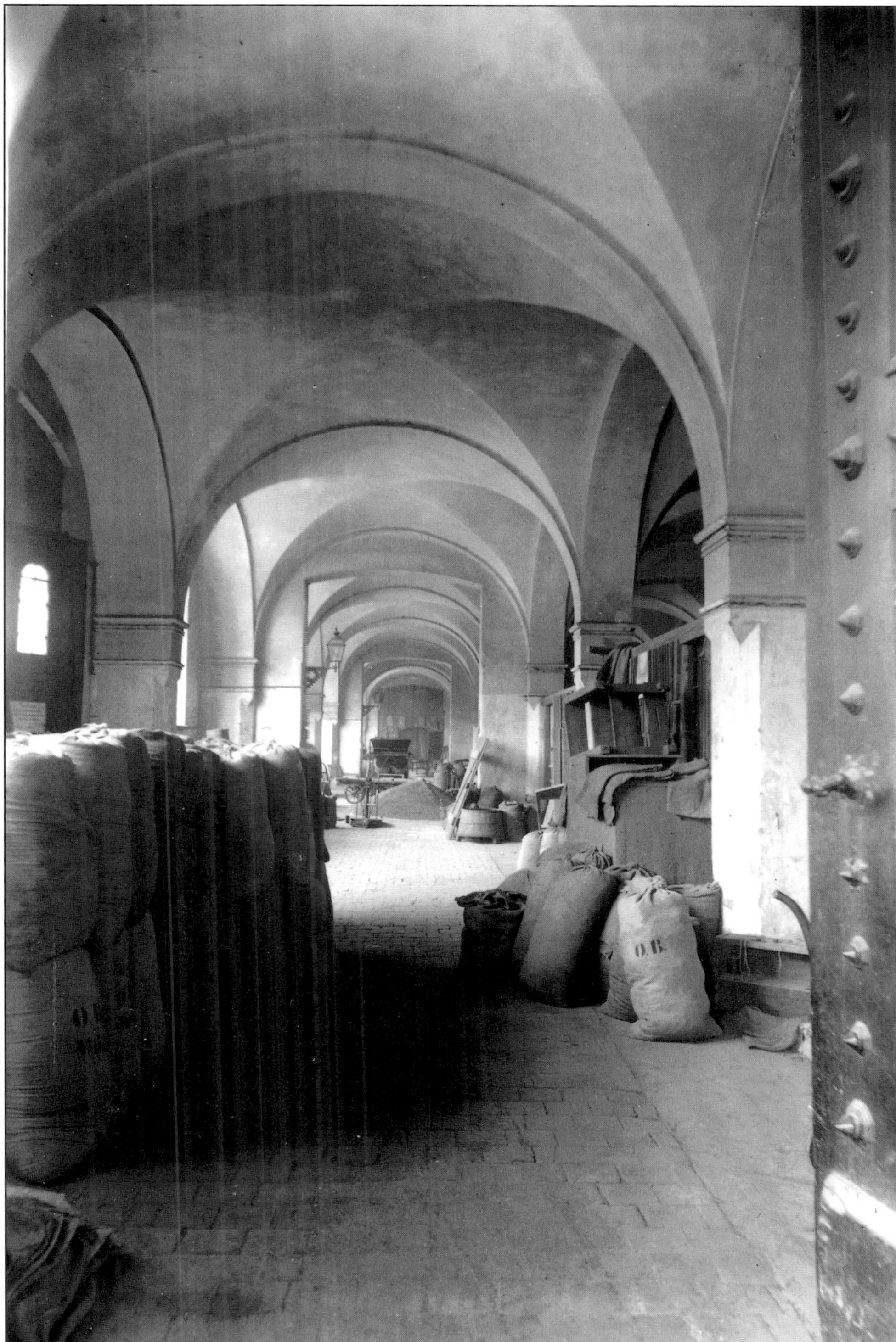

129

Der Mitteltrakt der Schrannenhalle mit gemauerten Gewölben. Gefüllte Säcke erinnern an die Funktion dieses seit 1853 zentralen Getreidemarktes von München.

Aufnahme vom 13.2.1913

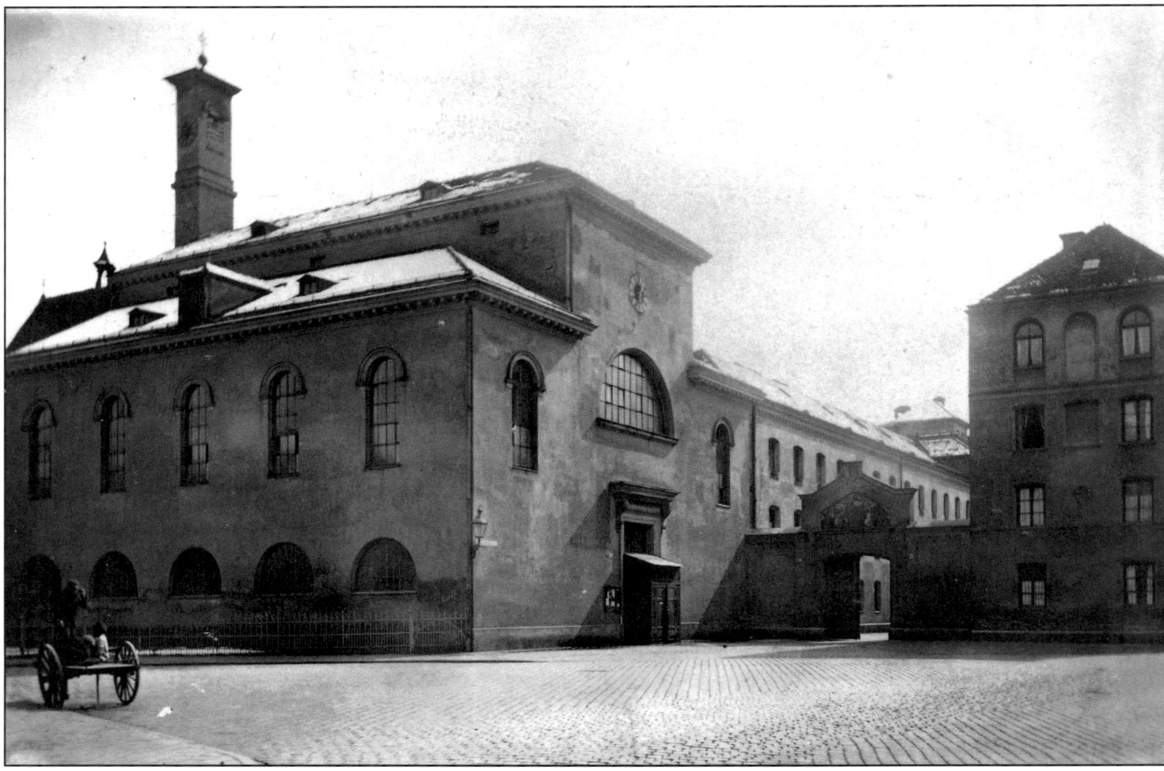

130

Das klassizistische Langhaus von St. Jakob am Anger. Daneben der Eingang zum Kloster der Armen Schulschwestern. Nach den Kriegszerstörungen wurde der gesamte Komplex von Kirche und Kloster durch Neubauten ersetzt.

Aufnahme um 1905

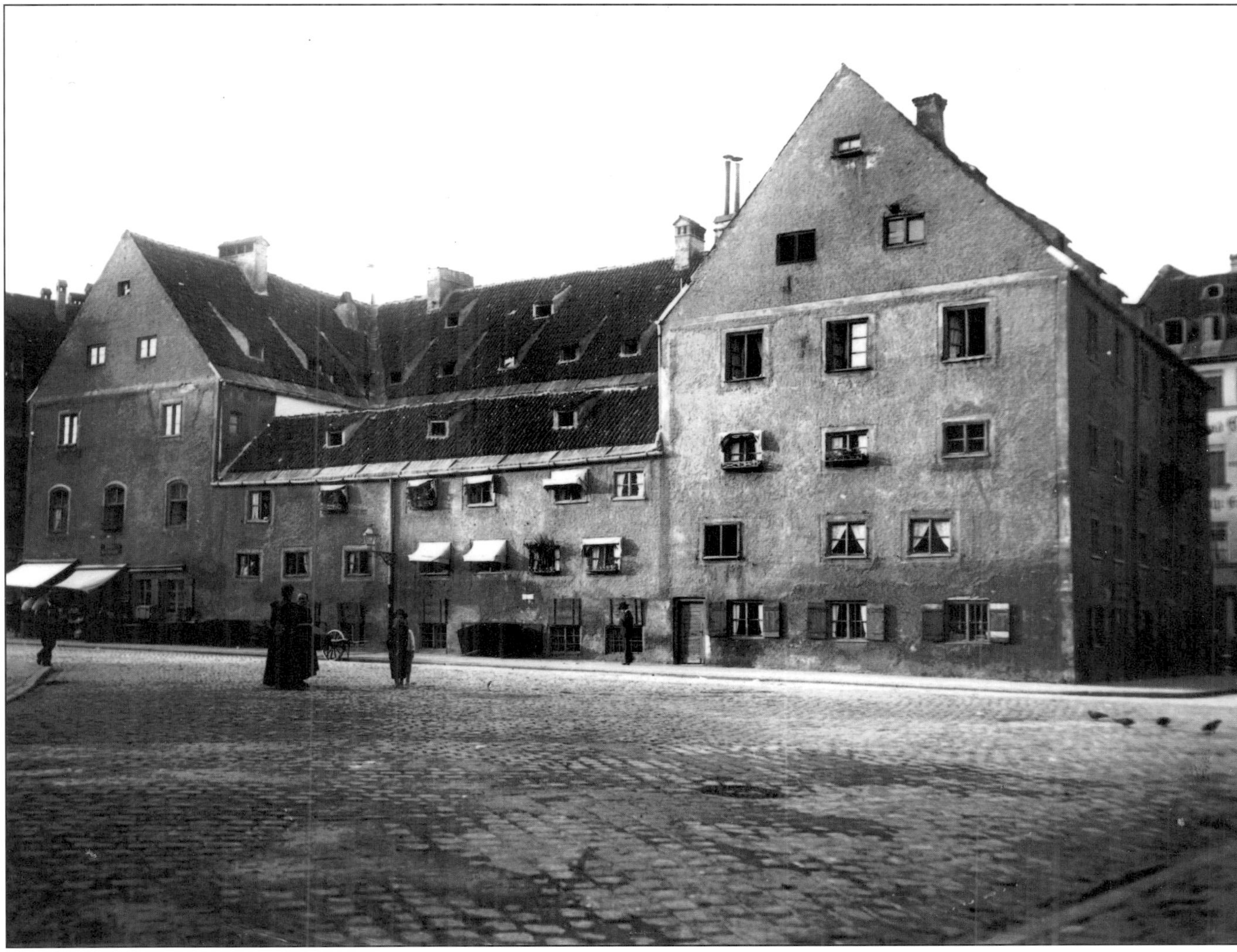

131

Mitten auf dem St. Jakobsplatz stand bis zum Ende des 2. Weltkriegs das sog. Seidenhaus. Das einzige innerstädtische Haus, das nach dem Herbergsrecht unter verschiedenen Eigentümern aufgeteilt war, trug seinen Namen von einer im 18. Jahrhundert hier betriebenen Seidenspinnerei.

Aufnahme vom 28.5.1905

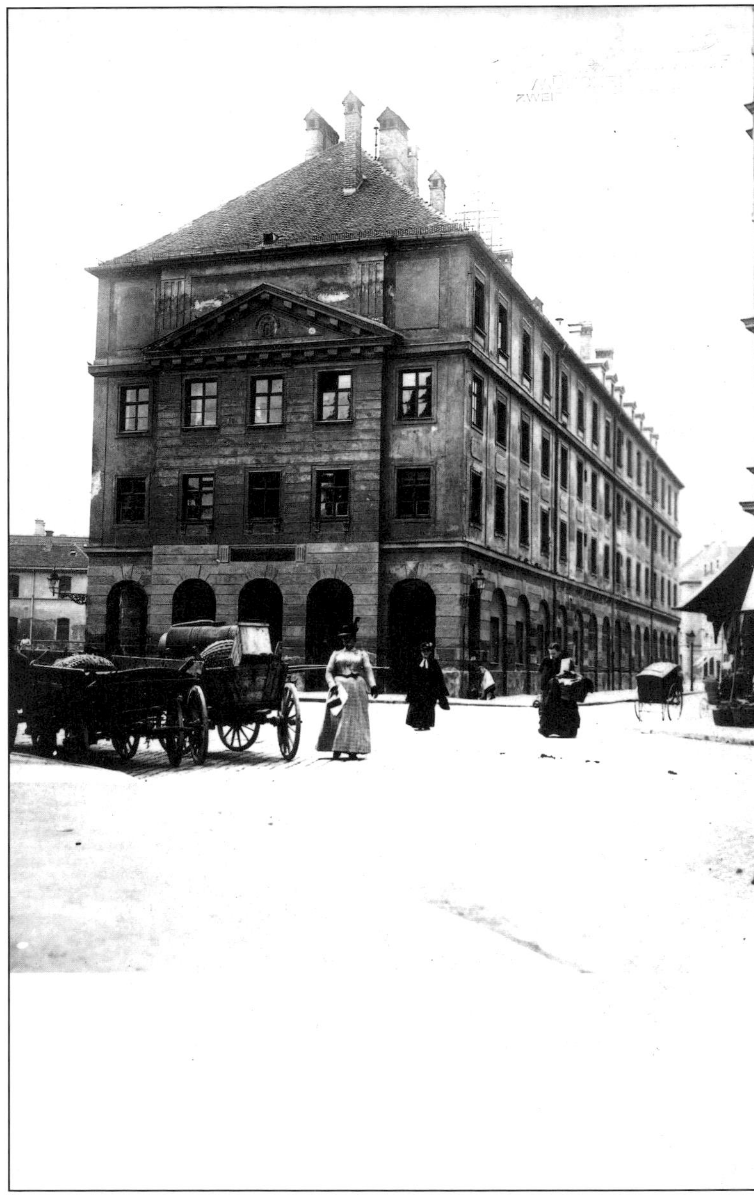

132

Das 1805 errichtete Feuerhaus (alte Hauptfeuerwache) bildete den westlichen Abschluß des St. Jakobsplatzes und trennte diesen vom Unteren Anger. Seine Reste wurden nach 1945 abgeräumt. Der Standpunkt des Fotografen befindet sich beim Eingang des heutigen Stadtmuseums.

Aufnahme um 1905

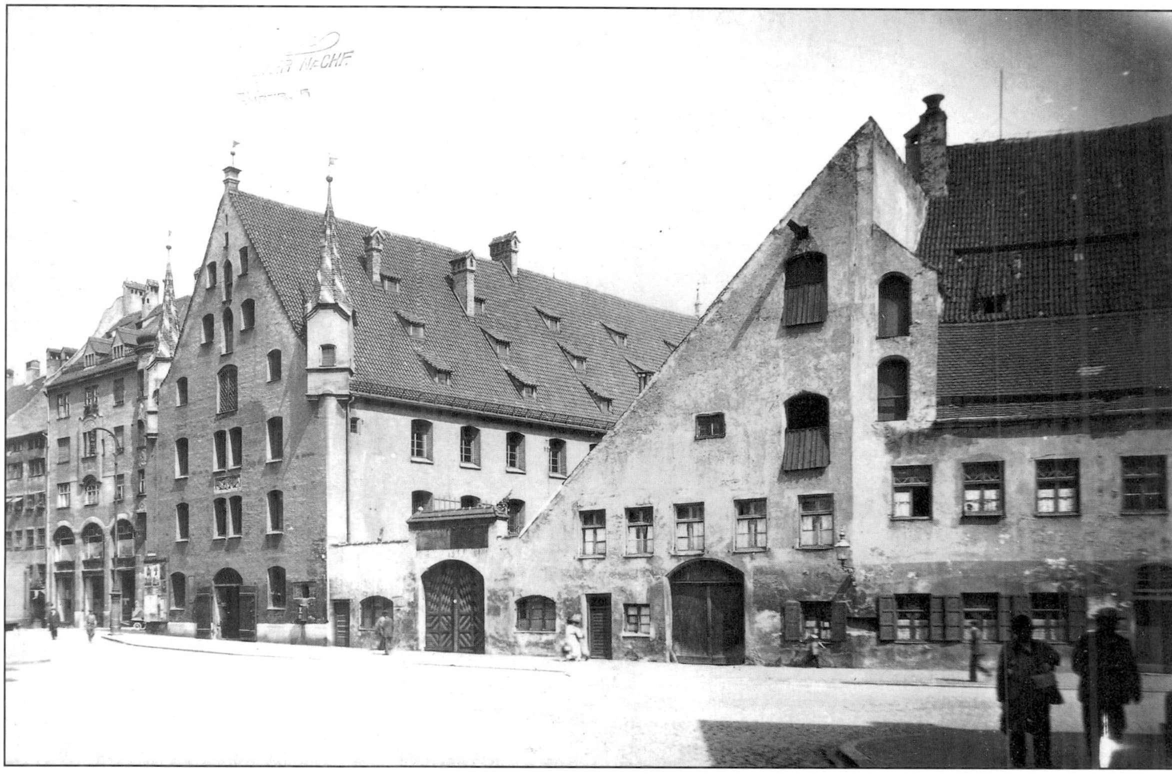

133

Das ehemalige Zeughaus der Stadt mit dem anschließenden Marstall beherbergt seit 1888 das historische Stadtmuseum. Der große Halbgiebel mit dem nach rechts anschließenden Gebäudeteil wurde nach der Kriegszerstörung erst 1976/77 in Anlehnung an die alten Fassaden neu aufgeführt.

Aufnahme um 1910

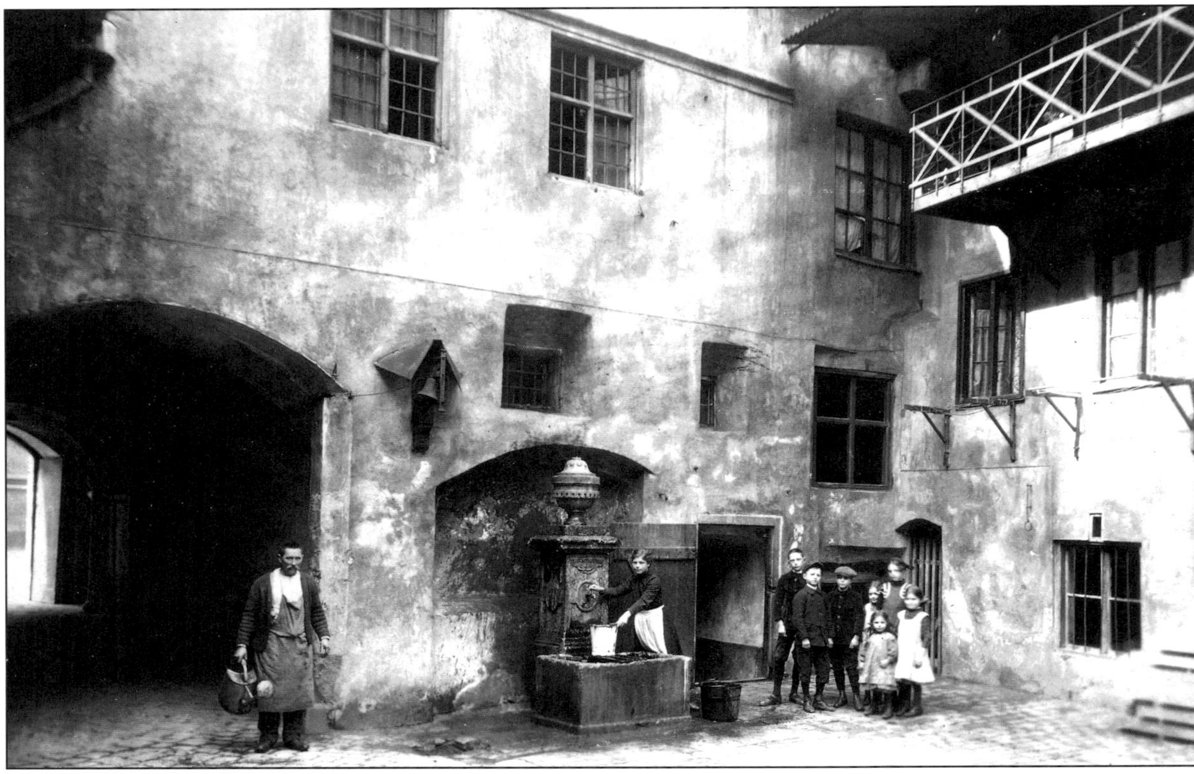

134/135
Innenhof des städtischen Marstallgebäudes mit Laufbrunnen des späten 18. Jahrhunderts.
Aufnahmen vom 23.3.1913

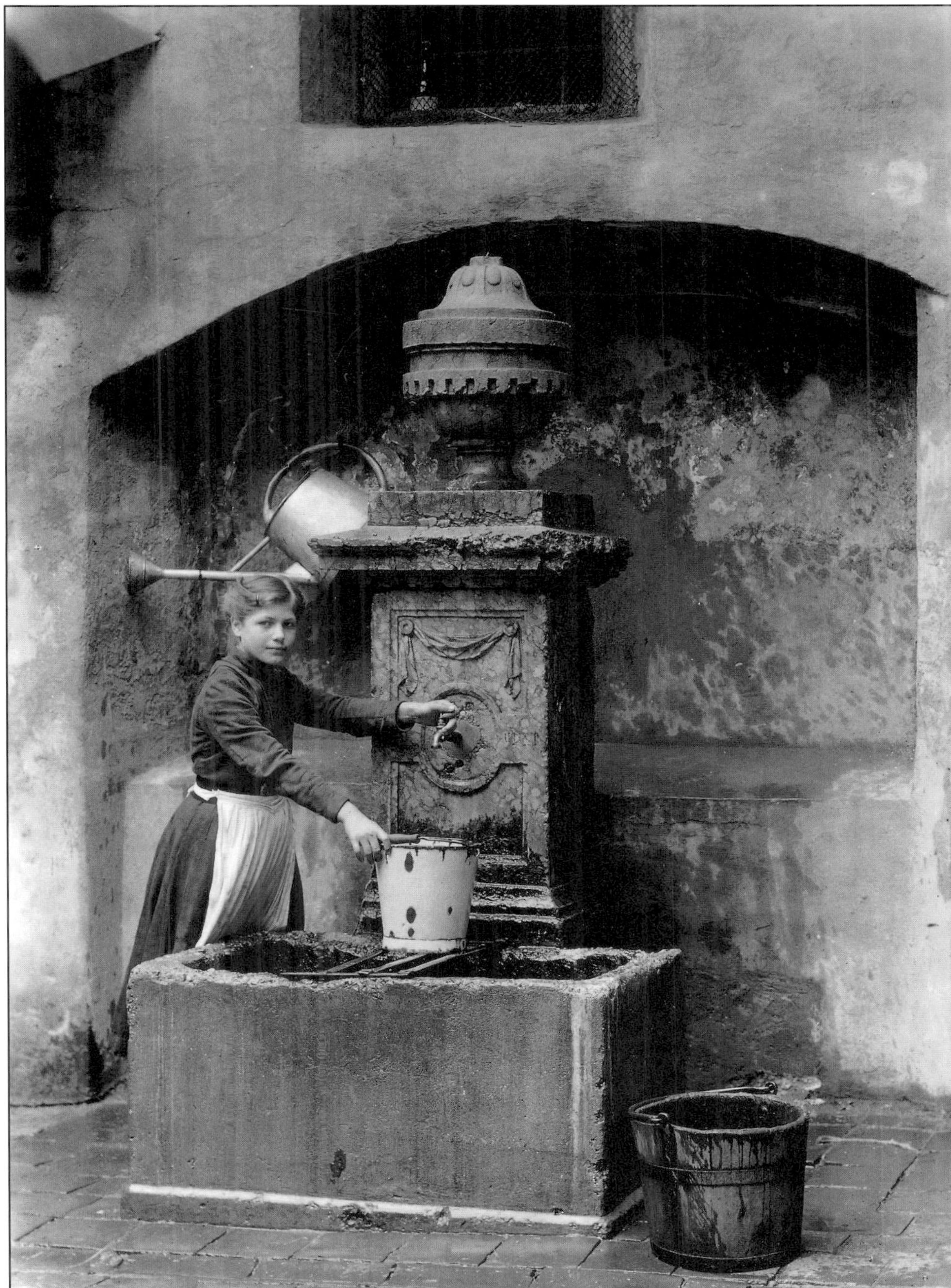

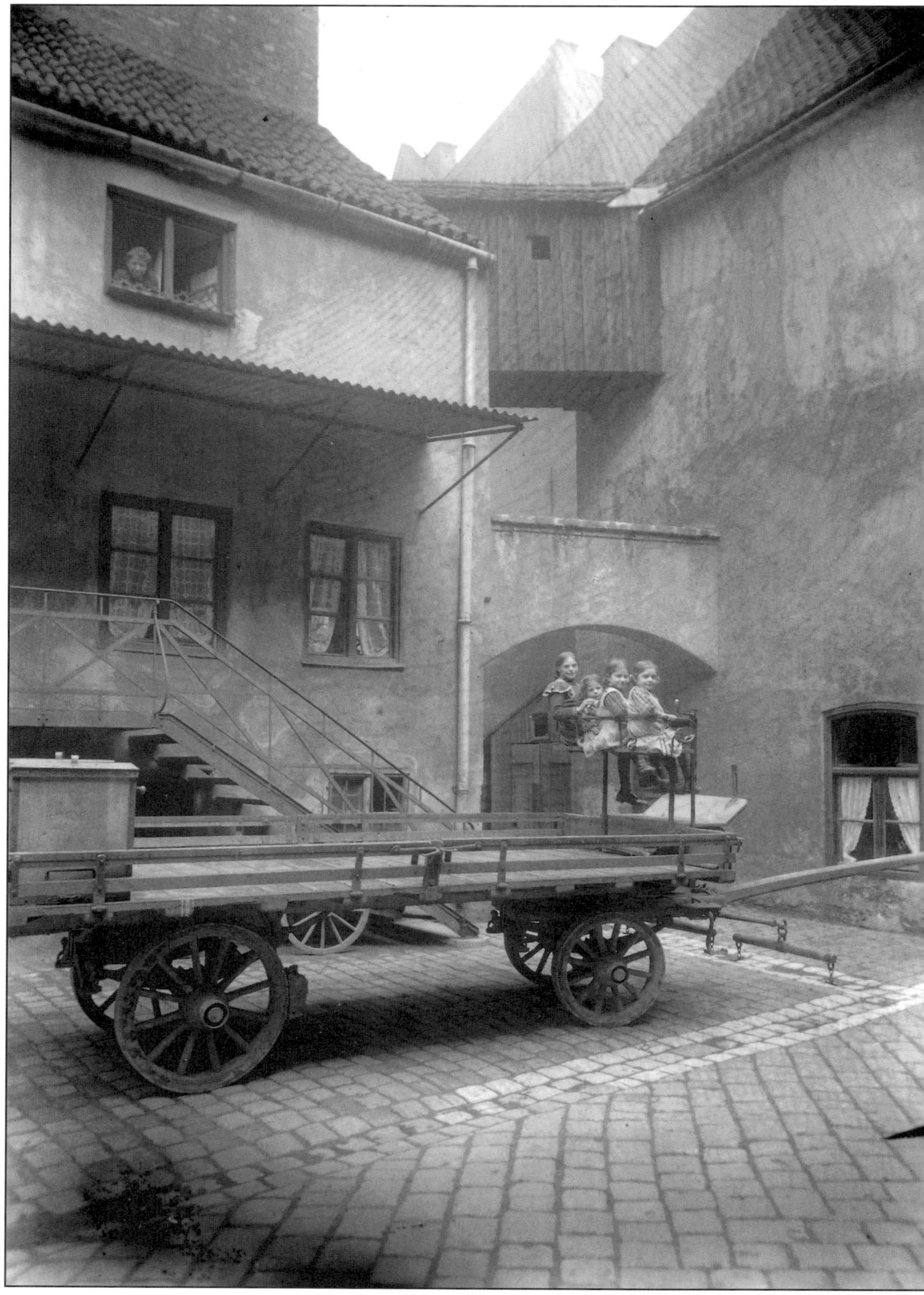

136/137

Vor den Remisen und in den Stallungen des Marstalls. Der Ende des 15. Jahrhunderts errichtete Marstall wurde 1926 abgebrochen, um einem Erweiterungsbau des Stadtmuseums Platz zu schaffen.

Aufnahmen vom 23.3.1913

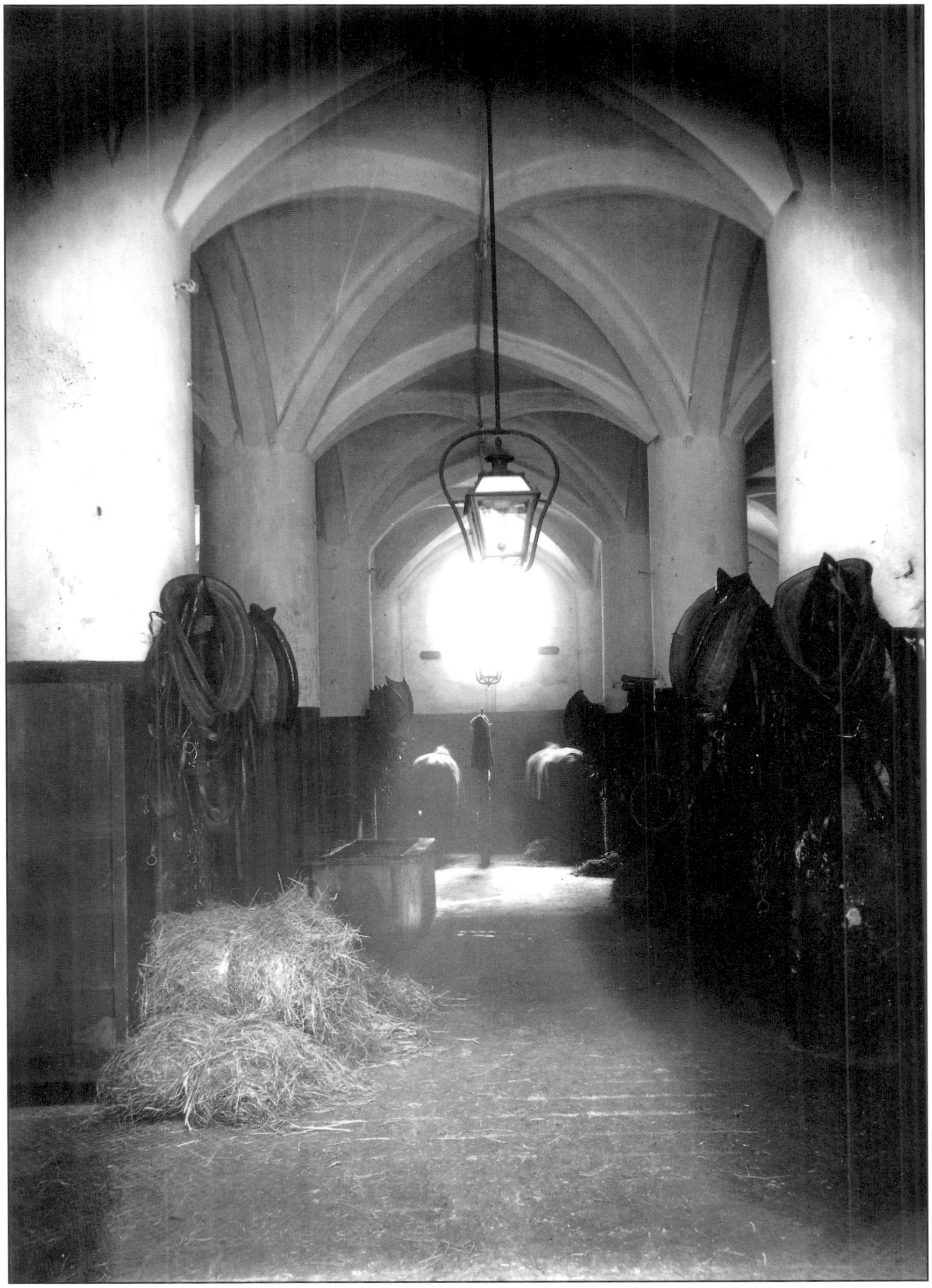

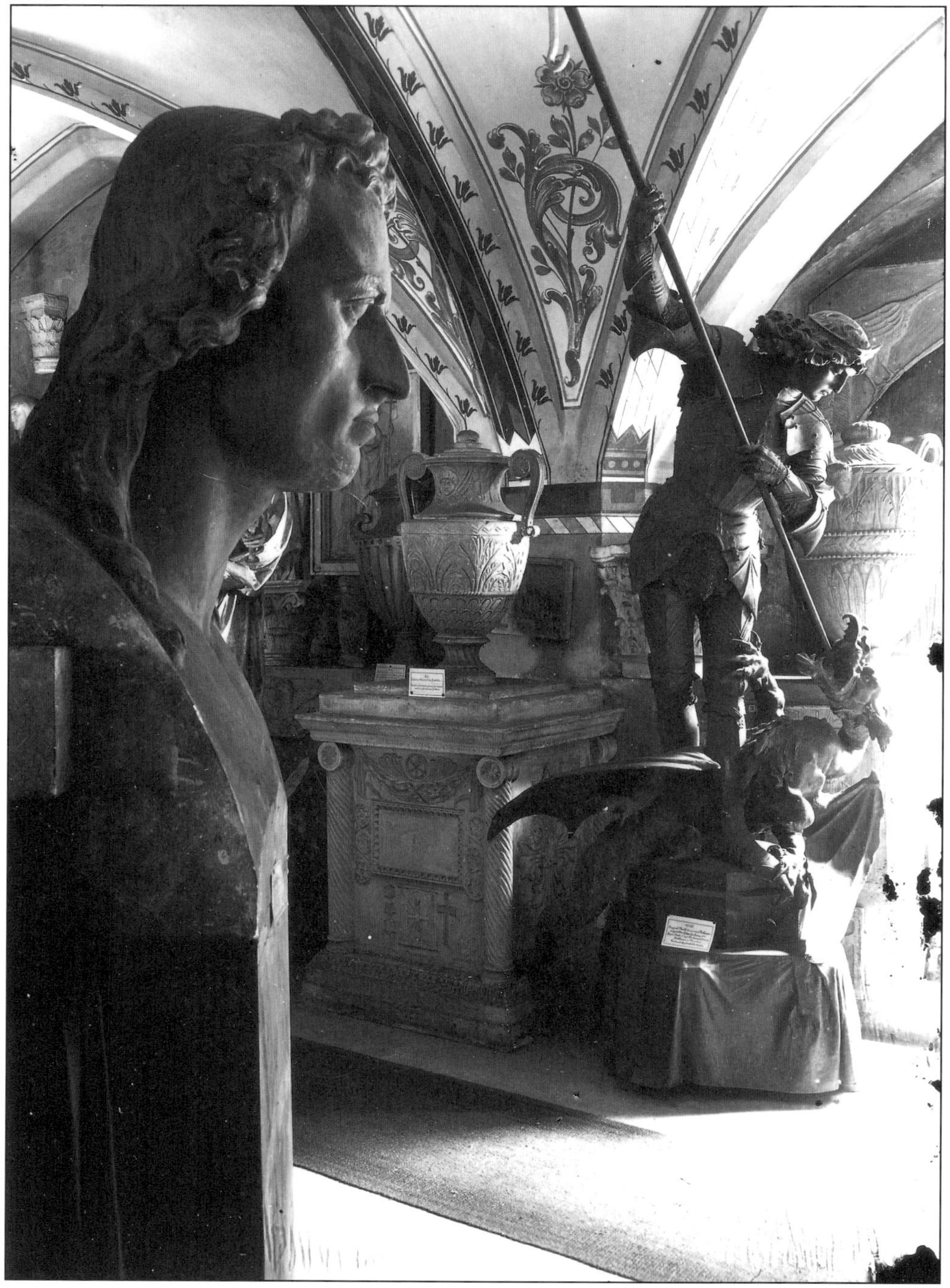

138/139

Eine Kuriosität war die städtische Abguß- und Modellsammlung im Historischen Stadtmuseum: Links Friedrich von Schiller; rechts Gipsmodelle der Wittelsbacher Fürsten von der Fassade des Neuen Rathauses.

Aufnahmen vom 13.7.1917

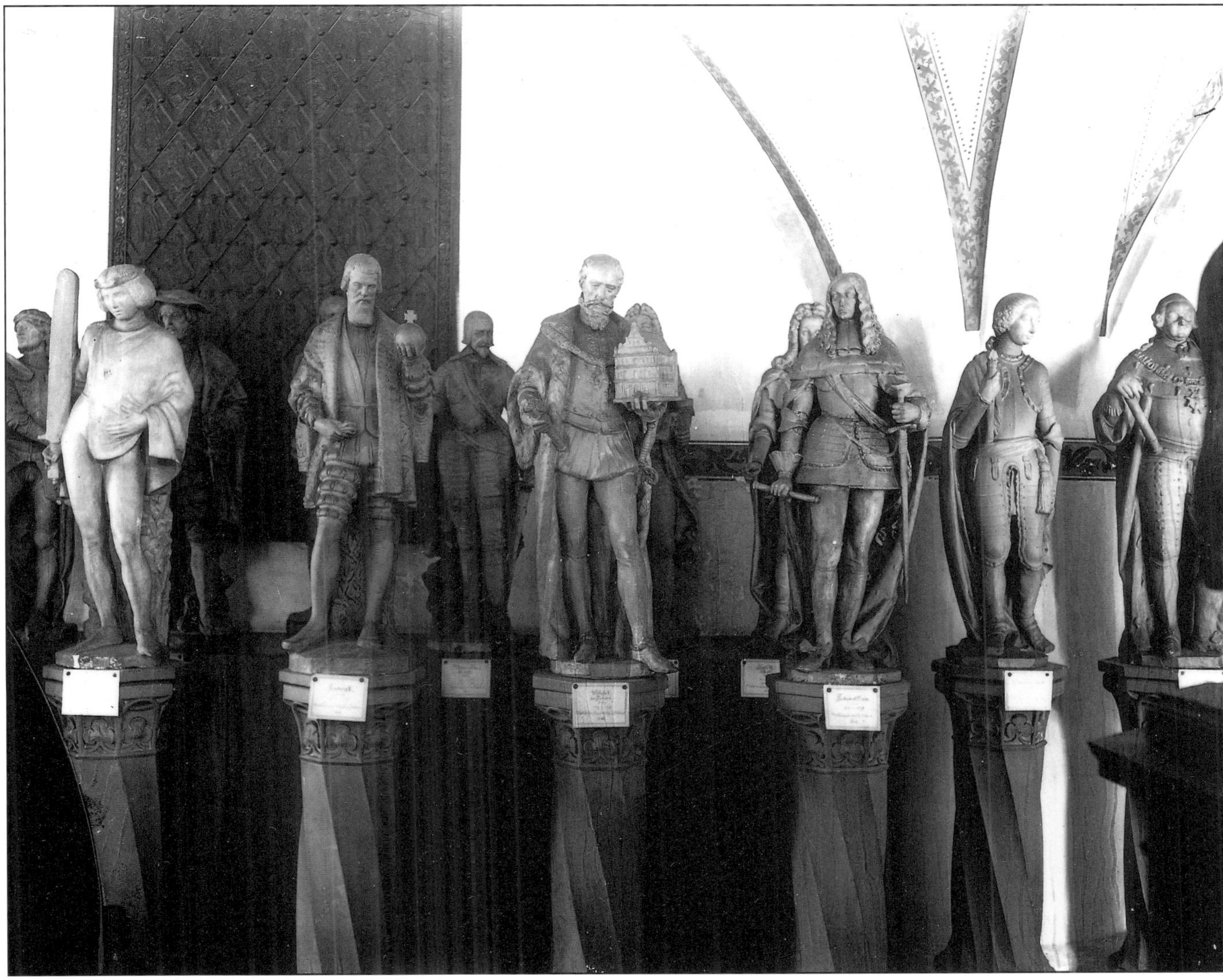

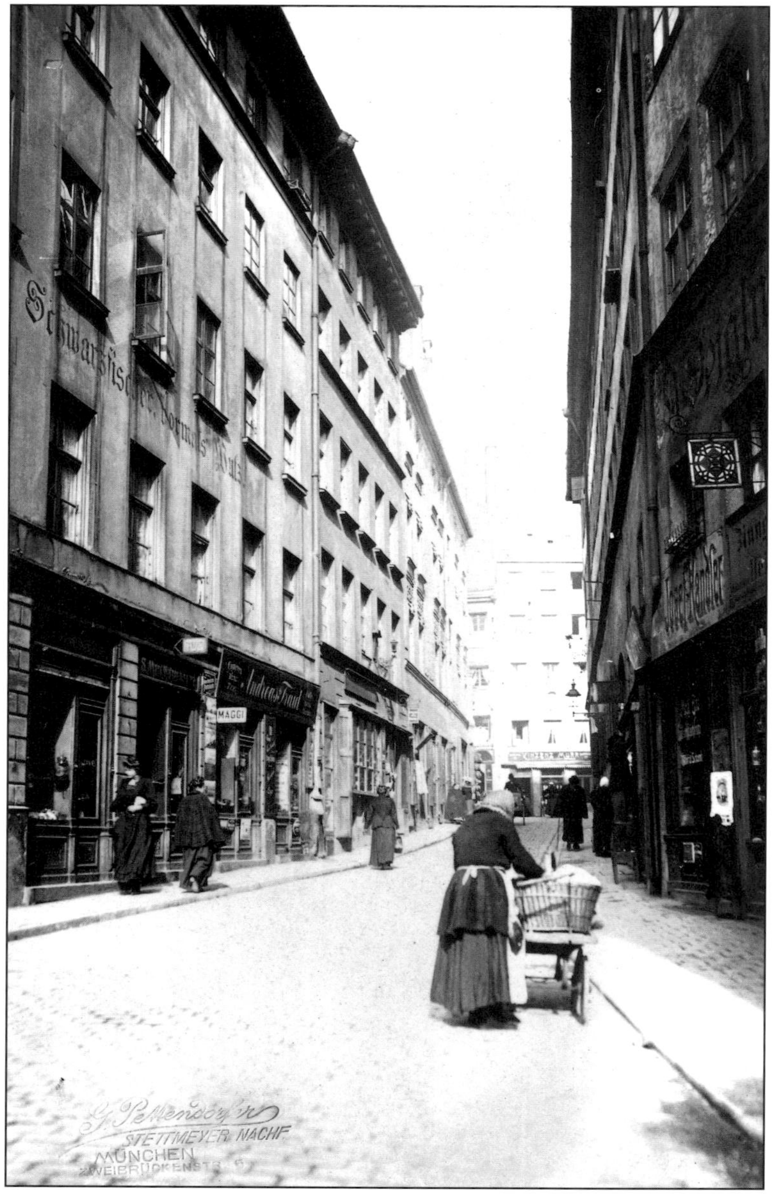

140

Die Dultstraße, eine der drei Verbindungen des Angers mit der Sendlinger Straße.

Aufnahme um 1905

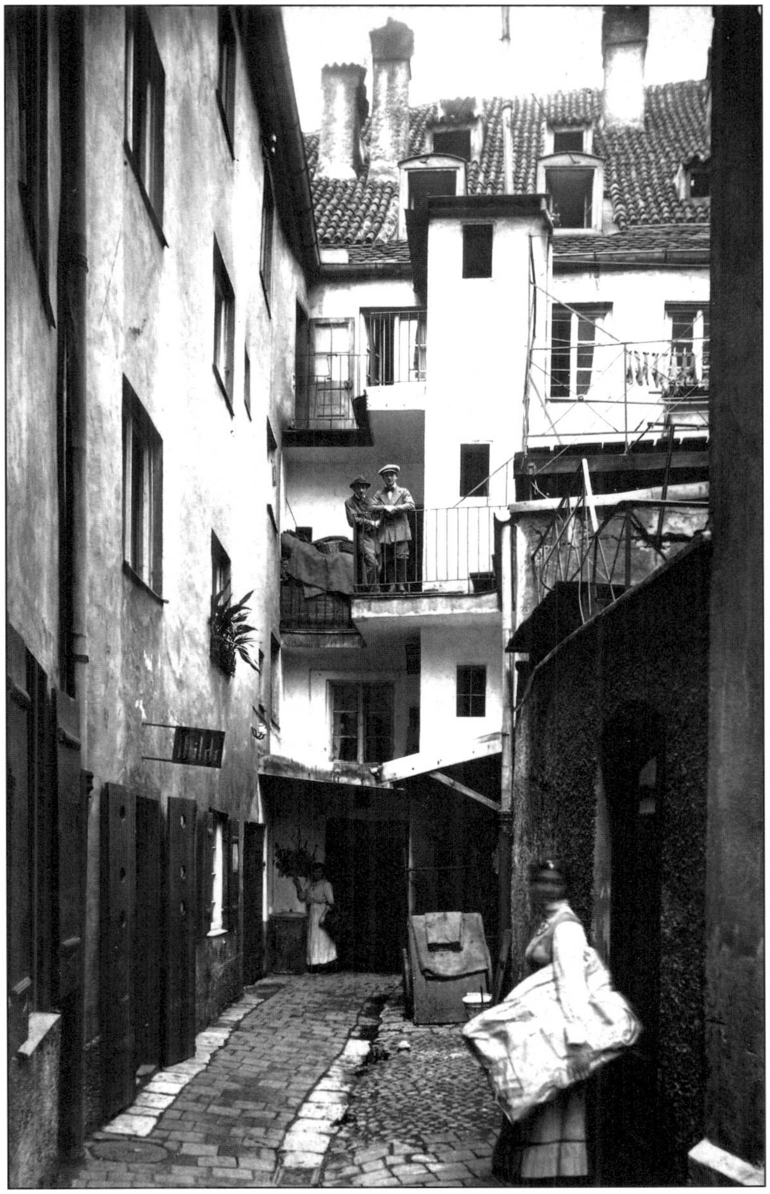

141

Im verwinkelten Innenhof eines typischen Altstadthauses; der Zugang zu einzelnen Wohnungen ist nur über Galerien möglich.

Aufnahme um 1915

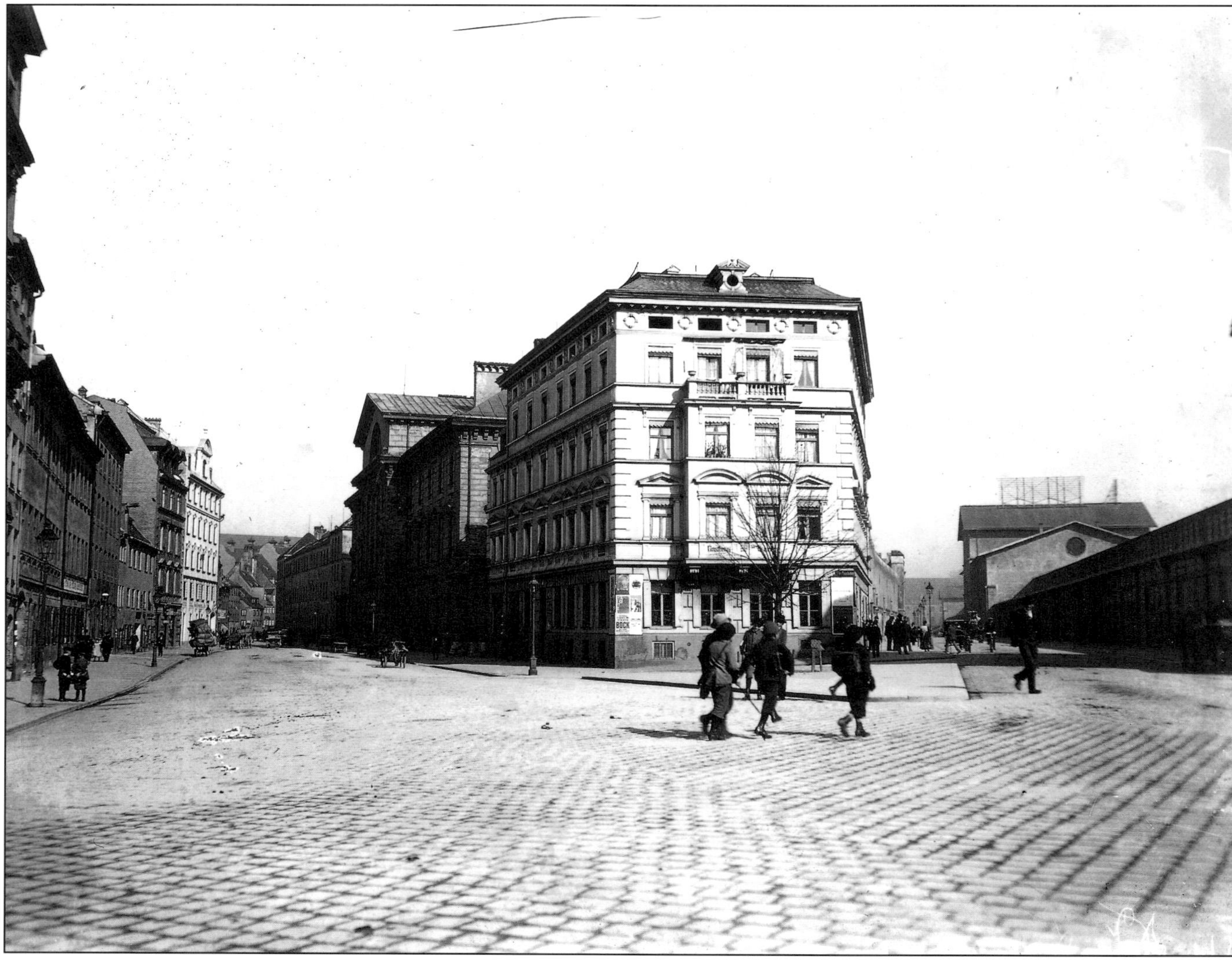

142

Das Gasthaus „Zur Schranne“ am Schnittpunkt von Unterem Anger und Blumenstraße. Der klassizistische Giebel im Anschluß an das Gasthaus gehört zum mächtigen Bau der Angerfronfeste, die 1826 erbaut, bis zum Abbruch 1913 als Gefängnis diente. Heute ist hier das Dienstgebäude der städtischen Gaswerke. Rechts im Bild der Südteil der Schrannenhalle. Dem 1928 errichteten Hochhaus (Technisches Rathaus) mußten das Gasthaus und der gegenüberliegende Teil der Schrannenhalle weichen.

Aufnahme um 1910

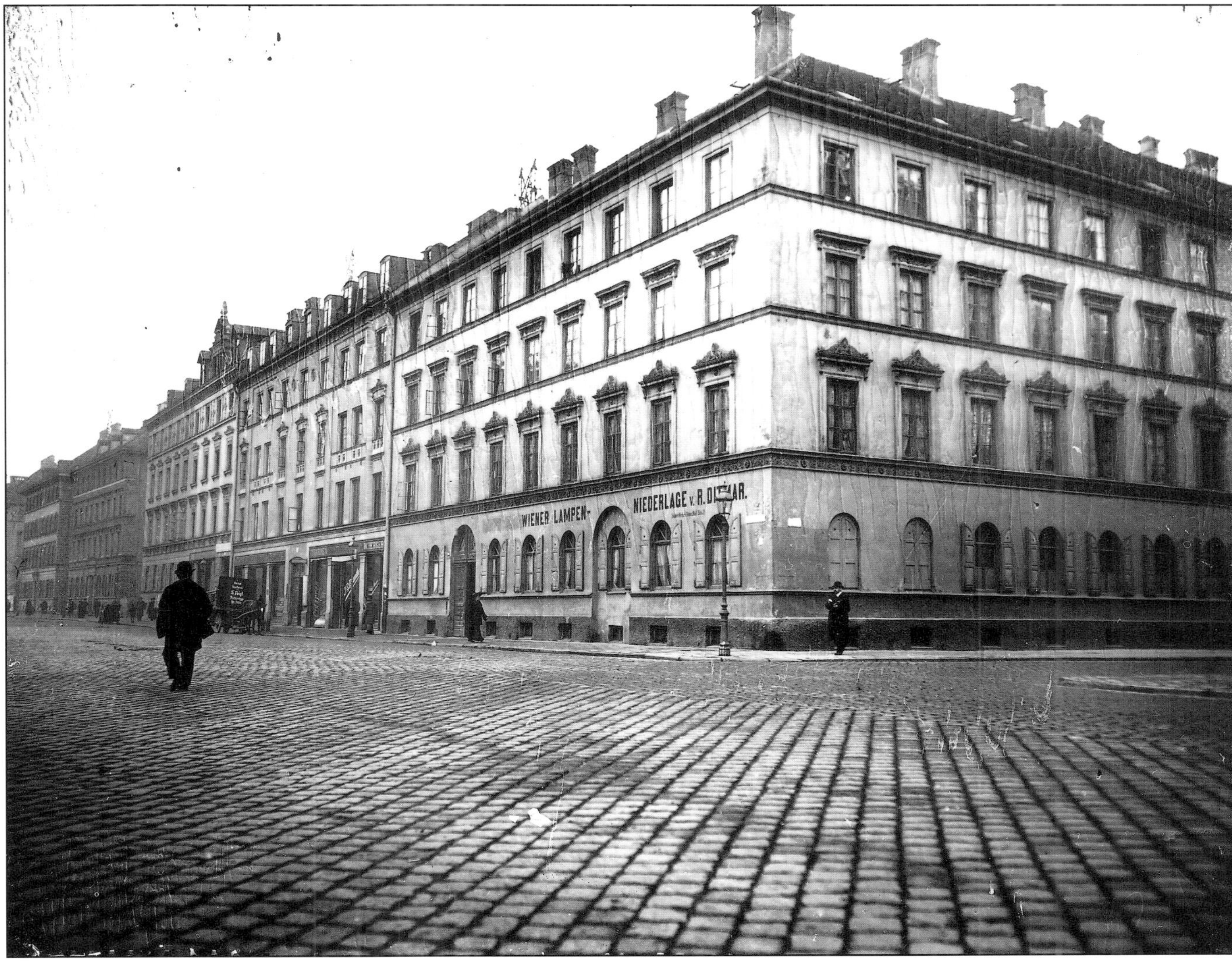

143

Die „Pflasterwüste“ der Blumenstraße korrespondiert mit eintönigen klassizistischen Mietskasernen zwischen Theklastraße (rechts) und Frauenstraße. Die Häuserfront markiert den Beginn des seit 1860 planmäßig angelegten Gärtnerplatzviertels.

Aufnahme vom 8.3.1904

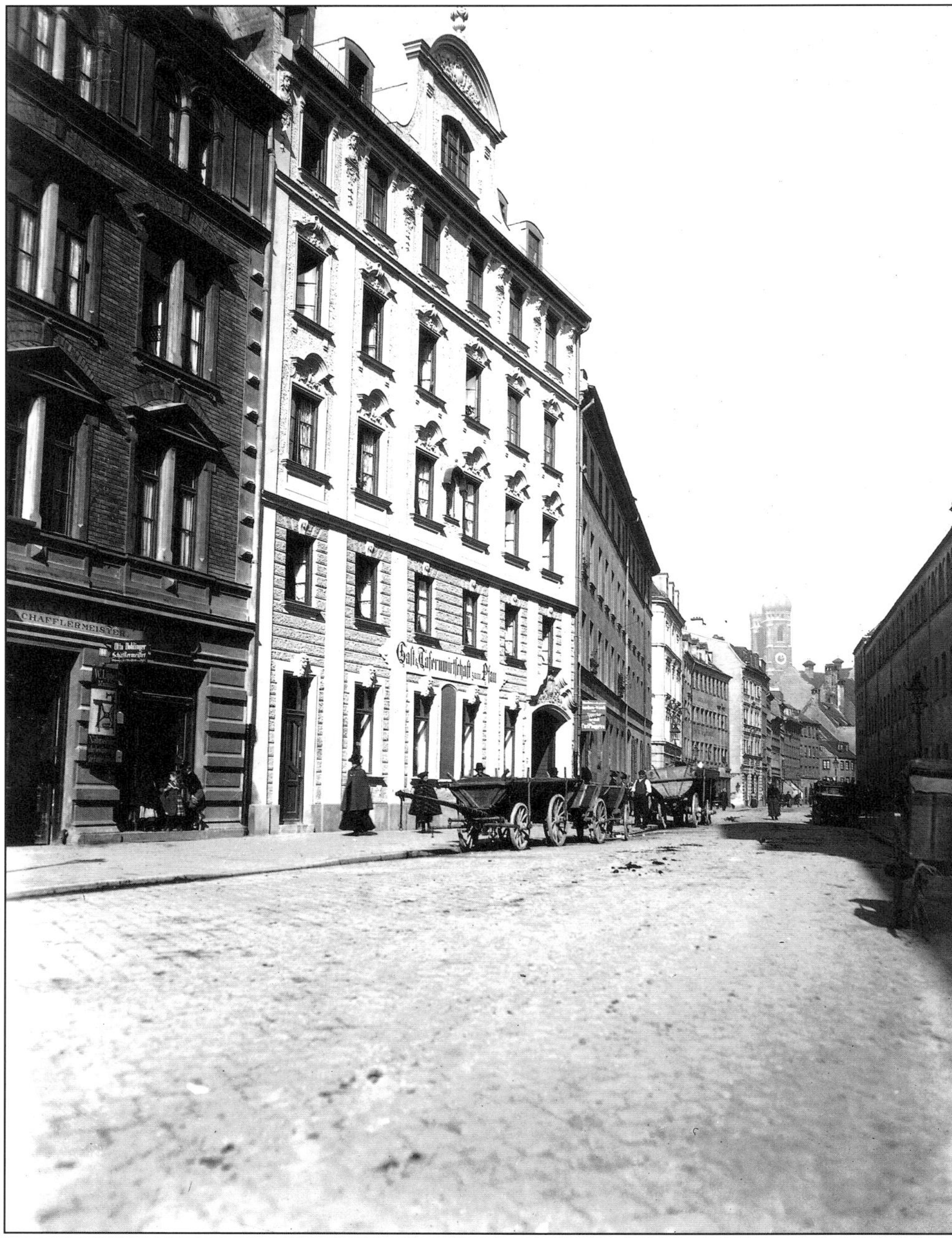

144

Abgestellte Bauernfuhrwerke am Unteren Anger weisen auf die Nähe des Viktualienmarktes und die alte gegenseitige Abhängigkeit von Stadt und Umland hin.

Aufnahme um 1910

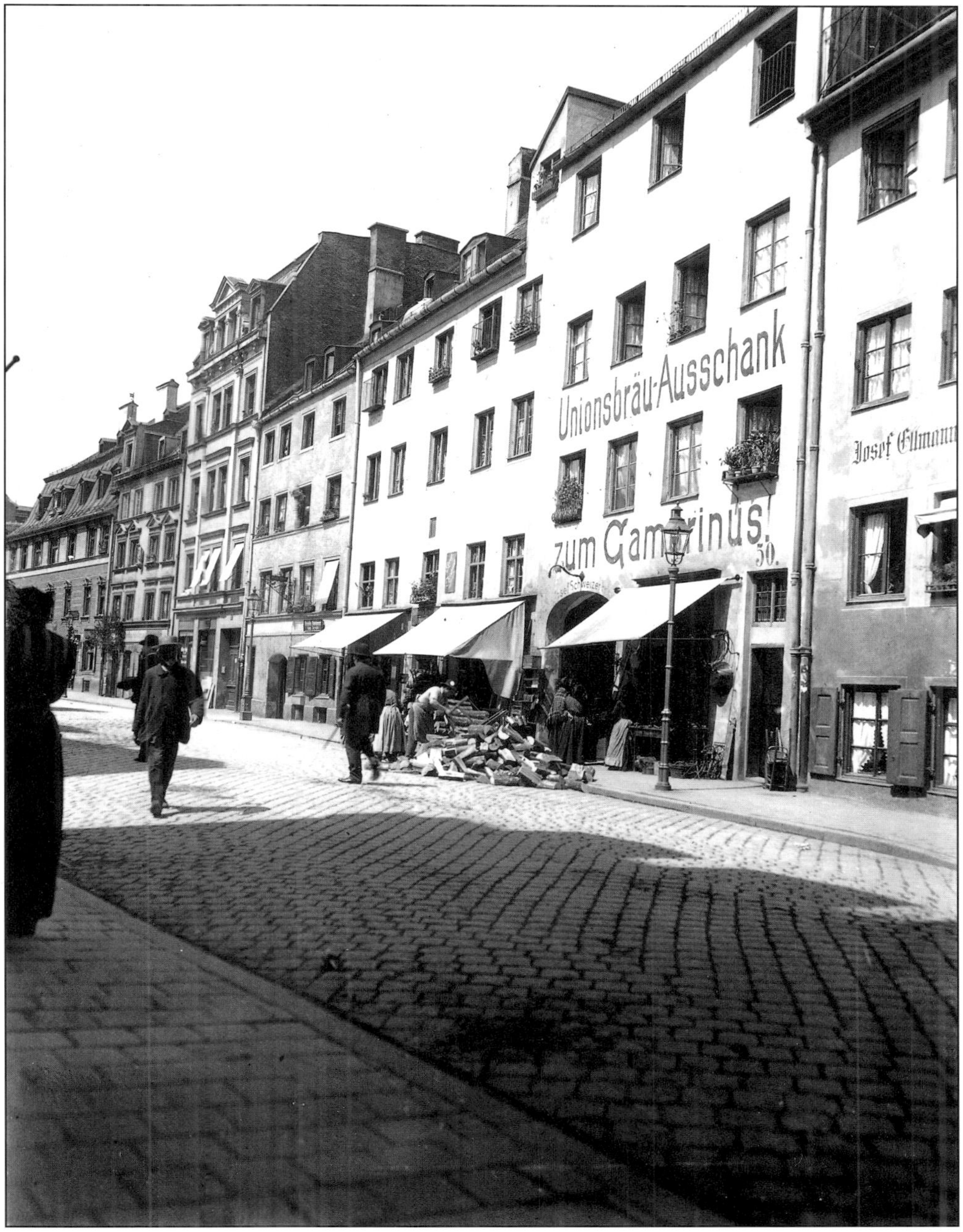

145

Holzmacher vor einem Wirtshaus am Oberanger.

Aufnahme vom 28.5.1905

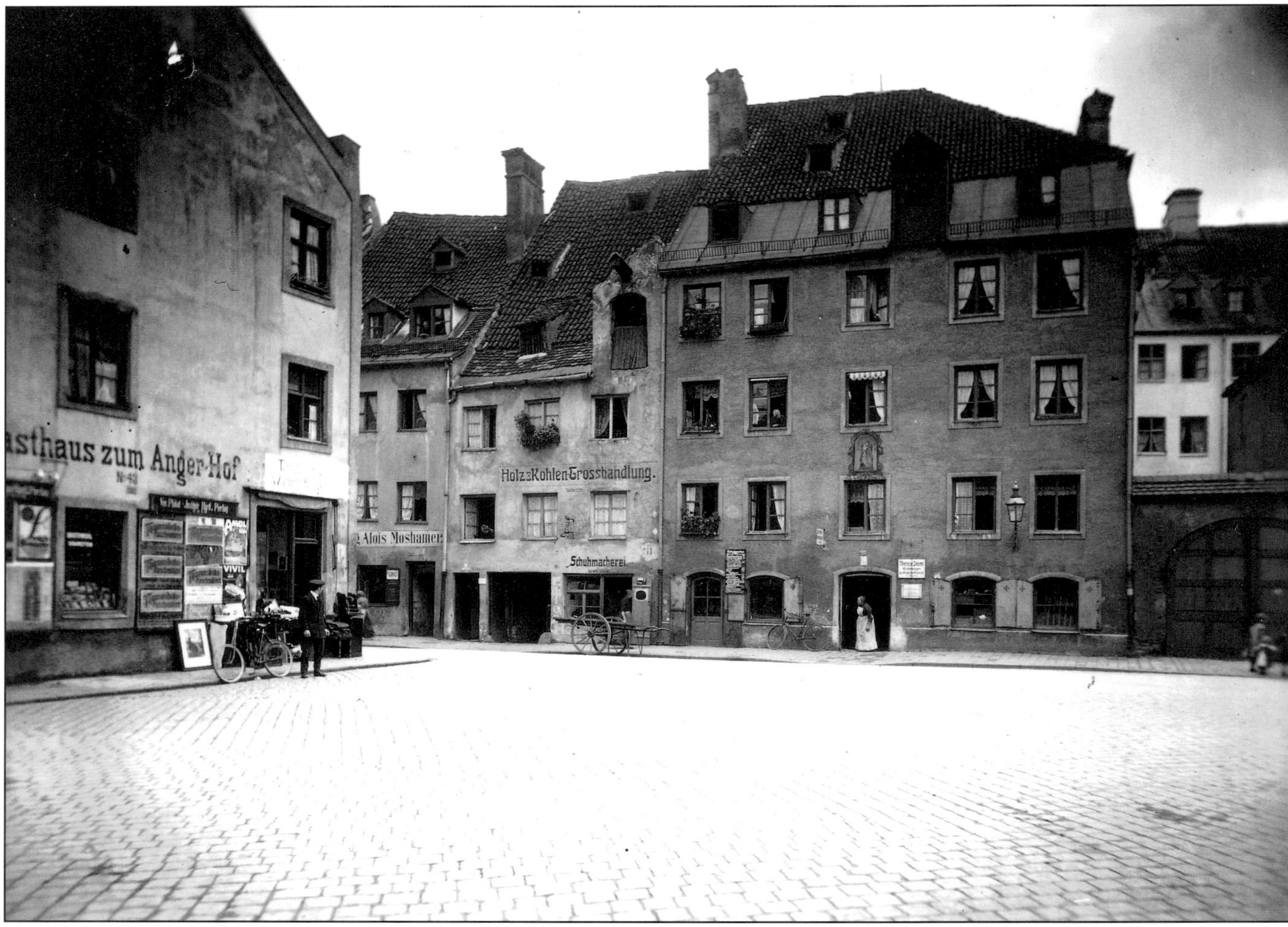

146

Mitten in der Trasse des Oberangers befand sich einst das freistehende Gasthaus „Zum Angerhof“. An der Stelle der hier abgebildeten malerischen alten Häuser an der Ostseite des Straßenzuges erhebt sich heute der mächtige Komplex eines Parkhauses.

Aufnahme vom 15.6.1914

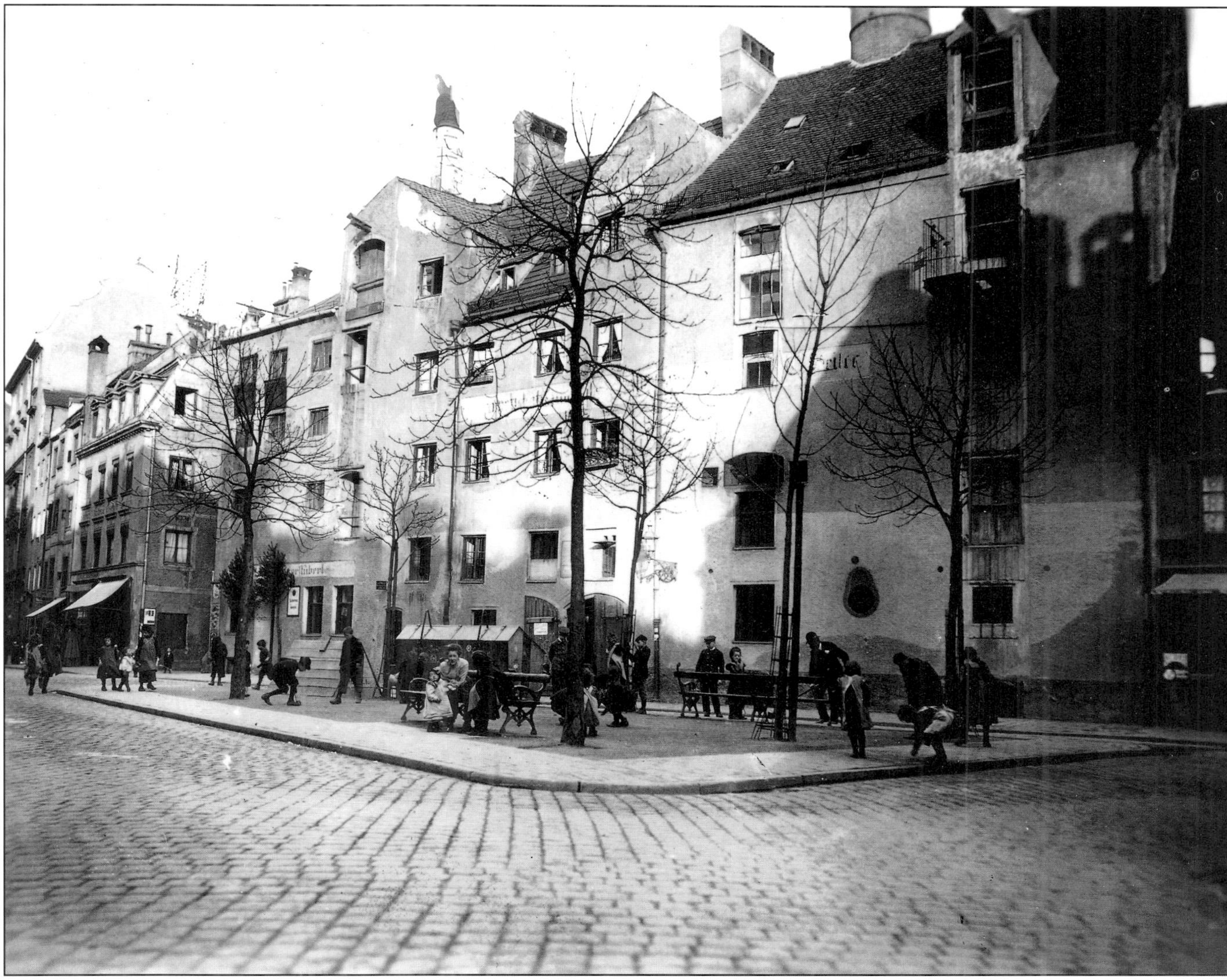

147

Die in diesem Bild festgehaltene Situation am Oberanger mit der kleinen Grünanlage und der Malzfabrik des „Stubenvollbräus“ schloß sich einst unmittelbar an die auf der vorhergehenden Aufnahme gezeigte Ostseite des Oberangers (in Richtung Norden) an. Das ganz links erscheinende große Gebäude ist das sog. Oraghaus.

Aufnahme vom 2.4.1907

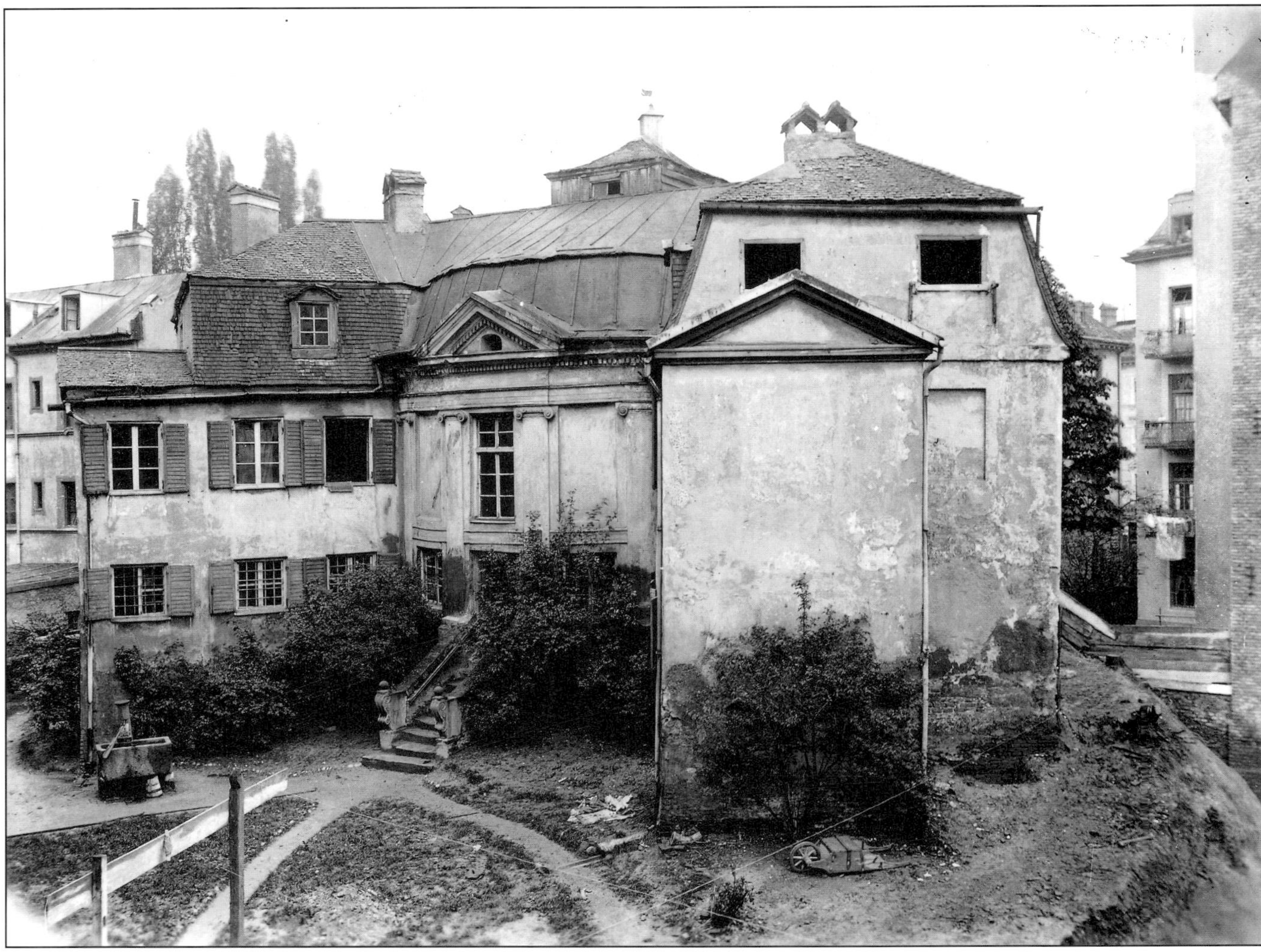

148

Das „Leopoldischlößl", erbaut 1747, wurde im Jahr der Aufnahme abgebrochen. Im Bereich der ehemaligen Bastionen entstanden im 18. Jahrhundert kleine Sommervillen und Gartenhäuser; das Leopoldischlößl, zuletzt eingezwängt in das Häusergeviert Pestalozzi-, Blumen- und Müllerstraße war eines der heute völlig verschwundenen Zeugnisse dieser Bebauung.

Aufnahme von 1900

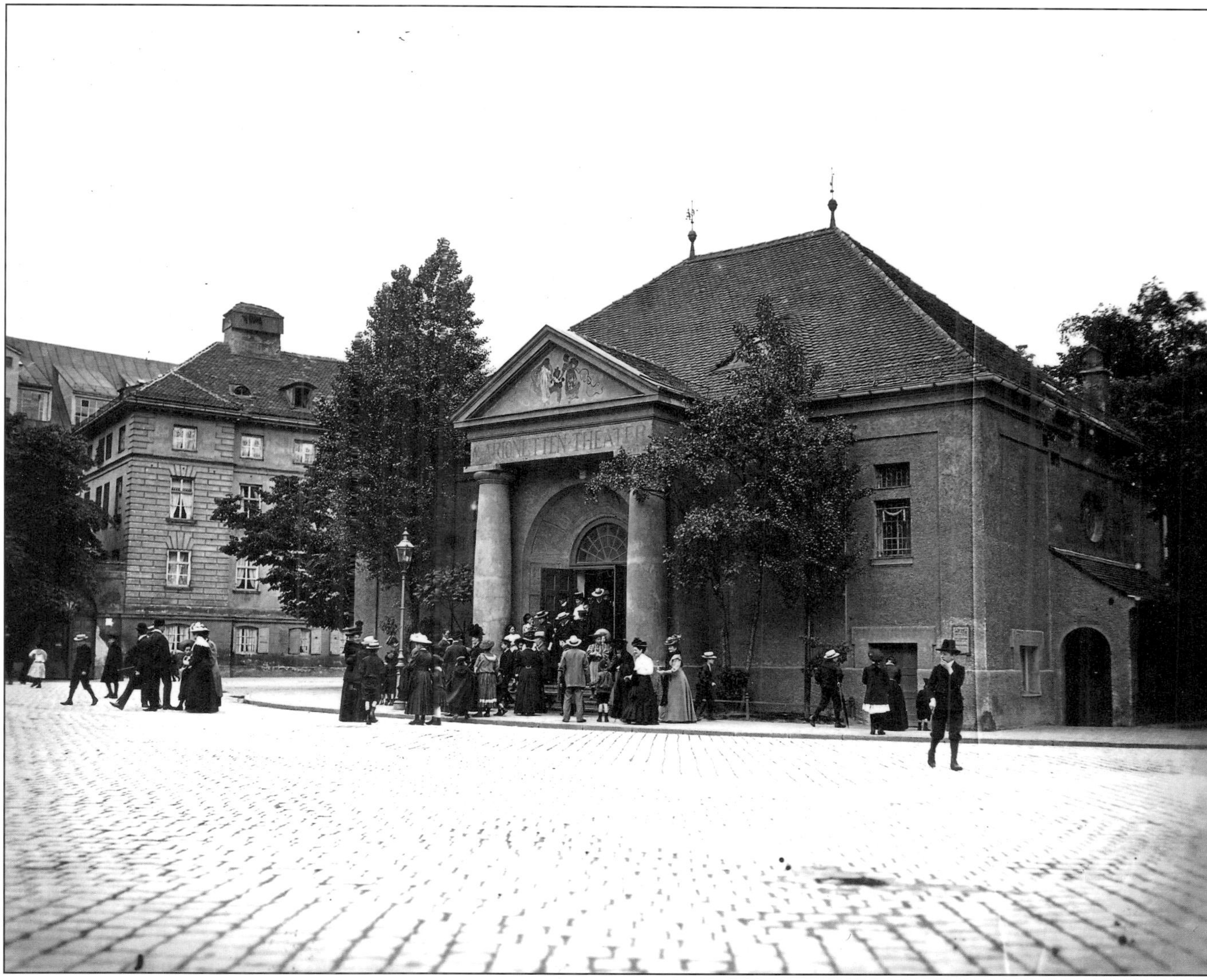

149

Besucherandrang vor dem 1900 erbauten Marionettentheater an der Blumenstraße.

Aufnahme vom 18.6.1908

Die Isarvorstadt

Die Isarvorstadt bildet einen im Süden und Südosten an das Angerviertel anschließenden ausgedehnten Geländestreifen, dem der Isarlauf in seiner ganzen Breite zugeordnet ist. Die Zweibrückenstraße trennt die Isarvorstadt vom Lehel.

Seit dem Mittelalter wurden hier die für die Wirtschaftskraft der Stadt wichtigen, aus einstigen Seitenarmen der Isar entwickelten Stadtbäche in den Burgfriedensbereich eingeleitet, weshalb sich ähnlich wie im unmittelbar nördlich anschließenden Lehel eine vor den Stadtmauern gelegene wasserabhängige Gewerbezone etablierte, wie auch bürgerliche Gärten und adelige Villenanlagen den exponierten Standort bevorzugten. Bis in die Mitte des vorigen Jahrhunderts blieb gerade die Isarvorstadt hinter dem allgemeinen Wachstumsprozeß des Stadtareals zurück, um dann aber mit der 1860 beginnenden systematische Bebauung des sog. Eichthalangers, des heutigen Gärtnerplatzviertels, einen entscheidenden Schritt nach vorne zu tun. Hier entstand nämlich (nach der Maxvorstadt) das zweite planmäßig angelegte Stadterweiterungsgebiet, das, der örtlichen Bevölkerungsstruktur angepaßt, große Mietskasernenriegel auf geometrisch angelegten Straßen- und Platzsituationen entstehen ließ. Im südlich anschließenden Glockenbachviertel setzte sich diese dichte gründerzeitliche Bebauung nach 1870 fort, um nach der Jahrhundertwende auch auf die Bereiche jenseits der Kapuzinerstraße überzugreifen. Bis zum 2. Weltkrieg blieb der Charakter dieser Vorstadt geprägt von Gewerbebetrieben und Fabriken, denen die Stadtbäche als Energieträger dienten, während das Milieu bestimmt war von einer in endlosen Häuserzeilen „verdichteten" kleinbürgerlichen und teilweise proletarischen Wohnbevölkerung.

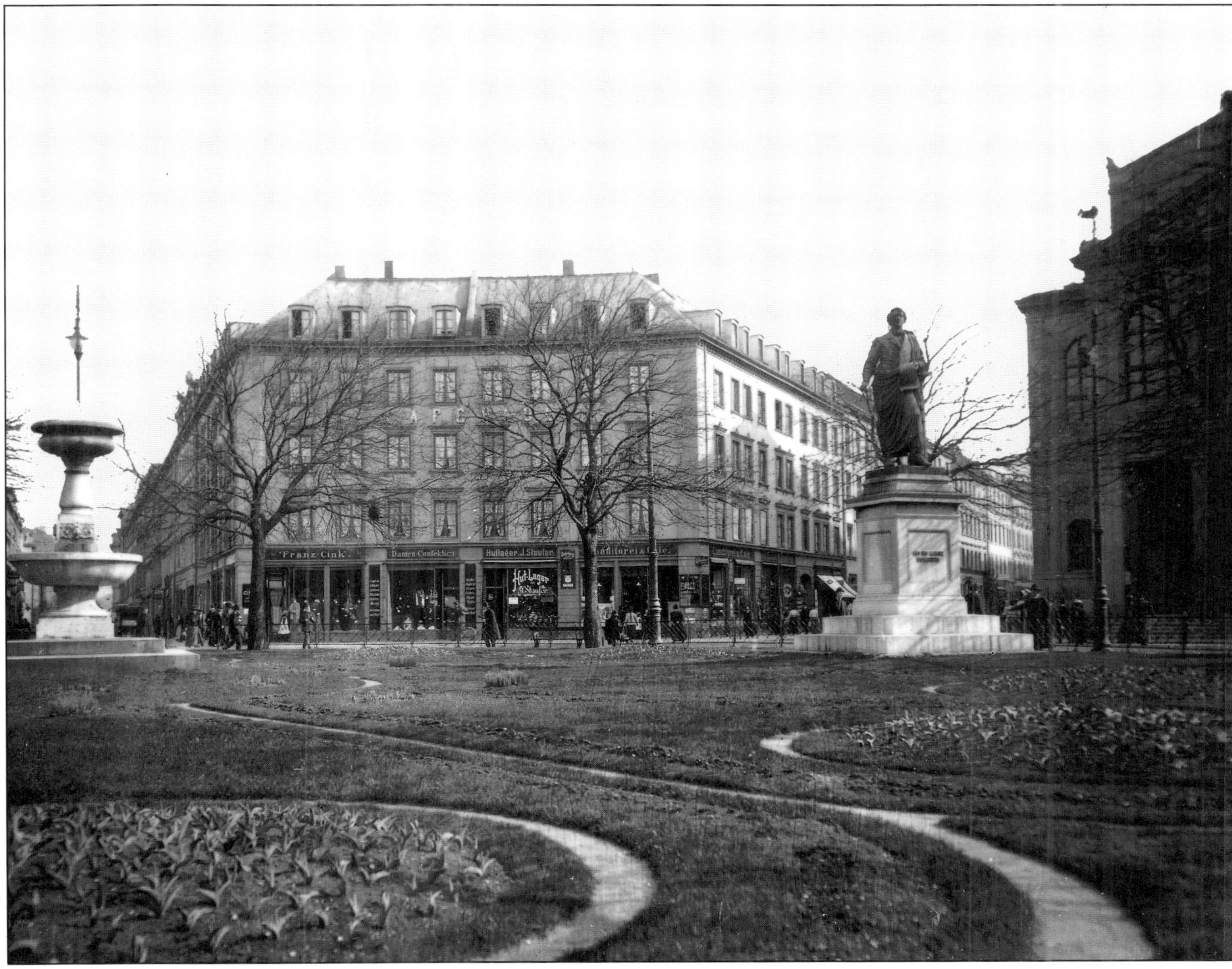

150

Blick über das Rondell am Gär:nerplatz gegen Osten, auf die (links) einmündende Cornelius- und die Reichenbachstraße. Rechts angeschnitten der Bau des Gärtnerplatztheaters. Das hier abgebildete Denkmal des Architekten Klenze wurde wie das gegenüberliegende des Architekten Gärtner vom Krieg zerstört.

Aufnahme vom 17.4.1909

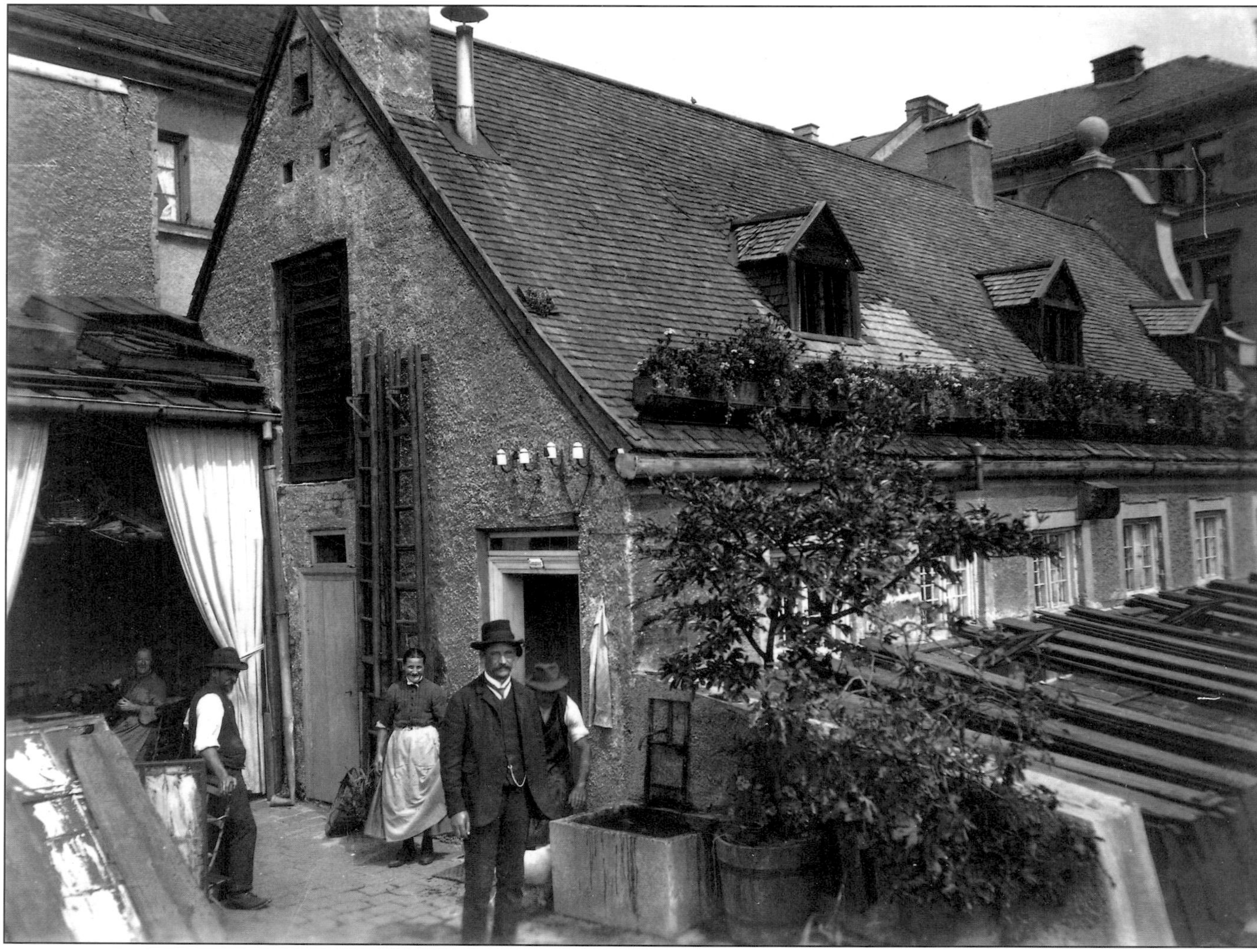

151
Völlig eingebaut von Mietskasernen ist diese kleine Gärtnerei an der Pestalozzistraße.
Aufnahme vom 18. 8. 1908

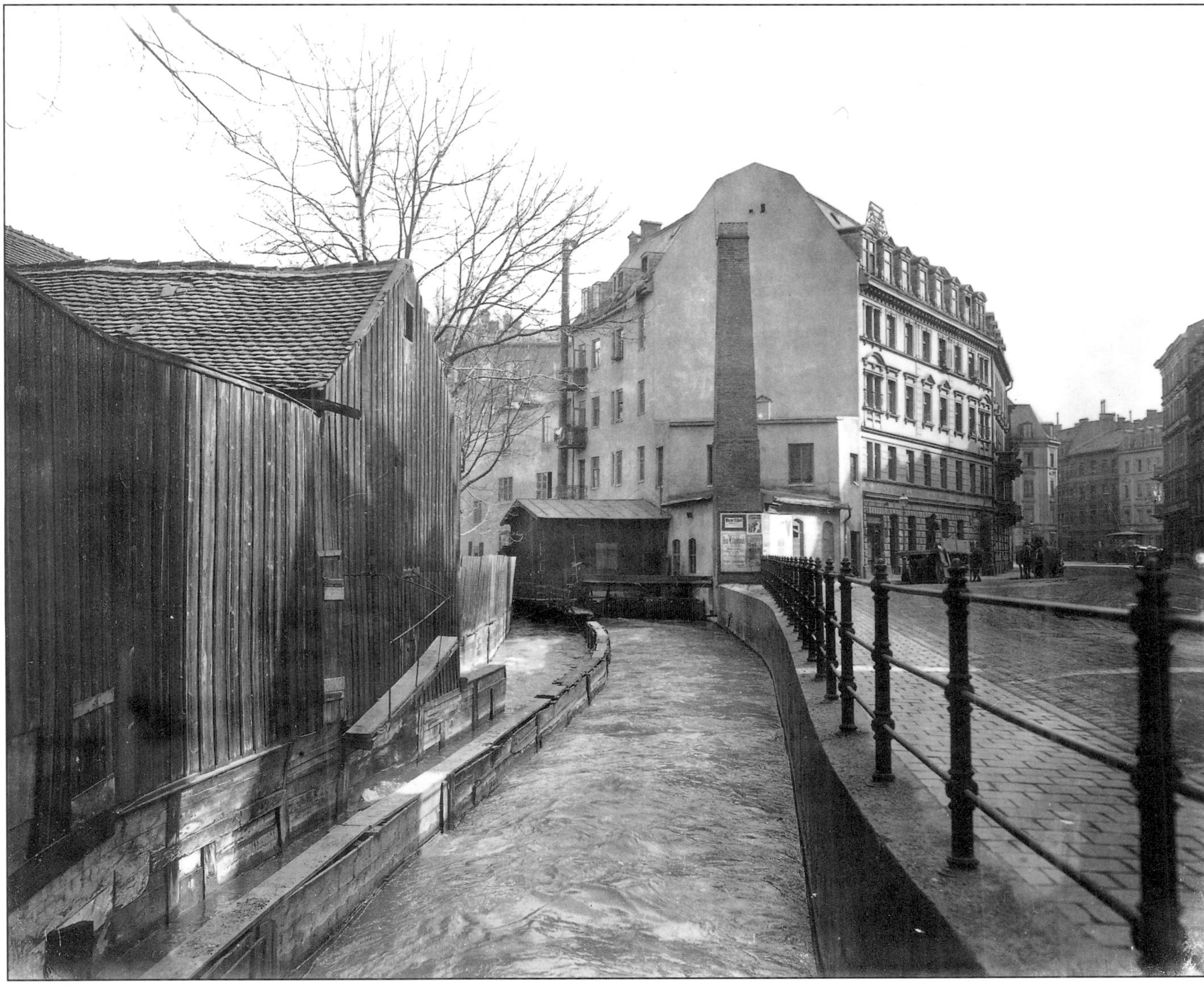

152

Der offene Stadtbach an der Baaderstraße Nr. 80.

Aufnahme vom 29.3.1903

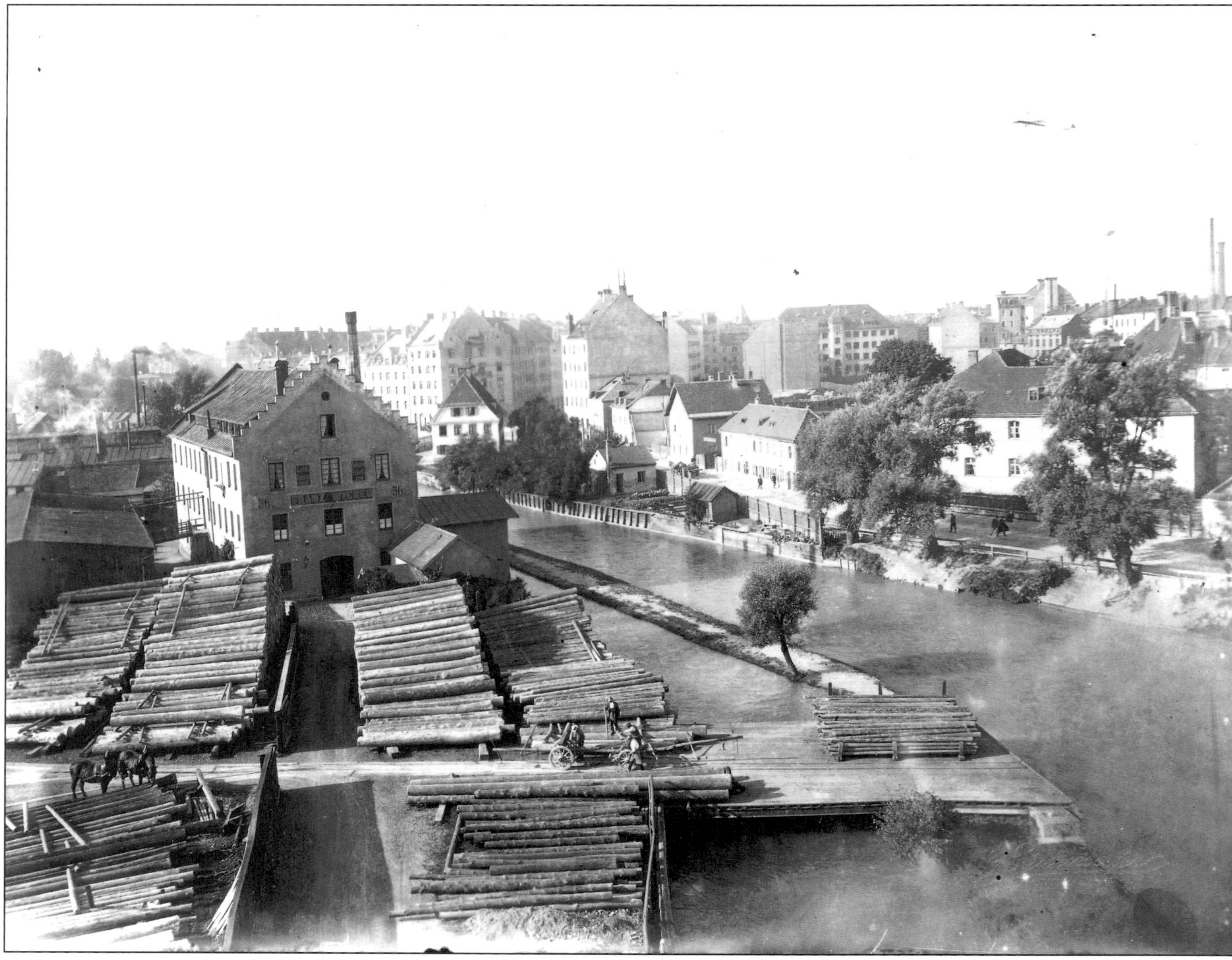

153

Blick aus dem Eckhaus Kapuziner-, Pestalozzistraße nach Süden mit der Rahmenfabrik Wieser am Großen Stadtbach. Rechts hinter den Bäumen das Schmittersche Altersheim an der Isartalstraße.

Aufnahme um 1905

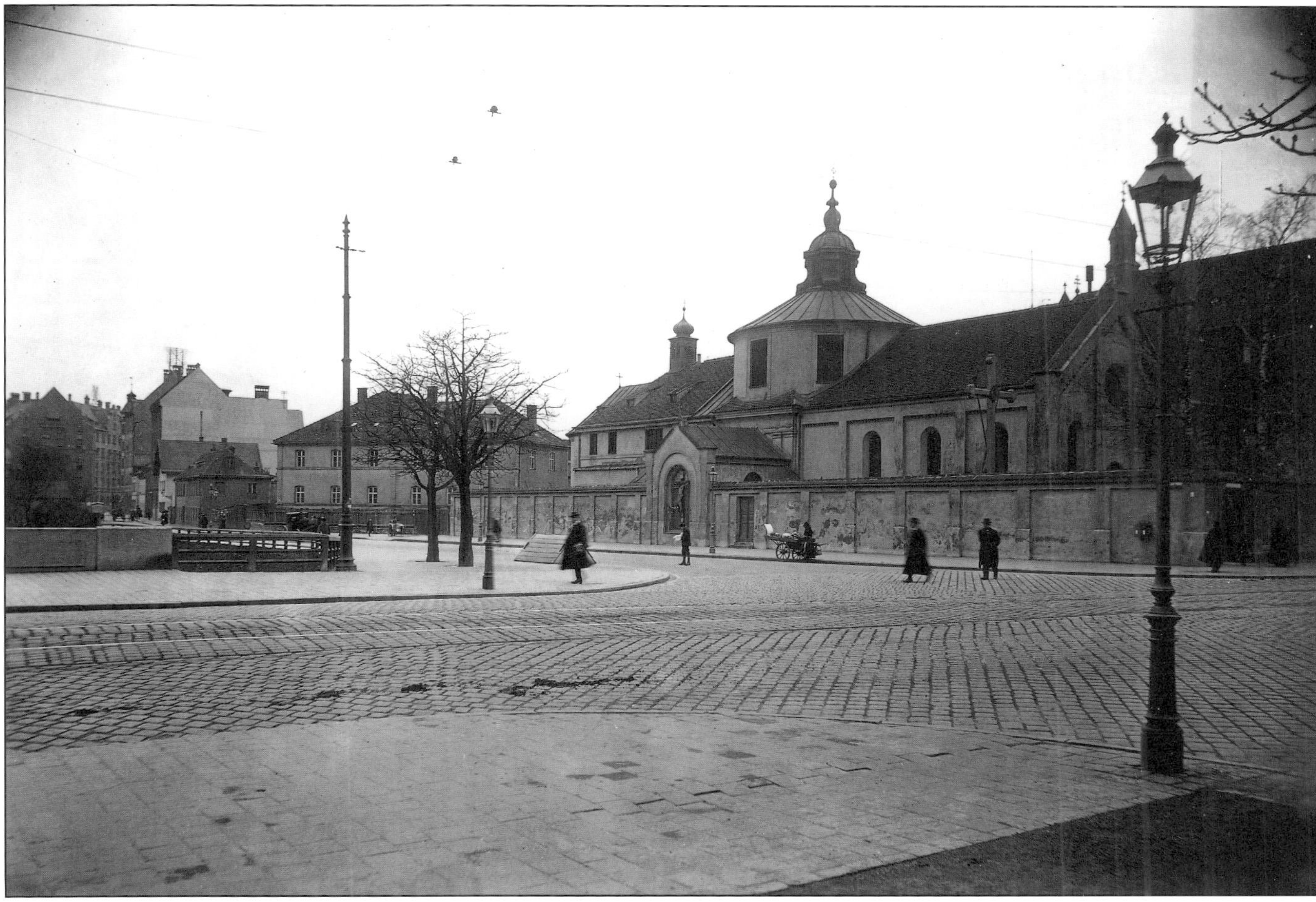

154

Die Rotunde der zum Kapuzinerkloster St. Anton gehörenden „Schmerzhaften Kapelle“ an der Isartalstraße.

Aufnahme vom 25.3.1914

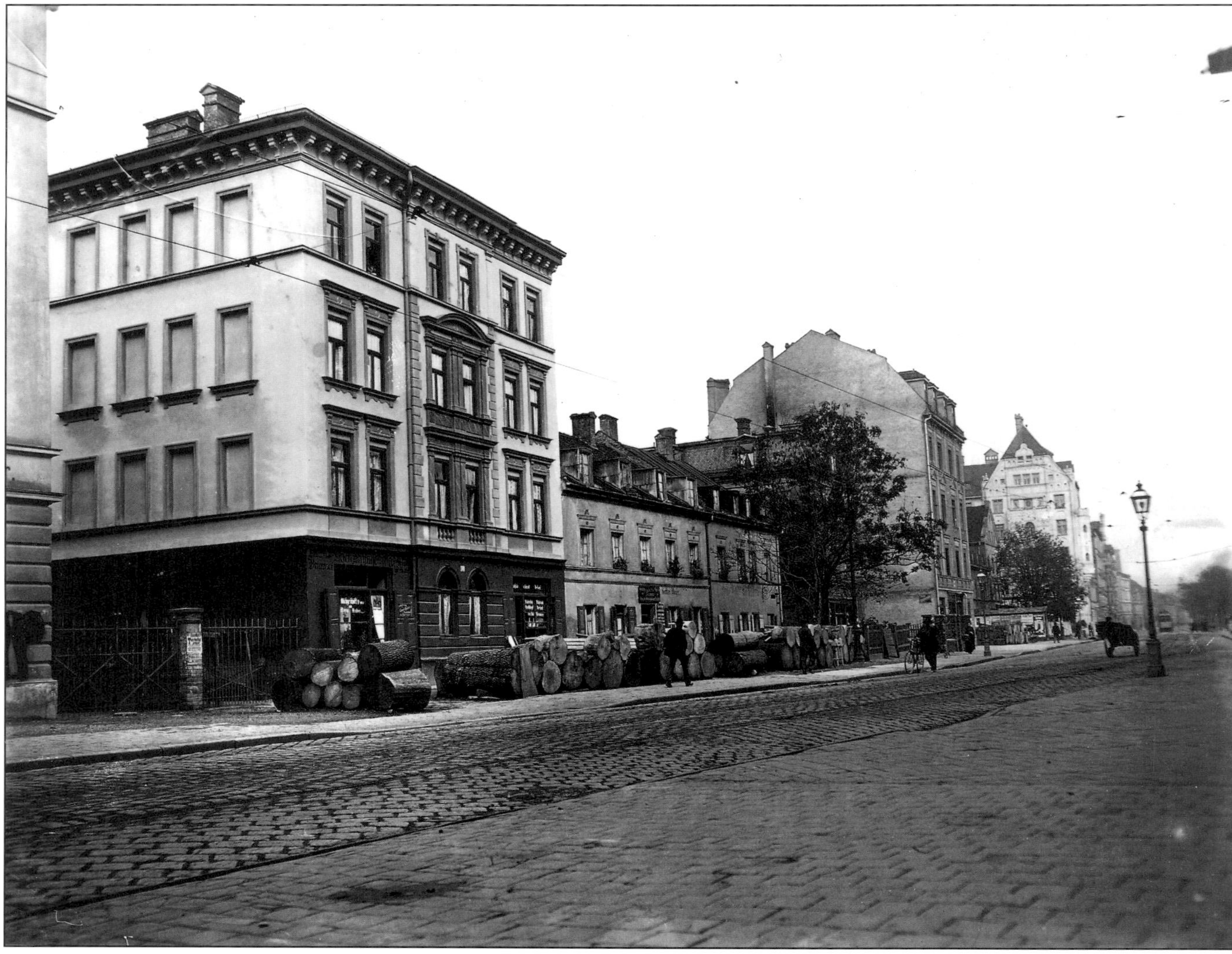

155

Thalkirchner Straße Nr. 108, zwischen Mai- und Kapuzinerstraße, stadteinwärts gesehen. Der breite Gehsteig wird hier als Lagerplatz für eine Holzhandlung genutzt.

Aufnahme um 1910

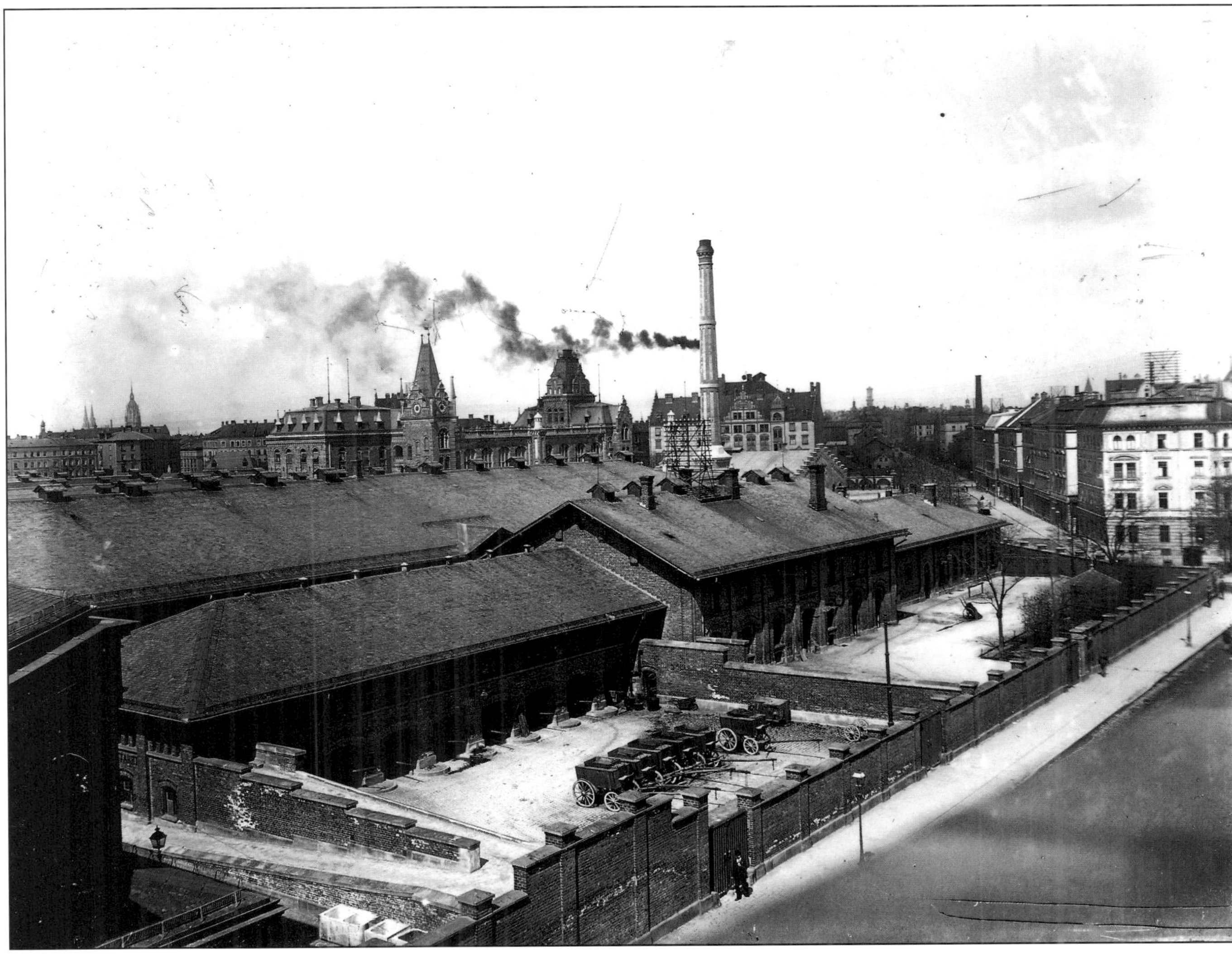

156

Blick auf das Schlachthofgelände an der Thalkirchner Straße. Die beiden im Stil des Historismus gehaltenen Türme im Hintergrund gehören zu der 1898/99 errichteten Kühlhallenanlage. Die nach halblinks abzweigende Straße ist die Maistraße, die einst bis zur Thalkirchner Straße durchgeführt war.

Aufnahme um 1905

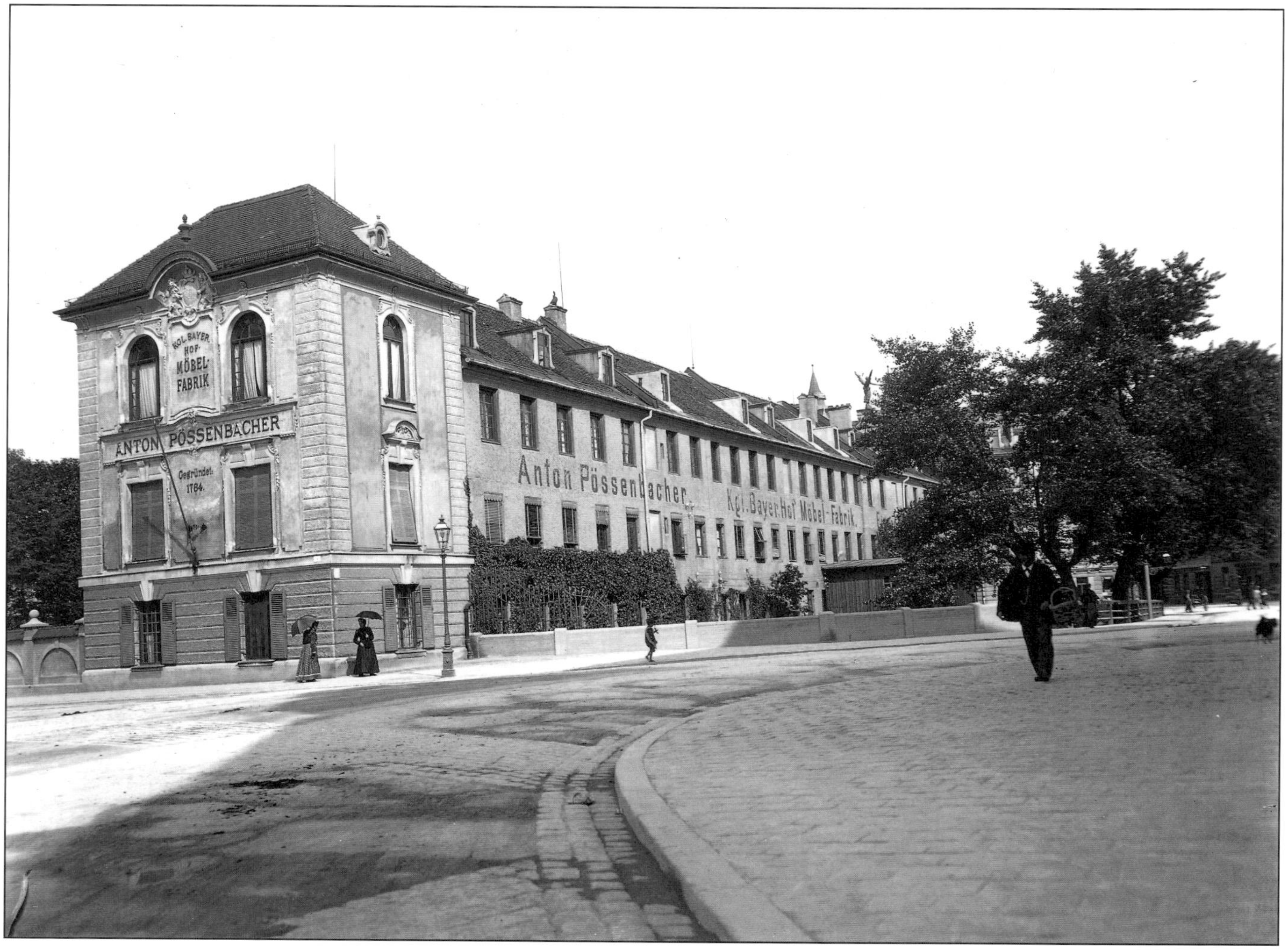

157
Baumstraße mit der am offenen Pesenbach gelegenen Hofmöbelfabrik Anton Pössenbacher.
Aufnahme vom 28.8.1903

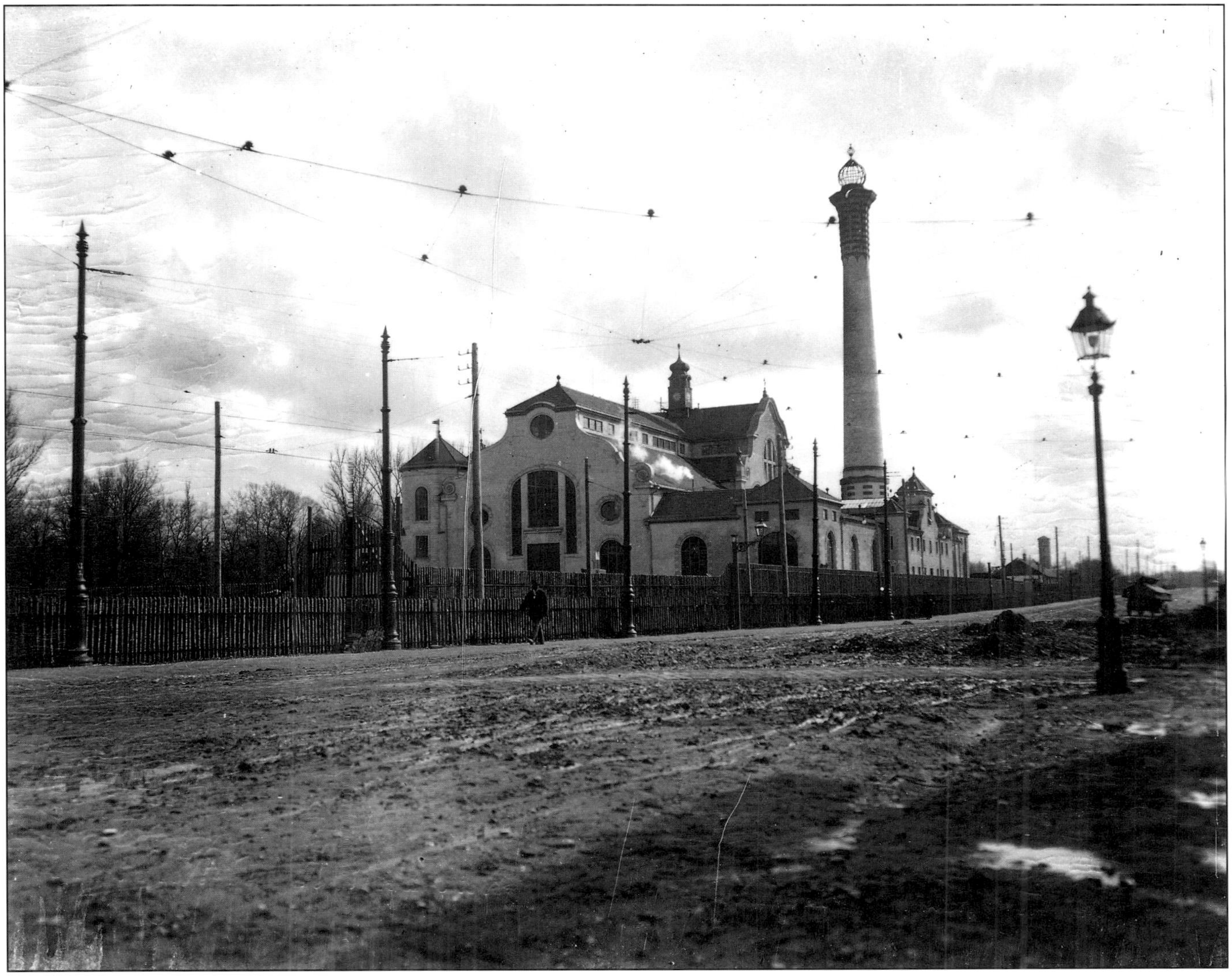

158

An der noch „makadamisierten" Äußeren Isartalstraße erhebt sich die imposante Architektur des städtischen Elektrizitätswerkes.

Aufnahme vom 13.11.1909

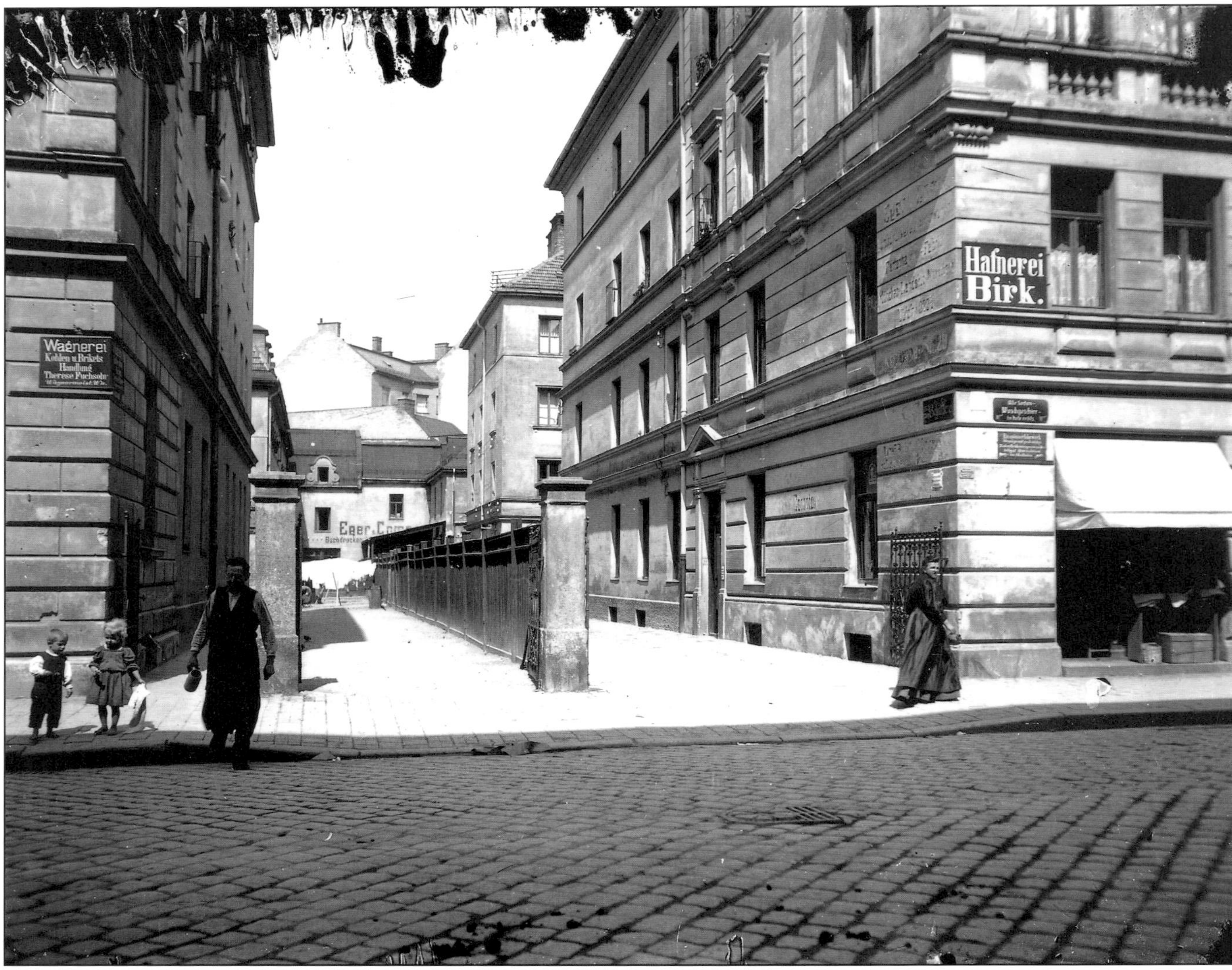

159

In „offener“ Bauweise errichtete Mietshausblöcke an der Kapuzinerstraße. Die Hinterhäuser werden noch häufig von kleinen Handwerksbetrieben als Werkstätten genutzt.

Aufnahme vom 20.6.1909

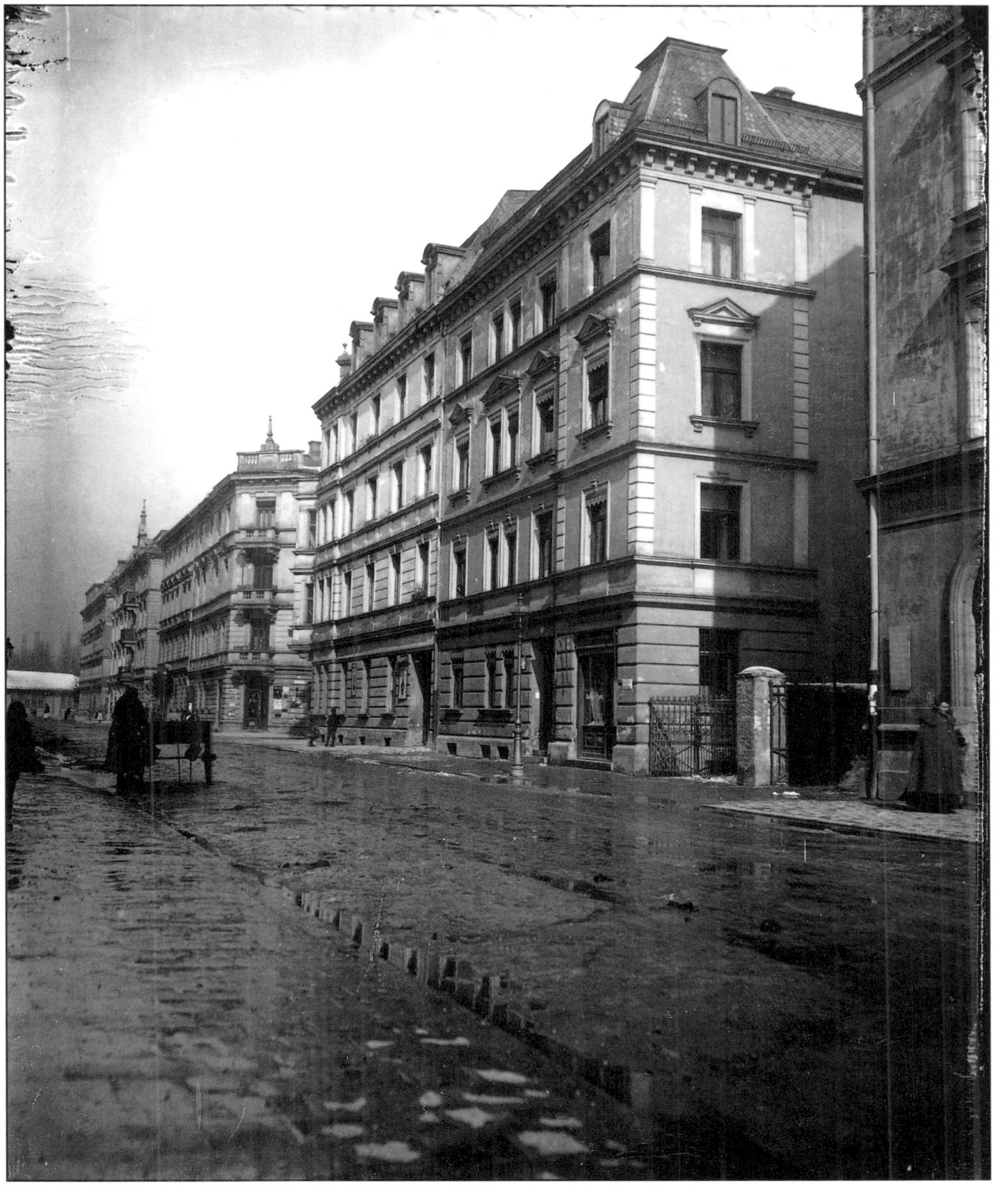

160

Die Tristesse gleichförmig bebauter Vorstadtstraßen kommt in dieser Aufnahme der Arndtstraße besonders gut zum Ausdruck.

Aufnahme vom 8.3.1909

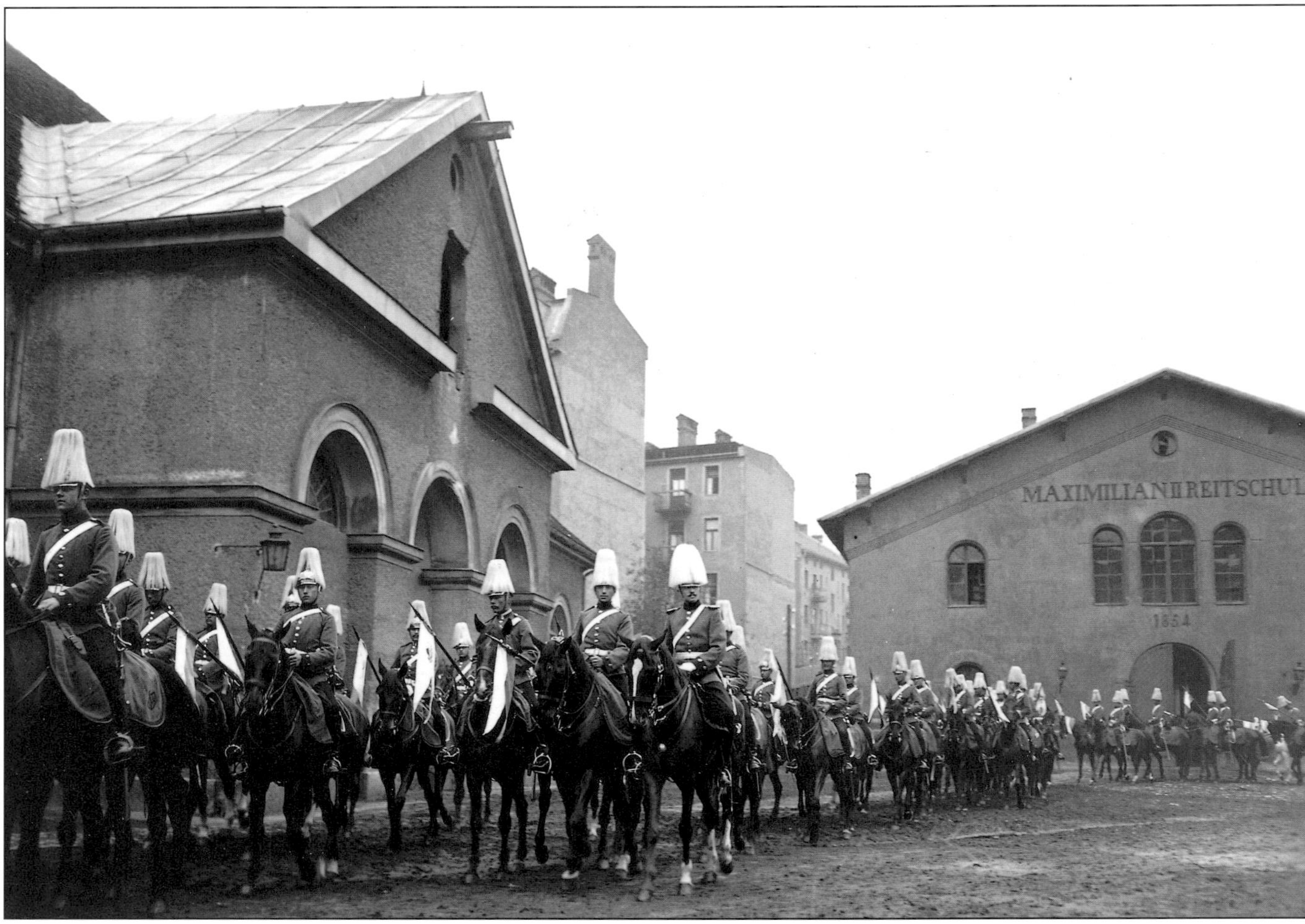

161
An das Gelände der Schweren-Reiter-Kaserne an der Zweibrückenstraße schloß sich im Süden die sog. Maximilian-II.-Reitschule an. Hier „Schwere-Reiter" bei der Aufstellung zum Ausritt.

Aufnahme um 1900

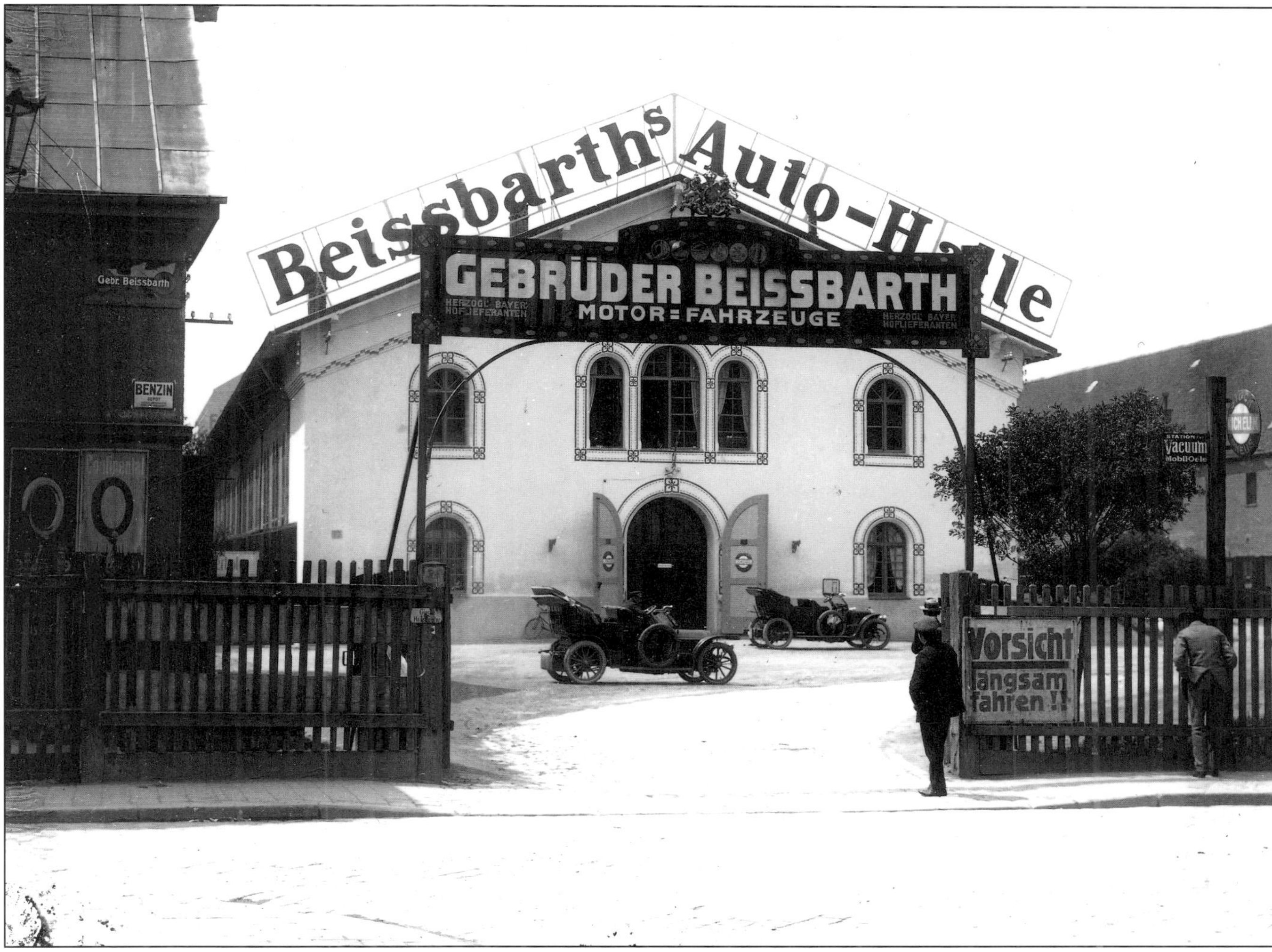

162

Nach Aufgabe der militärischen Nutzung wurde die große Reithalle (vgl. das vorhergehende Bild) zeitgemäß als „Autohalle“ adaptiert.

Aufnahme vom 6.7.1912

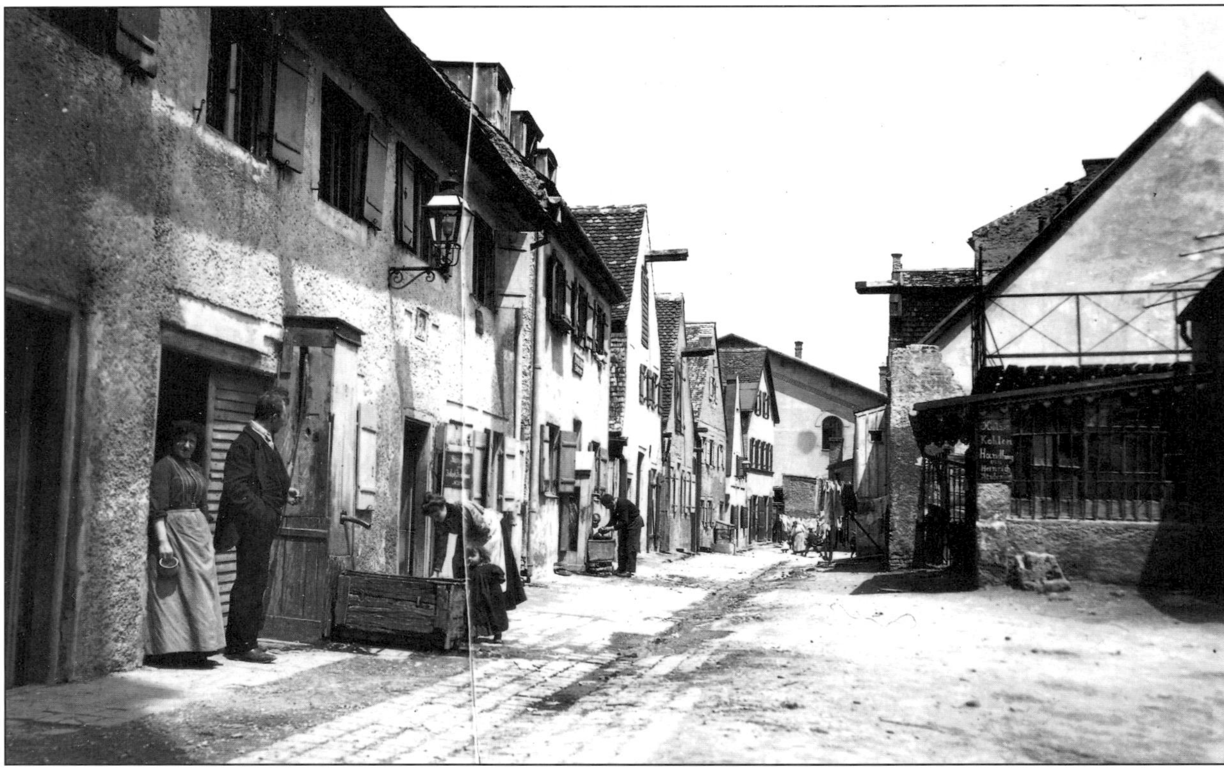

163
Vorstadtmilieu in der Magazinstraße südlich der Maximilian-II.-Reitschule. Das gesamte Areal mit Reitschule und Kleinbebauung entspricht heute dem Gelände des Europäischen Patentamtes.

Aufnahme um 1903

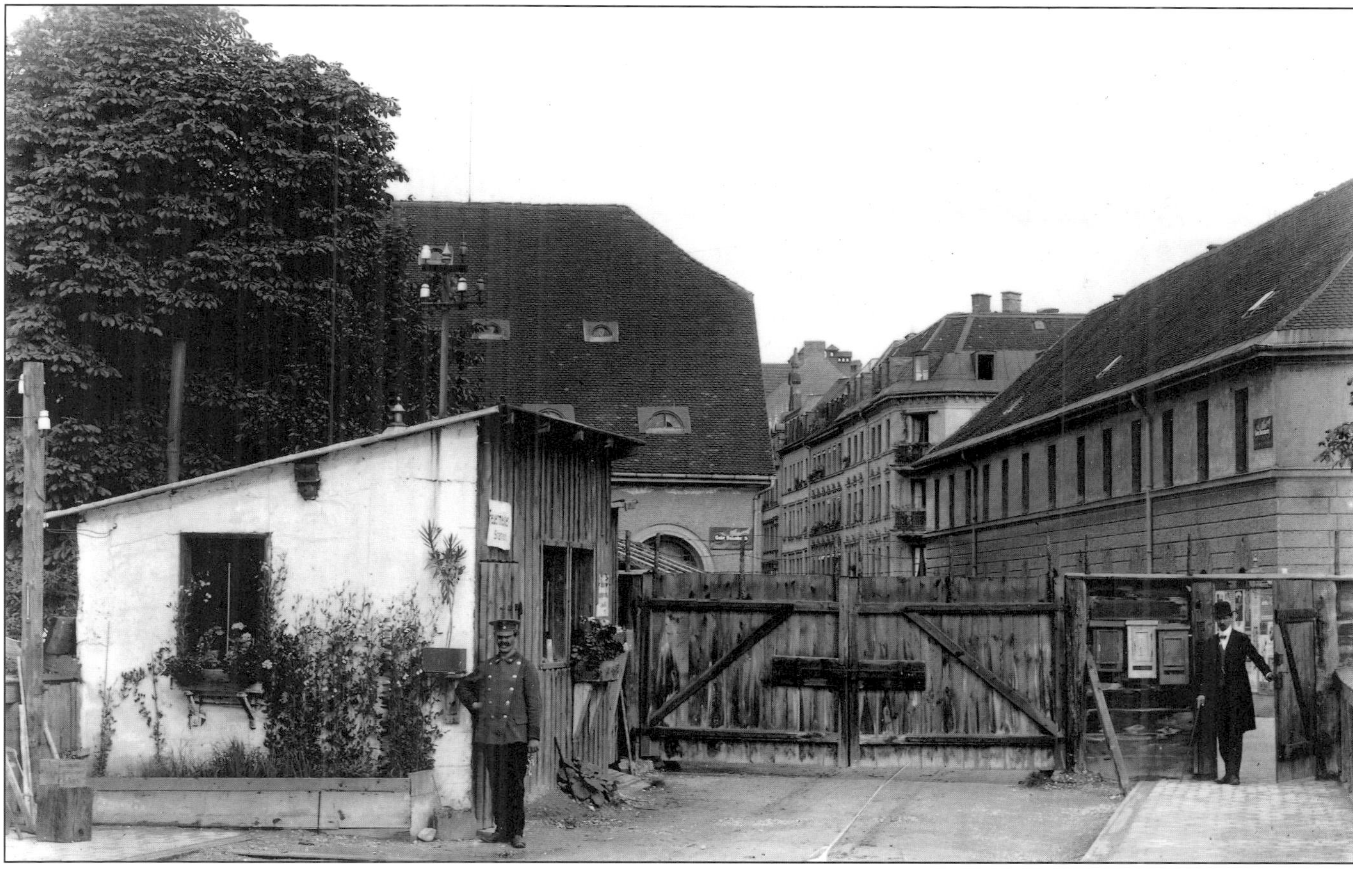

164

Das liebevoll gepflegte Torwarthaus an der behelfsmäßigen Isarbrücke (heute Bosch-Brücke), die zur Baustelle des Deutschen Museums auf der Kohleninsel führt. Im Hintergrund die Kohlstraße mit den Bauten der Maximilian-II.-Reitschule (links) und der Schweren-Reiter-Kaserne (rechts).

Aufnahme vom 13.8.1912

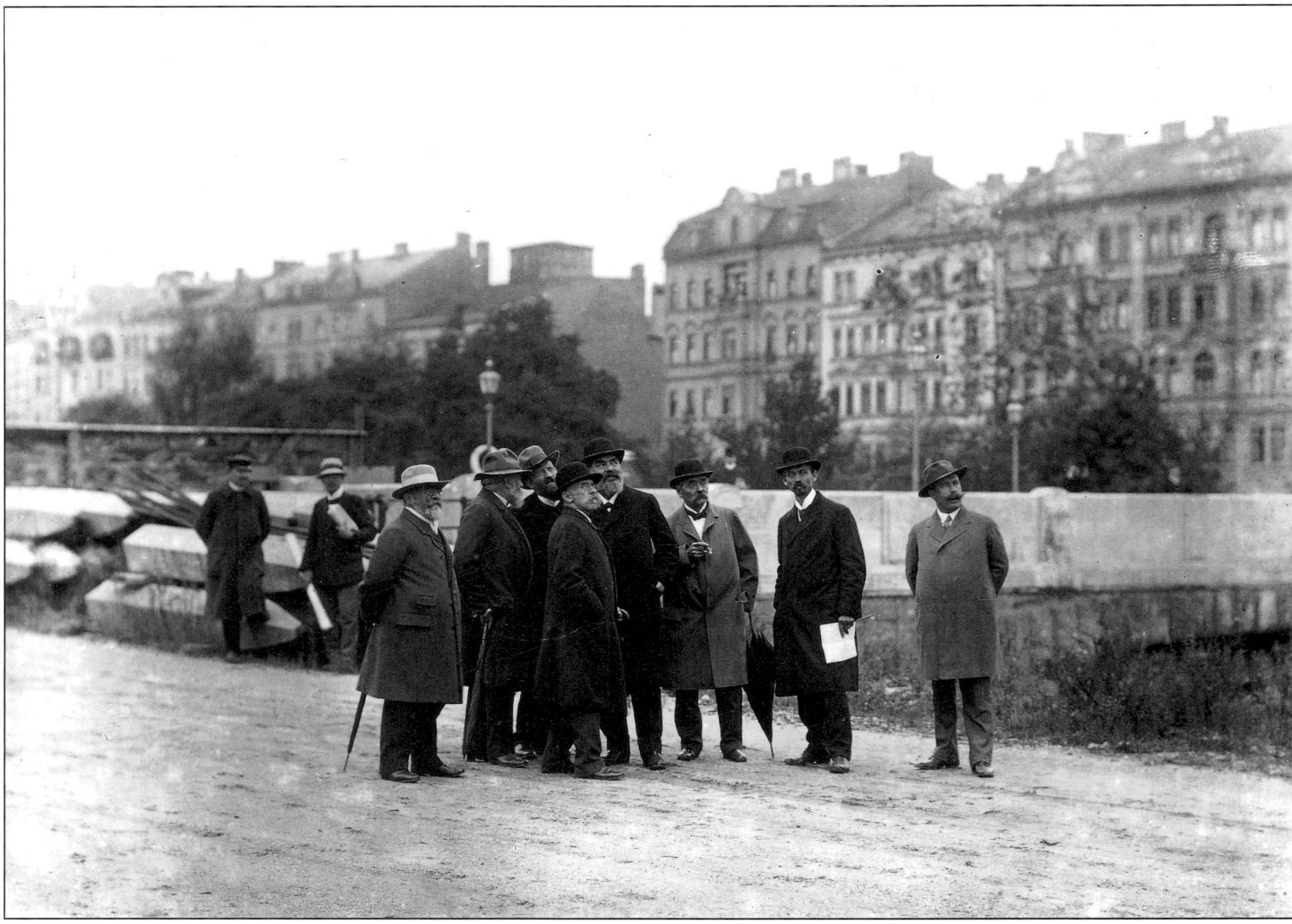

165

Baubesichtigung des noch unvollendeten Deutschen Museums. In der Mitte der Gruppe der Museumsinitiator Oskar von Miller, unmittelbar vor ihm der Architekt Gabriel von Seidl.

Aufnahme vom 23.8.1912

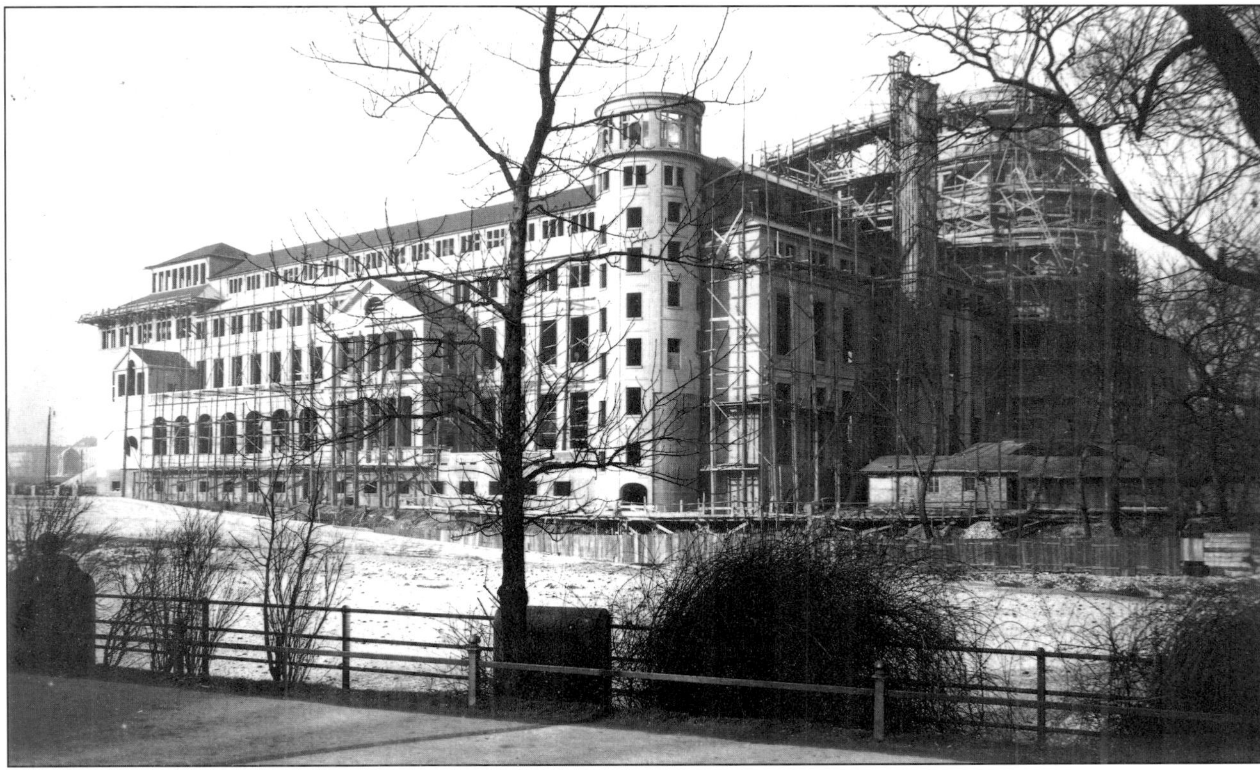

166

Deutsches Museum im Bau, um 1918. Die Grundsteinlegung war 1906 erfolgt, die Einweihung fand 1925 statt.

Aufnahme um 1918

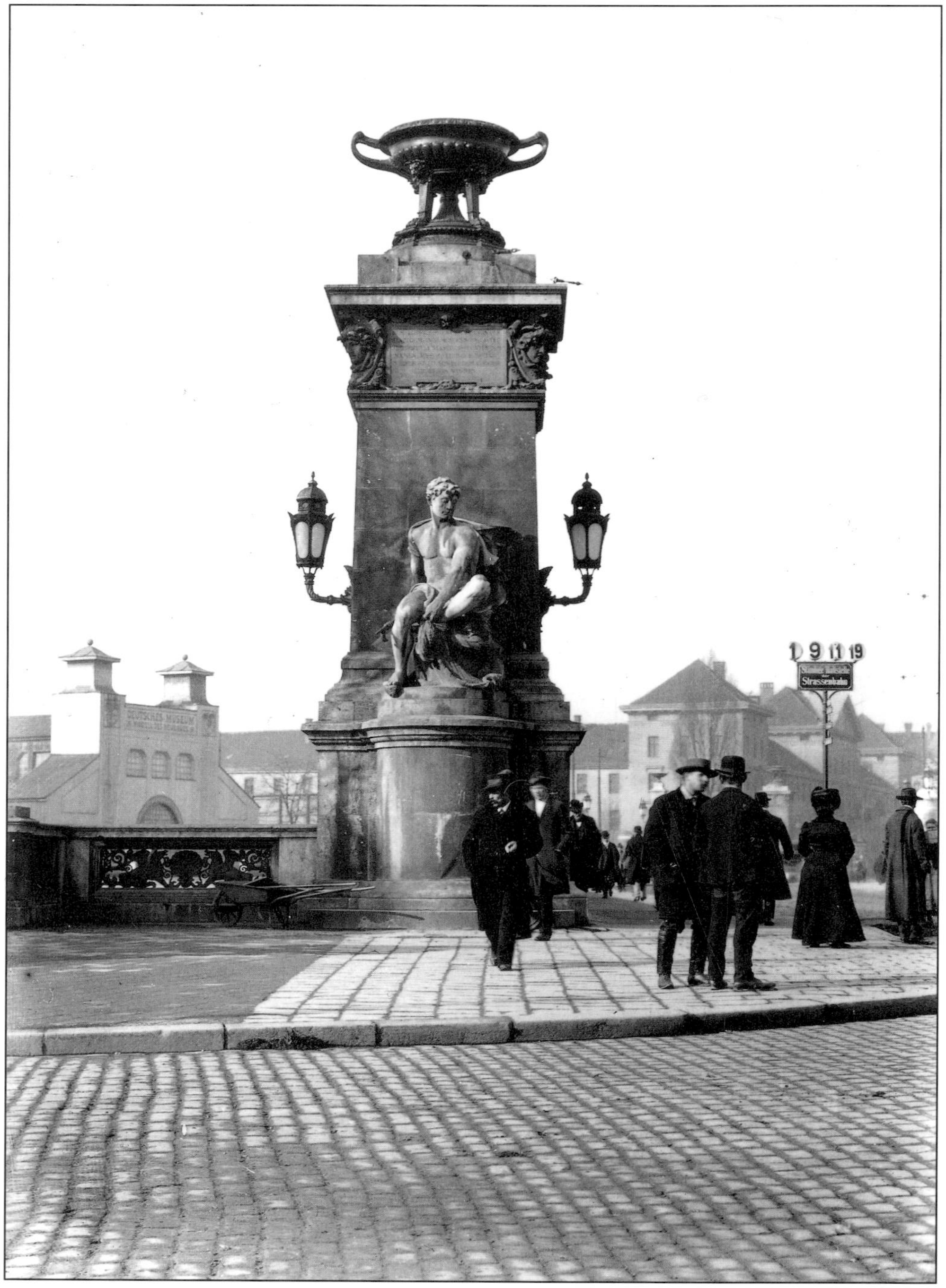

167
Der südliche der beiden einst an der äußeren Ludwigsbrücke aufgestellten Pylonen. Auf der Kohleninsel (links) ein Holzpavillon, in dem das Modell des Deutschen Museums ausgestellt ist.

Aufnahme um 1907

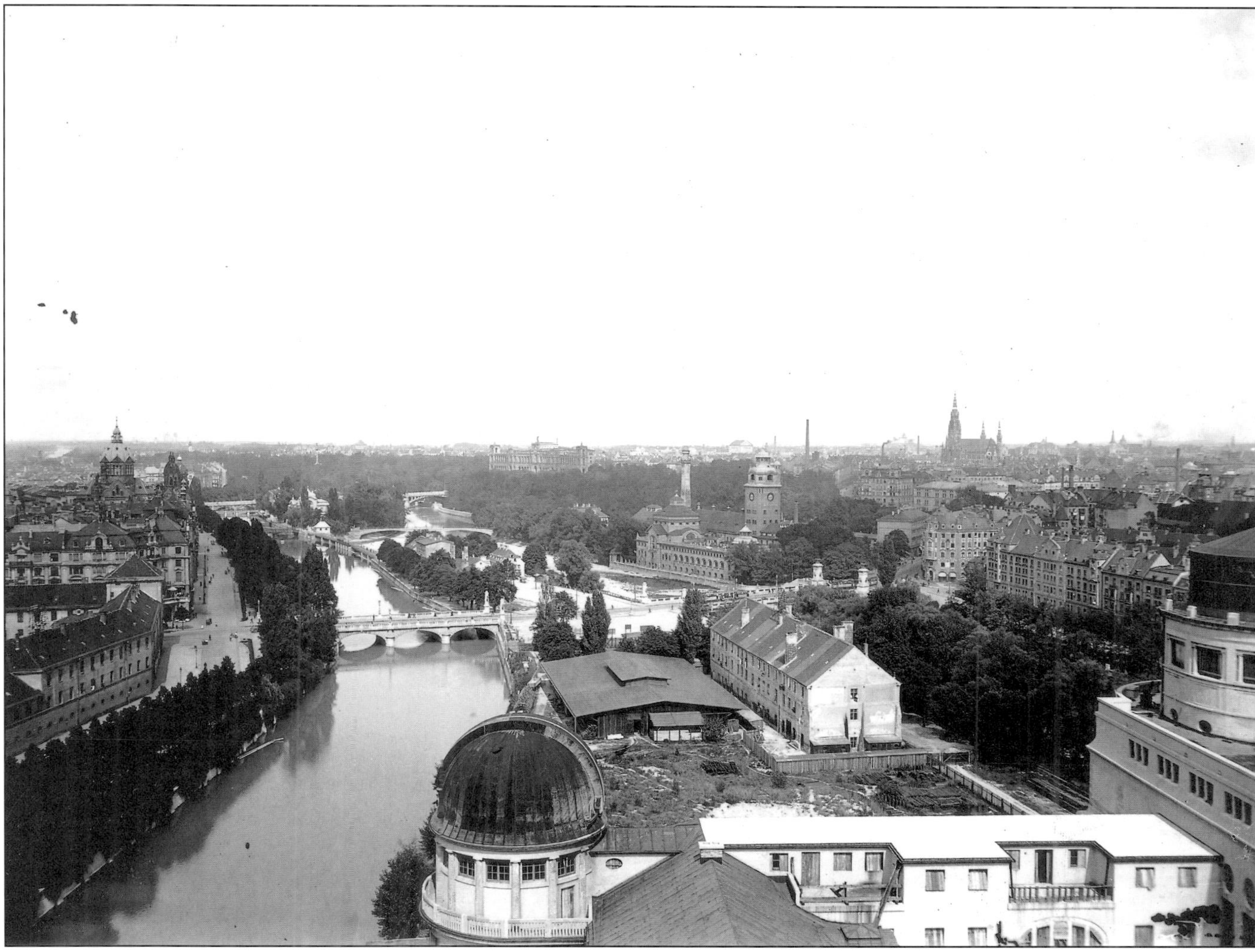

168

Blick vom neuerrichteten Turm des Deutschen Museums gegen Norden. Auf der Kohleninsel, hinter dem Museum der letzte Teil der im 18. Jahrhundert erbauten ehemaligen Isarkaserne. Dort wurde 1928–32 der Bibliotheksbau des Deutschen Museums angefügt.

Aufnahme vom 12.8.1921

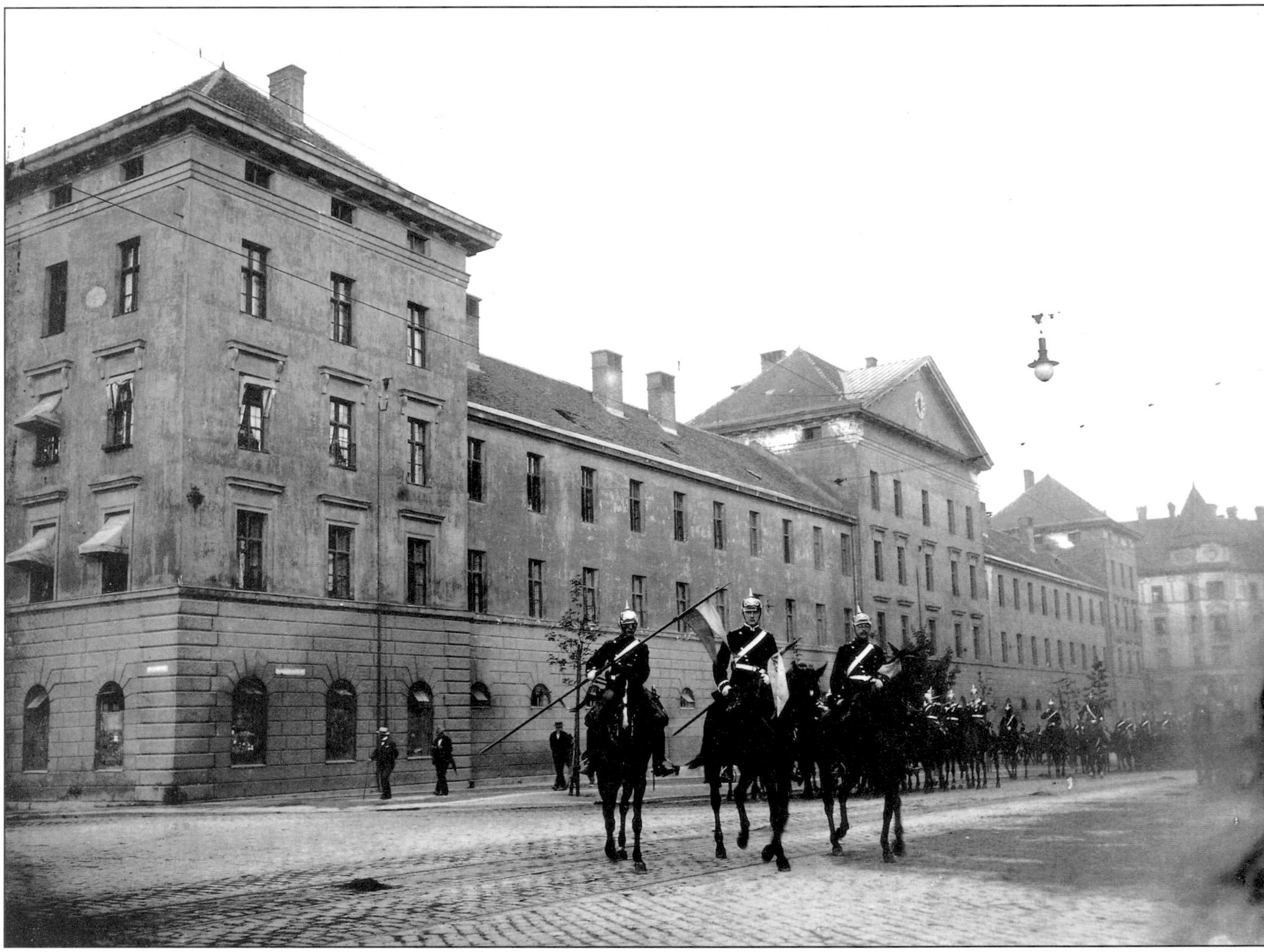

169

Das Chevauxlegers Regiment II. Taxis aus Dillingen passiert die Schwere-Reiter-Kaserne an der Zweibrückenstraße. Der Nachfolgebau der Kaserne ist das Deutsche Patentamt.

Aufnahme von 1901

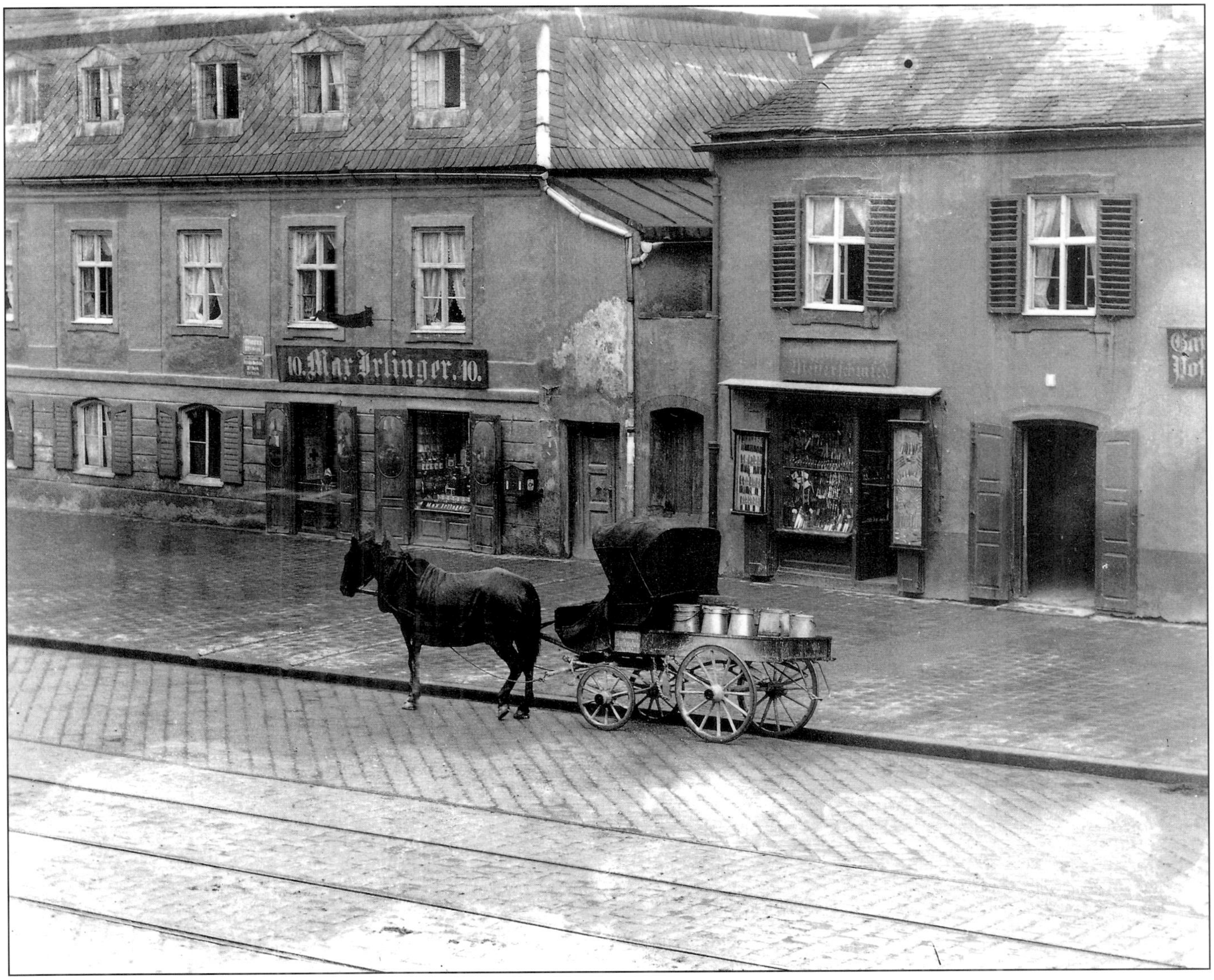

170

An der Zweibrückenstraße zwischen Isartorplatz und Morassistraße hatte sich bis zur Jahrhundertwende die Kleinbebauung der Vorstadt erhalten. Rechts angeschnitten, die Gastwirtschaft „Zum Postgarten", vor dem Haus das typische Fuhrwerk eines Milchhändlers. Dieses Foto hat Georg Pettendorfer von seiner unmittelbar gegenüber liegenden Wohnung aus aufgenommen.

Aufnahme um 1900

Das Lehel

Das Lehel (auch St. Anna-Vorstadt) lagert sich dem Graggenauerviertel im Osten an und war in seinem Erscheinungsbild durch Jahrhunderte hindurch geprägt von der nur schwer kalkulierbaren und noch schwerer beherrschbaren Isar und den von ihr abzweigenden Stadtbächen. Zu diesem Stadtbereich gehört das ganze Flußbett der Isar, wie früher auch ein „Brückenkopf“ des Burgfriedens im Umkreis des Gasteigs dazugerechnet wurde.

Als wasserorientiertes Gebiet war das vor den Mauern und Befestigungen gelegene Lehel stets Zentrum vielfältiger stadtherrlicher und bürgerlicher Gewerbeaktivitäten: Mühlen, Hammerschmieden, Wäschereien, Bleichen, Gärten gehörten ebenso dazu, wie die alte städtische Lände mit dem Triftkanal und den zahlreichen Stapelplätzen für Bau- und Brennholz. In bodenfeuchten Kleinhäusern und Herbergen wohnte bis zur Mitte des vorigen Jahrhunderts hier eine vielköpfige Taglöhnerbevölkerung, die vom einstigen Hieronymitaner- und späteren Franziskanerkloster von St. Anna seelsorgerisch betreut wurde. Dieses überwiegend triste Bild des Lehels wandelte sich mit der Anlage der Maximilianstraße und der Prinzregentenstraße bzw. der Isarregulierung in der zweiten Hälfte des 19. Jahrhunderts entscheidend. Die durch diese amtlichen Maßnahmen begründete „Wohnstandortaufwertung“ machte das Lehel auch für bürgerliche Kreise interessant und immer mehr Freiflächen wurden in der Folge durch Mietshäuser und Verwaltungsgebäude im Stil des Historismus verbaut. Entlang dem Isarufer entwickelte sich auf dem Gelände der deutsch-nationalen Kunstgewerbeausstellung von 1888 sogar ein Schwerpunkt großbürgerlicher Repräsentation. Die „Regulierung“ des Lehels ließ nur wenige Beispiele der einstigen Kleinhandwerker- und Tagelöhnerbehausungen auf unser Jahrhundert überkommen. Längst umstellt und eingezwängt von Mietsblöcken fielen diese wichtigen Zeugnisse der baulichen und sozialen Wirklichkeit des Lehels erst der jüngsten Vergangenheit zum Opfer.

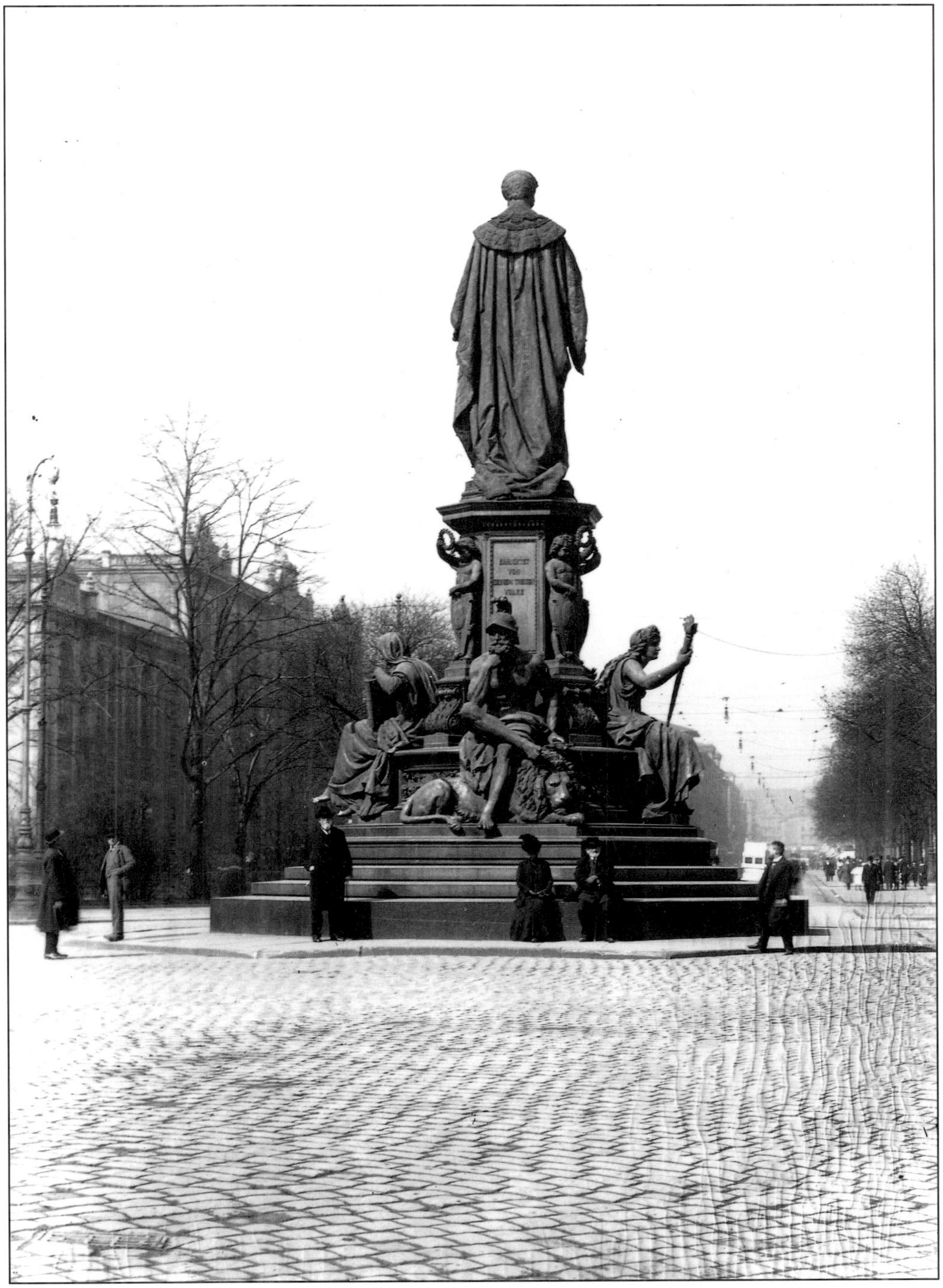

171

Der „abgewendete“ König. Das Max-II.-Monument in der Maximilianstraße.

Aufnahme um 1905

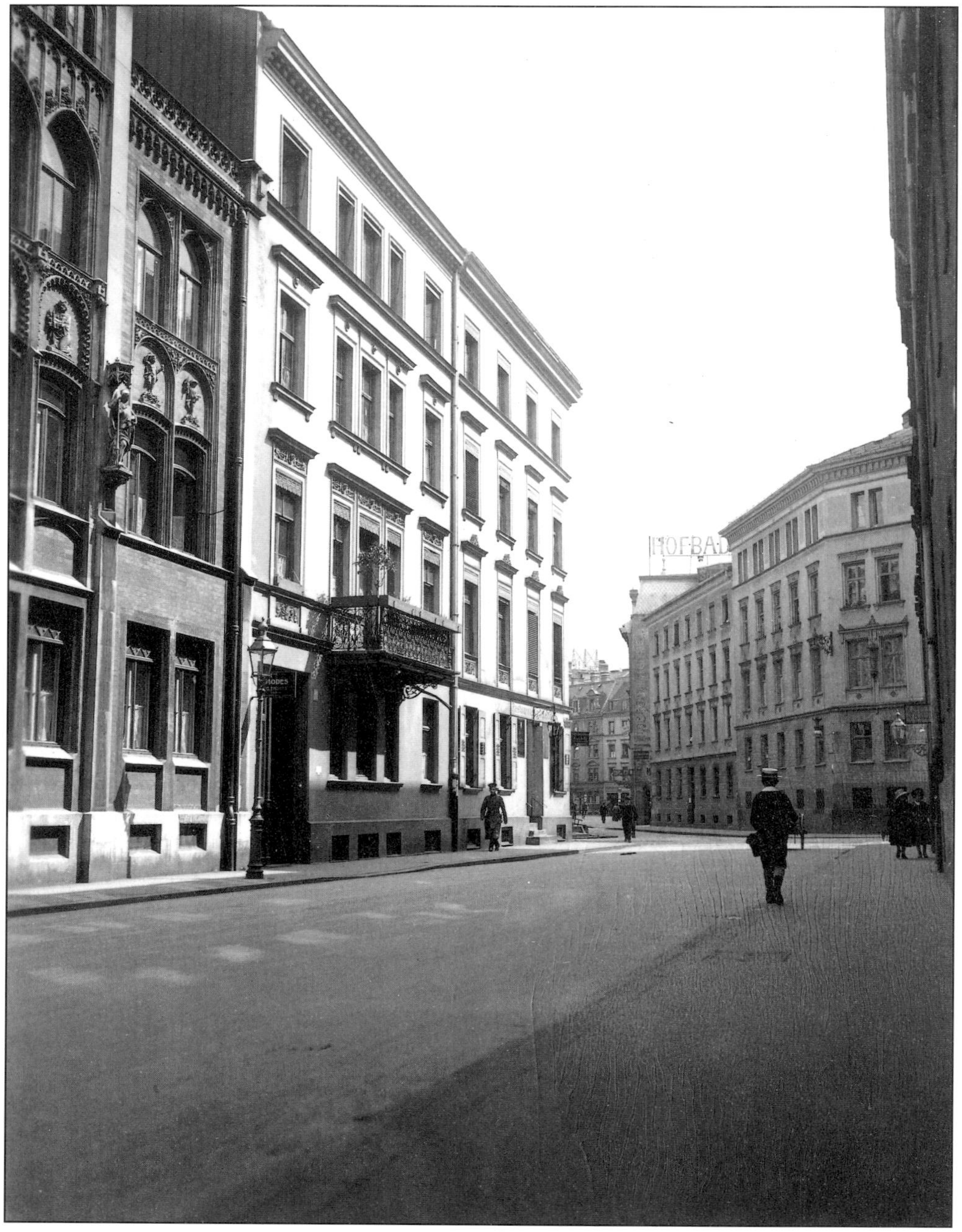

172

Vom Baustil der Maximilianstraße beeinflußt: die Häuser Stollbergstraße Nr. 18 und Nr. 16 vor der Kreuzung Hildegardstraße.

Aufnahme vom 18.5.1911

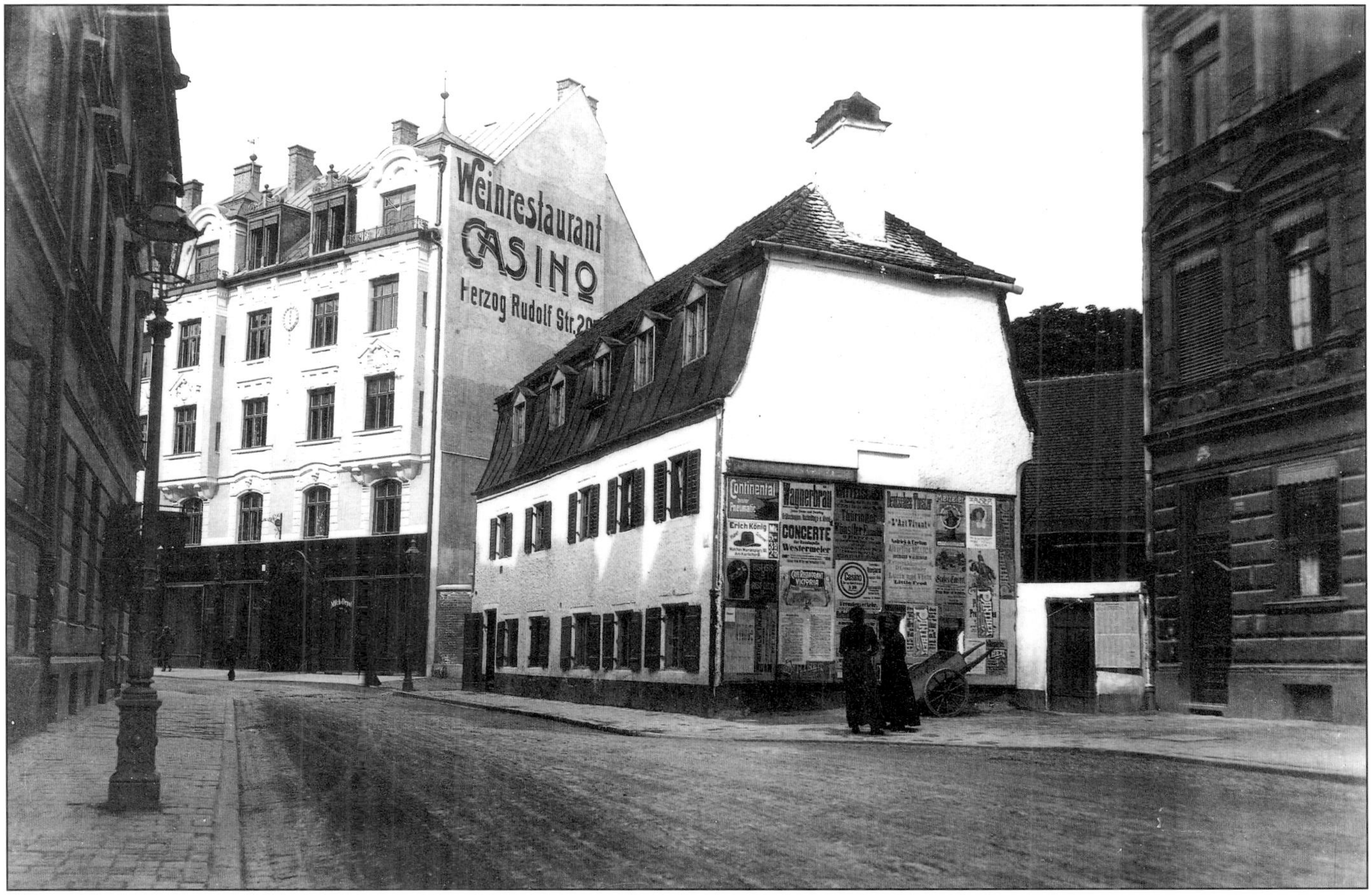

173

Mietsblock und Vorstadthaus an der Herzog-Rudolf-Straße. Das kleine Haus mußte 1909 dem Neubau des Franziskanerklosters St. Anna weichen.

Aufnahme vom 8.6.1903

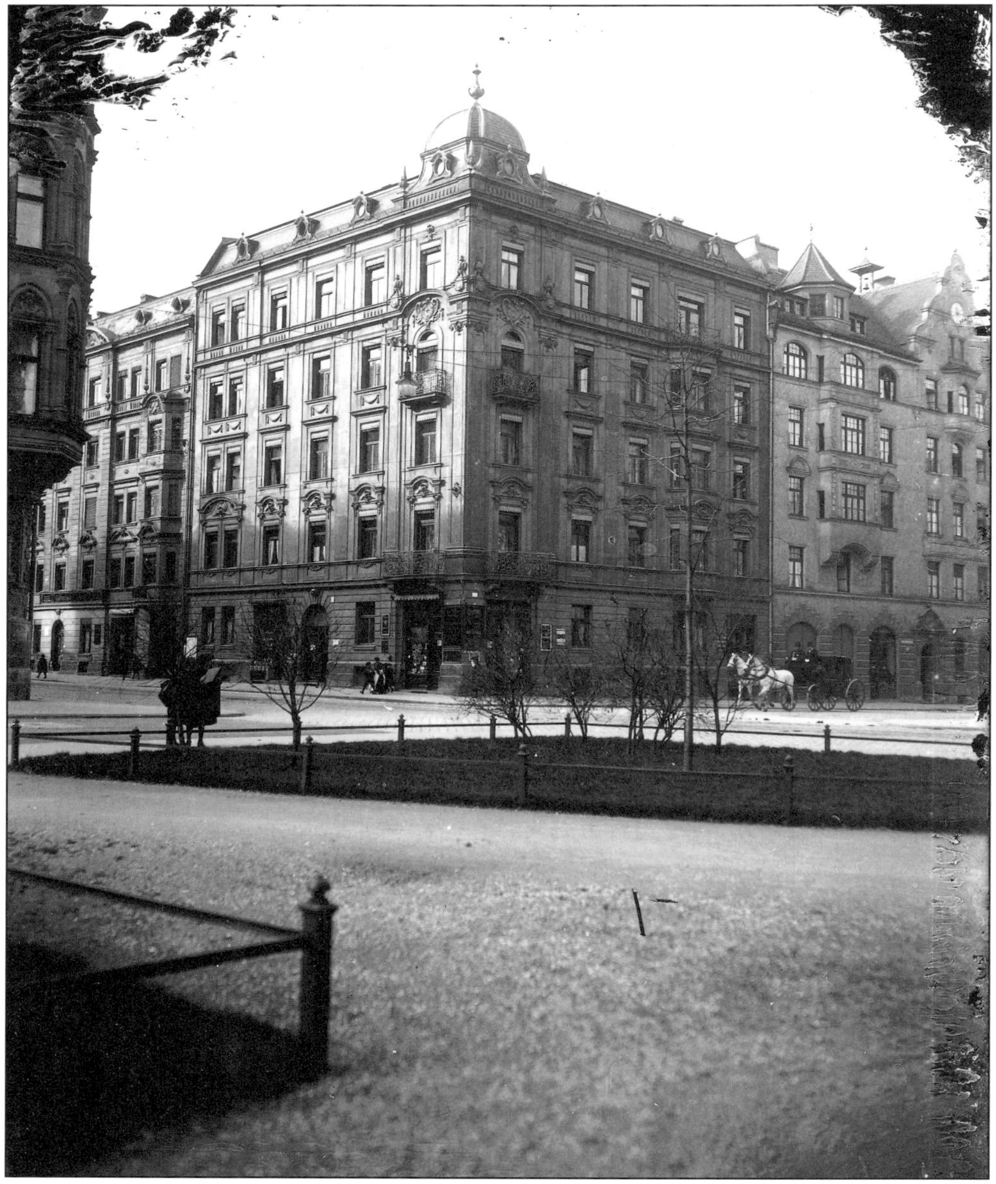

174

Geschlossene Bebauung an der Thierschstraße. Blick vom Mariannenplatz auf die Ecksituation Thiersch-/Mannhardtstraße.

Aufnahme vom 7.11.1904

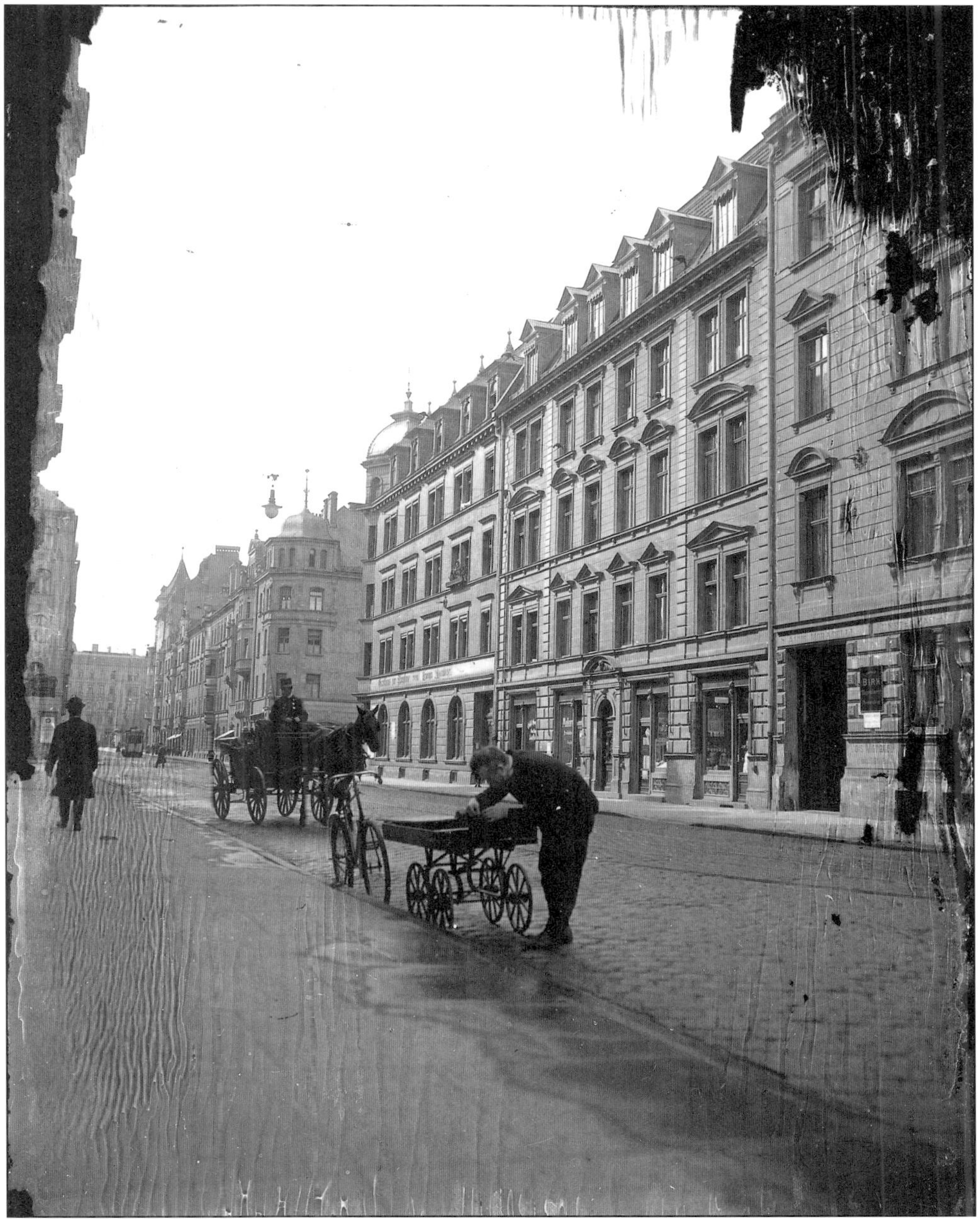

175

Der vordere Teil der Thierschstraße mit Einmündung der Liebherrstraße.

Aufnahme vom 31.3.1903

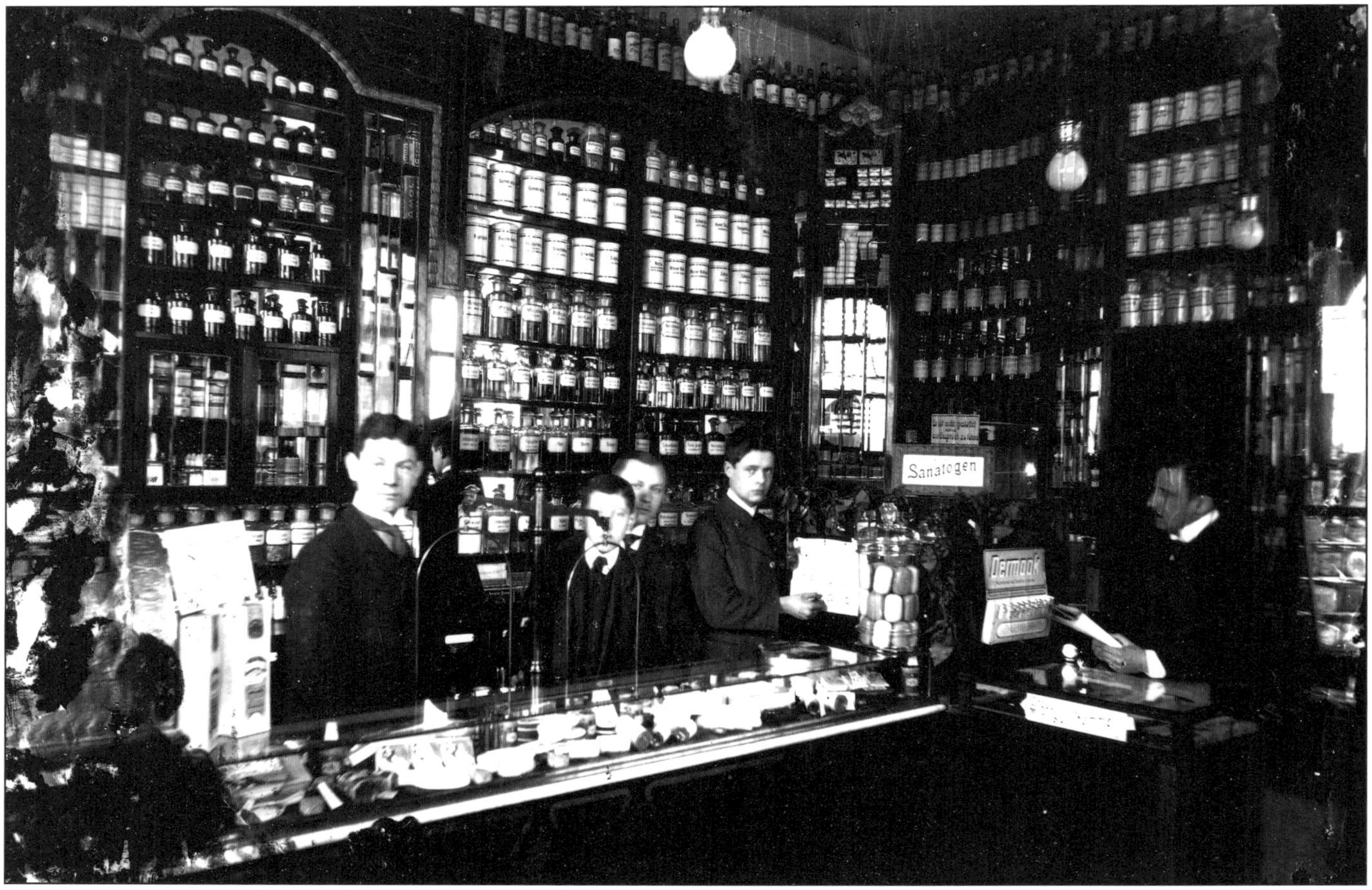

176

In der Thiersch-Drogerie, Thierschstraße Nr. 14.

Aufnahme um 1910

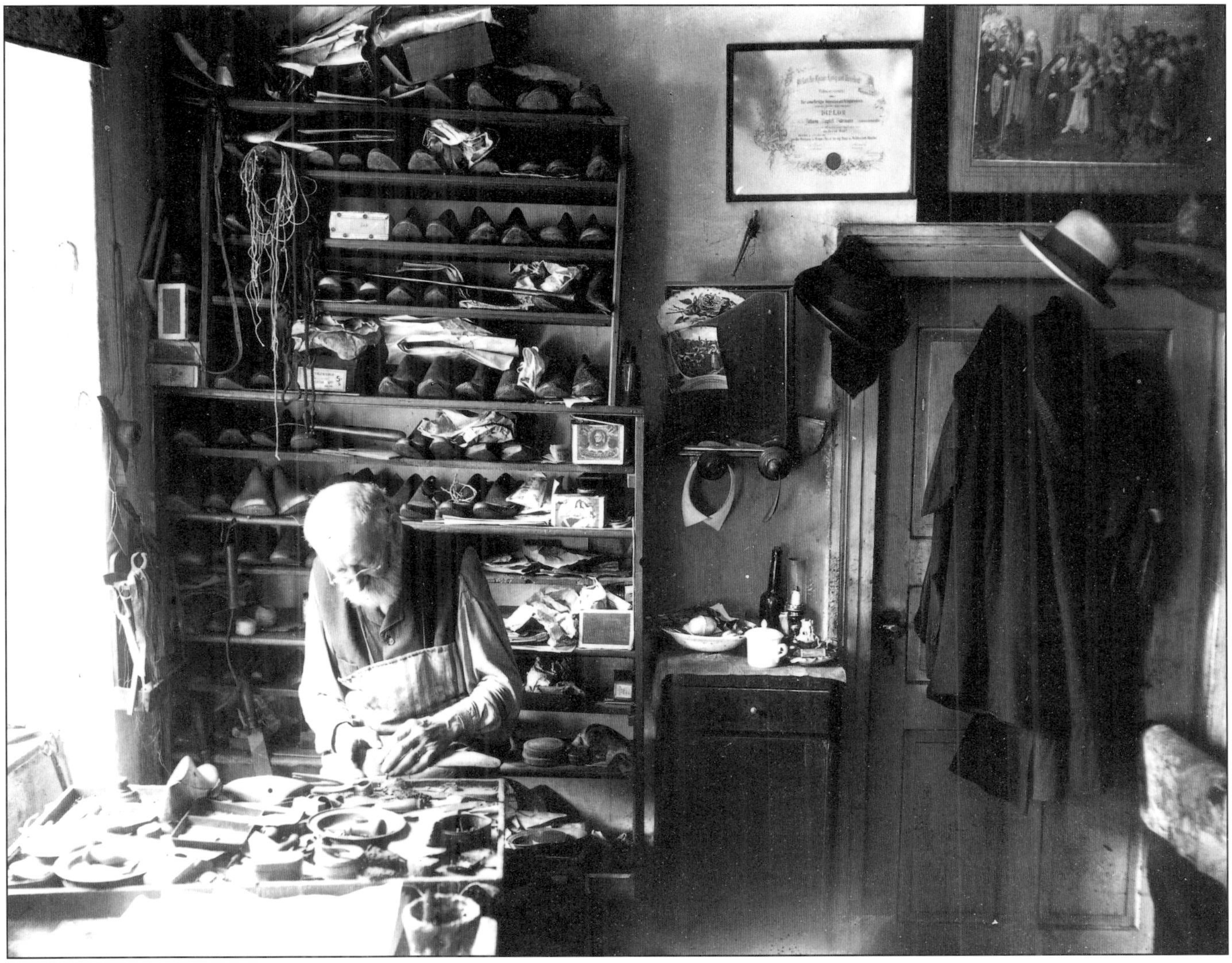

177

Der 90jährige Schuster Johann Baptist Fuhrmann in seiner Werkstatt an der Adelgundenstraße.

Aufnahme vom 23.6.1917

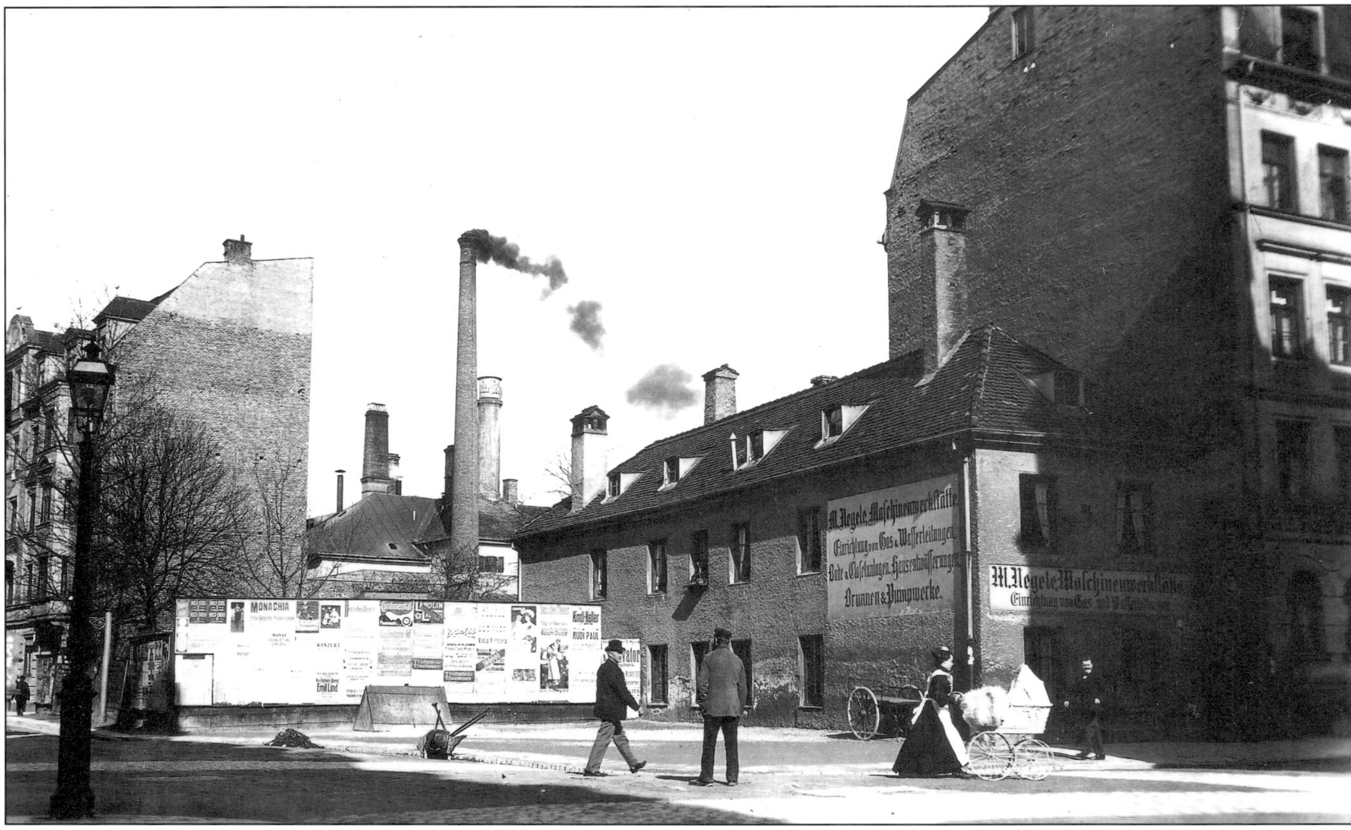

178
Maschinenwerkstätte an der Ecke Robert-Koch- und Sternstraße.
Aufnahme vom 15.3.1904

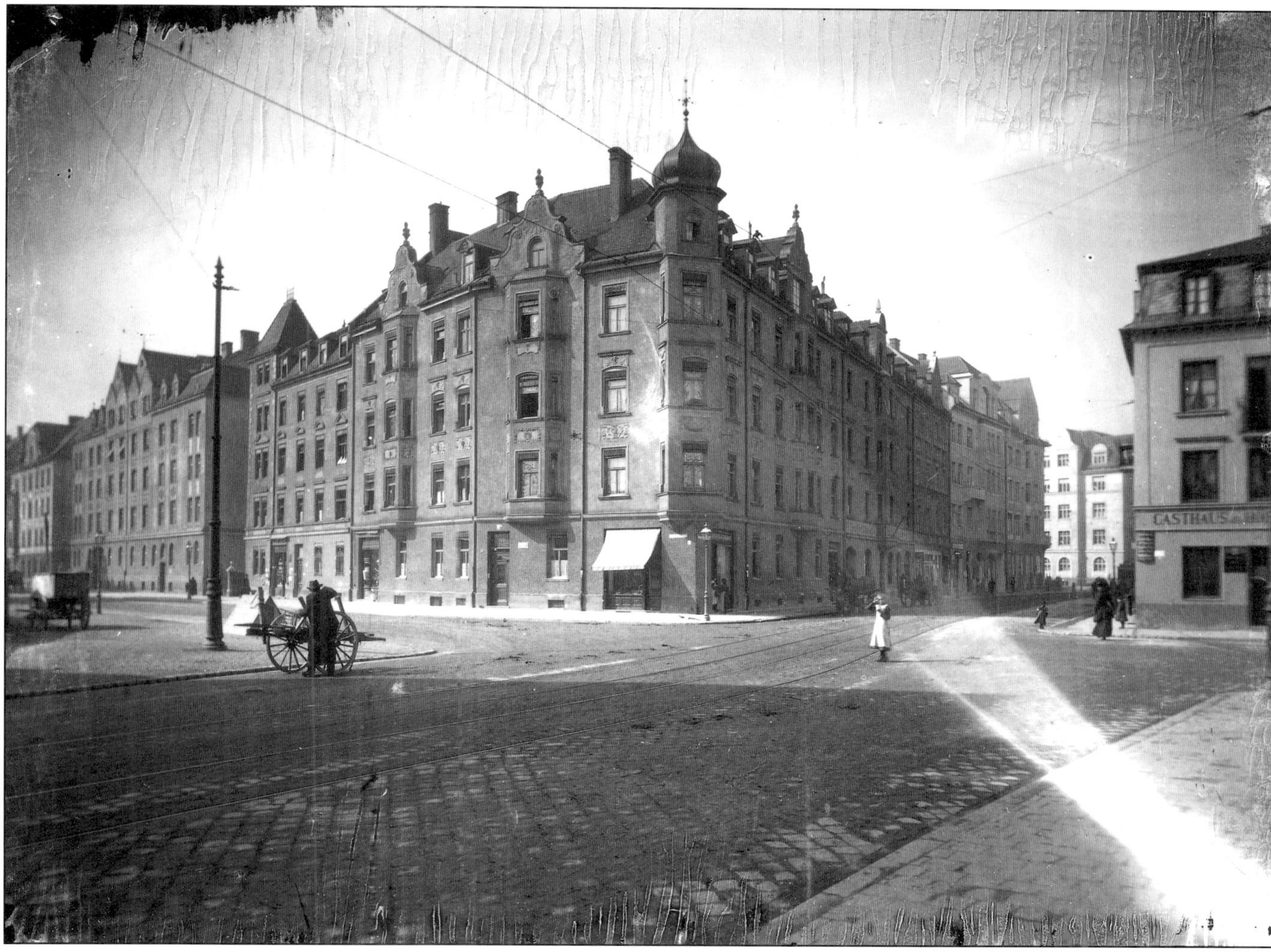

179

„Wohnburgen" der Vorstadt, hier: Kreuzung Liebig- (links) und Wagmüllerstraße.

Aufnahme um 1910

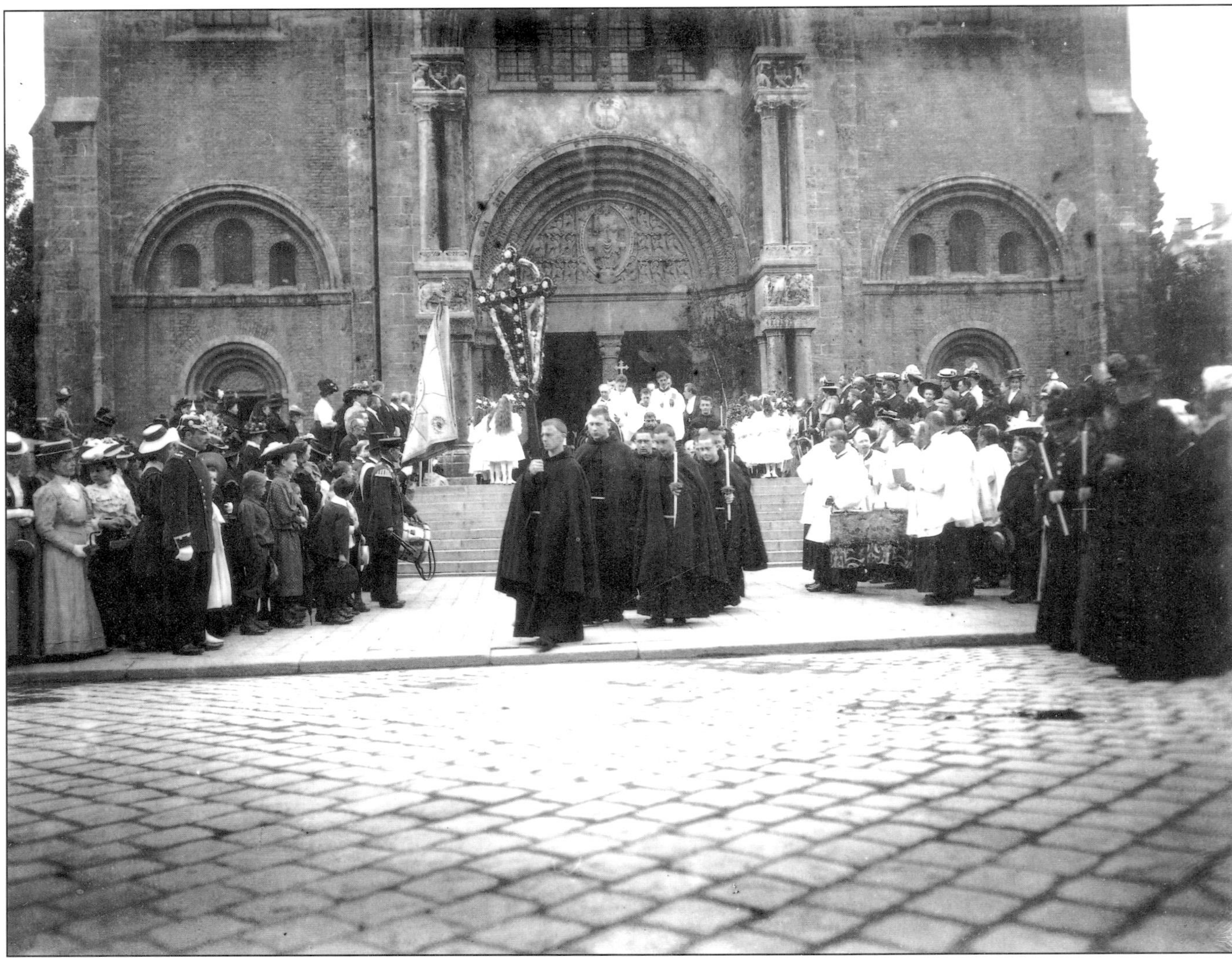

180/181

Fronleichnamsprozession der St. Anna Pfarrei.

Aufnahmen vom 6.6.1915

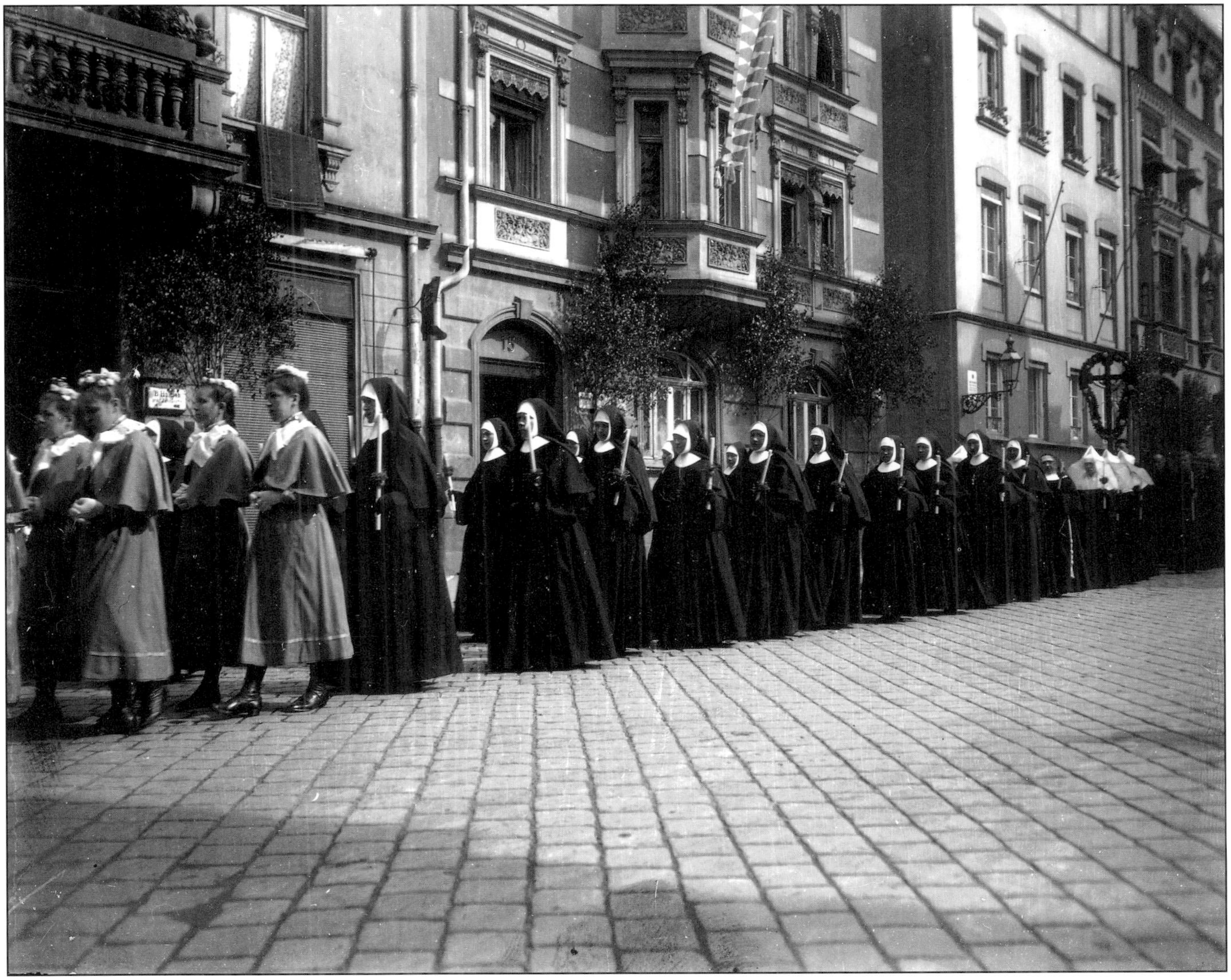

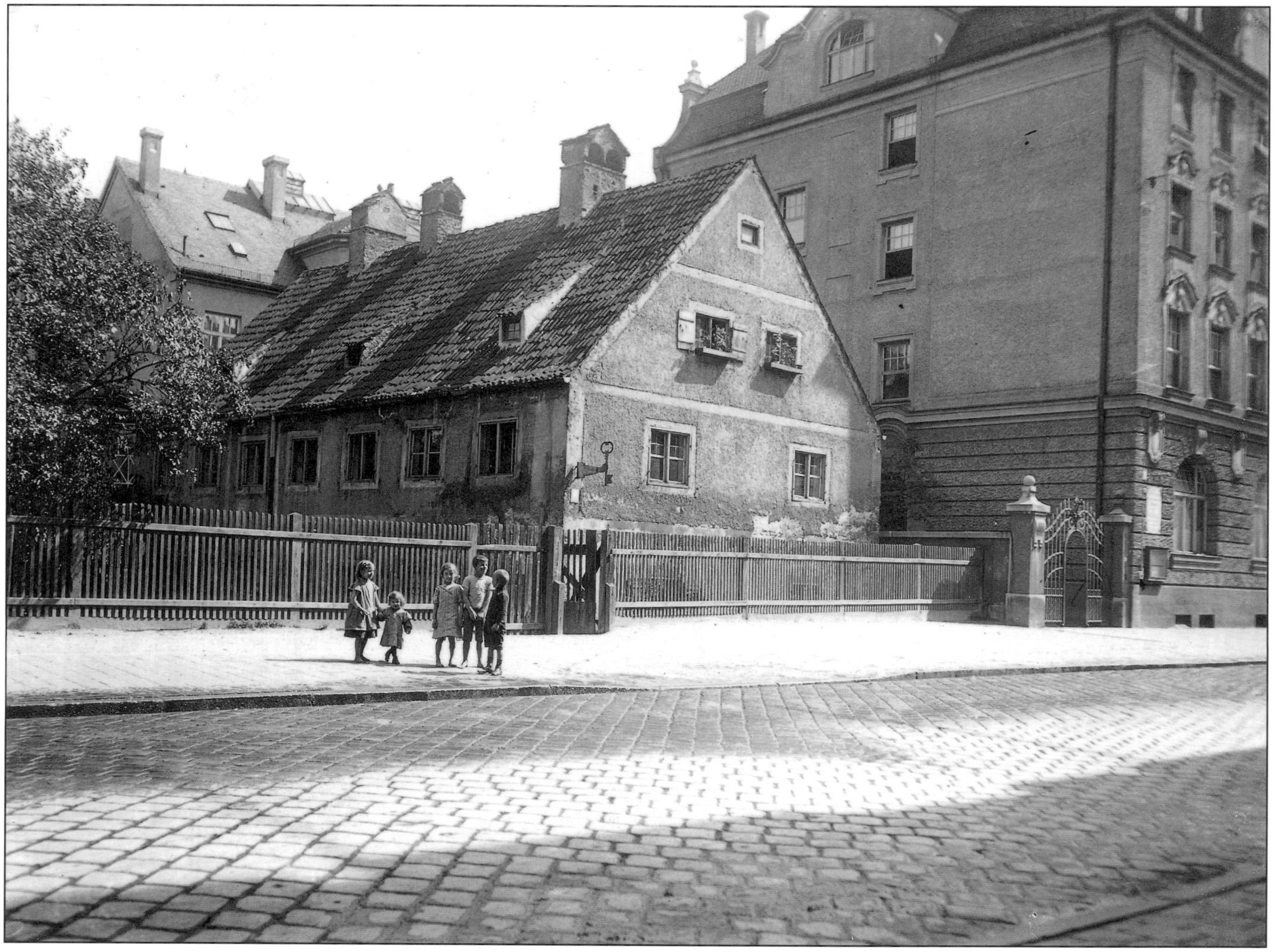

182
Alte Schlosserei an der Pfarrstraße Nr. 1.
Aufnahme von 1904

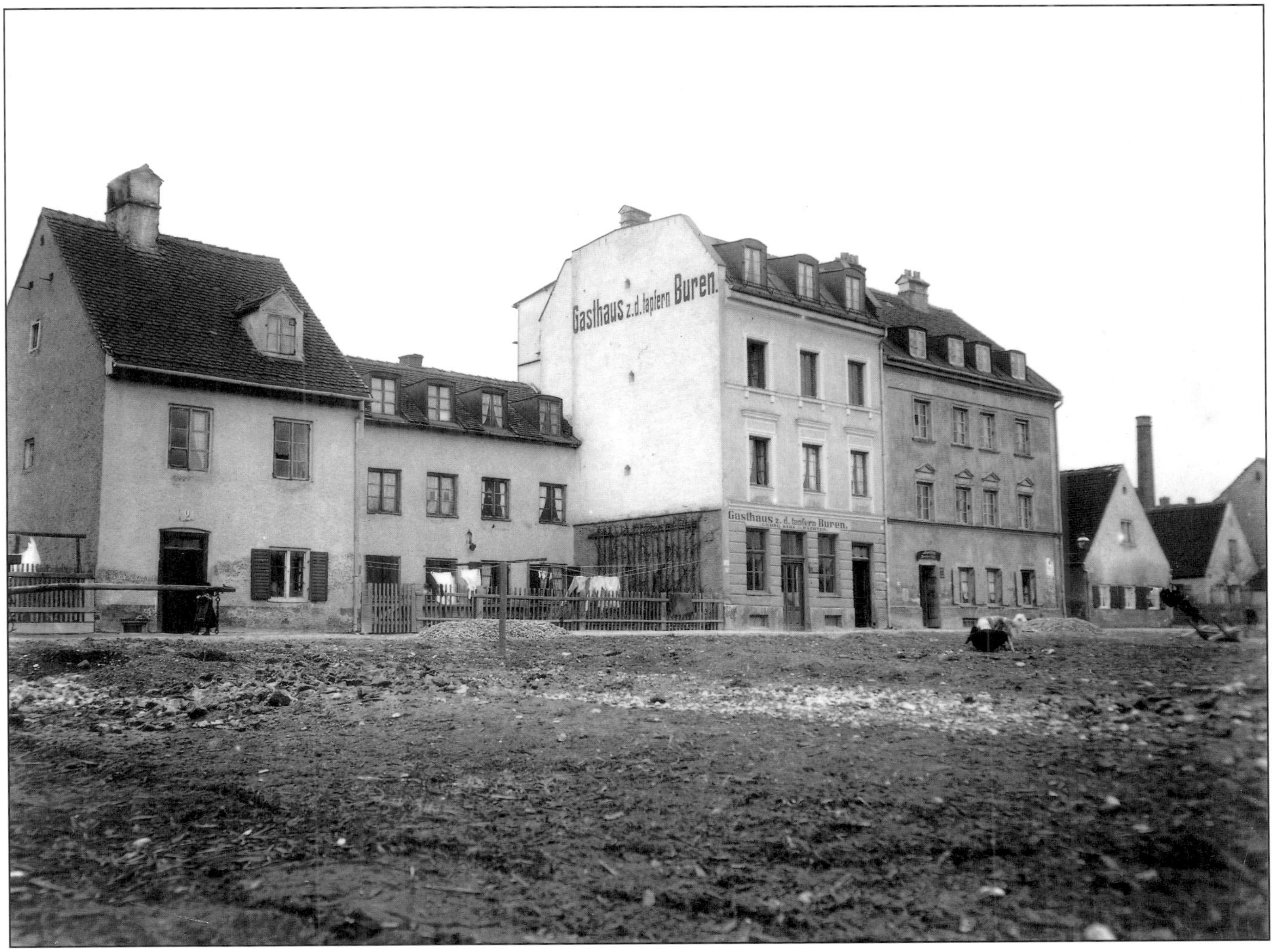

183

Am Gries. Die großen Wiesen wurden einst von den hier ansässigen Lohnwäschern als Bleiche genutzt. Die letzten Häuschen der historischen Kleinbebauung hinter der Widenmayerstraße verschwanden erst vor wenigen Jahren.

Aufnahme von 1902

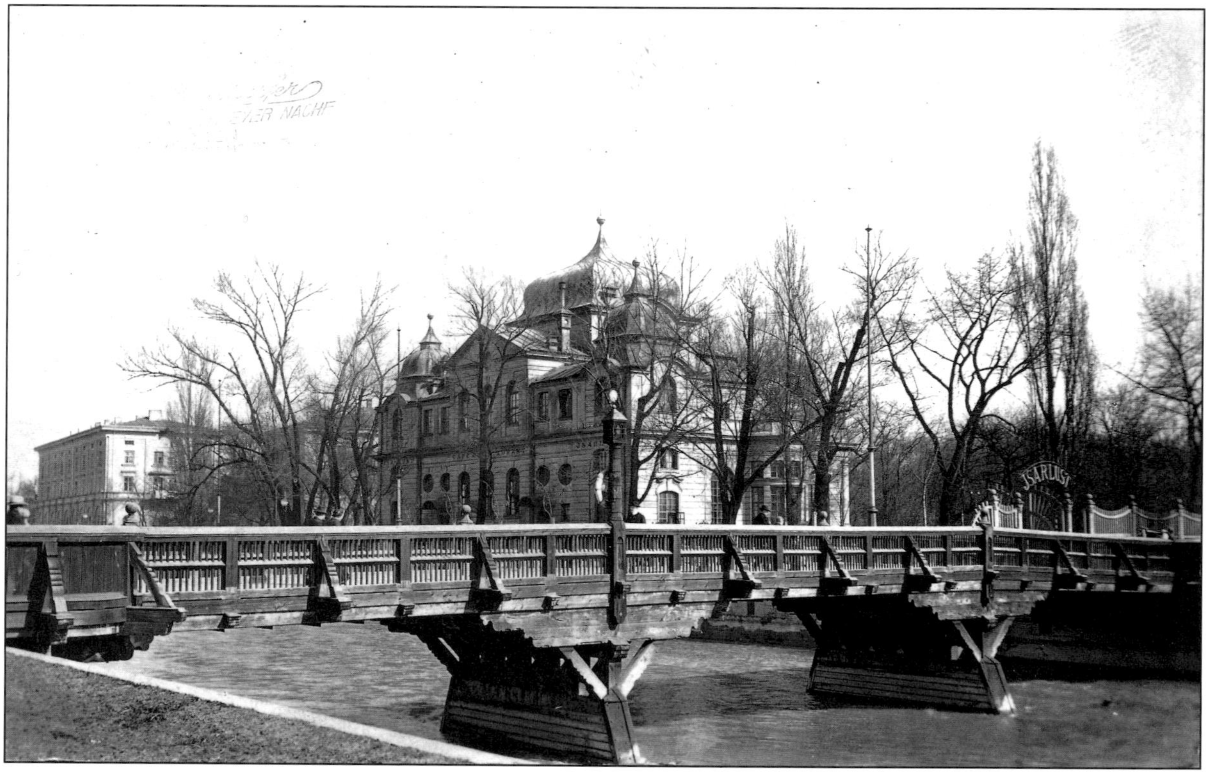

184

Restaurant Isarlust auf der Praterinsel, dahinter die Likörfabrik Riemerschmid. In dem nach Kriegsbeschädigung architektonisch stark bereinigten Gebäude ist heute der Sitz des Deutschen Alpenvereins.

Aufnahme um 1905

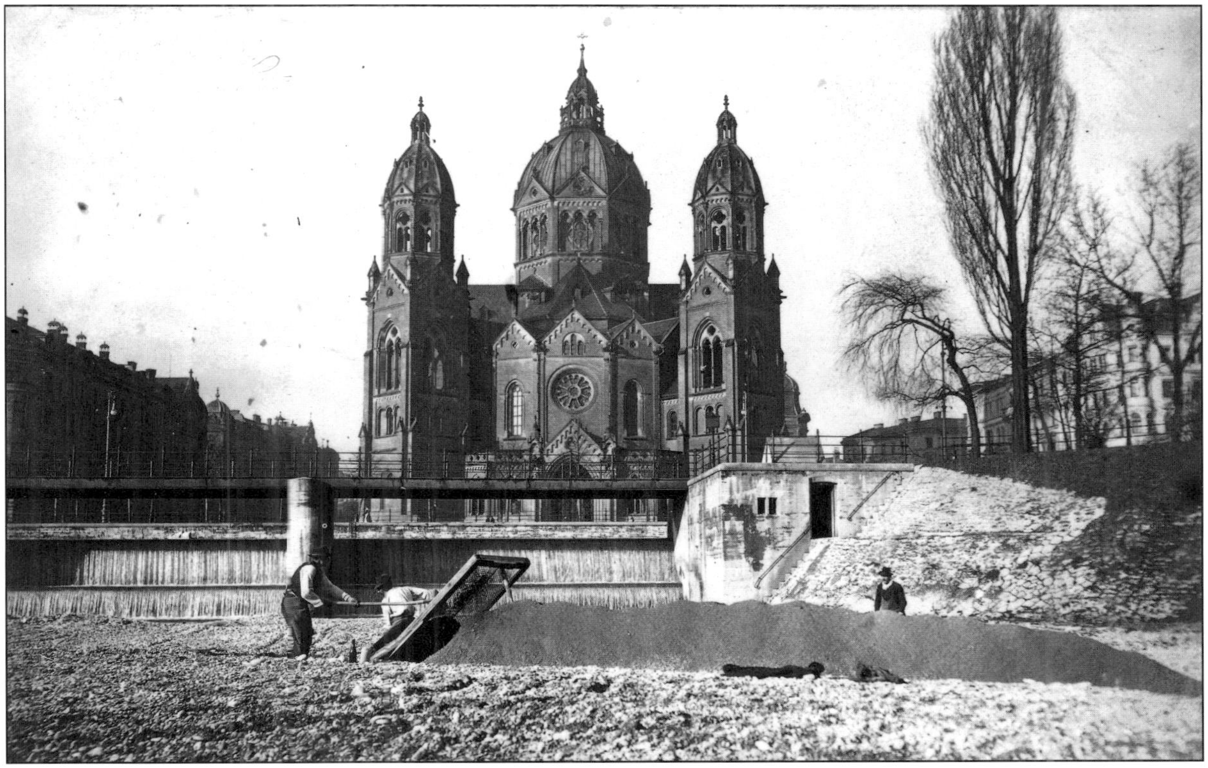

185

Kiesarbeiten im Isarbett. Dahinter die Lukaskirche.

Aufnahme um 1910

Register

Bildquellennachweis:

Die für diese Publikation verwendeten Vorlagen sind entweder von Pettendorfer noch selbst hergestellte *Ansichtskarten*, bzw. selbstgefertigte Kontaktabzüge von den Glasnegativen, die im folgenden als *Originalabzüge* bezeichnet werden.
Das Gros der Vorlagen bilden die im Verlauf der letzten Jahre von den (mehr oder weniger gut erhaltenen) Glasnegativen angefertigten Kontaktabzüge, die im folgenden als *Neuabzüge* bezeichnet werden.
Die Nachweise der hier aufgeführten Bildprovenienzen sind entsprechend dieser Kategorien untergegliedert.

1. Private Leihgeber, Ansichtskarten: Bild-Nr. 30, 60, 62, 67, 99, 100, 105, 108, 132, 140, 141, 166, 185;
2. Stadtarchiv München, Ansichtskarten: 22, 28, 33, 40, 66, 133, 163;
Originalabzüge: Bild-Nr. 20, 21, 38, 54, 64, 91, 119, 127, 131, 135, 136, 137, 149, 153;
Neuabzüge: Bild-Nr. 8, 9, 10, 17, 18, 19, 23, 24, 25, 26, 27, 34, 36, 37, 39, 43, 46, 49, 51, 52, 53, 56, 57, 58, 59, 63, 65, 68, 73, 77, 79, 82, 83, 85, 86, 87, 92, 93, 94, 95, 96, 98, 102, 104, 106, 109, 110, 111, 112, 113, 116, 117, 118, 120, 121, 123, 124, 125, 126, 128, 129, 142, 144, 145, 146, 147, 148, 151, 154, 155, 156, 157, 161, 164, 165, 167, 168, 169, 170, 172, 173, 178, 182, 183;
3. Stadtmuseum München, Neuabzüge:* Bild-Nr. 1, 2, 3, 4, 5, 6, 7, 11, 12, 15, 16, 29, 35, 42, 44, 47, 48, 50, 61, 69, 71, 72, 74, 75, 76, 78, 80, 81, 88, 89, 90, 97, 101, 103, 114, 115, 138, 139, 143, 150, 152, 158, 159, 160, 162, 171, 174, 175, 176, 177, 179, 180, 181;
4. Valentin-Musäum, Ansichtskarten: 13, 14, 31, 32, 41, 45, 55, 70, 84, 107, 122, 130, 134, 184;

*Der Bestand Stadtmuseum/Fotomuseum wird nach Abschluß der Restaurierungsarbeiten mit dem Bestand Stadtarchiv vereinigt.